U0874046

新编21世纪公共管理系列教材

• 学科基础课与方法课系列 •

一般管理学原理

第四版

Principles of Management

张康之　周　军　主编

中国人民大学出版社

· 北京 ·

作者简介

张康之 中国人民大学公共管理学院教授、博士生导师，教育部“长江学者”特聘教授、国务院政府特殊津贴获得者；长期从事管理学、公共行政学相关领域的教学和研究工作，研究专长为行政伦理学和组织理论。出版《任务型组织研究》《一般管理学原理》等学术专著和教材20多部，在《中国社会科学》《中国人民大学学报》《学术研究》等学术期刊上发表论文近600篇。获“全国百篇优秀博士论文”奖（1999）、高等学校科学研究优秀成果奖（人文社会科学）（2013）、北京市哲学社会科学优秀成果奖一等奖（2004、2010、2014）、中国大学出版社图书奖（优秀学术著作奖一等奖）（2011）、教育部人文社会科学优秀成果奖一等奖（2013）和二等奖（2015）、吴玉章优秀科研奖（2017）等多项学术奖励。

周　军 南京农业大学公共管理学院副教授；主要从事服务型政府、合作治理等领域的研究工作，开设管理学原理、领导学、公共政策学、行政学经典著作选读等课程。近年来发表论文30余篇，主编或参编教材多部。

内容简介

《一般管理学原理》是一部专门为公共管理类专业学生编写的管理学入门教材，全书以简明易懂的方式对管理学的基本概念、原理和方法进行了全面系统的阐述。本书于1998年首次出版，于2005年修订再版，后于2010年推出第三版，被国内诸多高校选为教材，是一部在国内公共管理学界广受好评的管理学经典教材。

本书介绍了管理的概念和历史、梳理了管理学的学科发展脉络与管理思想的演变轨迹、阐述了管理的基本理念和基本原则，在此基础上，分析了组织及其所处环境，组织的结构、设计和运行，以及组织的人力、财力、物力和信息资源管理，并重点阐述了决策、执行、控制三大理论，以及管理中的领导与战略，激励、沟通与协调，介绍了近年来在管理学领域内备受关注的绩效管理理论与方法。本书对全球化、后工业化社会中管理的发展趋势也进行了分析和展望。

作为一部写给公共管理类专业学生的教材，本书强调，在重视管理的技术特征的同时，我们也不能忽略管理的人文属性。因此，本书以培养既懂管理技术又有人文关怀的管理者为目标，注重在理论阐述中让读者感受到管理活动及管理学中固有的人文精神，使读者在学习管理学理论的同时，接受人文熏陶。

出版说明

现代意义上的公共行政与公共管理研究和教育始于 20 世纪初的西方。时至今日，随着公共管理职业化的发展，公共行政与公共管理的研究和教育事业在西方发达国家方兴未艾。自 20 世纪 80 年代起，为了适应政府改革与公共管理人才培养的需要，我国的公共行政与公共管理研究和教育在经历了发展的挫折之后，开始了恢复和重建的工作。经过多年的发展，特别是公共管理一级学科的设置和我国公共管理硕士（MPA）教育的启动以及高校公共管理类本科专业的大量开设，公共管理已成为当代中国社会科学和管理科学领域的一个充满生机活力、具有远大发展前景的学科。

为了满足广大高校公共管理类专业的教学需要，在历届教育部高等学校公共管理类学科专业教学指导委员会的指导和支持下，中国人民大学出版社自 1999 年起，陆续出版了“21 世纪公共行政系列教材”“21 世纪公共管理系列教材”“21 世纪公共事业管理系列教材”“公共管理系列教材”“公共管理核心课程系列教材”“21 世纪劳动与社会保障系列教材”“21 世纪土地资源管理系列教材”“21 世纪城市规划与管理系列教材”等多个本科系列教材。这些教材被国内高校公共管理类专业广泛选用，并得到了公共管理学界的支持和认可，数十种教材被评为“十五”“十一五”“十二五”国家级规划教材，普通高等教育精品教材，以及各省市精品教材，为我国公共管理学科发展和人才培养做出了积极的贡献。

我国高等教育改革的进一步深化，以及新技术和新媒体的不断发展，对高校教材提出了更高的要求。为了回应这种要求，我们在广泛调研的基础上，拟对上述系列教材进行整合和提升，推出“新编 21 世纪公共管理系列教材”，以满足国内高校公共管理一级学科下设的行政管理、公共事业管理、劳动与社会保障、土地资源管理、城市管理、海关管理、交通管理、海事管理、公共关系学等本科专业的教学需要。

“新编 21 世纪公共管理系列教材”将秉承中国人民大学出版社“出教材学术精品，育人文社科英才”的宗旨，从本科教育的特点出发，从公共管理教育的特点出发，为广大高校公共管理类专业师生提供一套高质量的本科教材。在教材编写和内容安排上，“新编 21 世纪公共管理系列教材”强调基础知识、基本理论和基本技能，同时，也尽可能地体现创新性和前沿性，反映相关领域理论与实践的最新发展情况。

“新编 21 世纪公共管理系列教材”由中国人民大学、中山大学、北京大学、清华大学、复旦大学、厦门大学、武汉大学、浙江大学、吉林大学、东北大学、北京师范大学、山东大学、四川大学、西北大学等数十所国内著名大学的知名学者领衔著述，我们期望通过这种强强联合、优势互补、资源共享的方式，为国内公共管理学界奉上一套体现系统性、权威性、通用性，并兼具创新性、前沿性、启发性的精品教材。

公共管理的实践是不断发展和变化的。随着公共管理实践的不断发展，公共管理学科研究的范围、主题和内容也在不断地发展和变化。我们将紧跟公共管理学科的发展，与所有作者一起，不断对本套教材进行修订和完善。望广大读者给我们反馈信息，对本套教材提出批评和建议，以使我们能够在所有读者和作者的帮助下，与中国公共管理学科共同成长。

中国人民大学出版社

第四版前言

作为一门学科，管理学在 20 世纪从兴起到成熟仅花费了几十年，这门学科注重对基本原理的运用。本教材主要考虑的是如何通过科学的体系安排而使管理学的原理更容易为读者所接受，同时，力争做到简明易懂，让不同层次的读者都能开卷受益。写作这本教材的主要用功处也是在这些方面。也许正是由于我们努力从学生学习的角度出发去安排这本教材的结构和进行尽可能简明的叙述，使它受到了广泛的欢迎。

这次修订工作由周军主持，具体的写作分工是：第 1 章，周军（南京农业大学）；第 2 章，杨华锋（国际关系学院）；第 3 章，赵小风（河海大学）；第 4 章，王锋（中国矿业大学）；第 5 章，周军；第 6 章，李东（西安科技大学）；第 7 章，唐秋伟（河南大学）；第 8 章，张丽珍（西安电子科技大学），周军；第 9 章，高振杨（南京晓庄学院）；第 10 章，周义程（苏州大学）；第 11 章，武玉英（中华女子学院）；第 12 章，郑家昊（陕西师范大学）；第 13 章，刘晶（南京农业大学）、马全中（广东韶关学院）。我最后进行全面统稿和定稿。

在修订的过程中，我们尽可能吸纳管理学的最新研究成果。我们的具体做法是，努力把管理学中的新成果融入对原理的叙述，而不是刻意地去专门介绍那些新的成果。我们这样做的目的在于：第一，努力从管理学所取得的新成果中去发现新的视角，用这种新的视角去对管理学的基本原理做出新的阐释；第二，在内容上把新的观点以及新的管理技术发明合理地安排在叙述之中，以求读者既接受了这些新的内容，同时又不会感觉新旧之间存在冲突。

管理是一种社会工程技术，与其他社会科学门类相比，这是它的最突出特征。也正是由于这一点，管理学类的教材都极力渲染这门学科的社会工程技术特征。但我们认为，管理的人文属性是不应受到忽视的。在技术主义泛滥的时代，我们这本教材在注重介绍管理技术的同时，也努力赋予这门学科以人文特性。这一点是我们这本教材与流行教材的不同之处。一般说来，一本教材越是没有自己的个性就越能够被更多的读者接受，但我们恰恰要突出这本教材的个性。显然，我们正处在一个技术主义泛滥的时代，也正是在这样一个时代中，我们需要让阅读这本教材的、准备以管理为业的学生了解管理学中固有的人文精神，让他们在学习管理学的过程中接受人文熏陶，以利于他们成为既懂管理技术又有人文关怀感的管理者。

张康之

2018 年 6 月

第三版前言

《一般管理学原理》第三版是在其修订版的基础上做出的修缮，修订版的基本结构和内容都没有变动，主要是在文字和叙述上进行了一些修改。

《一般管理学原理》的第一版实际上是我们开设管理学基础课程的讲稿，在20世纪90年代，学校里流行的做法是印讲义，即把老师的讲稿以讲义的形式印发给同学。我们当时将讲稿交给出版社出版，是为了让它以教材的形式出现而减少印讲义所造成的浪费。让我们没有想到的是，它出版后被高校普遍采用。尽管它只是讲义性质的，很不成熟，但是它为什么会得到广泛使用？是因为这本教材适应了公共管理类专业本科教学的需要。20世纪90年代后期正是公共管理类专业迅速发展的时期，虽然国内的管理学教材较多，但专门针对公共管理类专业而编写的却很少，我们的《一般管理学原理》适巧填补了这个空缺。

早在2001年，中国人民大学出版社的刘晶同志就屡屡提出让我们修订《一般管理学原理》，直到2005年，我们才完成修订工作。修订版取得了更大的成功，不仅被更多的高校采用，而且出差开会的时候遇到的同行们，总会谈到这本教材，总会说一些表扬和鼓励我们的话，认为我们的这本教材对原理概述精要、通俗易懂，适合公共管理类专业的本科生使用，便于低年级同学阅读和掌握。

我个人对修订已经出版过的东西是有一定的心理抗拒的，我一直认为阅读自己已经出版过的东西是很痛苦的，但是，这一次对《一般管理学原理》的修订版进行再修订，却否定了我以前的看法，因为这是一个愉悦的过程。从头到尾读了一遍，发现了它的很多优点，从而坚信这本教材对于我国公共管理类专业的本科教学能够做出相应的贡献。当然，它肯定还存在着许多不足，我们诚恳地期望使用这本教材的师生们能够给我们提出更多宝贵的意见，以便我们进一步修改完善。

在科学教育史上，用公共管理的视角重新整合专业是近几年的事情，公共管理的学科和专业建设都还处在探索的初期，用这样一个视角来重新编写教材也是一项迫切的任务，我们的尝试可能是不成功的，但毕竟我们已经有了这种愿望。我们渴望批评和建议，正是因为我们希望我们的愿望能够得以更好地实现。所以，我们感谢使用这本教材的老师和同学给我们提出的一切批评和建议。

张康之

2009 年 10 月

修订版前言

这本《一般管理学原理》（修订版）是专为公共管理类专业本科教学编写的基础课程教材。

1998 年，我与齐明山教授合作编写的《一般管理学原理》由中国人民大学出版社出版，在该书的后记中，我们指出那是我们的讲稿，在很大程度上带有提纲的性质，当时交付出版主要是因应教学之需。从 20 世纪 90 年代中期开始，我国各大学纷纷开办行政管理以及公共管理类专业，但是，专门为这一专业本科教学编写的管理学教材却是空白，所以，我们才把自己的讲稿出版。该书虽然简陋粗糙，却得到一再重印，被许多高校引为教材。一晃多年过去了，现在公共管理类专业在我国呈现出蒸蒸日上的局面，而作为其基础课程教学必备的管理学教材建设的情况，与我们当初出版《一般管理学原理》时相比，并没有多大的改观。其间，中国人民大学出版社一再提出让我们修订《一般管理学原理》，但总因各种各样的原因而被搁置起来。

修订这本教材，本应同齐明山教授再次携手，奈齐明山教授冗事甚繁，特委托我和李传军主持此次修订工作，参加此次修订并承担具体撰写工作的是：李传军（中国人民大学）撰写第 1～3 章，周雪梅（中国人民大学）撰写第 4 章，杨艳（中国人民大学）撰写第 5 章，程倩（景德镇陶瓷学院）撰写第 6 章，朱晓红（华北电力大学）撰写第 7 章，张旭霞（中国对外经济贸易大学）撰写第 8 章，许叶萍（北京邮电大学）撰写第 9 章，韩兆柱（燕山大学）撰写第 10 章，徐君（首都经济贸易大学）撰写第 11 章，孔繁斌（南京大学）和钱冰（中国人民大学）撰写第 12 章，樊钉（中国人民大学）撰写第 13 章，刘祖云（南京农业大学）撰写第 14 章，马鸿雁（辽宁工程技术大学）撰写第 15 章，程丹（中国人民大学）和叶美霞（南京理工大学）撰写第 16 章，李东（西安科技大学）撰写第 17 章，李圣鑫（中国人民大学）撰写第 18 章。

就“一般管理学”这个名称而言，读者可能会以为我们要为管理类各专业提供一个普适性读物。事实上，这本教材是具有这一功能的，它可以成为一本学习管理学的入门读物，可以为一切想初步了解管理学知识的读者阅读。但是，我们需要声明，在编写这本教材的时候，我们更多的是从公共管理类专业教学的需要出发的，是希望编写一本能够更适合公共管理类专业学生阅读的教材。

本书是基础课教材，我们在体系设计时考虑到中国的大学通常每学期实际教学时间为18周这样一个特点，因而采用了18章的结构。但是，我们并不要求使用这本教材的老师们将其与教学时间安排完全对应，而是建议老师们在教学过程中灵活把握，可以在重点章节上多分配一些时间，以求突出重点。或者，可以适当地安排一些时间用于诸如案例讨论等其他教学环节上。

在编写的过程中，我们主要参考的是工商管理类专业的教材、专著和论文，力求把管理学发展的最新成果吸收进来。但是，编写一本公共管理类专业适用的基础课教材，还是一次新的尝试，加之我们的水平有限，肯定存在着许多缺陷。我们希望读者能够多多提出批评意见，为我们下一次修订提供更多的帮助。

张康之

2005年3月

目　录

第1章

管理与管理学

开篇引例

美国《时代》周刊2014年4月14日刊文报道说，中国公司总体而言缺乏与外国竞争对手正面交锋的技术实力或品牌实力。然而，海尔公司比大部分企业的境况都要好。它是为数不多受到普遍承认的中国品牌之一。但它仍在努力设法从美国和其他主要市场中吸引消费者。如果海尔能够从无关紧要的廉价货生产商变成消费者争相追捧而非勉强接受的流行品牌，那么它将有可能掀起新的经济革命。海尔首席执行官张瑞敏说，海尔公司可以通过采用数字技术把自己设计的产品与潜在消费者的愿望更加直接地联系在一起，从而缩小与市场领导者之间的差距。

报道称，张瑞敏一直忙于在海尔公司内部做出调整。和大部分公司一样，它按层级进行组织，部门划分明确——销售部门、研发部门和制造部门都由各层管理人员负责。信息自下而上收集，命令自上而下传达。张瑞敏说："随着公司日渐壮大，其员工通常会受到更加严格的管控，他们掌控自己工作的空间也更少。对中国公司和全世界的公司而言，这都是一项挑战。"

因此，张瑞敏把海尔公司分解成多支他所谓的"自我管理团队"。它的运作方式如下：员工可以根据从互联网上收集到的消费者意见和市场信息针对新的产品特性形成自己的想法。一旦该想法得到管理层的批准，那么这名员工就能够组建并管理自己的团队，执行这一项目。该员工还要设法说服产品设计师、研发工程师和市场营销专家等其他成员加入其中。团队成员都会分享到最终获得的利润。

2009年，张瑞敏开始引入上述战略。接下来，他设法令这些团队能够蓬勃发展。现在该公司有2 000支这样的团队。张瑞敏说："过去，员工们要听管理人员的，但现在他们直接对自己的客户负责。我们希望我们的员工发挥主动性，创造价值。"国际管理发展学院的比尔·费希尔教授说，尽管其他一些公司已经做出类似尝试，但“没有一家公司以与海尔公司同样的规模做出努力”。

资料来源：《时代》周刊：海尔打造“中国制造”新内涵．参考消息网，2014-04-18.

1.1 管理的概念与历史类型

1.1.1 管理的概念

管理是人的重要社会活动之一，是人类所特有的一种社会现象。通过管理，人们的生产、生活和其他活动就会变得有目的、有秩序并得以顺利进行。管理广泛地存在于现实的社会生活之中，大至国家、军队，小至企业、学校、医院、家庭，凡是由两个人以上组成的、有一定活动目的的组织，就离不开管理。管理的历史可以追溯到人类活动的早期，自从人类开始形成群体并以群体去实现个人无法达到的目标以来，管理工作就成了协调个人行为必不可少的活动。而且，作为人类集体活动的基本方式和重要特征，管理体现了人类活动的自觉性，人类社会的发展，会不断对管理提出更高的要求。在现代社会，管理的社会作用得到了充分展现，在社会生产和生活的一切领域，我们都可以看到管理的积极作用。具体地说，管理是维系人类正常社会生活的基本条件，是促进生产力发展的关键因素，是社会资源有效配置的根本保障，是增强一个组织的实力和竞争力的必要前提，在更为根本的意义上，也是促进社会发展、提高人们生活质量的重要途径。

在现代社会，人们需要通过集体行动来完成日益复杂化的任务，因而，在越来越多组织起来并日益壮大的人类群体中，管理越来越显示出了它的重要性和必要性。正如美国管理学家彼得·德鲁克所言：在人类历史上，几乎没有一种制度能像管理那样迅速兴起并产生巨大影响。管理已改变了世界上所有发达国家的社会与经济结构。现代社会的管理活动越来越证明：管理是一定的人或组织依据所拥有的权力，通过实施计划、组织、人员配备、指导与领导控制等职能，对人力、物力、财力、信息以及其他资源进行协调或处理，以实现既定目标的活动过程。因而，管理是一种非常复杂的社会活动，在人类社会的不同历史时期和不同领域中，管理活动有着很大的不同，有着自己具体的特征。概括地讲，我们可以从以下几个方面来把握管理的总体特征：

（1）管理是人类社会实践的产物，也是人类社会实践的组织方式。历史地看，人类的社会实践活动体现在以互助形式出现的简单活动和以协作形式出现的复杂活动上。管理是以协作的形式出现的，所造成的也是协作效果。不论是原始人类的简单狩猎活动，还是现代化的社会大生产，都包含着不同程度的协作，并且都在实践中催生了管理。不同的是，简单的互动是未分化的管理，管理者和被管理者是一体的，而充分发展了的协作关系则存在于要求高度分化的管理中。在这种管理活动中，管理者职业化了。管理不仅作为一种职业活动而存在，更重要的是，它是一种将人们组织起来的方式。管理活动贯穿于整个协作关系之中，或者说，管理所要协调和处理的正是协作关系。如果说人类社会迄今为止的组织形式是一种协作体系的话，那么，管理也自然而然地成了人类社会实践的组织方式。因而，在宽泛的意义上，管理活动和人类社会实践的关系十分密切，只要有人类社会的存在，就会有管理的存在，并且管理实践是随着人类社会的发展而发展的。因此，管理既是一种社会现象，又是一种历史现象；既是人类社会实践的产物，又是人类社会实践的组织方式。

（2）管理的最基本形式是组织。人类社会中的一切社会活动都包含着协作关系，这种协作关系之所以能够演变为自觉的管理活动，其前提条件就是以组织的形式把协作关系固定下来，使它成为一种可以遵循的程序，并根据这种程序有效地去实现活动目标。在组织内部，一般包括五个要素：人、物和技术、机构、信息、目的。一个组织的建立和发展，既要具备内部要素，又会受到一系列外部环境因素的影响和制约。在此意义上，管理就是在一定的组织中由一人或若干人通过行使管理权力和履行各种管理职能，使组织中的各种要素合理配置并达成组织目标的活动。

（3）管理既是一个体系，又是一个过程。管理是由管理者、被管理者、相应的物质载体以及管理手段、技术和方法构成的组织体系。在管理体系中，管理者与被管理者是分工与协作的关系。虽然管理者是管理活动的承载者，担负着制订计划、建立组织、配备人员、指导工作、控制进程等职能，但是，一切管理活动都只有通过被管理者才能发挥作用，而且被管理者的能力和素质等因素也直接决定了管理的质量。管理是不能够离开一定的物质基础的，任何管理都必然建立在一定的物质基础之上。人与物是管理体系的“硬件”，管理手段、技术和方法则是管理体系中的“软件”。管理不仅体现出系统性，还体现出过程性，管理是管理者和被管理者共同实现他们既定目标的活动过程。管理的过程是随着决策、计划、组织、人员配置、指导、控制和协调等管理职能的不断实现而达到管理目标的。

（4）管理最主要的内容是处理人际关系。因为一切管理活动都发生在组织系统之中，人与人的关系、人与物的关系是管理体系的两大基本关系，管理就是要协调和控制这两大关系，使系统优化，形成系统合力。在这两大关系中，人与物的关系无疑是非常重要的。人与物的合理配置、人对物的控制等都是管理的重要内容。现代管理学发现，同人与物的关系相比，人与人的关系在管理体系中起着决定性作用。因而，管理主要是一项协调人与人之间关系的活动，目的是使管理者与被管理者一道去完成管理目标。良好的人际关系可以使管理系统优化，调动所有人的潜能，形成一种有机合作的整体力量，并弥补系统中一切可能存在的缺陷和可能出现的不足。所以，把重心放在处理和协调人际关系上，已成为现代管理者的基本内容。

（5）现代管理是科学与艺术的统一。人类的管理活动走过了从艺术到科学的阶段，也在走向科学与艺术相统一的阶段。前科学时期的管理活动是一种凭经验和直觉的管理，它缺乏系统的科学理论的指导，管理只是管理者的技能、技巧和诀窍，成功的管理总是表现为管理者的积极性、主动性和创造性的统一。所以，这种管理是一种艺术。管理科学的出现使管理进入科学管理的时代，这一时期的成功管理总是属于那些遵循管理活动客观规律、自觉运用科学管理理论和管理方法的管理者的。所以，这一时期的管理是一种科学。当前人们所致力于建构的是科学与艺术相统一的管理，它要求自觉地以科学的管理理论和管理方法为指导，但不仅仅停留在对管理理论的严格遵从上，而是根据管理实践中的实际情况，灵活地运用科学理论和方法，并充分发挥积极性、主动性和创造性。当人类进入 21 世纪后，社会呈现出了高度复杂性和高度不确定性，在这一新的历史条件下的管理，对管理创新提出了更高的要求，因而需要实现管理科学与管理艺术的高度统一。

1.1.2 管理的历史类型

管理一开始就是人类的一项最基本的社会活动，在一定程度上，可以认为，有了人类历史也就有了管理。也可以认为，人类社会的发展史也就是管理的发展史，是管理类型的变迁史。管理的历史类型可以从原始社会、农业社会、工业社会等不同的社会历史类型中来加以认识。

1. 原始社会的管理

根据考古学的发现和人类学的描述，在原始社会的历史阶段中，普遍存在的社会制度和社会组织是原始公社制度和氏族组织。氏族是由具有血缘亲属关系、同族内部禁止结婚的人们组成的共同体，也是原始公社制度的社会经济单位和社会组织。所以，氏族既是原始社会的血缘亲属共同体，又是这一社会的基本生产单位。在氏族的基础上产生的原始共同体有氏族、部落、部落联盟等几种形式。在原始共同体中，人们的亲属关系起着决定性作用，比如，表示亲属关系的各种各样的称谓（如舅舅、叔叔、姑姑等）其实就是一种负有完全确定的、异常郑重的责任的称呼。这些责任的总和便构成这些氏族的社会制度的实质部分。因此，原始人之间的联系是以血缘关系为纽带的。

原始社会管理的特点可概括为以下几个方面：

（1）习惯化的管理方式。在原始社会的集体事务管理中，尽管存在着简单化的管理机构，存在着人格化的管理权力，却没有任何成文法律和规章，更不存在现代法律意义上的管理授权。原始社会的集体事务管理主要依赖于传统和习俗来实现，这说明原始社会的管理具有习惯性的特点。这种习惯性的特点也包含在管理活动的情感化中，也就是说，在原始社会的管理过程中，能够支配人们行动的不只是理性的因素，更多的是情感方面的因素，情感的作用又常常表现为按习惯处理问题。

（2）原始的民主管理制度。原始氏族的集体事务管理制度主要表现在两个方面：一是由氏族成员选举产生的氏族首长管理日常性的集体事务；二是由氏族成员会议决定重大问题。部落作为比氏族更高一级的社会组织，其管理制度是：部落成员大会选举部落首领和决定战争或和平之类的重大问题；部落议事会充当管理部落行政事务的最高机关；部落首领则管理部落的日常事务。部落联盟有专门的管理机构，即联盟议事会，这是最高权力机关，由参加该部落联盟的各部落代表组成，负责处理联盟的内部事务。部落联盟首领的更替与继承按照军事民主制的惯例进行。也就是说，部落联盟的首领不仅要经过共同推选，还需要经过一定的仪式得到大家公认后才能确立首领地位。

（3）简单的管理机构。管理离不开专门的组织机构，在某种意义上，一切具有一定规模的管理都表现为由管理机构进行的活动。原始社会的管理机构极其简单，主要是氏族组织和部落组织机构。在氏族组织内部，所有成员之间的关系是平等的，互相帮助和保护。当然，在氏族制度下，也隐约存在着一定的专门化管理机构，但这个机构中的管理人员还是不固定的，可能会随时变动、撤换。所以，氏族组织中的管理机构只是一种初级形态的担负管理职能的部门，具有很大的不稳定性。部落是高于氏族的社会组织，其集体事务的管理已经与氏族管理有很大的不同，虽然人们更倾向于认为部落管理是氏族管理在更大范围的扩展，但在部落的管理中，却产生了更高一级的管理组织机构——部落联盟和部落议事会。

（4）人格化的管理权力。氏族没有也不需要有同社会相脱离并凌驾于社会之上的公共权力，即没有现代意义上的带有强制性的政治权力。氏族首领是由全体氏族成员推选产生的，他必须是勤劳、勇敢、有能力、有威信和受氏族所拥戴的人。氏族首领负责管理氏族日常集体事务和解决一些偶然发生的冲突。氏族首领在氏族内部的权力是纯粹道德性质的，既没有强制性的手段，也没有特权，氏族首领与一般成员之间也是一种平等的关系，他所拥有的具有道德性质的权力属于人格化的权力，在本质上是一种权威。

（5）单一性的集体事务管理方式。在社会生产力非常低下的情况下，史前人类几乎要用全部力量谋取生活资料，因而管理的具体内容大都是与谋取生活资料的简单生产活动直接相关的。这种管理不可能有领域的划分，没有固定的分工，协作关系是随机性的，管理者与被管理者是不固定的，没有专门从事管理活动的人群，管理手段和内容也都具有单一性的特征。原始共同体中的集体行动主要以互助的形式出现，互助在行为上的感性的和自发性的特征也决定了对管理的要求较低。

2. 农业社会的管理

原始社会末期，出现了私有制和阶级，原始共同体也随之解体，政治性统治组织作为阶级矛盾不可调和的产物出现了。自此，管理发生了质的变化。在整个前资本主义时期，无论是奴隶社会还是封建社会，最重要的生产资料都是土地，社会生活的经济、政治和文化等领域的管理都包括在统治型管理之中，整个社会的管理主要表现为统治型管理。

农业社会统治型管理的特点可概括为：

（1）统治机构设立，管理阶层兴起，管理成为政治统治的手段。所谓统治机构，是指武装的人、监狱和强制机关——军队、警察和物质的附属物，它们掌握并行使统治权力。统治机构的设立表明，由于阶级矛盾不可调和，要维持社会秩序和解决人们之间的冲突，原先那种很少有强制力的氏族组织机构已经无能为力了，需要一种新的机关，即能够行使强制性统治权力的机关去维持社会秩序。统治权力是掌握在统治阶级手中并用来镇压被统治阶级的工具。在统治型管理中，管理者和被管理者分化成不同的人群，从而形成了专门从事管理工作的管理阶层。这种管理者与被管理者之间所出现的分工是社会分裂的表现之一，剥削阶级充当管理者，被剥削阶级成为被管理者，管理成了剥削阶级的特权，成了剥削阶级用来维护其经济利益和政治统治的手段。

（2）管理内容趋于复杂，管理权力开始分化。与原始共同体中的集体事务管理相比，伴随着管理阶层的兴起，农业社会的统治型管理在内容上趋于复杂，管理权力也开始分化。一方面，统治型管理出现了纵向层次的划分，即出现了从中央到地方不同层级管理机构和官职的设置。这些机构和职位享有与管辖范围相应的管理权限。另一方面，阶级社会产生以后，产生了政权、军权、教权等，不同的权力既有由统治者共同享有并行使的一面，也有其相对独立的一面，后者使权力冲突成为可能。

(3) 初级的管理制度产生，但它在管理中的作用还很有限。农业社会的统治型管理仍离不开习惯或不成文的习惯法，但依赖于明确的成文规章的情况也开始变得日益明显。古巴比伦就有著名的《汉谟拉比法典》；古埃及有刻在石碑上的法律。中国历史上，法律也曾起到相当重要的作用，并涌现出一大批主张依法治国的政治家和思想家。出现成文的管理规章是管理方式的重大进步。当然，那时的法是针对人民的法，不仅“官”大于“法”，而且法的执行还受到财产和身份的直接制约，最终仍表现为一种依靠权力的管理或治理。

(4) 管理思想提出，但经验管理仍占主导地位。在农业社会，人类的文明包含了极其广泛的内容，包括由对管理的认识而形成的管理思想，这是原始社会所没有的。在中西方古代思想资料中，都有许多重要文献讨论管理的问题。比如，古希腊柏拉图的《国家篇》、亚里士多德的《政治学》；中国孔子的《论语》、孙武的《孙子兵法》、司马迁的《史记》等，都对管理问题提出了不少见解。但这些管理思想没有形成比较完备、系统的管理理论，加之传播方面的限制以及人们思想观念的局限，不可能发挥太大作用，整个农业社会的统治型管理在很大程度上表现为经验管理，管理者主要依靠自身的经验、感觉、悟性等去开展管理活动。

3. 工业社会的管理

工业社会是以社会化大生产和市场经济为基本特征的社会，社会化大生产对管理提出了强烈要求，推动了管理实践的进步和管理科学的发展。在工业社会这一历史时期，管理呈现出新的特征。

(1) 科学化。从意大利“文艺复兴运动”开始到资本主义制度在世界范围内的确立，人类思想观念发生了革命性转变。人类认识到他们与自然的关系，认识到无论是自然还是社会都以其自身的逻辑而存在，认识到自身主观能动性的作用，从而确立了追求科学、认识规律的信念。作为这种科学追求的延伸，到了 20 世纪初，在管理领域，以泰勒为代表的管理学家以自身的实践证明，通过总结并改进管理方法与管理制度，可以达到提高生产效率的目的。管理的科学理论得以产生且被广泛运用，并以其巨大的经济和社会效益揭开了人类科学管理的序幕。

(2) 分权化。资产阶级革命推翻了封建的集权政治，建立了分权化的国家管理体制。国家的分权管理，就是把国家权力分为立法权、司法权和行政权。在生产领域，由于机器的广泛采用，社会生产日益专业化，不断分离出新的生产部门和新的工种。在一个生产单位内部，为了提高劳动生产率，提高工人的劳动熟练程度和改进生产技术，劳动分工也日益细密。正是基于对这一历史现象的认识，泰勒倡导设置计划层、实行职能制等原则，为生产领域的分权管理提供了理论指导。

(3) 法制化。在资本主义“三权分立”的政治体制下，为了确保各种权力既分立又制衡，就需要宪法和法律做出具体规定。这样，不同的部门与人员之间才能遵循法律规范各司其职，使整个管理体系在法定的轨道上正常运转。在经济管理领域，适应社会化大生产的需要，保证分工日益缜密条件下的不同工作人员之间的行为协调，也离不开法制的规范作用。或者说，工业社会的管理是通过严密的规则系统而进行的。在这里，权力主要是作为系统有效性的保障因素而存在的。

（4）系统化。社会化大生产以及人类社会实践活动规模的扩大都对管理提出了很强的要求，也促使管理进入了社会生产和生活的各个方面、各个领域。管理对象的日趋复杂则要求管理者全面把握管理系统，深入揭示管理系统与所处环境的关系，要求实现系统化管理。系统论的产生及其在管理实践中的运用，为系统化管理提供了可能。系统化管理要求管理主体具有全局观念，注重管理组织整体功能的发挥，能正确处理管理系统的整体与各组成部分之间的关系，重视结构在整体系统中的作用。

（5）追求效率。“效率就是生命”“效率是管理组织的灵魂”“效率是管理活动的出发点和归宿”等命题告诉我们，人类在工业社会一步步地走向了效率优先的管理。特别是20世纪中期以来，当工业社会达到了自己顶峰的时候，为了促进管理效率持续不断地提高，大批研究人员投入管理科学的研究工作，新的理论和方法不断涌现并被运用于管理实践之中；先进的科学技术和管理手段源源不断地进入管理领域并发挥作用；人力资源得以开发和利用，管理制度走向健全，管理体制日益完善。

1.2　管理学的学科发展

1.2.1　管理学的学科性质

从学科性质来说，管理学是系统研究管理活动基本规律和一般方法的科学，是管理实践活动的科学总结和理论提升。虽然管理与人类历史一样长久，但管理学作为一门科学只有100多年的历史。第二次世界大战后，世界各国都出现了自觉探讨管理活动规律、建构管理科学的热潮，大大促进了管理学的发展。关于管理学的性质，可以概括为如下几个方面：

（1）管理学是一门综合性的学科。管理学作为一门科学，所揭示的管理原理适用于各类具体的管理形式，我们所研究的“一般管理学”是各门具体的或专门的管理学科的共同基础。也正是这一点，突出地表现出了管理学的综合性。管理学需要综合运用现代社会科学和自然科学的成果来研究管理活动及其过程中普遍适用的基本规律和一般方法。管理活动是十分复杂的社会性活动，影响这一活动的因素是多种多样的，除生产力、生产关系等最为基本的因素外，还有诸如自然、政治、法律、社会、文化、心理等社会性因素。因此，要搞好管理工作，必须全面考虑各种错综复杂因素的影响，综合利用经济学、数学、社会学、生理学、工程技术学、伦理学、组织行为学等学科的研究成果，利用运筹学、系统论、信息论、控制论、电子计算机技术等最新成就，对管理进行定性的描述和定量的模拟、测算，从中提炼出行之有效的管理理论，并用以指导管理实践。所以，管理学无论是在内容上、形式上还是在方法上，都具有很强的综合性特征。

（2）管理学是一门实践性很强的学科。一方面，作为一门学科，管理学具有其他学科所共有的基本特征：具有特定的研究范围和研究对象；具有一系列含义清楚明确的基本概念；具有经过实践检验被证明有普遍指导意义的原理和原则；具有一套完整且严密的理论体系。也就是说，管理学具有理论性。另一方面，管理学又有着很强的实践性，是一门应用性学科，它必须时刻与实践紧密结合。首先，管理学的理论和知识来源于人们的管理实践，是人们管理经验的概括和总结，没有实践，它就成了无源之水、无本之木。其次，管理学的理论和知识必须运用到实践中去才有价值，否则，它就失去了存在的意义。最后，管理学的理论和知识正确与否，需要接受实践的检验。实践对管理学的产生、存在和发展的这种决定作用使得管理学成为一门实践性很强的学科。

（3）管理学是一门软科学。计算机技术的发展产生了“软件”和“硬件”这两个术语，由此引申出“软科学”和“硬科学”的概念。如果把组织中的人力、财力和物力资源看作硬件的话，那么管理就是软件。管理的功能就在于有效地利用各种资源，以较少的投入或消耗争取较大的经济和社会效益，这是把管理学看成软科学的第一个原因。管理本身不能直接创造价值，它必须借助于被管理者及其他各种条件并通过它们来体现或实现管理的价值，而且，管理所创造的价值是很难被明确地确定的，管理究竟创造了多少价值，是无法进行量化的，这是把管理学看成是软科学的第二个原因。通过管理以提高效益，需要一个过程。管理效益的产生不像设计一种新产品，生产出来，销售出去，很快就能看到效果。一项管理措施或管理思想在没有实施或运用之前，人们会持有不同甚至相反的观点，会做出不同的评价，有的措施或思想甚至在实施或运用了相当长时间后，其效果如何，还很难有定论。这是把管理学看成是软科学的又一个原因。

（4）管理学在方法上是一门定性分析与定量分析相结合的学科。管理学应该而且能够广泛运用数学知识，凭借多种数学运算，以实现其更高程度的科学化与精确化。现代管理学借用了数学中各种现成的运算方法，这些就构成了管理学定量化的一面。但是，管理主要是同人发生关系，对人进行管理，人的心理因素是一种不可忽略的因素。人的心理因素是难以精确测量的，诸如人的思想、感情、个性、作风、士气，以及人际关系、领导方式、组织文化等，都只能进行较为模糊的把握。因此，很多时候只能进行定性分析，采用价值判断的方法。另外，管理涉及的其他因素也很多，有些是当前的，有些是未来的。即使是现实的，有些已显露出来，有些则被掩盖着。管理者不可能把它们无一遗漏地全部考虑到，更不可能把它们的关系全部数量化。这种缺憾，只能用定性分析来弥补。

（5）管理学是一门具有时代特征的学科。在人类历史长河中，世界各民族为了生存和发展，时时刻刻都在组织着生产活动，研究着生产活动，从事着各种各样的生产活动，这使人类社会的发展具有连续性。社会生产活动是由诸多要素组成的一个大系统，社会生产系统的发展不仅取决于系统内部诸要素间的相互作用，还取决于系统外部环境的变化。这就使人类社会的生产活动在不同时代由于各种因素的作用而呈现出阶段性特征。于是，不同历史阶段的管理，在思想、内容、性质、方法和手段等各个方面都体现出鲜明的时代特色。以管理活动为研究对象的管理学只有紧跟时代的步伐，针对社会生产力、生产关系及社会制度等方面业已发生的变革去努力揭示现代管理规律，反映未来管理趋势，构建具有鲜明时代特征的学科知识体系，以求适应生产力发展的客观要求。这就使得管理学具有了鲜明的时代特征。

1.2.2 管理学的学科体系

经过100多年的发展，管理学已经成为涉及人类社会一切领域并包含着上百门分支学科、边缘学科的科学知识体系。鉴于现代社会对管理学有着日益增长的多方面的实际需求，管理学的知识、技术和方法在今后一个时期内仍有可能呈现加速发展的态势。厘清管理学的学科体系结构，确立管理学的发展方略，辨识管理学的学科生长点，对于促进管理学在中国的发展具有重要的现实意义。

在现代社会，人们是按照专业化分工的原则从事各种各样的工作和活动，社会也因此形成了各种各样的部门或行业，有了不同的管理领域。由于管理领域的不同，人们研究管理内容的侧重点也各不相同，在此基础上形成了许许多多专门的管理学科，如经济管理学、行政管理学、教育管理学、军队管理学、公安管理学等。在每一分支学科中，又形成了许多更细的分支学科。如经济管理学又可以再分成宏观（国民）经济管理、中观（部门）经济管理、微观（企业）经济管理等分支学科；企业管理学又可以按照企业的类型不同而分成工业企业管理、商业企业管理等分支学科；对企业管理学，还可以按管理职能的不同分成生产管理、财务管理、质量管理、技术管理、营销管理等。社会的发展也促使一些新兴管理学科出现，比如，20世纪后期就产生了一门全新的“公共管理学”。

现在，越来越多的人认识到，各个领域、各类组织的管理活动尽管各有特殊性，但这些特殊的管理活动中都蕴含着一些共同的东西。无论在社会生活的什么领域或什么类型的组织中，管理活动都是按照一定规律进行的，而且这些规律不会因组织的性质或类别的不同而不同。因此，从社会普遍存在的管理活动中概括总结出来的基本规律（包括一般的原理、理论、方法和技术），就构成了一般管理学的内容。一般管理学是整个管理学学科体系中的基础性学科，它的任务是探讨人类社会一切管理活动的一般性问题，如管理活动的特征和职能、类型和过程、目的和手段、方法和原则、体制和组织等。管理学作为一个包含众多学科的学科门类，必须有一个联系各门分支学科、边缘学科的交汇点。一般管理学就是这个交汇点。中国的管理学研究，正在从工商管理、经济管理、行政管理、教育管理、科学技术管理、军队管理等各个角度向一般管理学这个交汇点收敛、聚焦，具有中国特色的一般管理学体系正在形成。

确立学科的研究对象是确立学科理论体系的前提和核心内容。管理学研究的具体内容应该包括哪些？换言之，管理学学科体系结构是如何构成的？这些方面在管理学的不同发展阶段是有所差异的，当代不同的管理学派也有不同的认识，而且随着科学技术的进步，管理学的研究内容也必将随学科体系的完善和管理理论的丰富而不断调整。一般管理学要求站在人类管理活动发展的前沿，把握管理科学进步的历史脉动，对各门具体管理学科的新知识、新技术、新方法进行理论概括和总结，形成新的原理，使之与从历史上继承下来的知识相融合，用来指导具体各管理学科的研究以及管理实践活动。

1.2.3 管理学的研究现状

管理学研究是为了促进组织的发展和探求组织适应环境变化的途径。组织要在变化的环境和激烈的竞争中求生存、谋发展，就必须努力提高效率和增加效益。正是基于这一点，各管理学派都在努力寻找更有利于组织发展的途径，从不同的角度出发，采用在它们看来合乎理性的各种假设并展开论述。经典管理理论第一次把管理作为一门科学来加以研究，对管理的主要过程、管理的职能和技能的论述在今天仍是管理学所内含的知识，并指导着管理实践。组织行为科学学派对激励诱导、群体及组织内人际关系做出了详细论述，确认了工人是最有价值的资源。管理科学学派运用数学模型和程序求得决策和解决问题的最佳方案，特别是运用了信息情报系统促进了管理效率的提高。决策学派注重效果，要求从“效果”出发去考虑实现“效率”最大化的路径，并认为效率是实现效果的必要条件。经验管理学派则试图通过成功与失败的实例分析去寻找在同类条件下实现有效管理的方式，认为一个有效的组织必须以管理者的有效性为基础，而且管理者的有效性本身是对组织发展的最重要贡献。系统管理理论强调系统分析和系统管理，认为系统管理有助于提高企业的效率和效果。权变管理理论则提出根据不同情况随机应变，从而使管理更加适应变动着的环境要求。

管理学在管理方法方面，体现出显著的量化特征。就决策工具而言，它必须能够做出或建议做出决策，应当根据真实世界中现有的那些经验数据，用量化的方法做出评估。现在常见的决策工具往往是通过严格限制条件下的模型设计去做出两个方向的选择：一个方向是保留最优化；另一个方向是设计满意模型，以合理的计算成本提供足够好的决策。这两个方向普遍存在于现代管理理论中，不论组织行为理论、决策理论，还是后起的系统分析学派、选择学派、权变理论，都不同程度地在这两个方向上前行。

对人在组织中的作用的认识，是管理学在构建理论体系的过程中无法回避的问题。传统管理理论将重点放在对“事”和“物”的管理上，漠视组织成员个人的需要和个人目标，看不到人的主动性和创造性。当然，这并不是说科学管理学派完全把人视为“经济人”，事实上，不仅科学管理学派中的甘特、吉尔布雷斯等人有着较多关于重视人的价值的论述，就是泰勒本人的“精神革命”和培训工人的见解，以及雇主应以平等的态度对待工人并了解其真实想法与感情的主张，都表明他们对人的因素给予了一定的关注。行为科学理论弥补了传统管理理论的不足，把人的因素放在了首位，并吸收了心理学、社会学中的许多理论成果，提出了“社会人”、“自我实现人”和“复杂人”等假设，强调管理中人的非理性因素，重视人际关系的影响和人的欲望、感情、动机的作用，因而在发挥人的创造性和主动性方面收到了较好的效果。但行为科学理论也有缺陷，它过分强调人的感情方面和社会方面因素的作用，较少探讨正式组织的积极作用以及理性和经济方面因素的作用。

科学管理是工业社会大生产的产物，科学管理理论所要研究和解决的问题主要集中于微观管理即企业管理这样的领域。尽管亚当·斯密也谈到过社会分工和一国致富的宏观问题，但在涉及经济管理时，考察对象主要还是工场手工业的管理，在宏观方面并没有更多涉及，泰勒的管理理论也主要是在微观的框架里不断完善。尽管泰勒之后的管理理论涉及了系统、过程、人际关系等问题，但主要还是企业内部的系统、过程和人际关系。近代社会宏观管理方面的内容往往转移给了政治学、社会学等学科，而这些学科又是天然地排斥管理的，以至于宏观管理方面的研究是现代管理学的弱项。

当然，在国家干预经济已经成为主要倾向的时代，是不可能没有宏观管理的。凯恩斯主义的需求管理、供应学派的供给管理、现代货币主义的货币管理等都被归入了宏观管理的范畴。就一般思想体系和其表现出来的主要特征而言，这些都属于理论经济学的范畴，只属于从一般经济理论中引申出来的粗略管理原则，没有像企业管理那样不断细化，所以，也没有成为真正系统的宏观管理理论。但是，在现代社会的复杂结构中，组织并非只有微观和宏观两个层次，而是在层次上表现出多样性的特征，仅仅依靠对微观和宏观两个层次的区分来处理复杂的管理问题，是不可能取得预期效果的。所以，需要采用系统而综合的方法才能奏效。

尽管中国有着源远流长的管理实践和极其丰富的管理思想，但作为一门学科，管理学在中国的发展是从20世纪70年代末才开始的。党的十一届三中全会以来，党和国家的工作重心转移到了以经济建设为中心的轨道上来，从而使管理的重要性得以凸显。改革开放打开了国门，国外的管理科学得以顺利进入中国，并开始吸引越来越多的研究者。很快，全国各地纷纷成立了企业管理协会以及其他各种管理学会，高等学校内普遍设立了管理学院或管理学系，经济管理研究机构、培训中心也如雨后春笋般地成长起来。但是，中国的管理学研究存在着严重的不同管理学科之间缺乏相互认同的问题，很少交流，某种具体的研究方法往往排斥其他任何研究方法，特别是存在着“唯学术”的倾向，满足于研究成果在小圈子中分享。

1.3　作为一门学问的管理学

1.3.1　管理学的发展趋势

从管理学产生和发展的历史中不难看出，社会生产力，特别是社会经济活动的发展，是推动管理学发展的最为主要的因素。现代社会的发展十分迅速，人们普遍认为，21世纪是以知识经济为特征的时代。在这样的经济和社会形态中，管理思想、管理手段等都与过去有很大的不同。新的管理活动必然会作为管理学的研究对象出现，并会极大地推动管理学的发展。影响管理学发展的第二大因素主要是与管理学相近的其他学科的发展，特别是系统科学、信息科学、决策科学和计算机、计算机网络等科学技术的发展，都对管理学的发展产生了积极的影响。影响管理学发展的第三个因素是随着经济全球化而发生的各种管理思想、管理理论、管理实践之间的融合、借鉴，这将使跨文化的管理理论受到更多重视。从理论研究的角度来看，在与管理实践的相互影响下，管理学本身也将呈现全新的发展趋势：

（1）管理学在整个科学社会科学体系中的地位将进一步提高。人们越来越深刻地认识到，管理不仅是决定一国生产力发展水平不可缺少的要素，而且是现代社会生产力的首要构成要素。管理不仅改变了人们的生产方式，而且改变了人们的生活方式以及思维方式。因此，管理学的教育将会更加普及，管理学的重要作用将会更加充分地体现出来。

（2）管理学的理论化、哲学化趋势。纵观管理的发展史，由管理活动上升到管理学，由管理学上升到其基本原理，再由管理学原理上升到管理哲学，表现了人类对管理认识深化的历程，这正是管理理论发展的总趋势。管理学的理论化趋势将表现为对各类管理之共同规律的认识和总结，并对这些规律进行一般性的概括和抽象。管理学的哲学化趋势表现在，从哲学的高度对管理进行最高层次的考察与解释，把管理与哲学沟通起来。这样一来，一般管理学也就得以完整地建立起来。

（3）新的管理学分支的发展将更加迅速。管理学发展的一个重要特征就是管理学分支学科的发展。由于社会及其经济活动正在面临着巨大的结构性变革，管理活动将要解决许多全新的课题，如知识经济时代对知识资本或资源的管理，信息共享体系的建设与管理，人力资源管理的创新，新型的组织结构和形式的管理，在更为复杂的社会经济环境中对组织适应性的管理等，都将成为一些新兴的管理学分支学科的研究内容。

（4）管理学将更多地与经济学、心理学、社会学、数学等紧密结合。管理学本身就是一门综合性的学科，其发展除了得到管理实践创新的不断推动外，还得益于其他相邻学科的发展，其中经济学、心理学、社会学、数学等学科发展的最新成果都在管理学研究中得到了运用。今天，这些与管理学密切相关的学科发展十分迅速，也必然会推动管理的迅速发展。可以断言，未来的管理学在管理方法上将会更多地借鉴这些学科发展的成果，表现出与这些学科的发展紧密结合的特征，会表现出一种在发展中互动的状态。

（5）管理学研究将更加突出“以人为本”的特色。在知识经济时代，决定企业、国家前途和命运的主要因素将越来越表现为人才的数量和质量。因此，如何充分地开发人的智力和体力，将成为管理学的一项更为重要的任务，特别是将人作为一种知识载体的研究将更为突出。在管理中突出人的因素还不仅仅是突出其作为人力资源方面的内容，而是更加强调其道德主体的价值，从而赋予管理以伦理色彩。

（6）理论与实践的结合更加紧密。管理学发展最强大的推动力是管理实践。随着社会生产力的发展，社会组织结构的变化和管理活动的创新将会为管理学的发展提供更多的鲜活案例，并会在此基础上形成新的管理学理论。另外，人们为了提高管理工作的效率，避免管理中的失误，将会更多地把管理活动置于科学理论的指导之下。管理理论将越来越多地被人们所重视，不仅管理的科学研究会更多地吸引理论工作者的兴趣，而且管理工作者也会更加重视管理理论的作用，更加自觉地在管理理论的指导下开展管理工作。

1.3.2 学习管理学的意义

管理学的形成与发展根源于社会发展的需要，学习、研究管理学也是这种需要使然。管理学一经出现，就显示了它巨大的推动社会发展的功能。在当代社会，无论是生产经营还是社会管理，如果不自觉地学习、研究管理学，不自觉地运用管理理论武装自己，是很难有所作为的。管理学的发展是 20 世纪的一项重大科学成就，自觉学习和研究管理学不仅是管理实践的现实需要，也是传承人类文明的需要。正如 18、19 世纪的人们需要学习哲学来理解社会和训练思维一样，在新的历史条件下，人们需要通过管理学来获得改造社会和适应生活的能力。总之，人类已经在根本上从自在的阶段进入自觉的阶段，学习、研究管理学已经成为管理活动的必要条件和进入整个社会生活系统的必要准备。

首先，学习管理学有助于把握现代管理规律，提高人类社会实践活动的能力。任何客观事物都包含着存在和发展的内在规律，人的主观能动性就在于认识这些规律，揭示这些规律和运用这些规律提高实践活动的能力。作为人类实践活动的一个基本方面，管理也有其自身的规律。管理学从一开始就肩负着总结概括管理规律、帮助学习者掌握并运用这些规律以提高管理能力的使命。一些发展中国家为了在经济上迅速赶超发达国家，不惜重金购买先进技术、先进设备，甚至购买现成的整套生产线，但这些东西却发挥不出应有的作用。同样一套生产线，在发达的工业化国家所生产出来的产品数量和质量以及成本消耗，都与在发展中国家大不相同，甚至有一些先进技术进入发展中国家后成了根本无用的东西。出现这种现象的原因就是管理的落后。

其次，学习管理学有助于合理组织生产力的要素，提高生产力水平，充分发挥生产力在人类文明进步中的作用。生产力是一个系统，它既有独立的实体要素（包括生产资料、生产对象和生产者），也有非独立的附着性、渗透性要素（包括科学技术及管理等）。其中，管理贯穿于生产力的具体结构中，管理是否科学，直接影响着生产力各要素的组织，影响着生产力的水平，影响着生产力作用的发挥。我国在改革开放后，一度出现的对国外先进技术、先进设备不分轻重缓急、不从实际出发的盲目引进和重复引进现象，造成了大量的浪费，究其原因，也是管理上的问题。对于发展中国家来说，固然需要强调发展科学技术，但更为关键的是提高管理水平。只有管理水平得到了提高，才能使人、财、物等各种资源发挥更大的效能，才能解放生产力，并推动生产力朝着更高水平发展。这一切，当然有赖于管理学的学习和管理理论、方法的掌握。

最后，学习管理学也是个人谋职和从事社会活动的必要准备。人们学习管理学是否就一定要当管理者？换句话说，不准备当管理者的人是否就可以不学习管理学？当然，从事管理工作必须以学习管理学为前提，但不准备从事职业管理活动的人也同样需要学习管理学。这是因为：人一旦走上社会，要么从事管理工作要么被人管理。假如一个人不得不为生活而去工作，那么几乎可以肯定地说他是在某个组织中工作，他将成为管理者或者被管理者。对管理者来说，学习管理学是提高其管理能力的重要途径。虽然管理知识总的来讲是来源于经验的，但经验包括直接经验和间接经验。直接经验是管理者在亲身的管理实践中获得的，而间接经验则是通过各种方式学习他人的经验获得的。管理者要提高自己的管理能力，关键就在于把这两种经验有机地结合起来，学习管理学正是获得他人成功经验的最有效、最迅速的途径。用较短的时间掌握必要的基本管理理论和方法，就可以在实践中因地制宜地运用这些知识来指导自己的工作。对于被管理者来说，学习管理学可以较多地了解管理者的行为方式和组织的运作过程，从而有助于自己更好地适应社会，增强生存能力。在我们的时代，管理活动是最基本的社会活动之一，每个人都处于一个或多个管理系统之中，管理就是我们的社会生活的基本内容。因而，学习管理学，不仅是当今社会发展的需要，也是我们每一个人在社会中生存的需要，我们每一个人都应或多或少地学习一点管理学知识。

1.3.3 学习管理学的方法

学习管理学的基本前提是从实际出发、理论联系实际，这包括两层含义：(1) 认真学习管理理论，但不盲目照搬理论，而是根据管理实际灵活地运用理论；(2) 虚心向发达国家学习管理经验，但从中国的国情出发，对外国的成功管理经验批判地吸收。

管理学首先产生于西方资本主义社会，在其发展过程中，经历了几个不同的阶段，逐步建立起了系统的管理学科。管理学的发展大大提高了企业、事业单位及其他社会组织的管理水平，减轻了社会因管理不善而造成的混乱状态，促进了社会进步，所以，向西方发达国家学习管理学是我们在管理水平上追赶先进国家的第一步。但是，又要看到，我国是一个文明古国，有着悠久的历史和固有的文化传统，有着与西方国家不同的国情，这就决定了西方的管理学理论不可能完全适应中国管理实践的需要。因而，我们必须充分认识中国国情，并以此为依据改造和重建管理学，实现管理理论的本土化。

相对而言，管理学是一门新兴学科，尚处在发展的过程中，管理学对管理活动的基本规律和一般方法的认识还有待深入。社会的发展也会向管理学提出新的问题和要求，管理学需要随时准备在管理实践中得到丰富和修正。理论与实际相结合的学习方法就是这样一种方法：它把现成的管理理论与管理方法运用到实践中去，通过实践来检验这些理论与方法的正确性与可行性，并在实践中不断概括总结新的理论与方法。我国的管理学还处于建构时期，为了从国情出发，建设有中国特色的管理学体系，运用这一方法尤显重要。从学习者的角度讲，掌握管理理论必须与实践相结合。关于这一点，美国管理学家孔茨曾举例说：桥梁学是一门十分严谨的学科，但桥梁学专业的学生在设计桥梁时，从来没有照抄书本和课堂的知识，而是根据河流的流速、河床的地质状况、运量等客观条件和要求进行设计。孔茨的结论是，任何一个专业都需要把理论与实践联系起来，管理学的学习和运用也是这样。

唯物辩证法和理论联系实际的方法是学习和研究管理学的基本方法，除此之外，还有其他一些方法，如比较研究的方法、历史研究的方法、数学分析的方法、案例研究的方法等。在当今所有学科门类中，管理学是最集中体现了一种实践思维的学科，学习管理学所接受的是一种实践思维训练，因而，也需要用一种实践思维观去认识如学习管理学。总之，学习和研究管理学，要以马克思主义的唯物辩证法为指导，同时综合运用各种方法，吸收和采用多种学科的知识，从系统的观点出发，联系实际，实事求是，这样才能真正掌握和发展管理学，为提高我国的管理水平做出有益的贡献。

关键术语

管理　　管理职能　　组织资源　　管理的二重性　　管理的历史类型　　管理学　　软科学　　一般管理学　　理论联系实际的方法

复习思考题

1. 如何理解管理的含义？
2. 论述管理的基本特征。
3. 论述管理的历史类型。
4. 谈谈管理在社会发展中的作用。
5. 论述管理学的性质。

6. 如何把握管理学的学科体系结构？
7. 试述管理学的研究现状。
8. 管理学在未来发展中会出现哪些发展趋势？
9. 如何认识学习管理学的意义？
10. 论述学习管理学的方法。

第 2 章

管理思想的演变

开篇引例

阿里巴巴用短短 14 年时间，就从 18 人的创业团队发展成万亿市值的企业，当今中国，唯此一例。阿里成功奥秘何在？凡是伟大的、有着旺盛生命力的企业，必然是注重培育良好企业文化的企业——此一观点，在阿里再次得到印证。阿里对于企业文化的坚持已经到了令外人“不可思议”的地步。多年以来，企业不但坚持把价值观纳入绩效考核体系中，而且占到了 50%的权重。在阿里招聘史上，曾多次出现由于价值观不同而把一些精英拒之门外的事例，原因说来简单：“如果跟我们价值观不相吻合，一个人能力越大，进来之后对组织的破坏力也更大。”

阿里的企业文化是什么，舆论界有多种说法。简而言之，“理想与使命感”“开放与分享”，此为阿里企业文化的精髓和总纲。马云等企业高层领导，对此曾多次阐述。在具体操作中，阿里又将其细化为“客户第一、拥抱变化、团队合作、诚信、激情、敬业”六项内容，这就是阿里员工几乎无人不晓、带有马云所钟爱的武侠色彩的“六脉神剑”。“六脉神剑”如何落到实处，人力资源部门对每一项都做出了具体详细的解释，比如，“激情”一项，就定义为“乐观向上，永不放弃”8 字，包括 5 个方面，都与个人绩效考核一一对应，这就让员工有了看得见摸得着的行为准则。良好企业文化的培育与坚持，当是企业内生动力的不竭源泉。这或许亦是人人皆知却又容易忽视的一个奥秘吧。

资料来源：詹国枢．阿里巴巴的成功奥秘．中国经济周刊，2014（31）．

2.1 前管理科学时期

2.1.1 中国古代的管理思想

中国是一个历史悠久的文明古国，在社会实践中形成的管理思想源远流长，丰富多彩，历经数千年的演变和发展，逐渐形成了具有本民族特色的管理思想体系和传统，在世界范围内受到了普遍关注和重视。

（1）在国家管理方面，有着系统的治国策略。关于国家管理，古代思想家有三种不同的主张：德治与王道；法治与霸道；礼法相济与王霸相杂。德治策略可以追溯到殷商时代，到春秋时期，孔子较系统地阐述了“为政以德”的德治说，主张德治的核心是“仁者爱人”，认为德治优于法治。孟子则从性善论出发提出了仁政王道的思想。法治策略是以法家为代表所主张的治国策略。韩非是法治思想的集大成者，他将慎到的“势”、商鞅的“法”、申不害的“术”结合起来，创立了一套系统的治国思想。他的法治思想包括：一是有统一的法度；二是法要严峻；三是法要公平合理；四是执法要信。荀子则提出礼法相济、王霸相杂的主张。

（2）在组织管理方面，总结出了一套行之有效的组织办法。周公编的《周礼》一书为周朝制定了一套官僚制度。这本书将周代官员分为天、地、春、夏、秋、冬六官，以天官职位最高；六官分三百六十职，各有职掌，层次分明，职责清楚。在组织管理实践上，自周朝以降，历代封建王朝为提高国家管理效率，都很重视组织管理，封官定职，编有详细的官职表，层次分明，职责清楚，权责相称。

（3）在人事管理方面，有“选贤任能”“任人唯贤”的主张。老子在《道德经》中讲过“城中有四大，而人居其一焉”。“四大”是指道、天、地、人。可见老子十分重视人的因素。春秋时期，《墨子·尚贤》中提出用人的原则是“察其所能而慎与官”，强调确立“唯贤不用亲”的制度，倡导“不辨贫富、贵贱、远近、亲疏，贤者举而尚之，不肖者抑而废之”。《管子》则主张因材施用，扬其所长，避其所短，不可求全责备，提出要“德以合人，人以德使”。

（4）在军队管理方面，包含着非常成熟的管理经验。周朝初年，姜尚所著的《六韬》《三略》就包含着许多军队管理思想，提出了管军要爱军、赏罚应分明、赏罚相结合等思想，特别是提出了“进贤士”“斥不肖”的思想等。春秋战国时期的军队管理思想当首推《孙子兵法》。这部著作所体现出来的管理思想主要包括：第一，国事为重；第二，将为国辅；第三，视卒如子；第四，以法治军；第五，知者必胜；第六，谋略取胜。

（5）在农业管理方面，非常注重提高农民的积极性。在农业社会中，农业是国力的源泉，历代王朝都很重视农业生产和农业管理。管仲认为“五谷食米，民之司命也”（《管子·国蓄》），“粟者，王之本事也”（《管子·治国》）。“地之守在城，城之守在兵，兵之守在人，人之守在粟”（《管子·权修》），“仓廪实而知礼节”（《管子·牧民》）。中国古代农业管理思想主要体现为：注重农业结构管理，以粮为主，多种经营综合发展；修水利，增强农业抗旱、防涝能力，为农业丰收创造条件；重视科学技术，不断改进耕作工具与技术；“顺天时，量地利”（《齐民要术》），对不同的农作物进行栽培和管理。

（6）在经营管理方面，提出了经营要顺应事物本身的发展规律的思想，认为违背它就会遭遇失败。管仲认为，一切社会均有“轨”可循，“不通于轨数而欲为国，不可”。另外，他强调和气生财，认为要处理好人际关系，否则，“上下不和，虽安必危”。办事要守信用，“不欺其民也”，要从实际出发，量力而行，“动必量力，举必量技”，统筹谋划，“事无备则废”，“以备待时”。《史记》记载了春秋末期的政治家、军事家范蠡的经营理论——“计然之策”，其中包括“待乏”原则和“积著”之理。“待乏”原则是指市场上的货物要根据年岁季度预测需求行情，预先收储等待时机，方有利可图；“积著”之理则是指即便微不足道的事物，只要经过长期积累，也会变得显著，它说的是一种获得利润的方式。

（7）在工程管理方面，中国古代许多规模宏大的工程，如万里长城、都江堰水利工程、大运河等，都渗透着工程管理的智慧。长城的修筑历时两千多年，投入的劳动力达数百万人，筑城所用的砖都按统一规格由全国各地烧制后运送到工地。为了监督检查制砖的责任和质量，每块砖上都刻有制造州府县及制造者的名字。要完成如此浩大的工程，在科学技术尚不发达的当时，其计划、组织、领导、控制等管理活动的复杂程度是现代人难以想象的。驰名中外的四川都江堰水利工程，把灌溉、蓄水、排洪、排沙都做了周到的安排，如果没有高超的管理技巧，要完成如此复杂的工程是很难想象的。

2.1.2 外国古代的管理思想

外国古代的管理思想主要记载于埃及、巴比伦和古罗马的史籍和宗教文献中。

（1）古埃及的管理思想。埃及历史上经常遭遇着尼罗河引发的水灾威胁，因而，古埃及修建了大量的水利工程。并且，如同其建造金字塔一样，水利工程技艺也堪称世界奇迹，是希腊人和罗马人后来建造的几乎所有工程都无法比拟的。由于采矿和绝大多数工程项目是国家垄断的，也要求形成和发展一种广泛的官僚制度来管理国家事务。比如，公元前 27 世纪修建的胡夫金字塔动用了数十万奴隶，历时 30 年，如果没有很强的组织分工与一定管理思想的指导，绝不可能完成如此巨大的建筑工程。那时的劳动力是由自由人和奴隶构成的，统治者利用职业传统吸引自由人，利用强制力量分配奴隶。为完成如此巨大的工程，自然也就生发出了管理跨度的问题。比如，法老陪葬品中的仆人与管理者的雕像数量大约遵循 10∶1 的比例。后来，希伯来《圣经》里提出的“以十为限”的管理思想即源于此。

（2）两河流域的管理思想。“美索不达米亚”是古希腊人对两河流域的称谓，它意指“位于两条河流之间的地方”，这两条河就是幼发拉底河和底格里斯河。在这片土地上，孕育出了伟大的文明。其中，苏美尔人乌尔纳姆在这里建立了乌尔第三王朝，并颁布了迄今可见的人类历史上最早的法典，即《乌尔纳姆法典》，尽管只保存下来一些片段，却对古巴比伦及后世的法典产生了极大的影响。古巴比伦王国靠近今天的巴格达，其第六代国王汉谟拉比统一了两河流域，建立了中央集权的专制统治，颁布了《汉谟拉比法典》。该法典由 282 个律条组成，涉及财产、借贷、租赁、转让、抵押、遗产、奴隶等各个方面，对各类职业和各个等级的人的责、权、利关系给予了明确的规定，对贸易行为、个人行为、人际关系、惩罚以及其他社会问题都进行了详细规定。可以说，公元前 2000 多年的古巴比伦王国已经有了较为完备的行政管理形式，通过制定法典而使行政管理变得有法可依，这是古巴比伦人对管理思想的最大贡献。

（3）古希腊的管理思想。古希腊文明是西方文明最重要和直接的源头，是整个西方文明的精神源泉。古希腊人在哲学思想、诗歌、建筑、科学、文学、戏剧、神话等诸多方面有着很深的造诣，并产生了许多颇有成就的思想家，在他们的著作中包含了古希腊人对管理思想的贡献。例如，苏格拉底很早就认识到管理的普遍性原则。根据色诺芬的记载（或想象），苏格拉底认为，“管理个人的事情和管理公众的事情只是在大小方面有差别，在其他方面彼此是很相类似的”①。在管理上，“两者的职责都在于使其下属顺从和服从，都在于把恰当的人安置在恰当的地方。此外，两者都应该惩罚坏人和奖赏好人，都应赢得下属的好感。两者的利益都在于吸引同盟者和助手。两者都应该能够保持自己所有的事物。在他们自己的工作中，两者都应该努力和勤勉”②。

作为苏格拉底的学生，柏拉图在《理想国》中评论了人的多样性以及这种多样性是如何促使劳动分工的。丹尼尔·雷恩这样评论道，“这种观点，即劳动分工将使生产力最优化的观点，一直持续了近 2000 年，并且为组织工作和决定如何最好地利用人们的不同能力奠定了基础”③。亚里士多德是柏拉图的学生，是古希腊一位集大成的学者。在其著作《政治学》中，包含着劳动力专门化、部门化、集权、分权、授权、配合以及领导力等管理和组织思想。色诺芬在其著作中论述了劳动分工的优点。他曾对劳动分工做了如下论述：在制鞋工厂中，一个人缝鞋底，另一个人进行剪裁，还有一个人制造鞋帮，再由一个人专门把各种部件组装起来。这里所遵循的原则是：从事高度专业化工作的人一定能工作得最好。色诺芬的这一管理思想深刻影响了将“劳动分工”作为《国富论》开篇的亚当·斯密，而且科学管理的创始人泰勒的某些思想也与之非常接近。

（4）欧洲中世纪的管理思想。欧洲中世纪的教会管理是人们常常提起的管理范例。事实上，罗马天主教会是西方文明史上历史沿革最久而且最有效的正式组织，它之所以能历久不衰，除了其追求的目标具有诱人的魅力之外，其组织之严密，管理技术之高超，也是重要原因。天主教会所实行的既分级又分领地而且分部门的一套管理体制使它能够有效地控制遍布全世界几亿教徒的几乎全部生活，它的中央机构——罗马教廷——几乎就是一个复杂的“世界政府”的中央。

在公元 6 世纪到 18 世纪，欧洲主要出现了两种类型的社会经济组织形式：一种是商业行会和手工业行会，一种是厂商组织。商业行会和手工业行会是商人、手工业者互相帮助、自我管理的共同体。厂商组织可以算是最早的“前店后厂”，它们都是后来公司的前身。比如，当时的威尼斯兵工厂就采用了流水作业，建立了早期的成本会计制度，进行了管理的分工。

---

① 色诺芬．回忆苏格拉底．北京：商务印书馆，1986：96.

② 克劳德．管理思想史．北京：商务印书馆，1985：23.

③ 雷恩，贝德安．管理思想史（第 6 版）．北京：中国人民大学出版社，2011：15.

2.1.3 近代西方的管理思想

从中世纪后期到19世纪中期，欧洲逐渐成为世界的中心。可以说，这是欧洲各国经历大变动的时期：几次大规模的资产阶级革命；城市（主要是商业城市）的发展；资本主义生产方式从封建制度中脱胎而出，家庭手工业制的主导地位逐步被工厂制所代替。始于英国的工业革命，结果是用机器动力代替了部分人力，导致了机器大生产和工厂制度的普遍出现，对社会经济的发展产生了重要影响，特别是股份制的出现导致了专职管理阶层的兴起。股东退出了具体的管理领域，转向依靠具有专门管理知识，通晓生产和经营的专家集团。同时，竞争的加剧也对提高企业经营管理水平提出了更高要求。

近代社会的管理思想主要包含在一些经济学著作中，也有一些实践者（主要是厂长、经理）注重总结自己的经验，探讨有关管理的问题。这一时期的著作，大体上分为两类：一类偏重于对管理职能、管理原则等理论问题的研究；另一类则偏重于管理技术、方法的研究。在管理职能、管理原则的研究方面，较有代表性的著作主要有亚当·斯密的《国富论》(1776年)，塞缪尔·纽曼（Samuel P. Newman）的《政治经济学原理》(1835年)，约翰·斯图亚特·穆勒（John Stuart Mill）的《政治经济学原理》(1848年)，艾尔弗雷德·马歇尔（Alfred Marshall）的《工业经济学原理》(1892年)。当时的军事理论家、数学家、思想家以及一些厂长、经理对具体的管理技术和方法进行了探讨，也取得了一定的收获。

亚当·斯密系统分析了劳动分工的经济效益，提出了生产合理化的概念，他以制针业为例形象地说明劳动分工带来的效率变化。亚当·斯密注意到：10名工人如果分工协作每天能制48 000多根针，但如果让每个工人独立完成所有的制针工作，这10名工人最快也不过每天制作200根针，因为他们每个人都得抽铁丝、拉直、切截、磨针尖、装上圆头。

普鲁士军事理论家卡尔·冯·克劳斯威茨（Carl Von Clausewitz）认为，管理大型组织的必要条件是精心的计划工作，必须规定组织的目标；管理者应该承认不确定性，从而按照旨在使不确定性减少到最低限度的要求来全面分析与计划；决策要以科学而不是预感为根据，管理要以分析而不是直觉为根据。

英国数学家查尔斯·巴贝奇（Charles Babbage）在1832年出版的《机器与制造业经济学》一书中，以数学家的眼光，对劳动分工的效益和主管人员对设备、物资、人力使用上的具体管理技术进行了较全面的论述。为了具体地进行核算，他甚至设计了一张供管理人员使用的有关原料正常消耗、开支、工具、价格、最终市场、工人工资、工作周期等的问题表。

1800年，发明蒸汽机的工程师瓦特（Watt）在他的博尔顿-瓦特（Boulton & Watt）联合公司所属苏霍制造厂（Soho Foundry）里运用了科学管理的方法，主要包括：市场研究与预测技术；生产计划技术；生产过程规范化和产品部件标准化；依据工作流程有序地安装机器；建立详尽的生产统计记录，按机床、部门进行成本利润核算；培训工人与管理人员；按成果支付工人工资；工人福利由工人自己管理；等等。

空想社会主义的代表人物之一、英国的罗伯特·欧文（Robert Owen）为实践自己的政治主张而进行了“新拉纳克”（New Lanark）和“新协和村”（New Community）的试验。试验的主要内容有：改善工厂内的工作条件；限制童工的最低年龄；缩短工人的劳动时间；为工人提供厂内膳食；设立按成本向工人出售生活必需品的商店；通过建造房舍与修筑街道改善工人居住条件等。试验虽然没有成功，但罗伯特·欧文的实践与思想却对管理学的形成和发展产生了重要影响。由于他试图在企业内建立起一种全新的人际关系，因此被誉为人事管理的先驱者、“人际关系之父”。

2.2　经典管理理论

在早期管理阶段，资本的所有者就是管理者。然而，到了 19 世纪末，由于生产技术日益复杂，生产规模的发展以及资本的日益扩大，企业的管理职能逐渐与资本所有权分离，开始出现专门的管理阶层。研究这一过程的学问主要是 19 世纪末 20 世纪初产生的以泰勒为代表的科学管理理论、以法约尔为代表的一般管理理论和以韦伯为代表的行政组织理论。对于这一时期的管理学，我们称其为经典管理理论。

2.2.1　科学管理理论

弗雷德里克·温斯洛·泰勒（Frederick Winslow Taylor，1856—1915）是科学管理的创始人，他终生致力于科学和管理研究，取得了引人注目的成就。泰勒在管理方面的著作主要有《计件工资制》（1895 年）、《工场管理》（1903 年）、《科学管理原理》（1911 年）等。泰勒以自己的突出贡献在管理思想史上取得了十分重要的地位，被誉为“科学管理之父”。泰勒的科学管理理论核心是提高效率，他发现，企业中包含着巨大的提高劳动生产率的潜力，因为工人们实际上只发挥了自身能力的 1/3。泰勒认为，提高劳动生产率是对工人和雇主双方都有利的事情。劳动生产率的提高意味着雇主生产成本的降低，同时也意味着工人工资的提高，所以，工人和雇主应相互协作，共同为提高生产率而努力。提高生产率的根本途径是管理的科学化，而不是增加劳动量，所以，泰勒提出通过以下几个方面来改进管理：

（1）制定标准定额。这是泰勒管理理论的基础。泰勒倡导把每一件工作分解成一些最简单的基本动作，确定必要的动作，然后通过观察熟练工人的操作动作，找出最快最好的操作方法，记录下每一动作所耗费的时间，加上必需的休息时间和其他延误时间，就得出了完成该项工作所需要的时间。在这一时间的基础上制定出一个工人“合理的日工作量”，就是标准定额。

（2）挑选一流的工人。泰勒认为，在制定工作定额时，要以不损害工人健康为前提、能保证工人长期维持正常速度为基础的。这一速度是一流工人的正常工作速度。所谓一流工人，就是具有与工作性质相匹配的能力，并从内心愿意从事这项工作的工人。泰勒认为，所有的人都可以成为一流工人，管理者的责任就在于使每个雇员都找到最适合于自己的工作，并加以培训，使之成为一流工人。

（3）设置计划层、实行职能制。泰勒认识到，他的制度是否有效取决于精心的计划，而计划的制订又必须依据精确的时间与动作研究。这就需要专职的管理人员，他们每天给工人分配工作任务，并附有完成这项任务的详细书面指示与明确的时间规定，还要承担各项组织工作，对工作过程进行指导，做好统计记录等。显然，由同一管理机构或人员全部承担上述任务是不可能的，应把计划和执行分开，由专门的部门负责制订计划，由不同的职能工长带领工人负责执行。

（4）实行新的奖励制度。为了鼓励工人努力工作、完成定额，泰勒提出用计件工资制取代计时工资制和利润分享制，具体做法是：1）通过工时研究进行观察和分析，以确定工资标准；2）实行差别计件工资制的刺激性付酬制度，即完成定额的可按工资标准的125%计算工资，而完不成定额的只按80%计算工资，以鼓励工人千方百计完成工作定额；3）工资支付的对象是工人而不是职位，即根据工人的实际工作表现而不是根据工作类别来支付工资。这样做，能够避免工人“磨洋工”，调动工人的积极性。

（5）对组织机构的管理控制实行“例外原则”。所谓例外原则，就是企业的高级管理人员把一般日常事务处理权授给下级管理人员，而自己只保留对例外事项的决策与监督权。泰勒提出例外原则是为了解决总经理的职责权限问题。他认为，在设置了计划层和执行职能制后，总经理应避免处理工作中的细小问题，而只有“例外”情况和问题才由自己处理。只有这样，才有时间去考虑重大的方针政策及重要的人事问题。泰勒的科学管理理论影响了一代成功的管理者，对于提高生产率、改善工人生活水平起到了很大的作用。

泰勒的学说传播甚广，追随者甚众，其中数学家卡尔·巴思（Carl G. Barth）、机械工程师亨利·甘特（Henry L. Gantt）以及吉尔布雷斯夫妇（Frank Gilbreth & Lillian M. Gilbreth）等人继承和发展了泰勒的科学管理理论，使之更加丰富。特别值得一提的是，到了20世纪中期，在泰勒的科学管理理论的基础上，美国管理学家伯法（E. S. Buffa）等人提出了管理科学理论。这一理论以现代自然科学和技术科学的最新成果（如先进的数学方法、电子计算机技术以及系统论、信息论、控制论等）为手段，运用数学模型，对管理领域中的人力、物力、财力进行系统的定量分析，并做出最优规划和决策，从而开拓了管理学的另一个广阔的研究领域，使管理从以往定性的描述走向了定量预测的阶段。

2.2.2 一般管理理论

一般管理理论的主要代表人物是法国的亨利·法约尔（Henry Fayol，1841—1925）。他的管理理论集中反映在1916年出版的《工业管理与一般管理》一书中，这是他一生的管理经验和管理思想的总结。概括起来，法约尔的一般管理理论大致包括以下内容：

（1）企业的基本活动与管理的职能。在法约尔看来，不论企业大小、复杂或简单，总是存在着六组活动（或者说基本职能）：1）技术活动（生产、制造、加工）；2）商业活动（购买、销售、交换）；3）财务活动（筹集和最适当地利用资本）；4）安全活动（保护财产和人员）；5）会计活动（财产清点、资产负债表、成本、统计等等）；6）管理活动（计划、组织、指挥、协调和控制）①。管理只是其中一种活动，但却把前五项活动无法囊括

① 法约尔．工业管理与一般管理．北京：中国社会科学出版社，1982：2.

的内容收入其中，例如制订企业经营的总体计划，建立社会组织，协调和调和各方力量和行动等。这样，管理的职权和范围就可以确定为：计划、组织、协调、指挥和控制等方面的职能。

（2）进行管理教育和建立管理理论。法约尔认为，人的管理能力可以通过教育来获得，管理能力也像其他技术能力一样，首先在学校里，然后在车间里得到。法约尔很强调管理教育的必要性与可能性，认为当时缺少管理教育的原因是缺少管理理论，以至于每一位管理者都按自己的方法、原则、判断行事，没有人把可以为大家共同接受的经验教训总结概括为管理理论。法约尔强调了建立管理理论的必要性，并担起了这一重任。

（3）管理的 14 条原则。法约尔根据自己的工作经验，归纳出 14 条他经常使用的管理原则：

1）劳动分工。劳动分工可以减少目标的数目，对这些目标，人们必须给予注意并做出努力。劳动分工不仅限于技术工作，而且毫无例外地适用于所有涉及或多或少的一批人或要求几种类型能力的工作。其结果是职能专业化和权力的分散。虽然劳动分工的好处已被普遍承认，但它必须有一定的限度。

2）权力与责任。权力就是指挥和要求别人服从的权利，而责任则是权力的孪生物，是权力的当然结果和必要补充。凡有权力行使的地方，就有责任。一个出色的领导人应该具有承担责任的勇气，并使他周围的人也随之具有这种勇气。制止一个重要领导人滥用权力和其他缺点的最有效保证是个人道德，特别是该领导人的高尚精神道德。

3）纪律。纪律实质上就是与企业同其下属人员之间的协定相一致的服从、勤勉、积极、举止及尊敬的表示。为使企业顺利发展，纪律是绝对必要的，没有纪律，任何一个企业都不能兴旺繁荣。同时，纪律是领导人创造的，无论哪个社会组织，其纪律状况主要取决于领导者的道德状况。

4）统一指挥。在一个组织中，双重指挥经常是冲突的根源，如同疾病一样侵害着组织机体。在任何情况下，都不会有适应双重指挥的社会组织。无论什么时候，一个下属都只应接受一个上级的命令。这是一条普遍的、永久必要的原则，如果这条原则被破坏，其他原则都会受到影响。

5）统一领导。凡是具有同一目标的活动，仅应有一个领导人和一套计划。这是统一行动、协调力量和一致努力的必要条件。统一领导与统一指挥不同，人们通过建立完善的组织来实现一个社会团体的统一领导，而统一指挥则决定了人员如何发挥作用。统一指挥不能没有统一的领导，但并不来源于统一的领导。

6）个人利益服从整体利益。这本是一条不需过多提醒的原则，然而，在个人利益和整体利益的持久斗争中，人的无知、贪婪、自私、懒惰、懦弱以及一切冲动都总是使人为了个人利益而忘掉整体利益。在法约尔看来，要实现这一原则，领导者必须具有坚定性并能够以身作则，尽可能签订公平的协议，并认真监督。

7）人员的报酬。人员的报酬是其服务的价格，应尽可能合理和使雇主和雇员都满意。尽管不可能有一种令人绝对满意的人员报酬方式，但人们通常希望报酬公平，能够奖励有益的努力和激发热情，不应有超过合理限度过多的报酬。

8）集中。集中不是出于领导人的意志，本身也不存在着好坏的问题，它或多或少地存在于管理之中。集中或分散是一个简单的尺度问题，关键在于找到适合该组织的最适度的集中。集中的程度应随不同情况而变化，集中的目的是尽可能地发挥所有人员的才能。

9）等级制度。这是从企业的最高领导到最基层作业人员的等级系列。它显示出权力执行的路线和信息传递的渠道。在一些大型企业和政府机构中，通过这条渠道传递信息往往需要很长的时间，而许多事情的成败往往取决于信息传递和命令执行的速度。因此，应该把尊重等级系列与保持行动迅速结合起来。为了解决这个问题，法约尔提出跳板原则，也称“法约尔桥”（Fayol bridge），以便跨越权力执行的等级路线，但只有在双方意见一致且活动得到其直接领导同意的情况下，这种跨越等级的直接联系才可以继续下去。

10）秩序。在法约尔看来，秩序包括物品秩序和社会秩序。秩序应该是每件物品或每个人都有一个位置且每件物品或每个人都在指定的位置上。法约尔认为，完善的秩序包括正确选择物品的位置，完善的秩序还要求位置适合人，人也适合他的位置，也就是“合适的人在合适的位置上”。

11）公平。与公道（实现已订立的协定）不同，为了鼓励工作人员能全心全意和无限忠诚地履行他的职责，应该以善意来对待他。公平就产生于善意和公道。公平不排斥刚毅，也不排斥严格。做事公平要求有理智、有经验，并有善良的性格。领导者应经常发挥自己最大的能力使公平感深入人心。

12）人员的稳定。一个人要适应他的新职位并能很好地完成他的工作，就需要时间，还得假设他具有必要的能力。人们发现，一个只有中等能力但可以长期留下来的领导比那些能力虽强但停留时间不长的领导更受欢迎。然而，人员变动也是不可避免的。所以，像其他所有的原则一样，稳定的原则存在尺度问题。

13）首创精神。除了领导的首创精神外，全体人员的首创精神对企业来说也是一种巨大的力量，尤其是在困难时刻。对权力与纪律的尊重有可能导致某些局限，为了激发和支持大家的首创精神，领导者应能够牺牲自己的虚荣心去满足其下属的虚荣心。在其他情况基本相同时，可以说一个能发挥下属人员首创精神的领导要比一个不能这样做的领导高明得多。

14）团结精神。法约尔指出，企业领导者应好好想想“团结就是力量”这句话。全体人员的和谐与团结是一个企业的巨大力量，所以，应该尽力做到团结。在团结原则中，法约尔特别强调了统一指挥的原则，并指出要着力避免两个危险：对格言——“分而治之”的错误解释、滥用书面联系。要努力在企业内部建立起和谐与团结的气氛。

法约尔指出，以上 14 条原则在管理工作中不是死板的和绝对的，应当注意各种可变因素的影响。因此，这些原则是灵活的，是可以适应一切需要的，关键在于领导者要懂得如何运用它们。

（4）管理的五个要素。1）计划：计划主要是指预测和在预测的基础上制订行动计划，既要有长远的指导计划，也要有短期的行动计划。2）组织：组织是确定执行工作任务和管理职能的机构，并由管理机构进一步确定完成任务所必需的机器、物资和人员。3）指挥：每个领导者都承担他自己那个单位的任务和职责。对领导者来讲，指挥的目的是为了企业的利益，使本单位中所有的职工都能对企业做出最大的贡献。为实现指挥的目的，管理人员必须树立良好的榜样，全面了解员工情况，对不称职者予以解雇，经常审议组织结构并根据管理需要进行调整和改组。4）协调：协调就是使事情和行动都有合适的比例，使方法适用于目的，重点在于协调企业各部门及各个员工的活动，引导他们走向一个共同的目标。5）控制：检验每一件事情是否同所拟订的计划、发出的命令和确定的原则相符合。作为管理过程的最后一个环节，控制的目的就是发现、纠正错误并防止重犯。

2.2.3　行政组织理论

行政组织理论的代表人物是马克斯·韦伯（Max Weber，1864—1920）。韦伯是一个对社会学、法学、经济学、政治学、历史学和宗教学都怀有极大兴趣的学者，他在管理理论上的贡献主要集中在组织理论方面。他提出了“官僚制”组织的理想模型，从而确立了现代大型组织广泛采用的一种组织管理方式。韦伯的行政组织理论主要包括以下内容：

（1）理想组织的权威类型。韦伯认为，任何组织都必须以某种权威为基础，才能实现目标，只有权威才能变混乱为秩序，但不同组织赖以建立的权威不同。根据韦伯的考察，古往今来，组织赖以建立的权威有三个：一是传统的权威，它以对社会习惯、社会传统的尊崇为基础；二是魅力的权威，它以对领袖人物的品格、信仰或超人智慧的崇拜为基础；三是合理-合法的权威，它以对法律确立的职位权力的服从为基础。韦伯认为，只有建立在合理-合法权威基础上的组织，才能更好地开展活动，才是理想的组织。这种组织在精确性、稳定性、纪律性和有效性等方面都比其他组织更为优越。

（2）官僚制组织的基本特征。韦伯认为，官僚制组织的基本特征有：1）实现劳动分工，明确规定每一成员的权力与责任，并使之作为正式职责合法化。2）各种公职或职位按权力等级严密组织起来，形成指挥体系。3）通过正式考试的成绩或在培训中取得的技术资格来挑选组织的所有成员。4）实行任命制，只有个别职位才实行选举制。5）公职人员都必须是专职的，并获得固定薪金。6）职务活动被认为是私人事务以外的事情，受规则和制度制约，而且是毫无例外地适用于各种情况。

（3）官僚制组织的结构。韦伯指出，现代行政组织中存在着一种正式的管辖范围的原则，这种管辖范围一般是由规则（法律或行政规定）来确定的。韦伯认为，官僚制组织体系的结构可分为三个层次，即最高领导层、行政官员层和一般工作人员层。在官僚制组织下，最高领导层相当于目前许多组织的高级管理层，其主要职能是决策；行政官员层相当于中间管理层，其主要职能是贯彻最高领导层的决策；一般工作人员层相当于直接操作层，其主要职能是从事各项具体的实际工作。

对于韦伯来说，理想行政组织体系中的“理想的”并不是指最合乎需要的，而是指组织的“纯粹形态”。现实中的组织可能表现为各种形态的结合或混合体，但作为理论分析，需要在抽象的意义上形成一种标准的模式。韦伯对行政组织体系标准模式的描述，有助于说明当时德国从小规模业主制管理过渡到大规模专业化管理的转变过程，他是想设计一个有关权力和活动之间关系的、有利于实现组织目标的组织结构蓝图。

2.3 行为科学时期的管理理论

经典管理理论的建立为当时生产力的发展和社会的进步提供了有力的理论武器。但是经典管理理论大多着重于生产过程、组织控制方面的研究，较多地强调科学性、精密性和纪律，对人的因素则较少关注，它们实际上是把工人当成了机器的附属品。因而，这些理论所代表的管理模式激起了工人的强烈不满。20 世纪 20 年代前后，一方面是劳资矛盾空前尖锐；另一方面是经济的发展和周期性经济危机的加剧，使得西方资产阶级感到再依靠传统管理理论和方法已不能有效地控制工人并达到提高生产率和利润的目的，一些管理学家和心理学家也意识到社会化大生产的发展需要有与之相适应的新的管理理论，于是行为科学应运而生。因此，管理理论的发展进入了行为科学时期。

2.3.1 行为科学的产生

行为科学是一种探索影响劳动生产率因素的科学，注重运用心理学、社会学等学科的理论和方法，从人的工作动机、情绪，以及行为与工作、工作环境之间的关系出发。从产生和发展来看，管理学领域中的行为科学可分为两大时期，前期叫作人际关系学说时期，以 20 世纪二三十年代霍桑试验为开端；后期是以两个事件为标志的，一是 1949 年的美国芝加哥讨论会第一次提出了“行为科学”；二是在 1953 年美国福特基金会召开的各大学科学家参加的会议上，正式定名行为科学。后期行为科学学派理论众多，其中影响较大的有需要层次理论、双因素理论、期望理论、X 理论和 Y 理论。

人际关系学说的代表人物是乔治·埃尔顿·梅奥（George Elton W. Mayo，1880—1949），他主持了管理学史上著名的霍桑试验。霍桑试验本是美国国家科学院全国科学研究委员会于 1924 年开始的一项试验，本意是要确定工厂照明条件同工人工作效率之间的精确关系。由于得不出明确结论，他们又依次进行了工资报酬、休息时间、工作日与工作周的长度等对效率影响的试验，进行到 1927 年，仍然得不出结果。梅奥等人是在这种情况下应邀参加并主持这项试验的，梅奥主持下的霍桑试验一直持续到 1932 年，大致可分为三个阶段：

第一阶段：检验和分析前期试验失败的原因。他们假设了工人工作效率提高的五种原因并重新试验，逐一研究。结果，其他原因都被否定了，只有士气、监督方式和人际关系的原因得到了肯定。

第二阶段：访谈研究。他们在全公司开展对工人的访谈活动，吸取工人对公司规划、政策、工资、工作条件、管理人员态度等各方面的意见，使工人得到一个“诉苦”和“泄气”的机会。由于对交谈方式做了改进，工人能畅所欲言，因而交谈取得了较好效果。工人“诉苦”之后，心情改善了，劳动积极性提高了。

第三阶段：观察研究。通过对公司中三个绕线小组进行观察，发现其中存在着两个非正式组织。他们发现了非正式组织的活动机制及其对工人行为的作用和制约，得出的结论是，必须正确对待非正式组织，以使工人保持“效率逻辑”与“感情逻辑”的平衡。

根据霍桑试验，梅奥等人于 1933 年出版了《工业文明中人的问题》一书，提出了与经典管理理论不同的新观点。这些新观点可以归纳为以下几个主要方面：

(1)“社会人”的观点。经典管理理论把人看作仅仅为了追求物质利益而工作的“经济人”，是对工作条件的变化能做出直接反应的“机器的模型”，但霍桑试验表明，物质条件的变化并不是劳动生产率提高或降低的决定性因素。梅奥等人创立了“社会人”假说，即人不是孤立存在的，而是属于某一集体，是受这一集体影响和制约的社会人。他们除了追求金钱收入之外，也有着社会和心理方面的需求。

(2)“非正式组织”的观点。梅奥等人认为，现代工业管理往往不能满足人们的社会和心理需求，割断了他们之间的感情纽带，使之成为“孤独者”，产生“失落感”。这是造成效率普遍低下的主要原因。由于职工的社会和心理满足无法在正式组织中得到，因而产生了各种各样的非正式组织。所谓非正式组织，是指企业职工在共同劳动过程中由于共同爱好、情感、价值观念以及其他原因而自发形成的群体，它不仅存在于工人之中，也存在于管理人员、技术人员之中。非正式组织与正式组织相互渗透，对生产率的提高有很大影响。

(3) 管理职能的观点。泰勒认为应通过改变工人的操作方式和通过计件工资制来加强工人之间的竞争而达到提高生产效率的目的。法约尔和韦伯认为应通过强化组织原则和组织权威来提高生产效率。梅奥则认为提高生产效率的主要途径是提高职工的满足度，使职工在生理尤其是心理方面的需要得到满足。因此，新的领导能力在于提高职工的满足度，激发士气。管理的职能就在于倾听下属意见，沟通上下间的思想，在正式组织的经济需求和非正式组织的社会需求之间寻求平衡，从而最大可能地提高工人的士气。

2.3.2　需要层次理论

需要层次理论的提出者是美国行为科学家亚伯拉罕·马斯洛（Abraham H. Maslow，1908—1970）。马斯洛是一位著名的心理学家，他于 1943 年发表在《心理学评论》第 4 期上的《人类动机理论》（*A Theory of Human Motivation*）一文是需要层次理论方面的代表作。在该篇论文以及之后的作品中，马斯洛把人的各种需要按其重要程度和产生的先后顺序依次分为生理需要、安全需要、感情和归属需要、地位或受人尊重的需要、自我实现的需要。

(1) 生理需要，即人作为动物在生理活动中所产生的各种欲望和要求，是最低层次的需要。这一层次需要的满足是人类赖以生存的基本条件，是对人的行为产生激励的最原始、最基本的动力。包括维持生活和繁衍后代所必需的各种物质上的需要，如衣、食、住、行、性欲等，是人最基本的因而也是推动力最强的需要。在这些需要没有得到满足前，各级更高的需要就不会发挥作用。

(2) 安全需要，即有关免除危险和威胁的各种需要，如防止工伤事故和有伤害的威胁，防止资方的无理解雇、生病的威胁以及在养老、储蓄和各种形式的保险等方面的需要。

(3) 感情和归属需要，包括和家属、朋友、同事、上司等保持良好的关系，给予别人并从别人那里得到友爱和帮助，即成为某个集体公认的成员等方面的需要。这类需要比前两类需要更难捉摸，但对大多数人来讲却是很强烈的一类需要。

（4）地位或受人尊重的需要，包括自尊心、自信心、能力、知识、成就和名誉地位的需要，能够得到别人的承认和尊重等。这类需要是无止境的，往往很难得到满足。

（5）自我实现的需要，作为最高一级的需要，是指一个人需要做他最适宜做的工作，发挥他最大的潜力，实现理想并能不断地自我创造和发展。

马斯洛认为，这些基本需求是相互联系的，并且按照从低到高的优先程度排列成一种层级。一个人首先产生的是最低层次的需要，当这一需要基本满足后，才依次产生高层次的需要；在同一个人身上，这几种需要可能同时存在，但由于其心理发展程度不同，占主导地位的需要也就不同；人的需要带有发展的、动态的性质；管理人员必须根据不同人的不同需要去研究调动积极性的问题，并在此基础上开展具体的管理活动。

2.3.3 双因素理论

双因素理论是由美国行为科学家弗雷德里克·赫茨伯格（Frederick Herzberg，1923—2000）于1959年在其《工作的激励》（*Motivation to Work*）一书中提出的一种理论。赫茨伯格在美国匹兹堡地区对200名工程师和会计人员进行了访问调查。在调查中，他向这些人询问，在他们的工作中有哪些事项是使他们感到满意的，并估计这种积极情绪持续多长时间；又有哪些事项是使他们感到不满意的，并估计这种消极情绪持续多长时间。结果，他发现使职工感到满意的事项都属于工作本身或工作内容方面的；使职工感到不满的事项都属于工作环境或工作关系方面的。他把前者叫作激励因素，后者叫作保健因素。

所谓保健因素，是指其满足对职工产生的效果类似于卫生保健对身体健康所起的作用。卫生保健不能直接提高健康水平，但有预防疾病的效果。同样地，保健因素不能直接起激励职工的作用，但能防止职工产生不满情绪。当保健因素改善后，职工的不满情绪会消除，却不会导致积极的后果，而只是处于一种既非满意又非不满意的中性状态。只有激励因素才能产生使职工满意的积极效果。激励因素包括成就、上级赏识、工作本身、责任、进步等。保健因素包括公司的政策、管理、监督、工资、同事关系、工作条件等。但这两类因素的功能又有重叠现象，如赏识属于激励因素，基本上起积极作用，而在没有受到赏识时则可能起消极作用。

赫茨伯格的双因素理论与马斯洛的需要层次理论具有对应关系，马斯洛提出的高层次需要其实就是赫茨伯格的所谓激励因素，而马斯洛列举的为维持生活所必须满足的低层次需要则相当于保健因素。赫茨伯格明确划分了激励因素与保健因素的界限，为更好地开展管理工作提供了指导。

2.3.4 期望理论

期望理论是一种通过考察人们的个人努力与其所获得的最终奖酬之间的因果关系来说明激励过程的理论，是由美国行为科学家维克托·弗罗姆（Victor H. Vroom，1932— ）在1964年出版的《工作与激励》一书中提出的。

弗罗姆认为，管理中各种激励因素作用力的大小，取决于职工对他所能得到结果的全部预期价值乘以他认为可能得到该结果的概率。用公式表示为：$M=E\times V$（式中的 M 是“激励力量”，E 是“期望值”，V 是“效价”）。激励力量是指被激发起的工作动机和强度；期望值是指人们根据个人的经验，对自己的行为能否导致所想得到的工作绩效和奖酬的主观概率，是主观上估计达到目标和得到奖酬的可能性。这种主观概率受到每个人的个性、情感、动机的影响，人们往往对这种可能性的估计不一样，可能有的人趋于保守，有的人趋向冒险。效价是指人们对某一目标（奖酬）的重视程度与评价高低，是实现这一目标而能满足个体需要的价值。

弗罗姆认为，要调动职工积极性，必须处理好三个方面的关系：第一，个人努力与绩效的关系；第二，绩效与奖励的关系；第三，奖励与满足个人需要的关系。他认为，一个人总是根据以往的经验判定自身的努力与管理人员所配置的任务的关系。任务太重，他可能感到经过努力也不能完成，就会失去信心，不能产生激励力量。取得成效并不等于就能得到奖励，两者有个等同率的问题，这取决于职工对管理人员诚实程度的评价。为此，管理者要树立自己言必信、行必果的形象。得到奖励能否满足个人需要，这要看奖励本身的价值大小以及个人对该价值的需要偏爱程度。人的需要是不同的，因而同样的奖励对不同人的激励程度不同。即使是同一个人，其需要也是不断变化的。诸如此类，管理者应根据不同情况而区别对待。

2.3.5　X 理论和 Y 理论

1957 年，美国行为学家道格拉斯·麦格雷戈（Douglas M. McGregor，1906—1964）在《管理评论》杂志上发表了题为《企业中的人性方面》的文章，把管理学中基于对人性的不同看法而形成的两种理论分别称作 X 理论和 Y 理论。

麦格雷戈认为，X 理论有如下特征：1）多数人天生是懒惰的，他们都尽可能逃避工作；2）多数人都没有雄心大志，不愿负任何责任，而心甘情愿受别人的领导；3）多数人的个人目标都是与组织的目标相矛盾的，必须用强制、惩罚的办法才能迫使他们为实现组织目标而工作；4）多数人工作是为了满足基本的生理需要和安全需要，因而只有金钱和地位才能激励他们努力工作；5）人大致可以分为两类，多数人都是符合上述设想的人，另一类是能够自己鼓励自己、能够克制感情冲动的人，这些人应负起管理的责任。

以 X 理论为指导思想的管理工作也往往具有三个方面的特征：其一，重视完成任务而不考虑人的感情；其二，管理工作只是少数人的事，工人的主要任务是听从管理者的指挥；其三，在奖励制度方面，主要用金钱来刺激工人生产的积极性，同时对消极怠工者采用严厉的惩罚措施。

基于对人性及其动机的不同看法，麦格雷戈提出了 Y 理论。Y 理论与 X 理论是根本对立的，其基本内容如下：1）一般人都是勤奋的，如果环境条件有利，工作如同游戏或休息一样自然；2）控制和惩罚不是实现组织目标的唯一方法，人们在执行任务中能够自我指导和自我控制；3）在正常情况下，一般人不仅会接受责任，而且会主动寻求责任；4）在人群中广泛存在着高度的想象力、智谋和解决组织中问题的创造性；5）在现代工业条件下，一般人的潜力只利用了一部分。

以 Y 理论为指导思想的管理也具有四个方面的特征：其一，管理就是要创造一种适宜的工作环境、工作条件，使人们能够在这种条件下充分挖掘自己的潜力，充分发挥自己的才能；其二，管理者的主要任务就是为发挥人的才智创造适宜的条件，减少和消除员工自我实现过程中所遇到的障碍；其三，只有内在奖励（人们在工作中能获得知识，增长才干，充分发挥自己的潜力等）才能满足人的自尊和自我实现的需要，从而极大地调动起职工的积极性；其四，管理制度应保证职工充分地表露自己的才能，达到自己所希望的成就。

麦格雷戈把Y理论叫作“个人目标和组织目标的融合”，认为它能使组织的成员在努力实现组织目标的同时更好地实现自己个人的目标。因此，他认为，关键不是在采用“强硬的”方法还是“温和的”方法之间进行选择，而是要实现管理的指导思想的根本改变，即变X理论为Y理论。

2.4 管理理论丛林

从第二次世界大战结束到20世纪60年代，随着经济和科学技术的发展，行为科学理论得到长足发展，学者们也开始更多地从各自不同的角度发表对管理学的见解。其中，较有影响的是管理过程学派、社会系统学派、决策理论学派、系统管理学派、经验主义学派、权变理论学派、经理角色学派。这些学派分别从不同的角度对管理理论进行了卓有成效的探讨，都对管理理论的发展做出了贡献。这使管理科学进入了一个发展、创新、分化、综合并存的时期。美国学者孔茨首先注意到了这种学派林立的状况，称其为“管理理论丛林”。他于1961年和1980年分别发表了题为《论管理理论丛林》和《再论管理理论丛林》的文章，对管理学中出现的丛林现象进行了论述。

2.4.1 管理过程学派

管理过程学派又叫管理职能学派或经营管理学派，形成于20世纪四五十年代，代表人物是美国的哈罗德·孔茨（Harold Koontz）和西里尔·奥唐奈（Cyril O'Donnell），代表作是他们两人合著的《管理学》。管理过程学派主要研究管理的过程和职能，是在法约尔一般管理理论的基础上发展起来的，并经过孔茨等人而发扬光大，成为经典管理理论和行为科学管理理论之后的一个重要的学派。这一学派的基本观点是：管理是在组织中通过别人或同别人一起完成工作的过程，由于管理过程同管理职能是分不开的，所以需要对管理过程和管理职能进行分析，需要从理性上加以概括，把用于管理实践的概念、原则、理论和方法结合起来，形成一种“一般性”的管理理论。

管理过程学派认为，各种企业和组织以及组织中各个层次的管理环境都是不同的。例如，工商企业、政府机构或其他事业单位，高层、中层或基层单位的管理环境各不相同。但是，管理是一种普遍而实际的过程，同组织的类型或组织中的层次无关。管理知识中有一个纯属管理的核心部分，如部门化、管理幅度、管理评价、管理控制技术等，就是普遍适用于各种组织和组织中各个层次的。把这些经验加以概括，就成为基本的管理理论。有了管理理论，就可以通过对理论的研究、试验和传授来改进管理实践。

管理过程学派的管理理论是以下列七个基本信条为依据的：1）管理是一个过程，可以通过分析管理人员的职能而从理论上很好地对管理加以剖析；2）根据在各种企业中长期从事管理的经验，可以总结出一些基本管理原理，而且这些基本管理原理对认识和改进管理工作能起一种说明和启示的作用；3）可以围绕这些基本管理原理开展有益的研究，以确定其实际效用，加大其在实践中的作用，扩大适用范围；4）这些基本管理原理只要还没有被证明为不正确或被修正，就可以为形成一种有用的管理理论提供若干要素；5）就像医学和工程学那样，管理是一种可以依靠原理的启发而加以改进的技能；6）管理学中的一些基本原理，正如生物学和物理学中的原理一样，是可靠的；7）管理人员的环境和任务虽然受到文化、物理、生物等方面的影响，管理理论也从其他学科吸取一些有关的知识，但所吸收的只限于同管理有关的因素，并不包括社会学、经济学、生物学、心理学、物理学、化学等学科的全部知识。

2.4.2　社会系统学派

社会系统学派将人的关系（human relationships）看作一个协作的社会系统，关注人际行为和群体行为的改进。把人的关系看作社会系统的思想可以追溯到意大利社会学家帕累托和美国管理学家福莱特，他们的作品很显然影响到了美国管理学家切斯特·巴纳德（Chester I. Barnard，1886—1961）。作为社会系统学派的代表人物，巴纳德的主要观点集中在他 1938 年出版的《经理的职能》一书，他的主要贡献是从系统理论出发，运用社会学的观点对正式组织与非正式组织、团体及个人做出全面分析。巴纳德的基本观点可以概括为：

（1）社会的各种组织都是协作系统。巴纳德认为，组织的产生是人们协作愿望的结果，许多个人办不到的事情通过协作可以办到。人们在选择是否加入某个组织时，都以个人的目的、愿望、动机为依据，主要考虑加入组织后所承担的义务和所得到的报偿是否平衡；他们是否会继续留在组织中，也取决于他们对组织的满意程度。

（2）非正式组织对于正式组织具有积极作用。巴纳德认为，非正式组织可能对正式组织产生某些不利影响，但也可能对正式组织产生积极的作用，其积极作用至少有三个：1）非正式组织具有促进信息传递的机能，会就一些易于引起争论、不便于在正式渠道传播的那些难以确定的事情、意见、建议、怀疑等而在成员之间交换意见；2）非正式组织具有通过影响成员的协作意愿来维护正式组织内部团结的机能；3）非正式组织具有保护个人人格和自尊心的机能，并能发挥抵制正式组织在这方面的不利影响的作用。

（3）正式组织有三个基本要素，即成员的协作意愿、组织的共同目标和信息沟通。巴纳德认为，离开了协作意愿，组织成员就无法自我克制，也不会交出个人行为的控制权；没有组织的共同目标，或组织目标未能和组织成员的动机相结合，组织也就失去了前进的动力。促使上述两个要素发挥作用的则是信息沟通。

（4）权威接受理论。与传统观念认为权威是建立在等级系列基础上不同，巴纳德是从下到上来解释权威的，他认为一个命令是否具有权威往往取决于接受命令的人，而不取决于“权威者”或发布命令的人。也就是说，要使权威对下级发生作用，必须得到下级的承认。在巴纳德看来，承认一个命令并使之具有权威必须同时满足四个条件：1）下级能够而且的确理解了命令；2）在做决定时，下级认为这个命令同组织目标是没有矛盾的；3）在做决定时，下级认为，整体上来说，这个命令同其个人利益是一致的；4）无论在主观上还是客观上，下级愿意且有能力、有条件去执行这个命令。

（5）组织平衡论。组织一旦建立，组织的存续就成了组织的最终目标，组织平衡论就是研究组织如何存续的理论。在这方面，巴纳德提出了一个组织必须保证对内平衡和对外平衡的思想，认为这是组织能否存续的条件。所谓组织的对内平衡，是指通过把创造出来的经济和非经济诱因有效地分配给各个成员，保持各个成员的“诱因”和“贡献”的平衡，从而确保成员的协作积极性。所谓组织的对外平衡，是指组织作为一个整体不断适应外部环境变化的过程。巴纳德认为，组织的平衡归根到底是组织同外部的全部情况的平衡。组织的对内平衡和对外平衡虽然属于两个不同的过程，但它们之间却是相辅相成的。组织的对内平衡如果能够保持，组织成员的协作意愿就强，组织目标就能有效地实现，其结果将有助于组织的对外平衡。如果组织的对外平衡较好，组织的效率也会较高，诱因的来源就会扩大，也有助于保持组织的对内平衡。

（6）经理人员的职能。巴纳德认为，组织中的经理人员有以下三项职能：1）建立和维持信息沟通体系，这是管理组织的首要任务；2）促成个人提供必要的服务，这项职能主要包括两类工作，一是促使个人同组织建立协作关系，二是在个人同组织建立协作关系后使之提供服务；3）制定和界定组织的目的和目标。在巴纳德看来，上述三项职能只是有机整体中的一些要素，它们在工作体系中的组合才构成了组织。这种组合包括对行动的两种相反的刺激：三种职能之间的相互作用、相互调节在一定程度上是由组织环境的各种因素决定的，这种组合同样取决于对行动活力的维持，即维持努力的意愿。

2.4.3 决策理论学派

决策理论学派的代表人物是美国的赫伯特·西蒙（Herbert A. Simon，1916—2001），他的代表作是《管理决策新科学》。西蒙因对决策理论的重大贡献而获 1978 年度诺贝尔经济学奖，他的决策理论可以概括为以下五个主要观点：

（1）强调决策的重要性。决策不单是十字路口的选择，而是涵盖了从情报收集到拟订计划到做出决定的全过程；决策不单是最上层人员的工作，而是从上层到中层、基层乃至作业人员的共同工作。也就是说，决策贯穿于管理的全过程，管理就是决策。

（2）提出了决策过程的原则。上级不应代替下级决策，而应给下级提供决策前提，包括价值前提和事实前提，以此贯彻组织意图。价值前提是对行动进行判断的标准，事实前提是对活动环境及其作用方式的说明。

（3）确定了决策的准则。由于组织处于不断变动的外界环境影响之下，搜集到决策所需要的全部信息是困难的，要列举出所有可能的行动方案就更加困难，况且人的知识和能力也是有限的，所以在制定决策时，很难求得最佳方案。在实践中，即使能求出最佳方案，出于经济方面的考虑，人们也往往不去追求它，所以，应根据“适度满意”的准则进行决策。

（4）分析了决策过程中的“组织”作用。决策应尽可能地提出可行的替代方案，并预测这些方案可能出现的结果，根据一定的价值体系对这些结果做出全面比较。这就需要系统的知识，需要具备预测能力、想象能力及评估判断能力。因此，在决策的过程中，必须充分发挥组织的作用，创造条件以解决知识不全面性、价值体系的不稳定性及竞争环境的可变性等问题。

（5）描绘了决策过程。在人们传统的思维中，是把决策视为从几个备选方案中选择一个最优方案的瞬间行动。西蒙则认为，决策包括在最后抉择之前的了解、调查和分析以及抉择之后的评价，它是一个分阶段、涉及许多方面、相当长的复杂过程。决策过程可以细化并用六个英文字母“DECIDE”（在英文中 decide 意为“决策”）表示：1）确认问题（define the problem）；2）提出多种可供选择的方案（enumerate alternatives）；3）搜集信息（collect information）；4）选择解决问题的最佳备选方案（identify the best alternative）；5）拟订实施计划和执行已经制定的决策（develop & implement）；6）评估和审查（evaluate the decision & the decision process）。

2.4.4　系统管理学派

系统管理理论盛行于 20 世纪 60 年代，代表人物有理查德・约翰逊（Richard A. Johnson）、弗里蒙特・卡斯特（Fremont E. Kast）、詹姆斯・罗森茨韦克（James E. Rosenzweig）。这一学派的重要代表作有上述三人合著的《系统理论和管理》，以及卡斯特和罗森茨韦克合著的《组织与管理——从系统出发的研究》。这一学派的主要观点包括：

（1）把组织作为系统来管理。系统管理学派从系统观点出发，认为企业组织是一个由相互联系、共同合作的各个要素（子系统）所组成的为达到一定目标（既有组织的目标，又有其成员的个人目标）的系统。在组织的系统模式中，五个子系统分别是：目标和价值子系统、技术子系统、社会心理子系统、结构子系统、管理子系统。而且，企业组织是一个开放的系统，它同周围环境（如顾客、竞争者、工会、供货者、政府等）之间存在着动态的相互作用，并具有内部和外部的信息反馈网络，能够不断地自动调节，以适应环境和自身的需要。系统管理强调把组织单位作为系统来安排和经营。

（2）系统管理具有四个特点：1）它以目标为中心，始终强调系统的客观成就和客观效果；2）它以整个系统为中心，决策时强调整个系统的最优化而不是强调分系统的最优化；3）它以责任为中心，每个管理人员都被分配给一定的任务，能衡量其投入和产出；4）它以人为中心，每个工作人员都被安排进行有挑战性的工作，并根据其工作成绩来付给报酬。

（3）系统管理包括四个相互密切联系的阶段：1）创建一个系统的决策，即一个或一群企业家决定开办一个企业的决策；2）系统的设计，即把系统中的各个组成部分安排成一定的结构形式，以便达到预期的目标；3）系统的运转和控制；4）检查和评价系统的运转结果，看其是否有效果和有效率。系统管理还以一些模型来阐明系统概念在企业管理中的应用，这些模型包括企业最高管理层的系统模型和经营管理系统模型等。

2.4.5　经验主义学派

经验主义学派又被称为经理主义学派，它以向大企业的经理提供管理企业的成功经验和科学方法为目标。这一学派的代表人物是：美国的欧内斯特・戴尔（Ernest Dale），其代表作有《伟大的组织者》《管理：理论和实践》；彼得・德鲁克（Peter F. Drucker），其代表作有《有效的管理者》等。经验主义学派认为，管理不应是理性的推理或分析，而必须从企业管理实践出发，以企业的管理实践为主要研究对象，在企业管理成败的各种实例中概括出理论性的原理与方法。该理论所用的研究方法主要是案例分析法，故称经验主义理论。经验主义学派的理论是比较庞杂的，它的成员来自不同的研究领域，因而所提出的理论观点也涉及许多领域，成员的观点也不尽一致。概括起来，经验主义理论的主要观点包括：

（1）管理的性质。经验主义学派认为，管理是一种特定的管人的技巧，是一种特殊的、独立的活动，同时也是一个独立的知识领域；管理学对管理的定义是为了把一个人群或团体朝着某个共同目标引导、领导和控制；一个好的管理者应能够使团体以最少的资源和人力耗费达到其目的。

（2）管理的任务。经验主义学派认为，管理的任务主要有三项：1）取得经济成果——企业的存在就是为了取得经济效果，因而企业的决策者在他们做出决策时必须首先考虑经济效果；2）使企业成为生产的统一体，有效地调动各种资源，并使工作人员有成就感；3）妥善处理企业对社会的影响和承担社会责任。

（3）管理的职责。每一个经理都有一些共同的必须执行的职责，这些职责是：1）树立目标并决定达到这些目标要做些什么，然后把它传达给与目标实现有关的人员；2）进行组织工作；3）进行鼓励和联系工作；4）对企业的成果进行分析，确立标准并对企业所有人员的工作进行评价；5）使职工得到成长和发展。

（4）管理的组织结构。经验主义理论很重视企业管理组织的结构问题，认为合理的组织结构是有效管理的保证。提出了诸多关于组织结构建构的指导思想：1）组织结构不是自发演变的，而是通过思考、分析和研究组织系统去进行设计和建立的，它应当是符合管理需要的组织结构；2）设计一个组织结构不是第一步，而是最后一步；3）有关组织结构的任何工作都必须从目标和战略出发，组织设计所关心的主要是那些关键活动或关键工作。

2.4.6 权变理论学派

权变理论学派是 20 世纪 70 年代在西方形成的一个管理学派，其代表人物有弗雷德·卢桑斯（Fred Luthans）、弗雷德·菲德勒（Fred E. Fiedler）、琼·伍德沃德（Joan Woodward）等。

所谓权变，就是权宜应变的意思。权变理论强调，管理者的实际工作取决于所处的环境条件。尽管多数人认为情境管理和权变管理并没有什么区别，但权变理论学派的一些学者还是做出了区分，情境管理仅仅是指管理者的所作所为要依赖给定的环境条件，而权变管理则强调环境变量同设计出来的管理对策之间存在着一种积极的相互关系。权变理论认为，管理理论和科学没有也不可能提供在每一种情况下如何行事的“最好办法”，理论和科学的应用只能根据实际情况来做出反应。

权变理论的形成是以开放系统为前提的，它强调每个组织的环境和内部各子系统都各有其特点，并直接影响着组织的设计和管理。权变理论的内容可以简单表示为管理因变量和环境自变量之间的一种函数关系。权变方法强调管理者的实际操作方式取决于既定的环境，或称为情境，可以归纳为：如果情境变化出现了，那么管理者就应该采取相应的行为。权变理论认为：管理中并不存在什么最好的方法，相反，管理者必须明确每一情境中的各种变数，了解这些变数之间的关系及其相互作用，把握原因与结果的复杂关系，从而针对不同情况而灵活变通。管理学的任务就在于，归纳出管理中的情境究竟是由哪些因素所组成，它们又有多少种存在状态，相对应的是，可能有多少种管理方法。不过，权变理论还是把管理中的可变因素归结为六个方面：（1）组织的规模；（2）组织中人员的相互联系和影响程度；（3）组织成员的技巧、能力、志向、兴趣以及个人性格；（4）目标的一致性；（5）决策层次的高低；（6）组织目标的实现程度。

2.4.7　经理角色学派

经理角色学派是 20 世纪 70 年代才出现的一个管理学派。这一学派主要是以对经理所担任的角色进行分析为中心来考察经理的职务和工作的，目的依然是要提高管理效率。经理那些正式组织或组织单位的主要负责人拥有正式的权力和职位，他们需要扮演特定的角色。正如该学派的创始人明茨伯格曾在《管理工作的本质》一书中所说的，角色就是“一个可辨认的职务或职位所表现出来的一套有组织的行为”①。经理角色学派认为，以前的一些管理理论未能全面地、理论结合实际地对经理的工作进行深入研究，不能反映出经理工作的真实面貌和实质，因而对提高经理工作效率帮助不大。因此，有必要采取新的方法对经理的工作进行研究。经理角色学派的研究者们常常采用日记法对经理的工作和活动做系统地观察和记载，并在观察过程中和结束后对经理的工作内容进行分类。经理角色学派的主要观点可以概括为：

（1）经理工作的六个特点：1）工作量大，步调紧张；2）活动短暂、多样而琐碎；3）把现实的活动放在优先的地位；4）爱用口头交谈的方式；5）重视同外部和下属的信息联系；6）权力和责任的结合。

（2）经理工作中普遍存在着十种角色，这些角色都源于经理的正式权力和地位，并组成一个相互联系的整体。这十种角色又可归为三类，即人际关系角色（名誉领袖、领导者、联络者）、信息传递角色（信息接收者、信息传播者、发言人）、决策制定角色（企业家、故障排除者、资源分配者、谈判者）。这些角色并不是各自孤立的，而是形成了一个整体，人们不可能随意地取消一种角色而使其余角色完整无缺。

（3）经理的基本目标有六项：1）经理的主要目标是保证他的组织有效地生产出某些产品或服务；2）经理必须规划组织业务并对这些规划进行监督，以保证工作流程有一个稳定的模型；3）经理必须负责他所在组织的战略决策系统，并使组织以一种可控制的方式适应变动的环境；4）经理必须保证组织为那些对组织有影响的人服务；5）经理必须在他的组织同环境之间建立关键的信息联系；6）经理负责组织等级制度的运行。

（4）经理的八种工作类型及其对应的关键角色：1）联系人（联络者、名誉领袖）；2）政治经理（发言人、谈判者）；3）企业家（企业家、谈判者）；4）内当家（资源分配者）；5）实时经理（故障排除者）；6）协调经理（领导者）；7）专家经理（监控者、发言人）；8）新经理（联络者、监控者）。

---

① 明茨伯格. 管理工作的本质. 北京：中国人民大学出版社，2007：66.

（5）提高经理工作效率的十个要点：1）与下属共享信息；2）有意识地克服工作中的表面性；3）在共享信息的基础上由两三个人分担经理职务；4）尽可能地利用各种职责为组织目标服务；5）摆脱非必需的工作，腾出时间规划未来；6）要把当时最关键的角色放在突出地位；7）既要掌握具体情况，又要有全局观念；8）充分认识到自己在组织中的影响；9）处理好对组织施加影响的各种力量间的关系；10）利用管理专家的知识和才能。

2.5 当代管理理论

2.5.1 目标管理理论

1954年，美国著名企业管理专家德鲁克在《管理的实践》一书中首先提出了“目标管理”（management by objectives，MBO）的概念，其后，在《有效的管理者》、《管理：任务、责任、实践》以及《效果管理》等著作中，他又多次阐述了目标管理的思想。目标管理作为一种完整的管理思想和管理方法应视为以往管理理论的历史延续，也是在管理实践中逐步发展完善起来的。目标管理作为一种新型的管理制度，是把“以目标实现为前提的管理”转化成以目标为控制手段的管理。或者说，目标管理是一种通过使组织成员亲自参加工作目标的制定来实现“自我控制”，并努力完成工作目标。这种管理制度由于将明确的目标作为对组织成员工作成果的考核标准，使得对组织成员的评价和奖励更客观、更合理，因而能够大大激发他们努力完成组织目标的工作热情。

关于目标管理，可以从三个方面来加以认识：其一，与以往的管理方式的根本区别在于，目标管理作为一种新型的管理制度不是要求被管理者做什么和怎样干，而是在确立一定目标的前提下去采取措施保证获得达到目标的成果；其二，目标管理把“以作业为中心”的管理理论和方法同“以人为中心”的管理理论和方法综合了起来，使人们认识到自己工作的价值，产生工作兴趣并通过自我控制去实现目标，进而在取得成果后能享受工作的满足感；其三，目标管理是一种新型的责任制，它并不特别关注岗位设置的状况，而是针对组织的现实制定出一定时期的总体目标，密切联系总体目标采取对策措施，层层展开而落实到每一个层级的每一个岗位，越到基层，其目标和措施也就越具体，所承担的责任也就越明确。因而，在目标的展开中建立起了目标责任体系，使每一个组织成员都能够自觉地承担责任，在追求目标实现的过程中发挥自己的主动性和积极性。

一般说来，实行目标管理需要遵循以下三个步骤：

（1）制定目标。制定目标要进行科学的预测和决策，整体目标与基本方针应明确与精练，目标与方针要让群众了解，从上而下层层分解，目标应形成体系。制定目标的原则是：1）目标要有重点；2）目标应具体，以定量的方法表示；3）目标要适合执行者的工作能力，经过努力可以完成；4）制定目标要考虑各方面关系的协调；5）有关联的部门之间应制定共同目标。

（2）实施目标。目标分解后，要按照目标体系的要求协调各方面的关系，努力实现目标。实施目标的中心环节是建立严格的责任制，实行自我控制。在实施目标的过程中，下级要及时将完成目标的情况向上级汇报，上级对下级完成目标的情况要进行必要的指导、帮助和检查。目标实施阶段应遵循的原则是：1）根据目标逐级主动地实施；2）上级对步骤、方法不能干涉，应尽力协助，支持目标的实施；3）目标的修正要慎重、全面、细致，要充分了解群众的想法，了解完成目标的可能性。

（3）评价目标。评价目标阶段是在实施目标阶段完成后进行的。不同目标有不同的实施周期，从整个目标管理过程看，评价目标阶段又是同制定目标阶段和实施目标阶段交叉进行的。评价目标应遵循的原则是：1）赏罚分明，奖勤罚懒；2）根据实现目标的程度和工作成绩的大小、好坏进行奖惩；3）对完成目标的情况进行分析，肯定成绩，纠正错误；4）着手新的目标管理循环，制定新目标，确定实施方案，把目标管理推向一个新水平。

2.5.2　全面质量管理理论

菲根堡姆（A. V. Feigenbaum①）在 1961 年出版的《全面质量管理》一书中首先提出了全面质量控制（total quality control，TQC）的概念。他认为，全面质量控制“是为了能够在最经济的水平上并考虑到充分满足顾客要求的条件下进行市场研究、设计、制造和售后服务，把企业内部各部门的研制质量、维持质量和提高质量的活动构成为一体的一种有效的体系”②。到了 20 世纪 80 年代，经过长期而广泛的实践积累和经验总结，全面质量管理成了全球范围管理诸领域的共同实践，转而从早期的全面质量控制演变为全面质量管理（total quality management，TQM），成为一套以质量为中心的、综合的、全面的管理模式。其实，全面质量管理的核心是“全面”二字：一是指对管理体系中的所有方面的质量进行管理；二是指对生产的整个过程进行管理；三是指由管理体系中的全员参加的质量管理。

全面质量管理的实施大致由以下步骤构成：

步骤一：对全体员工进行全面质量管理思想教育，使他们认识到应将满足顾客的需求放在首位，让每个人都深刻理解“顾客满意”的思想，学会“换位思考”。同时，要树立起百分之百合格产品的责任感，使每个员工成为抓质量的主人。

步骤二：使全体员工充分了解市场，搞清楚什么样的产品是让用户满意的产品。例如，可以经常将别的厂商的产品向大家展示，并进行研究，让大家明白别人是怎么做的，我们有何差距，真正明白什么是好的产品。

步骤三：建立明确的质量基准、质量测评制度、激励机制。因为产品好坏必须要有一个明确和公开的标准来衡量，有了这个标准，每个人都可以把自己的工作结果与之对照，从而知道自己做得是好还是坏。如果这种标准能够以一种制度的形式付诸实践，就会成为一种相对完善的激励机制。

步骤四：改变质检人员是“挑问题者”的形象，消除他们同开发者之间的隔阂和对立。比如，可以让质量检验人员与开发者一起参加有关培训，使他们彼此更好地理解对方的工作；也可以让质量检验人员成为开发小组的一部分，更多地了解小组其他成员的工

① 又译作费根鲍姆。

② 菲根堡姆．全面质量管理．北京：机械工业出版社，1991：4.

作；还可以提高质检人员与开发者的沟通技巧。

步骤五：建立一套明确一致的解决问题的方法，一旦出现问题，大家能够按照这套明确的方法去解决问题，而不是互相埋怨或手足无措。常用于解决问题的方法是六步法：讨论并确定问题，找出问题的根源，提出可能的解决方法，选择最佳办法，建议、批准、实施，测试、评估、调整。

步骤六：把质量管理与企业文化建设结合起来，在全体员工中培育主人翁意识和敬业精神。特别是要让员工有一定的权利，只有当员工们有了权利，才会有主动性。

步骤七：建立质量小组，加强团队工作培训。质量小组可以由不同角色的人员组成，专门负责发现质量问题，并讨论解决方法和提出解决方案；培训员工则应把重点放在对团队负责人的培训上，帮助制定团队工作目标并不断增强这个目标，尽可能地使一切工作都围绕这个目标开展。更广泛的培训应当教会大家更好地沟通和交流，更好地合作，学会在解决问题时对事不对人。

2.5.3 绩效管理理论

绩效是业绩和效率的统称，包括活动过程的效率和活动的结果两层含义。经营业绩是指在经营管理企业的过程中所取得的那些关系到企业生存与发展的成果；管理效率是指在获得经营业绩的过程中所表现出来的盈利能力和核心竞争能力。目前世界范围内被广泛谈论和应用的绩效管理的理论方法体系主要有两个：一是发展较早的“关键业绩指标法”（key performance indicator，KPI），二是20世纪90年代初产生并被广泛应用的“平衡记分卡法”（balanced score card，BSC）。

KPI的最大意义是指出企业业绩指标的设置必须与企业的战略挂钩，其“关键”两字的含义即是指在某一阶段一个企业战略上要解决的最主要问题。也就是说，KPI的注意力是在绩效指标与企业战略的挂钩上，而其弱点主要是：其一，虽然它正确地强调了战略的成功实施必须有一套与战略实施紧密相关的关键业绩指标来保证，却没有进一步将绩效目标分解到企业的基层管理者及操作人员；其二，KPI没能提供一套完整的对操作具有具体指导意义的指标框架体系。

平衡记分卡法是由哈佛大学商学院罗伯特·卡普兰（Robert Kaplan）创立的，它既强调了绩效管理与企业战略之间的关系，又提出了一套具体的指标框架体系。BSC的框架体系包括四部分（或称为四个指标类别）：（1）学习与成长性的；（2）内部管理性的；（3）客户价值的；（4）财务的。这些指标具有很强的操作意义，同时，对这四个方面深层的内在关系的表述也阐明了该体系的哲学含义。BSC明确地提出，绩效管理就是要让企业的每一位员工每天的行动都与企业的战略挂钩。BSC具有强有力的理论基础和便于操作的特点，自20世纪90年代初经卡普兰教授提出后，便迅速地在企业和政府中得到应用，今天人们谈及绩效管理时，基本都是指以BSC为主的绩效管理。

总的说来，绩效管理是一系列以员工为中心的干预活动，绩效管理的最终目标是充分开发和利用每个员工的资源来提高组织绩效，即通过提高员工的绩效去达到改善组织绩效的目的。有效的绩效管理的核心是一系列活动连续不断的循环过程，一个绩效管理过程的结束，则是另一个绩效管理过程的开始。绩效管理一般都包括如下四个环节：

（1）绩效计划（performance planning）。绩效计划是确定组织对员工的绩效期望并得到员工认可的过程。由于绩效包括结果绩效和行为绩效两个部分，因此，绩效计划必须清楚地说明期望员工达到的结果以及为达到该结果所期望员工表现出来的行为和技能，即确定工作目标（work objectives）和发展目标（development objectives）。

（2）管理绩效（managing performance）。管理员工的绩效是绩效管理中非常重要的一个阶段，也是常常被忽视的一个过程。在绩效管理实践中，管理的主要功能是保证员工能够按照第一阶段设定的目标顺利地在规定时间内完成工作任务。由于组织的扁平化和分散化，必须鼓励员工进行自我管理，员工应该能够管理自己的绩效，而不应过多地依赖领导。

（3）绩效考核（performance appraisal）。工作绩效考核是一个按照事先确定的工作目标和发展目标及其衡量标准考查员工实际完成的绩效情况的过程，可以根据具体情况和实际需要进行月考核、季考核、半年考核和年度考核。考核期开始时签订的绩效合同或协议一般都规定了绩效目标和绩效测量标准，绩效合同是进行绩效考核的依据。

（4）奖励绩效（rewarding performance）。一般来讲，无论是结果绩效还是行为绩效，只要达到或超过了绩效考核期开始时确定的绩效标准，都应该给予奖励。但是，奖励的方式不一定都与钱有关，由于人的需要是千差万别的，对一个人具有较大激励作用的事情，对另一个人来说也许会毫无激励作用。因此，有效的奖励系统应能反映不同员工的需要。通常的奖励方式有：绩效工资、表扬、晋升、个人奖金、团队奖金、奖品、特殊津贴等。

2.5.4 知识管理理论

对知识管理的早期研究开始于20世纪30年代，当时美国学者科特·卢因（Kurt Lewin）从心理学的角度对工作过程进行了分析。他主要考察了工作过程中的心理紧张度、工作满意度、动机、领导和参与情况，并把管理试验的重点从解决问题转到学习上来，这一转变使管理从机械工程学概念转变为社会心理学概念。

20世纪70年代，克里斯·阿吉里斯（Chris Argyris）和唐纳德·斯科恩（Donald Schon）等人开始对知识管理做出更深层次的研究。他们认为，人们实际行动的方式和他们所说的行动方式之间有着很大差别。由于人们所赞同的理论与他们实际行为之间不存在必然的关系，所以，管理者应该将自我思考深入思考自身思维过程的程度。至此，知识已经被应用于改变我们自身的思维和行为方式，知识在企业管理中的价值开始显现。

20世纪80年代初，彼得·德鲁克创造了“知识工作者”一词，以指代那些知道如何利用知识来提高生产率的管理者。他对知识生产力也有着自己独特的见解，他认为，就知识本身而言，没有一个国家、一个产业、一家公司有任何“天然”的优势或劣势。因为新知识仍以信息的状态存在，并没有被真正转化为生产力。怎样才能提高知识生产力并使知识的输出效益最大化呢？他认为只有实施对知识的管理才能实现上述目标，并提出了以下知识管理的原则：第一，进行知识管理首先应确定一个雄心勃勃的高目标，即使每一步向前跨越的幅度都不是很大，但是在目标的引领下，效果会逐渐显现，从而产生强大的生产力。第二，知识的充分集中可以使知识更具生产力，不管是个人的还是集体的，都需要在目标确定后建立相应的组织结构，使知识方面所做的努力集中在实现管理目标的工作上。第三，使知识成为生产力还需要利用变化的机会，如意想不到的事情、不协调的现象、过程中的需要、产业与市场结构的变化、人口变动、观念转变、新的知识等，这些变化提供了创新的机会，如果企业及员工自身具备相应的能力，则可以抓住机会，使知识成为新的生产力。第四，知识的高生产力虽然产生于一个长期酝酿阶段结束之时，但也需要短期的细水长流般的效果，必须通过对时间的管理来达到长期和短期的平衡，进而使知识产生持续的生产力。

德鲁克认为，世界正处于向“后资本主义社会”即“知识社会”的转变过程之中。在知识社会，传统的生产要素，如土地、劳动力、资本等虽然没有消失，但已成为次要的要素了，只要有知识，就能轻易地得到它们。所以，一个国家或一个企业的知识收益正在逐渐成为其竞争力的决定因素。由于知识开始取代物质资源而成为企业的核心资源，所以，找出应用现有知识创造效益的最佳方法也就成了管理的新课题。这样一来，原先在管理体系中的“职位权威”也开始被“知识权威”所取代，工作方式也从“服从命令”向“主动学习”转变，组织结构则从命令链向网络化转变。

关键术语

科学管理　非正式组织　期望值　社会系统学派　权变理论　绩效管理　法约尔桥　需要层次　X 理论　Y 理论　决策理论学派　经理角色学派　霍桑试验　保健因素　激励因素　系统管理学派　目标管理　全面质量管理

复习思考题

1. 简述中国古代管理思想的主要内容。
2. 简述近代西方管理思想的主要内容。
3. 简述科学管理理论的主要内容。
4. 简述一般管理理论的主要内容。
5. 简述韦伯的行政组织理论。
6. 简述人际关系学说的主要内容。
7. 简述需要层次理论的主要内容。
8. 简述双因素理论的主要内容。
9. 简述期望理论的主要内容。
10. 简述 X 理论、Y 理论的主要内容。
11. 论述后行为主义时期的管理理论。
12. 论述当代管理理论的主要内容。

第3章

管理的理念与原则

开篇引例

佛罗里达州一家度假酒店的经理觉得他们用来培训服务员如何迅速、有效地清洁客人房间的录像好像缺乏持续效应，于是，基于录像中的信息，他们展开了对于房间清洁检查的有趣活动。一个经理会选择一间刚刚清洁好的房间，放10张面额1美元的钞票在床上，然后查遍整个房间看哪里没有达到清洁标准。例如，在洗浴间或洗手槽中发现一根头发，经理就会拿回1美元。检查过后如果有钱留在床上，就会作为奖金发给员工。无论如何，在这种实验进行过一段时间之后，大部分清洁员基本都可以额外拿到9～10美元，并且也开始认真对待检查了。于是管理者也得到了他们想要的结果，顾客的房间被打扫得非常干净，而这其中一个重要的原因就是清洁度成为客户满意度的一个重要指标。

在希尔顿酒店集团，它的全球范围内的员工都在接受严格的客户服务培训。“最大的挑战之一是让分散在世界各地的学员学习同一本工作手册”，其中一项活动是把标准化的学习材料翻译成27种语言。公司也采用特殊的局域网（intranet，一种采用互联网技术而建立的私人电脑网络，只对内部员工开放），并把服务培训资料传到上面。无论担任何种工作职位，也无论身处何处，员工都可以利用局域网来迅速核查质量和服务标准。在伦敦和旧金山的服务员可以利用局域网来确认他们是否完成了所有的工作职责。同时，管理者也使用“品牌服务卡”来提醒员工所要注意的服务标准。希尔顿品牌教育总监说，公司“不断校正员工的行为，以便为客户提供无忧的、个性化的和有信息价值的服务”。

所有这些，透露出哪些管理理念？符合哪些管理原则呢？领导采取了哪些领导风格？

资料来源：罗宾斯，德森佐，库尔特．管理学：原理与实践．北京：机械工业出版社，2010：11.

3.1 管理的基本理念

3.1.1 管理理念概述

1. 管理理念的性质

管理理念是关于管理工作和管理活动的普遍性、必然性的知识，或者说，是管理者所拥有的一般性的从事管理活动的观念。换言之，管理理念是人类通过长期管理实践并进行思考总结而得出的能够对管理行为产生根本性影响的理性认识。一切组织都有一定的管理理念，在组织的管理理念中所包含的是组织存在与发展以及社会功能的哲理性、根本性的问题。管理理念是组织管理活动的灵魂和出发点，对管理工作有着重要的甚至决定性的意义。

管理理念是在管理过程中的多种因素综合作用下形成的，要经历一个确立、演变、成熟的过程。在自觉地为组织确立管理理念的时候，除了需要考虑管理者个人的价值观和伦理观、组织历史的经验教训、组织的外部环境及其变化、组织性质以及社会文化背景等因素的影响，管理者还需要不断地学习、充实，吸收人类进步的价值观，提高道德水准，提高自身素质。只有这样，才能形成一种正确、适宜、完善的管理理念，从而取得更好的管理效果。

2. 管理理念的特点

管理理念是管理哲学层次的内容，它具有自身的一些特点。了解管理理念的特点，有助于我们从本质上把握管理理念，从而在管理行为中更好地贯彻管理理念的要求。一般来说，管理理念具有以下特点：

（1）抽象性。管理理念是对组织的任务、责任和价值观、伦理观的高度概括，是对“组织为什么而存在”这一问题进行哲学思考的结果，具有明显的抽象性。管理活动是管理理念形成的基础之一，管理理念是具体管理活动必须遵循的指导思想，是统率管理活动的灵魂。

（2）实践性。管理理念形成于人类长期的管理实践以及对管理实践的思考之中，往往要通过无数次的认识→实践→再认识→再实践的过程而得以升华。管理理念需要在管理实践中得到广泛认同并成为管理行为的指南。管理实践也证明，只有在正确的管理理念的指导下，管理目的才能达成；没有正确管理理念的指导，或者管理者被一些错误的思想占据了头脑，唯权是抓、唯利是图，其结果必然导致管理的混乱，甚至会导致组织的衰亡。实践是检验真理的唯一标准，管理理念是经过实践检验的、行之有效的管理指导思想，具有实践性。

（3）稳定性。管理理念一般能涵盖较宽泛的范围，能持续较长的时间，因而具有稳定性。无数事例说明，管理理念一旦形成，一般会存续相当长一段时间。当然，管理理念的稳定性不是绝对的，随着组织内外部环境的变化，也要得到相应的修正、充实，但其相对稳定性的特征是不可否认的。当某种管理理念被普遍接受和付诸实践后，就能够在相当长的时间内发挥作用，直到它赖以存在的客观条件消失为止。

（4）共有性。共有性也就是一个管理体系的广泛认同性。为了发挥管理理念对管理活动的统率和指导作用，组织必须通过各种途径把管理理念传递给全体组织成员，使组织成员接受、认同，并将这些理念内化为组织成员共同的价值观、伦理观。可见，共有性是管理理念的一个显著特征。当然，在各个组织中，管理理念被认同、共有的程度会有所不同，有的组织成员的共有性和认同程度高一些，有的则显得低一些，但管理理念在本质上应被认同和共有。

（5）继承性。几乎任何重要的管理理念都能够在历史中找到它的痕迹，所以，我们说管理理念具有继承性。这里所说的继承性主要是指社会文化传统的继承性，任何组织都存在于一定的国家、地域之中，作为组织价值观念的管理理念必然受到该地域社会文化传统的影响，表现出该地域社会文化传统的一般特点。当然，组织的价值观并不等同于属地价值观，组织的管理理念在受到当地文化传统影响的同时还会受到其他因素的影响，从而形成自己独特的价值观念。

总之，管理理念是与社会生活的各个方面密切联系在一起的，是社会、政治、经济、法律、道德、教育、军事、科技、文化、艺术以及自然环境等在管理活动中的集中体现。管理理念属于管理哲学的范畴，或者说，它在本质上就是管理哲学的一个重要组成部分。

3. 管理理念的价值

管理理念是指导管理活动的灵魂，对组织的管理活动具有重要作用。可以说，凡是成功的组织，都有正确、完善的管理理念。概括地说，管理理念的价值体现为以下几个方面：

（1）管理理念有助于增强组织的集体凝聚力。管理理念是组织集体行动中的共同理念，是管理集体活动的必备条件。集体能够存在、集体活动能够有效，都离不开管理理念的作用，因为集体本身就是合作的产物。当然，组织的性质不同，其合作的基础也不同，但必然是有着共同目标的，否则，组织就不会以集体的形式出现，组织活动也就会缺乏协调性，就会呈现一盘散沙的局面。在现代社会，一个组织如果要在激烈的社会竞争中求生存、谋发展，就必须通过正确的管理理念来增强组织的凝聚力。

（2）管理理念对管理行为具有指导作用。作为一种指导思想，管理理念对管理活动的指导作用着重表现在组织决策上。在组织中，决策一般基于两种因素的考虑："事实因素"和"价值因素"。"事实因素"包括组织的外部环境、组织的内部状况；"价值因素"则指组织的价值观。战术决策较多地依据"事实因素"，而战略决策则较多地看重"价值因素"。这样，管理理念首先是对组织战略决策起指导作用，而后再通过组织战略对计划、组织、领导、控制等管理职能发挥指导作用，从而实现了对组织一切管理行为的指导作用。

（3）管理理念有助于组织成员自我约束能力的形成。组织是由组织成员构成的集体，组织业务活动的正常开展有赖于组织成员间高效、有序、协调的秩序。组织秩序的建立又有赖于组织规章制度的建立和成员自我约束能力的形成。管理理念所内含的价值观、道德观对职业道德、工作作风、行为规范、行为惯例等的形成起着决定性的作用。随着管理理念向组织各个方面的全面渗透，组织的价值观内化为组织成员的职业道德、工作作风、行为惯例，进而内化为组织成员的自我约束能力，成为组织成员自我约束能力的思想源泉。

（4）管理理念对沟通过程具有促进作用。组织内外的各单位、个人之间常常发生矛盾、冲突，因而需要协调。沟通是协调的前提。管理理念对组织内外各单位、个人之间的沟通可以发挥重要作用。首先，管理理念内含的价值观、道德观使沟通易于进行。因为，具有共同价值观、道德观的人相互间易于沟通，相反，具有不同价值观的人，则难以沟通。其次，管理理念内含的或派生的组织目标使沟通易于进行。管理理念明载的或通过组织战略表示的组织目标给冲突各方树立了相互沟通的前提，使矛盾易于解决。相反，组织内如缺乏共同目标，各执己见，各行其是，则难以沟通，矛盾也难以化解。最后，管理理念使组织与外部的沟通易于进行，特别是明确宣示出来的管理理念，能够使人正确地认识组织的性质和活动特点，使人们对组织产生信任感。也就是说，管理理念向外延伸能够形成组织的形象，而树立起良好的形象，可以使组织同外部的沟通卓有成效。

3.1.2 合作理念

1. 合作理念的概念

合理理念是一种古老而又全新的理念。言其古老，是因为一切管理活动都离不开合作，管理中的协调职能就是使各方面协作和合作得以实现的职能；说其全新，是因为合作理念是管理理论界正大力倡导的一种理念，而且这一理念在管理实践中也有着诸多表现形式，如战略联盟、供应链管理、团队管理等。对于现代管理来说，合作理念是最基本的管理理念之一，它是一种存在于组织之中的有利于协调组织行为、增强组织凝聚力和提高组织绩效的团队精神。

早在 20 世纪 50 年代中期，巴纳德就提出了“协作系统”的概念，从行为科学的角度对组织的内涵进行了揭示。他认为，一切组织都是有意识调整了两个人或更多人的行为或各种力量的系统，是以共同目的、协作愿望和信息为必要和充分要素组成的系统。巴纳德还提出了“社会合作”式的管理方法。在他看来，管理的目标能否达到，取决于组织成员是否有一个统一的目标并且能否顺利地完成协作目标，取决于组织成员能否自觉自愿地为组织目标的实现做出全部贡献。因此，组织内部必须要有一个能够彼此沟通的信息系统，以提高组织成员对于管理工作的满意度。

在管理实践中，组织的作用和效能就在于能够使各种资源形成和产生密切的配合与协同作用，尤其在人力资源方面，使组织具有单个或部分资源组合所没有的能量和功能。现代管理特别注重采用团队组织及工作方式，即把组织作为“价值共同体”“命运共同体”来加以建设，试图使组织具有“共荣”“忠诚”“奉献”的团队精神，认为这样有助于组织成员自我价值目标的实现，并能够较充分地挖掘个人潜能，全方位调动组织成员的积极性、主动性和创造性。

组织内部成员和部门之间可以形成三种基本的工作关系，即竞争关系、合作关系和独立关系，以及由上述三种基本关系组合而成的具有各种特征的混合关系，如“竞争-合作”“合作-竞争”“竞争-独立”“合作-独立”等。

在竞争关系中，个人或部门具有不相容的目标，通常也具有相对独立的工作任务和责任，组织成员或部门之间会通过各种方式体现并感受到相互排斥的力量。竞争关系中的当事者会认为别人妨碍自己的工作，对方取得成就对自己就是损害，对方的成功就是自己的失败，于是他们互不信任或互不支持，互不沟通或互不进行有益的交流，甚至相互拆台和诋毁。

在合作关系中，个人或部门具有相容的目标以及共同的任务和相关联的责任，组织成员或部门会充分认识到他（它）们的目标是相辅相成的，只有别人成功时他（它）们自己才会成功，甚至别人的成功就是他（它）们自己的成功。所以，个人或部门要相互信赖和支持，坦诚无私地交流资源和思想，结成荣辱与共的关系。

在独立关系中，个人或部门具有不相关的目标，而且也有相对独立的工作任务和责任以及自主的行为权利。独立关系是一种“鸡犬之声相闻，老死不相往来”的状态。因此，他（它）们认为既不需要与他人竞争也不需要与他人合作，他（它）们既不沟通、支持，也互不怀敌意而诋毁他人，他（它）们只关心自己的工作，并看重能力、自主与个人成就。

在管理实际中，纯粹的竞争、合作和独立关系在组织内部是很罕见的，而更多的是三种关系的复杂混合，即竞争中包含着合作或独立的成分，合作中又包含着竞争或独立的成分等。

2. 合作在管理中的意义

在传统的管理理念中，注重研究的是单个组织内部的合作，而在知识经济和网络经济条件下，社会组织间的合作将显得尤为重要。任何一个组织都不可能同时在所有方面拥有优势，况且网络化又使知识的获取如此便捷且价格低廉，组织间的合作对双方都会有利，会产生一种“互赢”的局面。也就是说，知识经济时代科学发展的速度越来越快，体系越来越复杂，已经没有哪一个国家能够在所有的领域里保持领先的地位，一个组织也是这样，知识和经济共享成为对知识经济时代一切社会组织的基本要求。

人类历史已经走到了这一步：组织与组织之间、组织内部，都需要在合作中求生存，谋发展。合作在管理过程中的意义越凸显，对合作理念的要求也越高。概括地讲，合作在管理中的重要意义主要体现在以下方面：

（1）合作是人类社会一切管理活动中的普遍现象。管理是众多人参与的活动，为了有效实现组织目标，就需要管理体系中的所有成员统一思想、统一认识、统一行动，形成管理合力。所有组织，要实现管理的目标就需要有不同程度的合作。小到一个生产单位，需要有合作才能实现高效；大到一个国家，各种政治力量之间也需要合作。

（2）合作贯穿于管理全过程。一般来说，管理可以分为计划、组织、指挥、协调、控制五项职能，这五项职能的实现无不需要合作：要制订完善周密的计划，当然需要计划制订的各子系统的通力合作；组织的过程就是人、财、物、信息、技术合作动作的过程；要使指挥有效，必然要强调上下级之间的合作；协调本身就是各方面合作的实现过程；控制如果是以组织目标的达成为最终目的的，那么，尽管它在微观层次、近期目标上看是一种规则和限制，而从宏观层次、远期目标来看，恰恰是一种合作的规范。

（3）合作是专业化分工的必然要求。分工是与协作相对应的，而协作是合作的一种形式，而且，良好的协作是合作的协同状态。因而，有分工就要求合作，只有分工没有合作是不可能实现生产目标的。分工提高了效率，但同时造成了各个分离的生产单元，如果没有合作，分工造成的效率提升是无法体现出来的。所以，自从分工出现了，合作也就出现了。对企业来说，分工可以提高企业的劳动效率。专业化分工可以使企业专门从事某种产品的生产，提高它们的熟练程度，增进它们的技巧，避免它们从一种工作转到另一种工作所造成的时间上和技术上的损失。在激烈的市场竞争中，为了获得共同的最大利润，企业在相互分工中就需要不断合作。通常，企业合作能使分工更加细化，有利于企业生产的专业化和精细化，提高企业的生产效率。

（4）合作有助于营造良好的组织文化。通过合作，能够营造一种文化理念，即把组织和组织成员看作利益共同体。发展需要平等、信任和关爱，组织成员的需要是多样的和多层次的，其中大部分需要是他们期望在企业及其所承担的工作中得到满足的。在合作关系中，人们总是相互支持、相互鼓励、相互信任，人们可以期望从别人那里获得帮助。因此，良好的人际关系可以使组织成员在工作中心情愉快、情绪高昂，从而增强完成任务的自信心，而合作关系则使组织成员获得感情、环境等精神方面的巨大激励。

（5）合作促进管理系统的优化。合作是系统思维的体现，根据系统论的观点，系统自组织过程交织着各种关系和矛盾，如系统与环境、部分与整体、有序与无序、合作与竞争、支配与服从、稳定与不稳定、确定与不确定、必然与偶然、内因与外因、适应与选择、自组织与组织、渐变与突变等。由此，系统论提出了协同的概念。“协同”这个词有不同的含义。狭义地讲，协同就是协调、合作、同步行动；广义地讲，协同既包含合作，也包含竞争。协同学告诉我们，微观组分之间的合作与竞争、不同行为的集体运动模式的合作与竞争、宏观序参量之间的合作与竞争、环境层次上的不同系统的合作与竞争，是推动系统演化的根本动因。正是在这个意义上，我们说管理系统的优化离不开合作。

3. 组织内部的合作

（1）上下级之间的合作。组织内部的合作分为上下级之间的合作和同级之间的合作。上下级之间的关系较多地体现为命令与服从，但其中也可以包含多种形式的合作，而且，只有当上下级关系中包含了合作的内容，才是一种和谐的管理关系。出色的管理集体或管理者同样也需要出色的下属。当管理者和被管理者都非常出色的时候，上下级合作才会有助于组织目标和其他目标的实现，才能促进组织的进步和发展，才能实现组织与其成员的共同发展。随着信息网络化、经济市场化、个体社会化、财富知识化和管理民主化，必然会要求上下级之间密切合作，消除对立、对抗、不合作、不信任的状态，只有这样，才能实现组织的意图和目标，才能有效地利用组织的资源，实现管理的高效率。上下级之间的有效合作可以通过以下途径来实现：

1）对管理行为意图进行有效、准确、全面的解释、宣传。这是组织行为的基础，也是上下级有效合作的前提。管理者应当带着合作的愿望，结合下属的情况发布命令并进行有效的动员，这样做可以使行为方向明确，内容清楚，因而工作也就会顺利地开展，还可以保证管理信息准确，并被有效地利用。

2）对下属进行有效的管理，提高下属的工作水平。管理者应采取有效的途径和方法，对下属进行挑选和录用，经过公开的具有竞争性的考试或其他途径来完成人员的选拔。同时，注重加强对下属的教育培训工作，提高其水平和素质，使其有能力与上级保持有效的合作。

3）采用科学、有效、民主的管理方式。民主的管理方式可以为上下级之间有效的合作创造条件，也可以为下属更多更有效地开展各种组织活动创造条件，便于信息的沟通和传递。而且，民主的管理方式可以在平等原则的指导下激发组织成员的积极性，使其充分发挥潜力。同时，民主的管理方式对管理行为具有规范作用，能够确保合理有效的管理思想、管理机制得到运用。

4）树立全新的管理观念和思想。科学合理的管理思想可以为组织的活动指明方向，可以为上下级有效的合作创造条件。系统管理思想要求用整体全局的观念去处理问题，这样可以有效地防止组织行为的片面性，从而实现全面有效的合作。坚持动态发展、不断创新的思想则可以为有效的合作指明方向，促进上下级关系健康发展，从而提升积极进取的精神，并适应环境和组织发展的需要，增强组织的发展能力。

（2）同级之间的合作。在组织内部，同级之间是一种分工与协作的关系，而且他们之间的协作关系每时每刻都有待于提升为合作关系。然而，在管理实践中，同级之间存在着一些客观上的合作障碍。比如，各部门虽然从总体上讲都是为了完成组织的总体目标，但具体目标则不同，因而，在人、财、物等各种资源的配置以及利益分配上必然会产生一些矛盾和冲突，形成“本位主义”“地方保护主义”“部门保护主义”等不利于合作的现象。要使组织内部同级之间的合作机制得以完善，需从以下几个方面着手：

1）加强沟通协商，树立合作意识。同级之间，在认识和工作上如果能够多沟通、密切联系、融洽交流，就不易产生冲突，即使产生了也易于消除。这有助于形成合作的意识和关系。另一方面，同级之间的组织成员也应当有合作的愿望，自觉地克服不利于合作的因素，主动地营造合作的氛围。

2）利益平衡与目标导向相结合。矛盾往往涉及利益，而一旦利益发生冲突，合作就难以实现。所以，需要注意掌握协调各方利益，并进行利益权衡分析，坚持公正原则，以互利为前提，在找到各方利益共同点的基础上尽量满足各方需要。另外，管理者应把相关合作单位的注意力和行动方向都引导到全局的总目标上来，使本单位目标和总目标达成一致，通过分工合作完成总目标，纠正分工不合作和貌合神离的错误倾向。

3）评价合作意愿，优化合作组合。合作必须建立在双方自愿的基础上，为确保合作成功并在一定程度上防范合作者在合作过程中的合作风险，管理者要分析合作双方可能的收益和付出，从而判断出合作双方是否愿意加入该合作。管理者还需要参考现有的或可能的合作组合来判断候选合作者是否愿意加入合作，以及加入合作的意愿有多高，从而预测合作成功的可能性。

总之，为确保合作顺利进行，同级组织部门和同级组织成员，需要树立双赢观念，从搜寻双方利益的共同点入手，优化合作组合。当然，最主要的还是应当拥有共同的价值观。因为，合作各方的社会背景和价值观越接近，他们的思维和行为模式的一致性也就越高，也就能够形成一种具有明显特征的、涵盖各方利益的、共享的合作文化，双方之间的信任受到干扰和破坏的可能性就越小，也就能够为维护合作的稳定性奠定基础。

4. 组织与外部的合作

合作理念不仅体现在组织内部，也体现在组织与组织之间。传统的组织间合作主要是建立在契约原则的基础上的。契约规范了缔约各方的责任、义务和权利，使合作的全过程规范和理性，但由此也造成和培育了契约执行中的对抗文化。近年来，随着组织外部合作实践的发展，一种基于契约、改善对抗的经营模式——合作伙伴关系逐渐成熟。合作伙伴关系并不是改变原契约的内容和各方责任、义务承担以及权力的分配，而是用一种新的管理方式去弱化壁垒关系和对抗思维，以求加强全过程的合作，降低各方的管理成本，建立多元化的互信机制，共同去追求和达到一个既定的目标和结果。

建立合作伙伴关系的原则一般有：

（1）优势互补原则。合作各方都必须具有明显的优势和独特的专长，合作的目的就是取彼之长，补己之短。

（2）互惠原则。合作的目的是合作者利用各自的优势和强项，组成一个新的更强的竞争实体，增强市场竞争力，创造更高的利润。组成合作伙伴关系之后，各方均应充分认识到，一切利益都是共同拥有的，一切风险都需共同承担。

（3）自愿原则。合作的各方对彼此的优势、劣势进行充分详细的评估、分析、对比以后确定若干家合作对象，并将合作伙伴分级排列，进行几轮对话和商讨，然后，就可以获得成功的选择，从而确定合作对象。这是建立在对彼此的优势与弱势都有充分了解和认识的前提下的，因而是有着自愿合作客观基础的。

（4）诚信原则。合作伙伴各方的“诚信”是指对彼方的信任和坦诚，更主要的是保证在今后的合作过程中严格履行所做出的承诺。“诚信”是一个很人性化的概念，合作伙伴的“诚信”主要表现为合作各方领导者个人的行为：品德和涵养。

3.1.3 效率理念

1. 效率是管理的生命

效率最初是机械学中的一个概念。在机械学中，效率指输出的热能量与输入的热能量之间的比率。后来，效率这个概念被引进社会生活，相继被工商业和经济学所采用，用来将经济活动取得的劳动效果同消耗的劳动量进行比较，以考察某项经济活动的有效性。在现代管理中，效率也是一个经常用来衡量管理水平的标准。比如，在经济管理中，投入的资金、技术、人力、物力等因素与所获得的利润之间的比率，在行政管理中人的劳动消耗与产生的社会效果之间的比率，等等。一切管理活动都追求更高的效率，可以说，效率是管理的生命。

（1）效率是管理活动所追求的重要目标。任何管理活动都必须高度重视效率问题，效率是管理的出发点和落脚点，贯穿在管理的各环节、各层次中，是管理体系中多种因素的综合反映。管理应首先确定管理目标，然后尽量少地消耗人、财、物，讲时效、高质量地实现管理目标，这种低成本、高产出的管理就是高效率的管理。管理活动作为能动地改造自然、改造社会的实践活动，是人类求得自身生存和发展的条件。要做到这一点，就必须以效率为导向，树立效率理念。

（2）效率是检验和衡量管理活动有效性的重要标准。通过管理效率，可以检查和衡量管理的各个要素、各个环节、各种管理制度和手段是否达到了现代化、科学化和法制化的水平，也可以检验和衡量管理人员的素质、能力、工作态度和人际关系的状况，还可以检验和衡量管理体制、组织的机构设置、权责划分、分工、管理层次和管理宽度的状况，也可以检验和衡量管理的每个环节以及管理的程序等影响管理效率的因素，特别是可以检验和衡量管理制度的合理性和管理方法的有效性。

（3）在我国，管理效率关系到社会主义现代化进程。社会主义现代化是一项系统工程，它不仅包括经济、文化、教育、科学等领域的协调发展，而且包括管理的科学化与现代化。只有大幅地提高管理效率，才能充分发挥我国社会主义制度的优越性。社会主义制度的优越性主要体现在它能创造出较高的劳动生产率，保障人民物质文化生活水平更快地提高；体现在整个社会的高效率；体现在政府有较高的生产力，即政府有较高的行政效率上。在社会主义制度的保障下，生产力的迅速发展还要靠有效的科学管理来实现。

2. 效率理念的历史性

一般而言，花费尽可能少的时间，投入尽可能少的资源，生产出尽可能多的产品是高效率的表现。然而，对效率的认识在不同时代则各有侧重，在各个时代，对效率的认识不断发生着变化。在农业时代，农业是主要的生产部门，土地是最重要的生产资料。人们认为粮食的产出多就是高效率，而获取更多粮食的有效办法又是增加土地的数量。进入工业时代后，生产力中最重要的因素是机器，机器的使用提高了生产率，并使生产方式不断得到完善，人与机器结合后几十倍甚至上百倍地提高了劳动生产率。在工业时代人们虽然越来越注重效率的提高，但由于主要利用大自然的资源和能量来谋求生产的发展，人们也越来越重视降低原材料消耗。总的说来，在农业社会和工业社会中，效率概念中的时间资源并不处于主导地位，人类财富的增长更多的是靠消耗土地和自然资源来实现的。

在知识经济时代，生产力中的科学技术因素成了第一大要素，科学技术的发展不但使提高效率受到格外重视，而且使效率以前所未有的速度得到提高。以科学技术知识为基础的生产力使科技经济一体化、经济发展智能化、成果转让加速化、产品功能高效化、新附加值递增化、人力素质高级化、经济增长持续化、各国经济全球化。在知识经济社会，生产方式和社会面貌发生巨大变化，知识和信息成为变革社会的力量，无形的知识将代替有形的物质而成为经济活动的主要因素，成为财富、能力的主要源泉。知识经济社会的尖端产业如微电子技术、卫星通信技术、新能源技术、生物技术、空间技术等，无一不为提高效率奠定了良好基础。

知识经济中的关键要素包括科学技术和管理科学两个方面，或者说，科学技术和管理科学是推动社会发展的“两个轮子”。科学技术的进步和信息经济的发展，使传统的管理发生了许多重大的变化。以前的管理主要是生产管理，而知识经济中的管理正在变为一种信息管理、知识管理，管理的过程实际上是一个学习、借鉴、创新的过程。就企业管理而言，知识经济时代的企业经营效率，归根到底是企业的信息效率，即企业收集、分析、利用、传播和发送信息的效率，通过高速的信息收发，企业才能真正迅速地了解市场和消费者的反应，并及时向外界传递企业的最新信息，从而大大提高了企业对环境反应的效率。

对于现代管理来说，效率的理念显得越来越重要，一个合格的管理者必须用效率理念来指导自己的管理活动。在知识经济的条件下，管理者需要树立以知识资产作为管理的重点和以创新能力作为管理的中心的观念，运用现代信息技术减少创新时间、降低成本、减少风险。在现代社会，人类在许多领域中出现了拥有共同利益的趋势，例如，在生态与环境问题上，人类的利益是一致的，这就要求现代管理者站在人类共同利益的高度来看待效率问题。也就是说，现代管理者不能仅仅局限于局部的范围看问题，不能斤斤计较于一时的得失，而是要强化自身的责任，通过提高有利于整个人类的效率来实现自己的组织目标，把自己单位、组织等小的管理范围内的利益同整个社会的利益联系起来，求得在大范围内的大发展。许多成功的管理经验证明，只有合乎人类利益和社会要求的组织行为才是有前途的。相反，鼠目寸光的管理者，不从社会的整体利益出发，试图用虚假广告、制假售假、污染环境等手段去牟取企业不当利益，也许能够在短时期内达到目的，但这绝不是发展的长久之计。所以，优秀的管理者应当树立起新型的效率理念，而且这个效率不是局部的、短期的效率，而是本组织的利益与国家、社会和人类利益相统一意义上的效率。

3. 效率管理

效率是管理活动所追求的一个基本目标，也是全部组织活动的综合体现。虽然管理环境、组织自身的结构和体制、组织成员的素质和配置状况、组织所拥有的科学技术、成果的社会接纳程度、资源的获取和消耗状况等各种各样的因素都对组织的管理效率起着重要影响，但如何实现组织的高效率，依然是对管理人员的一大挑战。为了实现效率管理，以下几个方面可供管理者参考：

（1）牢固树立效率观念。要提高效率，首先要解决思想观念问题，需要树立起效率就是生命、效率就是竞争力的观念。要通过宣传教育，使人们认识到效率是组织生存与发展的基本条件，效率是关系一个组织存亡的大问题，组织的活力来源于效率，使得人人重视效率，事事讲求效率，让提高管理效率的观念在组织乃至全社会形成风气。

（2）确立正确的战略。在战略取向方面，高效率的组织有三个特征：接近顾客、快速反应和焦点清晰。高效率的组织应当是“顾客导向”的组织，其特点就是视顾客为最重要的利益相关者，而且成功组织的主要价值观是满足顾客的需要。快速反应意味着高效率的组织对问题和机遇能够做出迅速的反应。焦点清晰意味着高效率的组织必须有明确的重点和目标。组织需要有明确而持久的战略，目标切忌左右摇摆或轻率地从组织熟悉、擅长的业务转移到别的业务上。

（3）注重高层管理者的愿景领导（visionary leadership）、行动偏好（bias toward action）、适度理性（minimal rationality）。高效率的组织需要领导组织的特殊愿景，杰出的高层管理者愿意身先士卒、渴求进步，不仅可以为组织的发展方向提供愿景，而且可以给予下属工作意义和使命感。成功的高层管理者喜欢少说多做，他们的行动导向是在决策或找到解决问题的方法之前，不把问题说得太绝对。一旦做出决策，便锲而不舍，以具体行动去实现既定的目标。优秀的高层管理者需要明白“理性”的限制，不能凡事盲目追求理性，或全盘信赖数据及模型，因为解决问题有时需借助于灵感及创意。

（4）效率导向的组织设计。在组织设计上，高效率的组织应当机构精简、人员精干。因为，要提高组织成员的办事效率及加强内部沟通，组织就需要一个精简的机构，权责要清晰，尽可能减少非生产人员，特别是需要克服官僚作风。高效率的组织应敢于下放权力，鼓励及奖赏创意和革新，发挥团队精神。高效率的组织在管理上应松紧适度，既要坚守组织的基本信念，又要给予组织成员更多的空间去发挥自己的聪明才智。

（5）营造优良的组织文化。建立起优良的组织文化是十分重要的，这就要求高效率的组织尽量利用组织成员的能力和热情，通过创造一种文化氛围去鼓励人们提高生产效率和采取长远的观点，保持组织效率的可持续性。组织文化可以创造互信互利的工作气氛，而且应当成为组织内部的监管机制，使组织获得一种无形的总体效率。

（6）依靠科技进步，采用先进技术。管理技术和工具是提高管理效率的物质技术保证，因为管理是一项综合性的复杂的社会活动，涉及面广，作用因素多，必须借助一定的技术手段才能完成。尤其是在现代社会中，信息量激增，单靠经验和传统的文书、通信技术的管理已越来越不适应形势的要求了。因而，在管理中要重视运用现代科学技术，引进、消化、吸收现代系统论、信息论、控制论等科学方法，运用计算机信息系统辅助管理，提高管理效率。

3.1.4　公平理念

1. 公平是管理的目的

公平，顾名思义，是指公正与平等，亦即不偏不倚、客观公正。管理学倾向于把公平看作管理活动中所应遵循的伦理原则，它要求管理者无论是在制定管理措施还是在具体的管理行为中，均需平等地对待所有管理对象。由于管理，特别是公共管理涉及诸多领域，因而管理学意义上的公平应当包括政治、经济、社会等各方面的内涵：在政治方面，每个公民都有参与管理国家的平等权利；在经济方面，每个公民都有参与经济活动的平等权利和获得公平分配的权利；在社会方面，每个公民都有平等的受教育权利、劳动权利和享受社会福利的权利。

其实，凡是有人群且存在利益分配的地方，便会产生公平问题。管理者能否秉承公平理念，主持公正、维护正义，是组织成员最为关注的。对于管理者来说，公平首先是一种价值取向；对于被管理者来说，公平概念体现了人们对种种利益分配的合理化要求，管理者是否公平，决定了被管理者的基本需要能否公平地实现；对于管理系统而言，则直接关系到全体组织成员的劳动积极性。管理中的公平理念要求管理者能够平等地对待下属以及处于他的管理职权范围内的全部被管理者，公正地分配权利和义务，公正地调节各种利益关系和公正地给予每个人发展自己的均等的机会。

（1）公平理念在管理中具有激励功能。一个组织如能严格按公平原则办事，处处体现公平，组织成员就会感到领导是公正无私的，集体是真正代表大家的利益的，能够公平合理地处理好人们相互之间的利益关系，组织成员也就会自愿为这样的集体做贡献。这时，人们便会形成这样的信念：在这样的集体中，只要努力贡献自己的力量，就必然能得到应有的承认和报酬；也只有努力做出贡献，才能得到公道的承认和合理的报酬；投机取巧、消极偷懒既不利于集体，也不利于个人，搞歪门邪道只会适得其反；唯一正确的选择，就只能是一心一意努力地做好分内的工作，用自己的贡献去换取正当的报酬。总之，体现了公平的管理可以使人们形成并不断巩固和发展追求组织所期望的价值目标的信念。这就是公平理念的激励功能。

（2）公平能够激发出一个组织的向心力、凝聚力。调查表明，人们之所以热爱一个组织，很多情况下不在于收入的高低，而是首先在于领导正派、办事公道、内部公平、关系融洽。只有在管理上是公平的，才能使管理者和被管理者关系亲密，使领导者对追随者有吸引力。所以，公平的管理可以使组织内部形成一种健康的风气，从而增强群体凝聚力。反之，不公平必然会造成组织成员之间的矛盾，使集体涣散，风气日衰，这样的话，也就根本谈不上什么“合力”了。

（3）公平为管理提供了一种稳定机制，这一点在宏观意义上更为突出。公平的实现程度决定了社会的稳定程度，而社会稳定又是社会全面快速发展的保证。政治、经济、文化和社会等各方面的不公平现象必然会使人们的社会不公平感加剧，一旦社会不公平感达到一定程度，就会成为破坏社会稳定的因素。

所以，管理工作一方面要研究如何调动人的积极性，另一方面也要研究如何消除激励的障碍，防止损坏和挫伤人的积极性的行为出现。公平理念的贯彻，不仅是工作的手段、方法问题，更是管理的宗旨问题。管理者要想处处做到公平，首先需要有高尚的思想道德品质，同时还需要有发扬民主和广泛联系群众的工作作风。只有树立了为人民服务的工作宗旨，才能公正无私地维护和实现公平。

2. 公平理念的内涵

管理心理学中所研究的公平问题较多涉及的是公平感的确立。美国心理学家亚当斯（J. S. Adams）根据社会心理学中的认知失调理论而提出了公平理论，这是一种侧重于研究利益分配的合理性、公平性对职工生产积极性和工作态度的影响的激励理论。这一理论认为，公平首先表现为一种价值导向，是通过对人与人之间、群体与群体之间在政治、经济、文化和社会诸方面进行比较而得出的一种判断。根据这一理论，公平不仅仅是一种平等权利，而且也是一种社会心理状态。因而，那种有社会挫折感的人就容易感受到社会中的不公平，而那种有社会满足感的人就容易感受到社会公平的一面。

从管理实际来看，公平理念的内容体现了对管理者的一系列要求：

（1）管理者应当公正无私地对待每一位下属，要一视同仁，尤其在工资、奖金、职称、升迁等敏感性问题上，要做到公平合理。因为，这些方面都是组织成员最关心的个人利益问题，并且是看得见摸得着的，在一个集体中大家难免会相互比较。当然，如果管理者只有办事公正的思想和愿望，却没有一套切实可行的方法，那也产生不了好的效果。切实可行的方法之一是通过调查研究，找出本单位、本部门组织成员对各种奖酬分配上的公平标准的看法。因为，根据这种为多数人接受的标准，就可以进行比较合理并且易为全体组织成员接受的奖酬分配计划。

（2）组织成员参与管理是贯彻公平理念的重要措施。组织成员参与管理既是民主的体现，也有利于达成公平的结果。为此，就要求管理者树立以人为本的思想。参与管理要求赋予组织成员较大的自主权和参与权，鼓励组织成员实行自我管理并参与组织重大问题的商讨和决策，对管理者实行监督。这样，不仅可以满足组织成员多方面的需要，而且有助于创造公平感和实现管理过程的公平。只有参与管理才能实现管理的公开化，而管理的公开化则能够保证管理程序的公正，二者相结合，则能够在结果上实现公平。

（3）针对不公平感产生的原因，采取不同的措施，创造公平感，实现管理公平。在微观管理层面上，存在着大量的人与人之间、群体与群体之间因分配不公平而造成的矛盾和不满。这些问题的产生往往是由于人们的横向比较或纵向比较所引起的。更为重要的是，人们的工资报酬和奖金等收入应不仅仅被看作一种单纯的经济分配，人们往往透过这种实在的经济报酬来评估自己的工作成绩，来分析同事和领导对自己的评价和看法。所以，每个人在获取报酬时，总会同时关注他人所得的多少。当人们综合衡量后，感到自己的付出比他人多，而所得的反而比他人少，就会感到不公平、不合理，内心就会产生不平衡感，自尊心就会受到伤害，不满情绪便会产生。针对这种情况，一些管理者往往采取年终分配送“红包”的方式，对各个成员的所得保密，以求组织成员无法比较，但这样做不仅无法解决公平感的问题，反而会形成普遍怀疑的气氛。针对上述不公平感，管理者应做深入的分析，采取不同的方法和有效的措施去消除或减少不公平感，保证组织成员劳动积极性的充分发挥。

3. 处理好效率与公平的关系

公平是具体的、历史的，效率也是具体的、历史的，公平与效率之间的关系既不是一种此消彼长的负相关关系，也不是简单的正相关关系，对于效率与公平之间的关系，需要做具体的、历史的分析。也就是说，公平与效率的关系是较为复杂的，既有统一的方面，又有矛盾的方面。从统一的方面来说，效率可以提供推动公平发展的物质基础。物质利益原则决定了任何社会都会把效率作为一种基本的目标，历史上每一种社会公平的建立和演变都首先源自对效率的追求。公平属于上层建筑的范畴，效率决定公平。反过来，公平对效率又具有促进作用，是效率实现的有效途径。当人与人之间处于一种较为公平的物质利益关系之中时，就会使生产效率大幅度提高；当不公平发展到一定程度时，必然会阻碍经济效率，甚至会抑制效率；当社会矛盾极为尖锐激烈时，极端的不公平会导致社会动荡。从公平对人的行为的直接影响看，公平集中表现在收入分配上，收入分配是否公平，将直接影响人的行为效率。所以，公平又直接影响着效率的高低。同样，公平与效率的统一性还表现为效率是验证公平的标准。如何验证公平？归根到底要看是否解放了社会生产力，是否提高了经济发展效率。也就是说，检验公平的标准应该是效率。

但是，公平与效率之间又是矛盾着的，当人们突出了公平的原则时，效率就可能出现下降的趋势；反过来，当人们把视线放在提高效率上的时候，公平的问题也就可能表现出来。比如，在管理实际中经常可以看到，当提高了组织成员收入的平等度时，往往会导致经济效率的损失。因为实际收入分配上的平等，意味着对个体之间差别的否定，在社会仍处在承认差别的阶段，这种对差别的否定很可能使个体的积极性丧失，由此导致效率损失。反过来，提高了效率却又有可能降低了收入分配上的平等水平。因为这意味着承认个体利益而鼓励竞争是效率提高的历史条件，而有竞争就必然有差别，竞争本身就是优胜劣汰的过程，要保证竞争，就必须在收入分配上承认竞争带来的差异。由此必然导致收入分配上的不公平，效率提高了，却牺牲了分配的公平。

从公平与效率的统一和对立可见，在管理过程中，片面地强调公平或效率都是错误的，合格的管理者必须学会同时兼顾效率与公平的技巧，把效率理念和公平理念统一起来，并应用于管理活动之中。在我国，过去的主流提法是“效率优先，兼顾公平”，这主要是为了消除计划经济时期的绝对平均主义的做法所做的矫正。从根本上看，公平与效率兼顾是社会主义市场经济的客观要求，而社会主义市场经济也为这种兼顾提供了可能。在这样的社会历史条件下，管理者更要自觉地处理好公平与效率的关系，追求一种公平理念与效率理念协同作用的效果。追求效率而不影响和谐，注重和谐而保证发展的活力。

3.2 管理的基本原则

3.2.1 人本原则

1. 管理学关于人的假设

在管理活动中，人是管理诸要素中的第一要素。管理对象的全部要素以及整个管理过程都需要人去掌握和推动，没有人在整体上对管理对象和管理手段的合理使用，就不可能实现管理目标。对财、物、机构的管理必须通过人去完成；对时间的支配和使用、对信息的分析和处理以及对规章的制定和遵守，都必须由人来承担。人的问题从来都是管理的根本问题，社会越是向前发展，就越应强调以人为本，显示人的自觉价值。人本原则是现代管理原则中最主要、最基础的原则。纵观管理学的整个发展过程，任何一种管理理论都需要对人做出自己的认识。管理学关于人的认识可以概括为以下几种观点：

（1）工具人。“工具人”观点把人看作被动的生产工具，认为人在生产活动中所起的作用也和机器等所起的作用一样，管理的任务就是使作为管理对象的人像机器一样去工作。一般说来，这种观点把作为管理者的人和作为管理对象的人对立起来，把被管理者看作管理者实现其目的的手段。例如，在经典管理理论时期，被称为“科学管理之父”的泰勒终生致力于研究的就是挖掘作为机器附属物的人的潜能。

（2）经济人。“经济人”假设从经济的或物质利益的角度去发现人从事劳动的动力，认为人是受经济动机驱使的，管理者和管理对象也并不是完全对立的，在经济动机这一点上是共同的，都是“经济人”。既然同属于“经济人”，他们的目标也就存在共同之处，因而合理的管理能够同时满足对高利润和高报酬的追求。按照这种“经济人”假设，管理体制就要服务于满足人的经济动机。

（3）社会人。“社会人”观点认为，人们的工作动机不只在于经济利益，更重要的是工作中的社会关系；物质刺激对调动人的积极性只有次要的意义，而社会交往的需要和受尊重的需要才是激发人们工作积极性的最强大的动力。按照“社会人”观点，管理的重点不在于满足人的经济动机，而在于进行人际关系的管理，因为人际关系才是职工生产率高低的决定性因素。

（4）自我实现的人。“自我实现的人”是马斯洛、麦格雷戈等心理学家提出来的一种人性观。“自我实现的人”是指每个人都有着发挥自己潜力的需要，只有在潜力得到充分发挥和才能得到充分表现之后，人才会感到最大程度的满足。“自我实现的人”假设认为，工作是人的本能，人有自主、自制的能力，适当条件下愿意主动承担责任；人的自我实现倾向与组织所要求的行为之间没有矛盾，只要管理得当，人们就会把个人目标和组织目标统一起来。根据“自我实现的人”假设，管理者需要尽量把工作安排得富有意义，让工作具有一定的挑战性，使人们对自己的工作感到光荣，从而满足自我实现的需要。

（5）复杂人。“复杂人”假设是埃德加・沙因在其 1965 年出版的《组织心理学》一书中提出来的。根据这种观点，前述几种假设都有很大的片面性，没有考虑人的个性、需求差异和客观环境对人的影响等，因而不能为管理者提供充分的、合乎实际的指导。复杂人假设认为，人的需要和动机并非是单一的，而是十分复杂的；不仅人与人有差异，而且同一个人在不同的组织或同一组织的不同部门中，其动机也可能是不同的；人们通过他们的组织经验还可能产生新的动机并会对不同的管理策略做出反应。因而，人实际上是因时、因地、因情况的变化而采取适当反应行动的“复杂人”。“复杂人”假设为“权变理论”提供了人性角度的支持，“权变理论”认为，企业管理方式要根据企业所处的内、外部条件而随机应变，不存在一成不变、普遍适用的“最好”的管理原则和方法。

在管理学发展史上，“工具人”、“经济人”、“社会人”、“自我实现的人”和“复杂人”等观点或假设的相继提出，表现出管理学对人的认识步步深入。这种认识每前进一步，都表明人在管理中的地位也被提高了一步。从“工具人”观点到“复杂人”假设的转变过程，实质上是一个“以物为本”向“以人为本”的转变过程。相对于“物本”或“事本”，“人本”显然是一个巨大的进步。现代管理活动正是围绕着人这个中心进行的，它是一种由人进行的又服务于人的活动，人的因素被提高到了根本性的地位。所以，在一切管理活动中，必须贯彻以人为本的原则。

2. 人本原则的内容

所谓“人本”，就是以人为根本。管理学所讲的人本，就是要在管理实践中确立以人为中心、以人为目的并使人性得到充分发展的原则，在管理活动中倡导以人为本，一切管理活动都以调动人的积极性、主动性和创造性并挖掘人的潜能为根本，把人作为管理实践活动的核心以及组织的最重要资源，把组织全体成员作为管理的主题，围绕着如何充分利用和开发组织的人力资源而展开管理活动，让管理活动服务于组织内外的利益相关者，以求同时实现组织目标和组织成员个人的目标。管理的人本原则要求管理者在其管理活动中充分重视人的作用，尊重人的价值，并通过促进人的需要的满足来调动人的积极性、主动性和创造性。具体地说，管理的人本原则主要包括两个方面的内容：

（1）人是管理的目的。“人是目的”的观点不仅是现代哲学的一个重要命题，也已经成为现代管理者的共识。现代管理中，人既是客观目的又是普遍目的。说人是客观目的是指把人作为目的不是由某人或某一组织确定下来的，而是社会发展到今天这样一个更高级的历史阶段所决定的；说人是普遍目的是指人是一切活动的目的，虽然一时或一处的活动可能会游离于这个目的之外，但这并不意味着人作为普遍目的的意义就会因此而消失。所以，虽然对于具体的管理活动、具体的组织来说，其直接目的可能是某项具体的指标，但由于它是服务于管理系统中全体成员的利益的，在最终意义上，都是为了促进管理系统中的人以及与管理系统相关的人的全面发展。总之，“人是目的”并不是一个空洞的哲学观点，而是具体管理活动的现实根据。在具体的管理活动中，重视人的因素，把人放在一种根本性的位置来凸显人的作用，可以达到充分发挥人的主观能动性和提高管理效率的目的。只有在“人是目的”的思想指导下，才能有意识地解决生产效率与人的发展的关系，才能正确处理人的生活与生产的关系，进而解决工作环境与生活条件等问题。

（2）人是管理的中心。管理系统中包含着人、财、物三种基本要素，实际上这三大要素又可以归结为两类，那就是“人”和“物”。物在管理系统中是完全被动的和单纯受支配的因素，虽然管理包括对物的管理，但管理学所讲的管理则主要是指对人与人的关系和对人与物的关系的管理，而且首先是指对人与人的关系的管理。因为，管理关系主要就是人们在管理活动中结成的一种不断变化着的人与人的关系，至于人与物的关系则主要是为了适应人与人关系的变化而进行调整的。所以，管理应以人为中心。其实，在管理活动中，以人为中心也是人类管理文明化的标志，是做好现代管理工作的根本保障。总之，现代管理要求管理者树立“以人为中心”的管理观念，充分尊重人的权利，并以此去调动人的积极性和能动性。“以人为中心”的管理方式要求管理者主动地去建立和发展人际的信赖、亲密关系，杜绝传统的家长制管理手段和措施，引导、激励组织成员的工作热情，提供组织成员成长与发展的机会，促使组织成员配合管理者共同实现组织目标。

3. 人本原则的实现途径

人本原则要求管理者把处理组织内人际关系的工作放在首位，把管理工作的重点放在激发被管理者的积极性和创造性上，努力为被管理者的自我实现提供和创造各种条件。具体地说，管理者坚持管理的人本原则可以通过以下途径来实现：

（1）确立组织成员的主体地位。管理的历史发展证明，人不是机器，人是具有意志、情感、理性的，他们相互间的关系是平等的。这一点是现代管理的基础，而且，成功的管理也表明，管理者与被管理者之间以及成员之间的相互平等、相互关心、相互爱护、相互尊重是最能够充分调动人的积极性的。要做到这一点，就必须在管理中贯彻以组织成员为主体的观念，重视人力资源开发，把管理的重心放在人的积极性、主动性和创造性的发挥上。

（2）调动组织成员参与管理。实现有效管理有两种完全不同的管理体制：一种是高度集权、等级森严、重奖重罚的金字塔形组织结构。在这种组织结构中，大多数组织成员只是消极地执行命令，对组织的运营管理没有发言权，对本职工作没有自我控制权。另一种管理体制是适度分权，实行科学管理和组织成员参与管理，使个人利益与组织整体利益紧密结合起来，使组织内全体组织成员为了共同的目标而自觉奋斗。两条道路的根本不同之处在于：前者把组织成员视作管理上的客体，使之处于被动和被管的地位；后者把组织成员视作管理的主体，使之处于主动参与管理的地位。

（3）制定能够满足人的需求的目标。坚持人本管理的组织在目标设置方面应当明确无误地突出满足成员合理需求的目标，这就是对被管理者的经济生活、政治生活和精神生活加以合理组织，帮助他们选择自己的社会角色，了解自己在社会系统中的位置、职能、权利和义务，并创造最佳条件，使之掌握必要的知识、技能，出色地扮演其所担负的社会角色，使社会、组织和成员个人的目标体系相互促进，协调发展。关心成员的需求是一切成功管理的钥匙，它要求管理者认识人的需要，并在这种认识的基础上，鼓励、支持和强化个人的那些符合组织、社会需要并为组织、社会所要求的愿望和追求；限制个人某些不符合组织、社会的需要和不为组织、社会所许可的愿望和追求，从而达到组织成员与组织、社会三者的需求体系的基本一致，相互配合，以达到个人、组织和社会的目标协调发展。

（4）设计为人服务的管理行为模式。现代管理是以人为中心，靠人来进行和为人服务的，要求管理者在管理活动中真正做到以人为中心，除了采取各种措施充分调动和发挥人的积极性、主动性和创造性以外，还必须充分注意管理者和被管理者自身素质的培养和提高。一方面，为组织成员服务；另一方面，通过这种服务调动整个组织实现为社会服务的目的。组织目标最终能否实现关键在于组织成员的努力，要使组织成员全力以赴地为实现组织的目标而努力奋斗，除了要使组织成员人尽其才、才尽其用外，还要为组织成员创造良好的工作条件和环境，充分尊重组织成员的劳动，客观、公正地评价每一个成员的工作，给予他们合理的报酬。此外，还要加强教育培训，拓展组织成员的发展空间。只有这样，组织才能在激烈的市场竞争中生存和发展下去。

3.2.2　系统原则

1. 管理系统的特性

所谓系统，是指由若干个相互作用、相互依赖的要素结合而成的具有特定功能的有机整体，这个整体具有其各个组成部分所没有的新的性质和功能，并和一定的环境发生交互作用。对于任何一个系统来说，要素、结构、功能、活动、信息和环境以及它们之间的相互依赖、相互作用，都是系统构成的基本条件。从性质和主要特征来看，管理系统是一个人工系统，也是一个开放系统，而现代管理系统则是一个远离平衡态系统。所以，对于现代管理而言，需要把握其管理系统的基本特性，并根据它的特性主动地开展管理活动。具体地说，现代管理系统具有以下几个方面的特性：

（1）目的性。一般来讲，管理对象在未经管理前是无序的，管理的任务就在于：通过一系列组织、分配、协调活动，把管理系统内部各种分散甚至互不相关的因素转化为有序的、具有一定目标和整体功能的管理资源。管理系统是一个目的系统，它的目标、目的和宗旨都是非常明确的，任何一个系统都必然有着自己特定的目标和目的，系统与系统之间的区别也主要表现为目的上的不同。进一步地考察，可以发现，为了保证目标的一致性和统一性，一个系统往往只能有一个主要目标，其他目标或系统中的各个分支系统的目标，都无非是这个目标的分解和展开，是从属于这个目标的。一个系统可以有一个目标体系，甚至这个目标体系可能是复杂的，但不能拥有多种互不相关的目标，多目标实际上是等于无目标。

（2）整体性。系统的整体性是指每一个系统都是由人、财、物、时间、信息等几个基本要素构成的具有特定结构和功能的整体。第一，系统的整体功能不等于系统内诸要素的简单相加，而是表现出一种“整体大于部分之和”的情况；第二，要让管理系统发挥最佳的整体功能，就必须建立合理的组织结构，以提高整个系统的可靠性；第三，系统整体是相对的而不是绝对的，任何从系统整体出发的管理活动都既包括从本系统的整体出发，也包括从系统所从属的更大系统的整体出发两个方面，究竟认识和改造哪一级整体，需根据实际要求而定。

（3）层次性。系统在结构上是有层次的，每一个系统都可以逐层分解为不同的子系统，包含在系统内的各子系统，相对于系统而言是要素，而这些要素相对于它的下一个层次又是系统。也就是说，系统和要素是相对的，一切构成一个系统的子系统都是由再下一级的子系统构成。这样，逐层都有着系统与要素的关系。系统与子系统的层次关系不仅表现在系统是由子系统所构成上，而且表现出系统的存在和发展是子系统存在和发展的前提，因而各子系统本身的发展就要受到系统的制约。

（4）环境适应性。任何系统都是一个开放的有机体。所以，任何系统都不可避免地要与外部环境发生种种联系，它的生存和发展必然要受到环境的作用和影响。这种影响是双重的，一方面受环境的影响，另一方面它又影响环境，是在与环境的相互作用中实现动态平衡的。现代社会是一个处在不断变化中的复杂社会，管理系统的环境因素具有越来越大的变动性，环境的变动会给管理系统带来越来越多的问题。在这种情况下，就要求管理系统对环境有更强的应变能力，要善于预测环境并在环境中争取主动权，要充分利用一切与管理活动相关的信息。

（5）相关性。相关性是指系统的各个构成要素之间是密切联系在一起的，任何一个要素的变化或变动都会引起其他要素的相应变化。显然，管理系统是由若干相互区别、相互制约的要素构成的，而组成系统的这些要素是相互联系、相互作用并各有分工的。因此，在考察系统的普遍联系和相互作用时，一方面，必须用系统的思想和方法考察系统内部诸要素或诸子系统的相互联系、相互作用，自觉地去组织和协调诸要素的关系；另一方面，又必须考察系统与外部环境之间的相互关系、相互作用，自觉地去协调系统与外部环境的关系。

总之，在现代管理中，首先，把握系统的整体性可以有助于解决整体与部分之间的关系，使之合理化和减少摩擦，并加强整体功能。其次，把握系统的层次性可以更好地解决整体与部分的关系，避免出现相互干扰的现象，从而使管理目标优化。再次，注重系统的环境适应性则可以使系统与外部环境之间的关系合理化，从而使系统具有更强的生命力。最后，把握系统的相关性能够使管理者着眼于系统各要素、各分支系统之间的合理关系。

2. 系统原则对管理的要求

管理系统的每一个要素都不是孤立地存在着的，它既在自己的系统之内又与其他系统发生着各种形式的联系。因此，在管理活动中必须树立系统的观点，根据系统的观点去认识管理和指导管理活动，应当从管理系统的整体出发，在确定或不确定的条件下对管理对象的各种要素及其相互关系进行充分的、科学的、系统的分析和综合，从而更好地实现管理目标。

遵循系统原则开展管理活动，要求管理者对管理系统进行细致的科学分析，合理处理各部分的关系，以实现系统整体的优化。因为，管理活动的目的就是要实现系统的整体优化，创造整体性的管理效益。在现代社会，从事管理活动必然会面对各种各样错综复杂、相互制约的关系，任何一种关系处理不好，任何一个环节出现问题，都会对管理系统的运行带来不利影响。这就要求现代管理者树立系统的观念，通盘考虑，全面权衡，综合处理它们之间的各种关系。总之，管理者只有遵循系统原则去开展管理活动，才能够自觉地分析整个管理活动以及它所涉及的各种因素和环节，科学地协调管理系统中各个组成部分的关系，从而把管理系统中的诸要素统一起来，并达到放大其整体功能的目的。

对于现代管理来说，坚持系统原则有着重要的方法论意义。

（1）要追求成功、追求效益和顺利实现预期目标，管理者就必须按照系统原则的要求对管理系统整体加以认识和把握。这包括把握管理系统的总体目标，认识实现目标所应采取的基本战略措施、主要条件以及正确处理该系统与其外部环境的关系等，以求实现管理系统的整体优化，从而使管理工作在各种各样错综复杂的关系和突发事件中不偏离总目标，并为科学的分工和协作奠定良好的基础。

（2）根据系统原则，在对管理系统加以整体把握的前提下，还要把管理工作的整体加以科学地分解，根据管理工作的组成部分或基本要素而进行明确分工，使管理工作专业化、程序化、规范化。因为，任何管理系统目标的实现都必须通过若干子系统各自完成具体目标来达成，分工是有效实现管理系统整体目标的一个重要环节。

（3）在科学分工的基础上，还需组织严密有效的协作。在现代社会化大生产过程中，分工是提高劳动生产效率的必要条件之一，但也容易产生一些问题。比如，分工的各个环节各部门特别容易在联系方面出现脱节，在相互影响方面出现矛盾。因此，为了保证管理系统和各个部分的活动始终围绕管理的整体目标运转，为了避免各个部分在分工以后出现各种矛盾和摩擦，就需要对分工以后的各种管理工作不断地进行综合和协调。这种有效的综合和协调是实现管理整体目标的基本保障。

所以，对于以分工与协作为基本特征的管理系统而言，系统原则要求从系统的整体出发去制定管理系统的目标和战略措施，并进行科学合理的分解，以便明确各子系统的目标，进而在合理分工的基础上进行总体的组织协调，保证管理目标的顺利实现。这就是系统原则对管理活动的基本要求。

3. 系统原则的实现途径

在管理活动中，虽然遵循管理系统原则是根源于现代管理的客观要求的，但能否使管理的系统原则落实到管理活动中去，则取决于管理者，这要求管理者能够拥有系统的观点，并在管理工作中运用系统的方法指导管理活动。具体地说，管理者坚持系统原则应做到以下几点：

（1）系统分析管理对象。系统分析是坚持系统原则的方法论要求，是对管理系统整体进行理性分析、综合、优化的技术方法。在管理实践中，对管理对象进行系统分析是实施系统管理的前提和基础，是系统原则在管理中的具体应用。它要求管理者应当首先分析管理系统由什么组成，这些构成要素的性质、数量是怎样的。其次，要分析管理系统的内部诸要素相关联的形式以及组织结构的特点；分析各个要素在系统中的不同地位和作用以及它们之间的有机整合能否达到管理系统整体的最优化；分析管理系统的必要功能和主要功能以及各要素的功能有多大；是否存在要素功能不足或过剩的问题。最后，要分析管理系统形成的过程和历史条件，分析管理系统是如何发展和完善的，分析管理系统经历的阶段和积累的经验、教训，分析管理系统的远景与维持、发展和完善系统的资源，以及应采取怎样的改进系统的方案和措施。

（2）树立全局观念。在对管理系统进行分析的全过程中都要求管理者树立全局观念。其实，在管理工作中遵循系统原则的关键也就在于树立全局观念，它是充分发挥管理系统整体功能和实现整体效应的前提条件。在现代社会，管理工作的规模越来越大，关系越来越复杂，整体的联系越来越密切。因此，管理工作往往会出现“牵一发而动全身”“一招不慎全盘皆输”的情况。能否在这种错综复杂的工作中把握住整体和全局并正确处理好管理系统整体与部分之间的关系，能否恰当地解决好整体与各种管理关系之间的矛盾，是对每个管理工作者的基本要求，也是衡量其能否做好管理工作的基本标准之一。

（3）关注系统结构的状况。系统的结构在管理系统整体性能发挥中起着重要的作用。从事现代管理工作，必须根据其面临的不同环境、不同任务、不同内部条件，适时、恰当地进行结构调整，这是保障管理系统整体性能优化的重要条件之一。所以，坚持系统的原则，就能够在进行结构调整时既适应客观环境又适应管理系统发展的需要，同时保持系统结构的相对稳定性，就会对充分发挥系统的整体性能起到极大的促进作用。

（4）处理好管理幅度与管理层次的关系。组织的层级化决定了现代管理需要有合理、适度的管理层次和幅度。在具有一定规模的组织中，都存在着管理幅度和管理层次的问题，由于管理者本身能力的限制，当他直接领导的下属人员超过一定数量时，就不能对其进行有效领导。所以，必须通过划分管理层次，逐级进行管理。管理幅度和管理层次是互相制约的关系。管理宽度幅度小，管理人员能够有效控制和协调下属活动，但由于管理层次的增加而使管理工作所需的人、财、物增加，也使组织的信息传递复杂化和组织层次间的协调难度增大。同样，如果减少管理层次，又会增大管理幅度，这样虽然可以消除层次过多的弊端，但由于管理者对下属有效控制程度的下降，也会产生内耗并影响管理工作效率的提高。

3.2.3 效益原则

1. 效果、效率与效益

效益是管理的永恒主题，任何组织的管理都是为了获得某种效益，效益的高低直接影响着组织的生存和发展。尽管一切管理者都会追求各自的效益，但是，关于效益的概念有时是不清楚的。人们往往把效益与效果、效率的概念相混淆。

其实，效益与效果和效率是既相联系又相区别的。效果是指由投入经过转换而产出的结果，其中有的是有效益的，有的是无效益的。例如，我国社会主义建设时期曾开展过“大炼钢铁”的运动，钢产量突飞猛进，但许多被称为“钢”的东西仅仅是无用的硫化铁，这就是有效果而无效益的活动。效率是指单位时间内取得的效果的数量，反映了劳动时间的利用状况，与效益有一定的联系。但在实践中，效益与效率并不一定是一致的。比如，如果一个企业通过高投入来实现高产出，一旦达到一定的临界点，就会使单位产品的成本很高，这时，效率与效益的增减就会出现反比例变化。效益是指由投入经过转换而产生的符合社会和人们需要的有益效果，也可以说，效益是在人们对取得的效果进行理性评价中发现的人们与其活动之间的客观关系，它反映了投入与产出给人们带来的利益状况。由于每一管理系统及其活动都把取得某种效益作为目的，所以，也可以把效益看作一种合目的性的效果。

我们通常所讲的效益可以分为经济效益、社会效益和生态效益。

经济效益是人们的实践活动在经济方面表现出来的有益效果。经济效益的具体含义是：其一，在劳动成果与劳动耗费或劳动占用的比较中朝着反比关系的方向运动；其二，劳动成果符合社会需要并朝着不断满足社会需要的程度方向运动；其三，在满足社会需要的方向上，效益与效率相重合，效率越高，效益越大；其四，劳动成果的使用价值得到利用即价值得以实现。

社会效益是人们实践活动的结果对社会进步和发展所起到的积极作用。社会效益有广义、狭义之分。广义的社会效益是政治效益、经济效益、意识形态效益等的综合体现；狭义的社会效益则是指经济效益之外的对社会生活的有益效果。现代管理学所讲的社会效益一般都是指这种狭义的社会效益。社会效益一般难以用价值量来衡量。如医务人员的劳动使人们的健康水平得到了多大程度的提高，文艺活动的开展在多大程度上丰富了人们的精神生活等，都是很难计量的，必须借助其他形式来间接考核。

生态效益是人们实践活动的结果在资源和环境保护方面所产生的效益。当生态效益被认定是正效益时，表明人的实践活动对资源的保护和环境的改善是有利的；而被认定是负效益时则表明人的实践活动对资源和环境造成破坏性影响。生态效益根源于满足生态再生的要求，即必须使自然资源再生的速度大于或等于资源被利用的速度。即使是不可再生资源的消耗，也应控制在可接受的范围内，应使资源能在可再生资源的恢复中得到间接补偿（至少不对环境造成破坏）。这是因为生态的利用有一定的限度，在合理的限度内，生态系统能通过自身的自我调节功能保护自身的相对稳定性，超出合理限度的话，生态系统的自我调节功能就会失去作用，从而使生态发生改变，甚至被破坏。

2. 效益原则对管理的要求

在实际的管理活动中，取得较好的经济效益、社会效益和生态效益不仅是管理本身的要求，也是符合经济和社会发展的需要的，是符合不断提高人民的物质和文化生活水平的需要的。能否在管理中坚持效益原则，向管理要效益，是影响组织实现既定目标的关键，是不断提高管理水平的一种衡量标准。可见，效益原则的基本精神就是，要求管理者在管理过程中必须树立起以效益为主导的观念。也就是说，效益原则作为管理工作的前提，所提出的根本要求就是要把追求效益作为一切组织和一切管理活动的准则，要求在管理活动中必须以尽量少的劳动消耗创造出更多、更好的管理效益。具体地说，管理的效益原则对管理者提出了如下两点要求：

（1）确立以效益为主导的管理观念。管理活动应以效益为第一行为准则，首先，现代管理是自然资源匮乏条件下的管理，管理者必须突出以效益为主导的观念。我们知道，传统的管理追求速度和数量，往往不计成本，即使注重成本核算，也只考虑那种狭义的、可以计量的经济成本，对于这一成本所造成的自然资源消耗及其社会价值则很少考虑。所以，经济发展速度的加快总是以对自然的严重破坏为代价的。特别是在生产无政府状态下，生产过剩造成了能源、资源的大量浪费，破坏了生态平衡，加剧了人类生存的危机。其次，在现代社会，经济、政治、军事、人才、科学技术等方面的竞争日趋激烈，一个组织要使自己在激烈的竞争中立于不败之地，顺利实现组织目标，就必须从管理效益中获得竞争优势。最后，现代社会人类利益的趋同性也要求一切管理活动必须从全人类的共同利益出发。例如，在生态与环境问题上，人类的利益表现出了高度一致，这就要求现代管理者不能仅仅局限于局部的范围看问题，而是要通过提高整个人类的效益来实现自己的组织目标，把自己的单位、组织等小的范围内的利益同整个社会的利益联系起来。

（2）树立效益取向的意识。管理活动作为能动地改造自然、改造社会的实践活动之一，是人类为了求得自身生存和发展的条件而进行的活动。要做到这一点，就必须保证这种活动是有效益的。人们之所以在劳动过程中结成协作关系，进行管理活动，正是因为管理能够把各种分散的人、财、物等要素有机地结合起来，形成一个系统整体，为这种活动带来更大的效益。效益的优劣高低是衡量管理效率好与不好的基本标准。这就要求管理者必须注意这样几个问题：生产成果的有用性问题；资源消耗的合理性问题；资源、占用的适用性问题；管理水平的科学性问题和人员素质的高低问题。重视并妥善处理这几个问题对提高组织效益至关重要，所以，效益的问题是贯穿于整个管理过程中的基本问题，管理者在每一项管理活动中，都应采取效益取向，把自觉地提高管理、生产或服务的效益放在首位。

3. 效益原则的实现

管理的效益原则要求在全面提高经济效益、社会效益和生态效益的基础上创造管理系统整体的、长期的和稳定的高效益。做到这一点，需要管理者把追求局部效益与追求全局效益统一起来；把追求当前效益与追求长远效益统一起来；把追求经济效益与追求社会效益、生态效益统一起来。只有正确处理好这些效益关系，才能达到高水平的管理境界。总的说来，在市场经济条件下，管理者必须把树立正确的效益观念作为管理工作的前提：其一，管理者需要自觉地克服一切忽视效益的管理思想和方式，把追求效益作为管理活动的准则；其二，管理者不能用某一个方面的效益替代和排挤其他方面的效益，而是要把追求综合效益作为管理的宗旨。

管理效益是多方面的，其中，经济效益是基础，当管理者在管理活动中突出和贯彻效益原则时，首先要把经济效益放在重要位置上。其实，在实际工作中，管理效益的直接形态是通过经济效益而得到表现的。管理系统是一个人造系统，它基本上是通过管理主体的劳动而形成的按一定顺序排列的多方面、多层次的有机系统。尽管其中有纷繁复杂的因素相交织，但每一种因素都是通过人的劳动及其物化而对整个管理系统发生影响的过程。一个管理系统，首先应当能够获得经济效益，不管这种经济效益是直接的还是间接的，是属于本组织的还是其他组织的，都应作为管理活动的基准。只有在重视经济效益的前提下，才能谈得上其他各种效益，没有经济效益，其他各个方面的效益也就不会有持续性和稳定性。比如，政府的行政管理并不直接创造经济效益，在行政管理过程中，如果不把追求间接经济效益作为管理活动的主导思想，就可能会造成极其有害的影响。

在效益与效率之间，存在着对立统一的关系，效率不等于效益，这一点已经成为管理者的共识。但是，在管理目标已经确定和管理程序已经确立的条件下，效率就成了关键。这时，注重管理系统的效率就是实现最佳管理效益的根本保证。因而，管理者必须以创造性的管理活动来提高管理以及整个组织系统的效率，通过效率的途径去谋求组织活动的最大效益。也就是说，管理者的效益观念恰恰是通过高效率的管理行为来实现的，虽然有效率并不意味着有效益，但效益却必然包含在效率之中。

关键术语

管理理念　　合作理念　　效率理念　　公平理念　　管理原则　　人本原则　　系

统原则　　效益原则

复习思考题

1. 如何理解管理理念的内涵？
2. 论述管理理念的特点。
3. 结合管理实践，谈谈你对管理理念价值的认识。
4. 论述合作理念的表现。
5. 简述效率理念的主要内容。
6. 如何提高管理的效率？
7. 公平理念包括哪些内容？
8. 如何处理管理中效率与公平的矛盾？
9. 什么是管理原则？如何理解管理原则的内涵？
10. 管理学的发展过程中提出了哪些关于人的假设？
11. 什么是人本原则？人本原则的基本内容是什么？
12. 人本原则的主要实现途径有哪些？
13. 管理的系统原则向管理者提出了哪些要求？
14. 坚持系统原则有什么方法论意义？
15. 效益原则向管理者提出了哪些要求？

第4章 组织及其环境

开篇引例

迪士尼公司作为一个娱乐企业，持续多年名列《财富》全球500强，2002年以252.69亿美元的营业收入名列世界第177位，2003年以高达253.29亿美元的营业收入跃升到第165位。这样一个娱乐性的企业是如何取得这样辉煌的成就的？关键就在于其追求新思维、激发创造力和采取团队管理模式。

迪士尼公司的创始人沃尔特·迪士尼是一个画家，也是一个企业家，他笔下的米老鼠等形象深受全世界儿童喜爱。1984年上任的公司最高主管埃斯纳在总结迪士尼的经验时认为，创造性思维为迪士尼成长提供了所需的燃料，对新思维的追求是成功的金钥匙。而所有这些都离不开团队的合作，团队合作是迪士尼成功的法宝。唐老鸭、米老鼠、兔子罗杰等广受世界欢迎的迪士尼名角的诞生就源于这种自由创造和团队合作精神。

迪士尼团队要求领导者既要是有远见的思想家，又得是注重微观细节的人，既要务虚，又要务实，充分发挥团队成员的才能和特长。迪士尼有自己的一整套征询一线员工建议的方法，这就是适时适当的模糊等级制度。迪士尼公司采取的是创业初期沃尔特·迪士尼管理公司的方法：对员工非常信任，给予员工充分的自主权。在迪士尼内部有种方法叫集体公开讨论，这是一种征集员工建议的方法。集体公开讨论的过程是一个逻辑性的发展过程，它始于一个有待解决的问题，然后用创造性的、相互讨论创意和建议的方式，直到最终找到所需的解决方法。讨论在公开的场合进行，发挥集体创造力，有助于克服部门之间的障碍，适合不同个性的人们进行交流，在交流和解决问题的过程中加强整个团队的凝聚力。迪士尼公司的计划中心可以让每个团队成员迅速了解公司的重要项目和进展情况，加强团队交流，使信息及时反馈，从而加快工作进程并保证工作效率。

资料来源：胡志刚. 世界新经济模式·美国卷. 北京：光明日报出版社，2004：329-353.

4.1　组织的概念与类型

4.1.1　组织的概念

组织是一种社会现象，是一切社会管理活动赖以开展的基础。人类社会是一个日益组织化的社会，人们之间的交往互动都离不开组织，都是在组织的框架内或通过组织进行的。组织是因应管理的需要而建立起来的，组织是管理的载体，凡有管理的地方必有组织。组织的有序运行离不开其所在的环境。在某种程度上，组织的生存及其发展是由其所处的环境决定的。

组织是随着社会变迁而不断变化着的有机的、动态实体。在不同的历史时期，组织存在的形态各不相同。农业社会的组织往往是建立在血缘、亲缘或地缘关系的基础上；工业社会的组织则以共同的利益目标为基础，组织成为实现目标的工具。总的说来，从人类社会的发展进程来看，在组织发展的起始阶段，其初始形态并不是人为设计的，而是自然形成的，是一种由客观存在的社会关系所构成的社会结构。到了现代社会，组织已经成为一种复杂的、寻求着自己目标的社会单元。因而，现代社会中的组织是社会系统的构成部分，组织既与社会结成一体，又是相对独立的单元。

对于组织的理解有不同的视野。在斯科特看来，20 世纪以来学术史上关于组织的理解主要有三种视角：理性系统的视角、自然系统的视角和开放系统的视角。从理性系统视角看，组织是意在寻求特定目标而且具有高度正式化结构的集体。这个定义不仅强调组织的独特性，同时也关注它的规范结构。从自然系统视角看，组织不仅仅是实现某种目标的工具或手段，也有其存在的目的性价值，虽然组织的参与者在组织中追求多重目的，但它本身的存在具有无法替代的价值。从开放系统视角看，组织是一个开放的系统，组织的存在依赖于同外界的人员、资源和信息之间的交流。组织是相互依赖的活动与人员、资源和信息流的汇聚，这种汇聚将不断变迁的参与者同盟联系在一起，而这些同盟则植根于更广泛的物力资源与制度环境①。

在我们看来，组织是一种有着相对明确的边界、规范的秩序、权威的层级结构、沟通和协调机制的集合体。这一集合体具有一定的连续性，它存在于环境之中，从事的活动往往与多个目标相关。组织活动对组织成员、组织本身及社会产生一定的影响。组织作为一种社会现象，其表现形式非常复杂，在不同的社会生活领域有着不同的表现形式。但总体来说，现代社会中的组织都具有以下几方面的共同性：

（1）所有组织都存在于一定的社会环境中，组织的形态、功能、结构，组织的运行与管理活动都受到环境的影响，有时甚至是决定性的影响。

（2）组织的构成要素多种多样，可以从不同的角度进行分析。从物的角度分析，有人员、经费、物资设备等；从结构角度分析，有目标任务、机构部门、权力责任等；从运行

① 斯科特，等. 组织理论：理性、自然与开放系统的视角. 北京：中国人民大学出版社，2011：26-29.

角度来看，有决策、执行、监督等。组织就是这些要素综合而成的系统。

（3）组织是人们有意识地建立起来的团体。有意识地建立的组织是为了达到某种共同目的而出现的，这些目的包括联合共谋生存的目的、保护共同利益的目的、联系感情或沟通信息的目的等。

（4）组织内部存在着职能分工，根据完成目标的需要，可以在组织中划分不同的角色而让不同的机构或人员分别承担。其中，管理者与被管理者的分工是各种组织中最基本的分工。这也在一定程度上说明，组织内部是存在着等级层次的，即使在层级分化并不明显的组织形态中，一定的沟通与协调系统也肯定是存在着的。

（5）组织的运行是有秩序的活动，它以组织分工为基础，是组织分工的具体体现。在组织运行过程中，其主体各有各的位置，机构有机构的位置，人员安排也是有计划性的。可以说，组织分工是组织设计中的分工，组织秩序是实际运行中的分工。前者属于静态分工，反映了静态的组织关系；后者属于动态分工，反映了动态的组织关系。

4.1.2 组织工作

关于组织，可以从两个角度来认识，首先，它是一种实体性的存在形态；其次，它是管理活动一个方面的内容，一般也被称作“组织工作”（organizing）。所谓组织工作就是指在组织目标已经确定的情况下，对实现组织目标所必需的各项业务活动加以分类组合，并根据管理宽度的原理划分出不同的管理层次和部门，将监督各类活动所必需的职权授予各层次、各部门的主管人员，以及规定这些层次和部门间的相互配合关系。组织工作的目的就是要通过建立一个适合组织成员相互合作、发挥各自才能的良好环境，从而消除由于工作或职责方面的原因而引起的各种冲突，使组织成员能够在各自的岗位上为组织目标的实现做出应有的贡献。

组织工作是因为在生产活动中需要协作而产生的。正如巴纳德所强调的，人类由于受到生理的、心理的和社会的种种限制，为了达到目的就必须进行协作，而协作之所以能够有更高的效率，能够更有效地实现某种目标，在多数情况下，就是由于有了组织结构。因此，从组织工作的含义看，设计、建立并保持一种组织结构，基本上就是主管人员工作职能的内容。这也就是说，组织工作的具体内容包括四个方面：根据组织目标设计和建立一套组织机构和职位系统；确定职权关系，从而把组织上下左右联系起来；与管理的其他职能相结合，以保证所设计和建立的组织结构有效地运转；根据组织内外部环境的变化，适时地调整组织结构。

从组织工作的含义及其具体内容来看，组织工作职能具有以下一些特点：

（1）组织工作是一个过程。设计、建立并维持一种科学合理的组织结构是为成功实现组织目标而采取行动的一个连续过程，这个过程由一系列的逻辑步骤组成：确定组织目标；对目标进行分解，拟订派生目标；明确为了实现目标所必需的各项业务工作或活动，并加以分类；根据可利用的人力、物力以及利用它们的最佳途径来划分各类业务工作或活动；授予执行者有关各项业务或活动的各类人员以职权和职责；通过职权关系和信息系统，把各层次、各部门联结成为一个有机的整体。这个过程的前两步实际上是组织工作的依据，有了这个依据，组织工作才有必要与可能，其后的步骤才能成为组织工作的实质性内容。一般而言，组织工作的实务与这个过程是相吻合的。主管人员往往是通过这一过程来消除混乱，解除人们在工作或职责方面的矛盾与冲突，从而建立起一种适合组织成员默契配合的组织结构。组织工作过程结束后，其最终的成果就是一系列组织系统图和职务说明书。组织系统图所描述的是一个组织内部的各种机构（包括层次和部门）以及其中相应的职位和相互关系，而职务说明书则详细规定了各个职务的职权、职责以及与其相关的上下左右关系。

（2）组织工作是动态的。通过组织工作建立起来的组织结构不是一成不变的，而是随着组织内外部要素的变化而变化的。任何组织都是社会系统中的一个子系统，它不断地与外部环境进行能量、信息、材料等的输入和输出，而这种输入和输出都会影响到组织目标。随着时间的推移，原来的目标因环境的变化可能不太适宜了，这时，依据计划工作中的改变航道原理，必须根据环境的变化而不断修正目标。目标的变化又会影响到随目标而产生的组织结构，为使组织结构切实起到促进组织目标实现的作用，就必须对组织结构做出适应性调整。此外，即使组织的内部和外部要素的变化对组织目标的影响不大，随着社会的进步和科学技术的发展，当原有的组织结构已经不能高效地适应实现目标的要求时，也需要进行组织结构的调整和变革。

（3）组织工作应重视非正式组织的存在。组织有正式组织与非正式组织之分。在组织工作职能的实施过程中，随着组织结构的建立，一个正式组织就形成了。但是，任何一个正式组织中都必然会产生和存在着非正式组织，非正式组织是组织成员在情感相投的基础上，由于观点、爱好、兴趣、习惯、志向等方面的一致而自发形成的群体。就组织工作来说，应重视非正式组织的这两个特点：其一，非正式组织在满足组织成员个人心理和情感需要等方面比正式组织更具优越性，组织工作应能够充分利用非正式组织的凝聚力。其二，非正式组织形式灵活、稳定性差、覆盖面广，几乎所有的组织成员都会介入某种形式的非正式组织，组织工作应有意识地促进某些具有积极意义的非正式组织的形成和发展，使其成为正式组织的辅助。在时机成熟和条件许可的情况下，也可将其中的一些转化为正式组织，使其成为组织结构的有机构成部分。

总之，组织工作要回答或解决的基本问题之一就是“组织结构”问题。我们常说的“组织设计”，指的就是组织结构的设计。因此，组织工作要回答或解决的基本问题包括：决定管理宽度，找到引起组织机构分级的因素；进行基本部门划分，把握其影响因素和优缺点；下达业务指令；安排职权关系的分布。

4.1.3 组织类型

研究组织类型的目的是：通过对不同类型的组织进行比较，发现它们之间的共性及差别，从而更全面地了解组织现象。组织特点的多样性决定了组织类型的多样性。如组织可以分为好的或坏的；营利的或非营利的；公有的或私有的；大型的、中等的或小型的；生产商品的或提供劳务的；分权的或集权的；原始的或先进的。再如，组织还可以分为教育的、经济的、政治的、宗教的、文化的，等等。从绝对意义上讲，没有任何“更好”的分类体系，组织分类是取决于和服务于理解的目的的。

韦伯的组织类型划分是建立在他对权威的认识基础上的。韦伯认为，权威构成组织的基础，起着维持和支配组织的作用，因此可以以权威为标准对组织进行分类。韦伯把权威分为三种类型：传统权威、个人魅力型权威、法理型权威。法理型权威在现代社会中占主导地位，其他两种权威主要出现在传统社会中。以这三种权威类型为基础，韦伯把社会组织划分为传统组织、神秘组织、法理组织。在实际社会生活中，很难把某一组织绝对划为哪一类，许多组织可能兼有三种组织类型的某些特征。

与韦伯不同，帕森斯主张按照组织的目标或功能进行分类，因而他把组织划分为经济生产组织、政治目标组织、整合组织和模式维持组织四种类型。彼得·布劳（Peter Blaw）根据组织目标与受益者的关系，把组织分为互利组织、服务组织、营利性组织；埃齐奥尼（Etzioni）根据对组织内部成员的控制方式，将组织划分为强制组织、功利组织、规范组织三类；马克思主义社会学根据组织在社会结构中所处的不同活动领域，把组织划分为经济组织、政治组织、文化组织等；梅奥从组织结构的角度，将组织划分为正式组织与非正式组织两类。

一般说来，在工业社会之前，大多数组织从事的是与农业或手工业相关的活动，其沟通方式主要是面对面的，很少对组织进行规划，组织结构简单，边界也较为模糊，而且对扩张也没有兴趣。然而，在工业社会，出现了一种新的组织类型——官僚制组织。直到现在，社会中占主导地位的组织类型还是这种管理型或控制型的组织范式。在人类社会走向后工业社会的道路日益清晰的情况下，新的组织类型也正在实践中产生，学习型组织、网络组织等新的组织类型正在出现。这些新的组织类型日益呈现出与官僚制组织不同的特点。

1. 传统组织

传统组织是指存在于传统社会中的、非科层化的各种组织形态。古人类学在所能追溯的范围内对最初级的原始社会组织进行了研究，研究显示，人类及其祖先的原始组织形式是氏族或部落。原始人由于艰苦的生存竞争的需要而培养并保持了一种品质：把自己的生存和部落的生存看作一致的。

传统组织用简单的分工为自己建立起了一些特殊的机关来保护自己的共同利益。这些特殊的机关包括酋长、军事首领、氏族（部落）议会等，无论是保护共同利益还是处理冲突，依靠的都是这些在分工中形成的机关所特有的力量，这种力量就是权力，是原始共同体的权力，在很大程度上具有一体化、道德化、仪式化的特征。再者，由于分工所具有的内部性和相对性，它产生出来的不同部门是与整个体系的其他部分有机地联系在一起的，权力主体与其他社会成员有着自然亲和的特点。因而，原始社会中的权力机关与整个社会之间具有某种天然和谐的特征。原始社会的权力具有明显的道德化特征，权力的运行是以权力拥有者自身的道德权威为前提的。

从原始社会组织形式的权力本性出发，可以发现，传统组织具有这样几方面的特征：其一，往往以血缘和地缘关系为基础。其二，具有多功能性的特点，既是个人间相互联系的网络，又是经济运作、宗教祭祀、民俗活动的基本方式，还是一种政治制度形式。也就是说，原始社会的组织具有一体化的特点，在很大程度上是混沌一体的。其三，传统组织的管理以传统权威为基础，家长制管理是其主要管理方式。总的说来，在管理关系中，自然的等级关系起着十分重要的作用，领导者地位的确立受血缘、姻亲、年龄、地缘关系的影响。这意味着传统组织主要是靠经验、习惯、传统来维持权威；习惯是判断组织成员行动的准绳；领袖靠推举或继承而拥有权威，而权威的内容则由习惯来决定的。这样，传统就具有天然的合理性，它们往往根据组织以前所采用的自然方式去看待目前所采用的方式是否正确，而不是在理性分析的基础上考虑组织目前的方式是否合适。

2. 官僚制组织

官僚制组织是一种建立在法理型统治基础上的能够适应现代社会的、具有专业化功能以及固定规章制度、科层分级的组织制度和管理形式。在现代社会，官僚制组织往往表现为一种为了协调组织成员的活动而理性设计出来的组织类型，它能够适应大规模的管理工作并有效地实现组织目标。官僚制组织已经成为现代社会各领域最为普遍的组织形态，它不仅在政府及公共管理领域中存在，而且在经济活动领域中也普遍存在。

官僚制组织的最大特点是有着巨大的中层管理人员群体，而且其中层管理人员又大都受过良好教育或专门训练，拥有与其管理职位相应的熟练的管理技术与技巧。同时，官僚制组织本身的职位设置也体现了科学理性的原则，是体现了理性设计及功能分工原则的结构化设置。官僚制组织要求管理者具有相应的管理技术与资格，因而是一种由专家进行管理的组织。

一般说来，官僚制组织具有以下特征：

（1）权力分层，职务分等。官僚制组织的各种职位是按等级组织起来的，组织以行政部门为主线而形成一个从上到下的金字塔式的等级结构，实行分部门领导、分层负责。在这种权力阶梯中，下级必须服从上级，并接受上级监督控制。这样就形成了一条路径畅通的权力指挥系统，并为实行大规模的协作行动提供了可能。

（2）因事设职，专职专人。专业化分工是官僚制组织的一个显著特征。根据韦伯的看法，现代官僚制无论是在任务层次还是在管理层次上都实现了分工，整个组织管理工作首先被分成几个大的方面，进而又被分成若干小的方面，通过层层分工，直到个人的工作高度专业化，从而使组织中的每个人都只担负有限的任务。组织内部的职位设置和部门设置都是根据组织本身的需要进行的，同时，每个职位又都要求由具有专门知识的人来承担。

（3）公文往来，言行有据。在官僚制组织中，行政命令的执行都以正式的文件或案卷为基础，一切命令、决议和规章都必须运用书面的形式加以表述，而组织内部的沟通与合作也必须通过正式的文件进行。当正式的和成文的文件用毕，档案系统对之进行必要的保存和整理，它们就自然成为日后决策的基础。

（4）规章成文，照章办事。官僚制内部有一整套严格的规章制度体系，组织内部的机构设置，组织成员的职责、权限、活动方式等都有一套严格而具体的规定可循。这些规则都是成文的，从而保证管理者公私分开，公事公办，一视同仁。

（5）专业化培训。随着社会专业分工的精细化与复杂化，组织的管理工作也日益变得专门化。按照米歇尔斯的说法，随着组织本身的规模化，管理组织本身也就成为一项十分重要的工作。这就需要对各种职位的组织成员进行专业培训。尽管组织成员可能在进入组织之前经历过某一领域的正规教育，并且具有相应的专业知识，但他并不具备能自如处理复杂专业问题的能力。随着社会的发展，社会复杂性不断提高，组织所面临的问题的多样性与复杂性，也使得处理复杂社会问题的能力需要不断提高，知识也需要及时更新。因而，官僚制组织就必须为他们提供系统、全面、及时的专业培训，促使他们改进办事方法，提高工作效率，使之具有相应的处理复杂问题的能力，并成为某一领域的专家。

（6）固定的薪金，按照资历、政绩晋升。组织成员是一个专职的阶层，其职务稳定，能够定期拿到以货币形式出现的报酬，一般是采用固定的薪金和退休金的形式；另一方面，与官僚组织的等级制相适应，组织成员的职业生涯也是从最基层开始，由较不重要的、报酬较少的职位逐步升迁。组织成员如果不能在职务上得到晋升，那么至少在薪金的级别上要有望按照资历正常晋升。正是由于职业的专职性，薪金和晋升的稳定性以及社会地位的相对独立性，才使得组织成员能够安心地按照规章、制度办事，从而在根本上保障整个组织体系的理性和持续性。

官僚制组织也存在着一些根本性的缺陷，从 20 世纪 60 年代开始就不断受到各种各样的批评。许多学者认为，这种组织妨碍了个人成长和个性成熟；鼓励盲目服从和随大流；忽视非正式组织的存在，不考虑突发事件；抱守僵化和陈旧的权力和控制系统；缺乏充分的裁决程序；无法有效地解决上下级、部门之间的矛盾；内部交流、沟通受到压制、阻隔，创新思想被埋没；由于相互不信任和害怕报复而不能使人力资源得到充分的开发和利用；人的个性被扭曲，成为阴郁、灰暗、屈从于规章制度的“组织人”。

3. 学习型组织

学习型组织理论主要是由美国学者彼得·圣吉提出并做系统阐发的组织理论。这一理论认为，真正的学习涉及“人之所以为人”这一意义的核心，而学习型组织则是一群能不断增强自身创造能力的人组成的集合或团队。实际上，所谓学习型组织是这样一种组织类型，它能够在组织整体的层面上充分开发每个员工的创造性，努力形成一种弥漫于组织整体的学习气氛，因学习而使组织成员的个人价值得到体现，并促进组织绩效大幅提高。

学习型组织的提出有着客观的历史原因。从 20 世纪 80 年代起，人类进入了一个前所未有的以知识创新为主的知识经济时代。为迎接知识经济时代的到来，组织如何做出相应的更新，从而保持和增强适应性、延长组织生命周期就成了探索的主题。正是在此背景下，学习型组织的概念才开始受到人们的重视。

一般说来，一个组织在刚诞生时通常是充满活力的，但是，如果组织变成一个封闭系统，熵定律就会发生作用，组织就会从有序向无序发展，从一个高效率的组织变成一个低效率的组织，组织的领导能力也会呈现递减的趋势。因此，组织要持续发展，就必须重视组织变革、组织创新和制度创新，必须强化目标和公共价值观，严格制度，培训人员，必须增强组织的整体能力，提高整体素质。这就是学习型组织的基本精神。

从组织结构看，学习型组织所拥有的是一种以“基层为主”的扁平组织结构。所谓以基层为主，是指这种组织尽最大可能地使决策权向组织结构的下层移动，让基层单位拥有较充分的自主权，并对结果负责。学习型组织的扁平结构表现出这样一些特征：（1）从最高的决策层到最低的操作层，中间相隔层次尽可能少，从而保证了上下级之间的有效沟通；（2）组织建立在组织要素与外部环境要素互动的基础上，超越了根据职能或部门划分的法定边界；（3）极大程度地利用了授权，强调自主管理，使组织成员能够边工作边学习，以开放求实的心态互相切磋，进行创新；（4）领导者的角色发生了根本的变化，他需要更多关注组织发展的基本理念，以强烈的使命感对待那些与组织成员共享的目标和价值观，还要在准确把握组织真实情况的前提下协助组织成员了解组织情况，促进组织的学习；(5) 要求组织成员通过具备广泛的知识面和语言交际能力去发展和维持组织的纵向和横向关系，特别是注重组织成员间的合作精神，以默契、有效的协调、相互间密切的合作来共同学习并解决问题。

学习型组织所强调的学习是不能简化为组织成员个体的学习的，它强调组织成员学习的意义，但更注重组织学习，是组织成员个体学习与组织学习的统一。也就是说，虽然学习型组织必然会为其组织成员主动、自觉的学习提供良好的氛围，却不能够归结为其成员的学习。对于一个组织来说，即使有很多成员在刻苦学习，也并不意味着它就成了学习型组织。所以，对于学习型组织，应当更多地从组织学习这个概念上来加以认识。所谓组织学习，往往是通过这样几种方式实现的：(1) 能够系统地解决问题。组织学习表现在利用科学的方法收集数据，系统地分析组织所遇到的问题产生的原因，把握不同因素之间的联系，并能够从中找出解决问题的最有效方法。(2) 注重试验。组织学习还表现在不断地进行探索性的试验，而且这种试验主要是面向未来的，是为了把握机会、拓展空间而开展的创造和检验新知识的活动。(3) 从自己过去的经验中学习。组织能够时时审视自己过去的成败得失，系统、客观地对其做出评价，并将其评价向所有成员开放，从而使整个组织认清"有价值的失败"与"无意义的成功"对组织的影响。(4) 向他人学习。组织能够不断地向同行学习，不断地揭示、分析、采纳与实施业界最佳管理实践的经验。(5) 在组织内部实现充分的知识共享。组织能够保证全体成员、所有团队或部门积极行动，促进知识在组织内部快捷流畅地传播。

4. 网络组织

随着经济全球化和科学技术的飞速发展，组织所面对的外部环境已经发生了根本性的变化，知识的更新、技术的进步和市场的飞速变化以及需要研究或获得的广泛知识，都是任何传统的组织无法应对的。为了求得生存和发展，组织必须具有高度的柔性和快速反应能力来应对动态变化的环境。越来越多的组织管理者开始关注组织外部资源的优化整合，在组织结构的设计中采取新的思维方式或在新型技术的基础上摆脱过去层级负担过重的职能式结构，以市场为导向，围绕着工作流程而非职能部门进行设计，取消了或打破了纵向层级和旧的部门界限，建立起新的组织形态。在这样的背景下，网络组织（又称虚拟组织）应运而生。

网络组织的概念最早由美国学者戈德曼、内格尔和普瑞斯三位教授提出。就目前而言，人们对网络组织的概念的讨论还没有完全达成共识。广义的网络组织是指由两个或两个以上的独立实体在一定时间内结成的动态联盟，以强大的结构成本优势和机动性完成单个组织难以承担的功能。这种定义并不强调以信息技术为工具，而是强调合作的外部资源整合以及对外部环境的反应速度和联盟的相对动态性等方面的特征。狭义的网络组织定义在组织特征方面比较理想化，它强调运用信息技术（特别是网络技术）去达成一种完全松散、平等的组织形态。一般地说，网络组织是由多个独立的个人、部门、组织为了共同的任务而组成的联合体，其运行不是靠传统的层级控制，而是在界定各自的角色和任务的基础上通过密集的多边联系、互利和交互式的合作去共同完成组织目标。

总的说来，网络组织由几个有共同目标和合作协议的成员组织组成，成员组织之间原先可以是合作伙伴，也可以是竞争对手。网络组织的形式改变了传统组织之间“你死我活”的竞争性关系，形成一种共赢关系。它集成各成员的核心能力和资源，在管理、技术、资源等方面拥有得天独厚的竞争优势。作为一种新型的组织形式，网络组织具有自身独特的优势，但也有内在的弊端。

一般说来，网络组织具有以下特点：

（1）组织边界模糊。网络组织不是法律意义上完整的实体，不具备独立的法人资格。为了共同的利益或目标，一些具有不同资源以及其他优势的独立组织随时可以组成网络组织。一个组织不仅可能与众多组织一起建立网络组织，而且可能与另外一个或多个组织同时建立多个不同的组织联盟。

（2）高度的流动性和灵活性。不同组织出于共同的目标而组成网络组织，一旦达成合作目的，网络组织就可能解散。在某种程度上，网络组织是一个“市场机会驱动型”的组织，它可能是临时性的，也可能是长期性的，其参与者具有高度的流动性。从这个意义上说，其雏形可以追溯到矩阵组织。

（3）并行作业，共享各成员的核心能力。在网络组织中，各成员通过计算机网络等技术手段在一起按既定程序工作，工作相对独立。它们相互之间通过协作的方式进行不遵守严格程序的工作。所采取的并行而不是串行的工作模式不仅节约了时间和成本，还促进了各成员组织发挥各自的核心竞争力，有效地整合了各成员组织的核心能力和资源。

（4）高协作成本。网络组织通常面临不同的组织文化、不同背景的组织成员之间的冲突，其相对复杂的组织结构也常常为管理带来许多难题，成员的流动性和不稳定性提高了协作的难度。这些都直接导致协作成本的增加。网络组织合作伙伴的管理是一个复杂过程。增强合作伙伴的忠诚度与信任感、消除和避免合作伙伴之间的冲突、做好合作伙伴的绩效管理和利益分配等，都是网络组织必须面对的严峻挑战。

（5）蕴含高风险。虽然网络组织是参与成员规避或降低风险的一种手段，但也表现出了蕴含高风险的状况。首先，由于外部环境的不确定性致使总体风险依然存在，只是这种风险在网络组织内部各成员之间得到了重新分配；其次，网络组织的动态性可能导致组织本身核心技术的外泄和核心能力的丧失；再次，信息不对称使道德风险难以避免；最后，还存在一些经营失控的可能性；等等。

网络组织的构建和运作有两个重要因素：一是合作关系；二是运作平台网络。在网络组织之间形成良好的合作关系是网络组织构建过程中面临的挑战，除了需要成立一个由盟主和合作伙伴的相关人员构成的协调总部作为组织上的保证外，网络组织还必须采取各种手段来防范合作关系中存在的“机会主义倾向”。一般说来，契约和信任可以成为两个基本的手段。网络组织的运作平台包括四个网络：信息网络、知识网络、物流网络和契约网络。信息网络是网络组织最基础的运作平台；知识网络则是在组织内部和合作对象之间所建立起的增强性或互补性的网络；合作所产生的大量物流形成了物流网络；而契约网络实际上就是合作网络。契约是稳定的，而且是信任关系的基础。因为网络联盟的各成员关系的维护，主要不是依靠制度规范和再谈判来对契约进行适应性调整，而是依靠彼此间的信任和每次合作而给予对方较高的满意度。

在知识经济背景下，组织的“知识集合体”特性日益凸显，学习能力已经成为组织核心能力系统中最为关键的组成部分，是组织获得持续竞争优势的最大支持因素，特别是组织协调不同的产品生产技巧、整合复杂的科技思潮等方面的能力，对于在生产条件快速变动条件下保持自身竞争力来说，是至关重要的。由此，网络组织的学习能力对于自身的存在与发展尤其重要。组织中各成员之间在一种多边协作与竞争的关系中，其学习的方式具有双向性、反思性，是知识在不同成员间的“嫁接”过程，这种学习方式不仅可以比通过经验更快地获得知识，还可以比通过模仿获得更全面的知识。

4.2　非正式组织与团队

4.2.1　非正式组织及其作用

非正式组织是人们在共同工作过程中自然形成的以情感、喜好、兴趣等为基础的没有固定结构和正式制度的松散群体。现代社会是一个高度组织化的社会，人们生活于各式各样的组织之中，而这些组织通常都是正式组织。所谓正式组织，就是采用科学方式进行理性设计，并借助明确的规则、规章和程序来实现某一共同目标的人群构成与行动过程。同时，现代社会还是一个专业化分工的社会，各类正式组织因其特定的行动目标而专门承担某一领域或某一方面的功能，因而，正式组织往往只能满足人们某一方面或某些方面的需要，这就为非正式组织的产生提供了可能。

具体而言，非正式组织具有以下特点：

(1) 个体加入非正式组织是基于情感需要的自觉行为。人作为一种社会性动物，具有多方面的需要。生活不仅仅是工作，人们为了丰富自己的生活，为了更好地生活，缓解工作压力，会发展多方面的兴趣与爱好。拥有相同兴趣爱好的个体之间必然会有很多共同感兴趣的话题，会在交往中趋于相互认同、相互吸引。彼此接近、相互认同，就会产生友谊、感情和好感，自然而然地就会形成特定的非正式组织。

(2) 个体在选择加入某个非正式组织时具有鲜明的价值偏好。个体的成长环境、文化背景、受教育程度的不同往往表明价值观形成的基础是不同的，这些不同决定了人们在价值观上会不尽相同。个体价值观的形成及其所代表的基本信仰包含着一定的价值偏好，即个体行为选择的优先次序。这样，人们加入这个非正式组织而不是加入那个非正式组织，就鲜明地表达了自己的价值偏好。

(3) 共同的价值观体系构成了非正式组织的核心凝聚力。非正式组织是一种松散的组织形式，其成员可能来自多个领域或多种正式组织，因而无法依靠也不依靠正式的规则或制度安排来维系自身的完整性，而是依靠共同的价值观体系形成相互认同、相互吸引以及相互信任的组织氛围，换言之，非正式组织中人与人之间相互信任的基础是共同的价值观。只有价值观相同，人们才会彼此信任，才会交流真实的想法和观点。

1. 非正式组织的积极作用

任何正式组织都无法满足人们的全部需求，这也就为非正式组织的存在保留了充分的空间，也说明了非正式组织具有一定的积极作用。

概括而言，非正式组织具有以下积极作用：

（1）非正式组织增强了正式组织的有效性。正式组织无法解决其成员的所有问题，也无法满足他们的所有需要。与之相比，非正式组织则更具灵活性，正式组织无法解决的问题可以通过非正式组织来解决，正式组织无法满足的个体需求在这里能够得到补偿。因而，非正式组织是通过令其成员在这里获得了补偿而增强了正式组织的有效性。

（2）非正式组织有利于成员沟通。官僚制是现代组织所采用的典型组织形式，而官僚制组织的命令—服从体系，上下级之间的等级森严，因而使正式组织内的正式沟通方式往往无法深入地进行信息交流。非正式组织则可以避免等级制造成的沟通梗阻，在这里，人们抛弃了正式职位中的角色面具而展现出了一个不一样的自我，能够进行面对面地沟通与交流，并因而获得在正式组织体系内无法获得的信息。

（3）非正式组织可以提高组织成员的工作满足感。相对于正式组织，非正式组织更能让组织成员产生归属感与安全感。因为人们在非正式组织中既可以交流与工作相关的内容也可以交流工作之外的更为广泛的生活内容，从而获得心理上的满足感，这对于增进正式组织中的人际关系和谐和提高组织成员的合作精神是有益的。

（4）非正式组织有助于成员释放压力。随着现代社会竞争的日趋激烈，人们在工作生活中会面对的压力越来越大，这些压力如果不能得到及时释放就会产生诸多心理问题。非正式组织可以给组织成员释放压力提供一个宣泄空间。在非正式组织中，成员之间可以自由、开放地交流，可以面对面地敞开心扉，这里没有规则的约束，只有人与人之间真诚的交流，这就为成员释放压力提供了有效的途径。

2. 非正式组织的消极作用

我们要看到非正式组织也存在一些消极作用：

（1）非正式组织的目标可能会与正式组织的目标相冲突。作为社会专业化分工的产物，正式组织一般都承担着明确的目标任务，比如企业的生产效率目标、政府组织的公共服务目标。非正式组织往往是在这些目标之外形成的，它主要是为了满足组织成员多方面的情感需要而产生的，这样，非正式组织与正式组织之间就会存在着目标上的不一致。这种不一致在某种情况下会导致两者发生冲突，使正式组织的管理无法有效实施对组织的控制，从而阻碍正式组织目标的实现。

（2）非正式组织具有社会控制的功能，会导致组织成员的从众行为。非正式组织普遍存在，在日常生活中，人们的行为就会有意无意地受到非正式组织的影响，其行为选择会自觉不自觉地与他所处的非正式组织的大多数成员尽可能保持一致。这种从众行为主要是由群体规范与群体压力造成的，如果群体成员不遵守群体规范，就会受到嘲笑与孤立，这种无形的压力迫使他在某种情况下不得不做出与大多数成员一致的行为选择，尽管大多数成员的行动并非总是合理。

（3）非正式组织很容易导致小团体主义。非正式组织有着自己非常便捷的信息沟通途径，相互之间的频繁交流很容易导致小团体主义，而且还会造成谣言与小道消息的流传，使得信息交流与沟通失真。这种情况会使正式组织内的信息沟通与人际交流发生扭曲。

4.2.2　对非正式组织的引导

既然非正式组织的功能具有双重性，对管理者来说，就需要对其进行科学的引导。这主要体现在以下几个方面：

首先，正视非正式组织的影响与作用，客观认识非正式组织存在的合理性。由于正式组织本身的官僚制特征，使得正式组织在专业化与专门化的基础上形成的等级制关系很难让组织内成员进行充分的交流。除非我们把组织中的人当作机器的零部件，否则我们便无法否认他们作为人的多方面需求。非正式组织存在的合理性恰恰就在于它能满足人们多方面的需求，而这些需求是正式组织无法满足的。正因为如此，正式组织的领导者对之既爱又怕。爱之，是因为正式组织的领导者在某些情况下可以借助非正式组织的力量打击异己，强大自己的力量。在这里，非正式组织成为他可以利用的力量，成为他手中的工具。恨之，则是因为他无法把这些不属于自己的力量纳入自己的掌控之下，这些异己的力量足以让他寝食难安。总之，绝大多数领导者对于非正式力量采取的方式都是既拉又打，既利用又防备。

其次，要加强对非正式组织的引导。既然非正式组织有其积极的一面，管理者就要充分利用其积极因素，充分发挥其积极作用，使非正式组织在缓解组织成员的工作压力、提高成员的满足感与成就感、促进组织成员的相互沟通等方面发挥其应有的作用。同时，也要看到非正式组织的消极一面，这种消极作用有时甚至具有很强的破坏性，这就需要对其加以恰当引导。比如，当非正式组织的目标与正式组织的目标相冲突时，就需要因势利导，平衡两种目标之间的关系，引导非正式组织在促进正式组织实现其目标的基础上寻求自身目标的实现途径。

最后，把非正式组织转化为团队。团队（team）是为了实现组织目标而由一群相互依存、有共同志向的人组成的并对任务完成负责的群体。工作团队中的每一个组成人员都有一个共同的目标，他们必须相互合作以实现这个目标。这也就是说，当群体的成员发展出一种对群体的高度认同时，群体便可称作一个团队。团队由于能力的集合性、结构的自组织性以及行为上的高度凝聚力这些特点而在现代社会中越来越体现出其重要性。近几年来，随着学习型组织、网络组织理念的兴起，人们更主张在组织内部加强合作，实行开放式管理，以适应社会的巨大变化。团队的作用越来越引起了人们的广泛关注，作为一种组织方式，团队也为越来越多的组织所采用。

团队之所以具有这样的影响，就在于它避免了传统组织形式的僵化，它可以创造人性化的环境，满足成员多方面的需求。团队可以避免官僚制组织的缺陷，在这个群体内部，没有层级，没有控制，成员通过合作与沟通共同完成组织的任务，它意味着一个自由、平等、创新的环境。这样一种人性化的环境可以为人的自由发展创造条件，而在一个人的创造力得到充分发挥的环境中，组织的效率则可以得到全方位的提升。

不仅如此，团队可以增强组织的适应性，促进组织的良性发展。传统的组织形式是一个封闭的系统，无法解决对环境迅速变化的适应性问题。这就要求组织与其服务对象之间进行全方位的接触，而且在接触过程中要做出及时、灵敏的反应和前瞻性的行动规划。这样的回应性和前瞻性不可能由单一的个人，也不可能由承担某一职能的部门担负，只能是集各种功能于一身的团队。由于团队成员独特的知识背景以及及时处理事务的能力，再加上成员之间的有效合作，使他们能及时地做出反应。团队的存在和发展增强了组织的应对能力和适应性，有利于组织的良性发展。

作为对传统官僚制组织形式的超越，团队是对风险社会的一种回应，它适应现代社会的高度复杂性和高度不确定性，能够及时回应社会所提出的要求与挑战。团队成员之间共同的情感寄托、团队高度的凝聚力与合作精神，在某种程度上与非正式组织有相似之处。非正式组织成员在共同的价值观基础上所形成的凝聚力以及组织成员在非正式组织内部所获得的认同以及情感寄托，则使得在这两种组织形式之间进行转化成为可能。换言之，既然非正式组织有其存在的天然合理性，非正式组织的消极作用与破坏性让组织的领导者与管理者寝食难安，倒不如转变一种思路：与其在控与放之间左右为难，不如寻找非正式组织转化为团队的途径，即让一个组织内那些具有共同爱好、具有强烈认同的成员组织成为团队，让他们来承担相应的组织任务。这样，就可以避免非正式组织的破坏性作用，从而有利于组织任务的完成和组织目标的实现。

4.2.3 团队与团队管理

管理学所关注的团队是被作为一种新的组织现象而提出的。其实，在人类社会中，团队自古就有，只不过管理学直到20世纪后期才实现了对团队的认识，意识到了团队在管理中的价值，提出了在组织管理中自觉建立团队的愿望和要求，并做出了建立团队的路径探索。如今，人们普遍认为，团队是管理的最佳组织形式，它能够有效地把创造力和凝聚力结合起来，避免因竞争或一团和气带来的不利影响，而且可以成为现代企业和组织管理的基础。

团队的性质是团队区别于其他组织形式和运作过程的特征和属性。同组织一样，团队既是一个动态的组织过程，又是一种静态的组织类型。就团队的运作过程而言，建立和发展都是为了实现特定的目的，是一个过程的集合体，也会随着过程的完成而结束。所以，团队本身就意味着一个动态的过程。就团队的结构类型而言，又是一定人群的集合体，有着稳定的结构形式，是构成大的组织的基础性单位。这是指团队的静态存在形态。

在知识和信息迅猛发展的21世纪，团队的作用愈发明显。具体而言，团队的主要作用体现在：创造人性化的环境，满足成员的多方面需求，舒展人性；提高组织创新能力，改善组织的绩效水平；增强组织的适应性，促进组织的良性发展；改变传统组织的运作方法，促进组织的转型。目前，团队的价值已被越来越多的人瞩目，团队的重要作用已经得到了企业以及社会各界的广泛认可。团队促进组织的转型这一变革还具有更重要的意义，那就是它创新出了一个有利于团队运作的组织环境，更有利于团队整体价值的发挥。

1. 团队规范

所谓规范，就是指团队成员所共同认可的行为标准。团队规范确立了团队成员在具体情景下的行为标准，其主要功能是规制那些被认为对团队成员重要的行为。团队规范可能具体到规定多少成员应该去做，应该怎样对待顾客，被分配的品质的重要程度，成员的穿着应怎样，哪些玩笑是可以接受的，他们应该怎样认识组织，怎样对待他们的管理者，等等。

团队规范的形成主要受四种因素的影响：一是明确的规定（explicit statement）。团队的上层管理人员以及成员本身为了保证团队目标的实现会制定相关规则来规范人们的行为。例如，在油库附近禁止吸烟、工作期间严禁交谈等。二是重要事件（critical events）。组织历史上的重要事件可能导致组织规则的产生。如团队成员可能认为吹口哨是嘲弄的表现，因此就要出台一条规定，在与高层和外界交流时，什么样的方式是可以或不可以的。三是首次行为（first behaviors）。在一个新组建的团队里，第一次的行为可能作为规范或标准指导后来的行为。例如，第一次开会座位的排列可能会成为一条规则，以后开会大家可能都循着那次的位置坐。四是过去的经验（past experiences）。在新形势下规则的产生受过去经验的影响比较大。比如，完全没有必要为学校里的高年级学生规定哪些行为在教室里是可以接受的。

团队规范既调整与中心任务紧密相关的行为，又处理行为之间的种种关系。一个高效的团队是离不开规范的，团队纪律的遵守、团队标准的执行、质量安全的保证、生产过程的控制、责任的追究、奖励的分配等，都要有明确的规范。规范同时还要能够处理团队内以及团队之间围绕问题解决和决策等所产生的冲突。当然，不同的文化背景对规范会有不同的要求。比如，中国、马来西亚、泰国等集体主义文化较强的国家，其社会价值观主张尽量避免冲突，更强调和谐与统一；而个体主义文化较深的国家，如美国，则更需要一种合理的规范来将冲突限定在合理的范围内。无论如何，处理冲突、协调人际关系，都是规范的基本功能。

团队规范一经产生必将对整个团队产生影响，这就产生一个规范的遵守和执行问题。规范确立的中心目的是要提高团队的绩效，保证人们的努力有利于实现团队目标。就团队而言，它希望规范能够得到严格的遵守，使整个运作过程有条不紊，从而取得预期的成效，完成团队的使命。从团队成员个体而言，问题会变得有些复杂。比如，个体会希望团队规范能有效地协调团队成员之间的关系，使团队的运作有章可循。但个体又会感受到规范的压力，而且这种压力可能是由于他所负担的角色地位决定的，他必须如此，否则会受到团队规范的处罚，承担相应的责任。也有一种可能是，他认为团队规范不利于他发挥自己的知识和技能，选择遵守，无疑会降低绩效；选择突破，又会受到追究。这些都是团队规范作为一种行为标准所无法避免的。

2. 团队成员的选拔和培训

团队成员的选拔和培训是团队建设的重要内容，组建一个团队的最重要一步是选择最合适的成员加入，并对其进行有效的培训，以使团队的知识层次、技能等搭配合理。

选拔最优秀的人才进入团队是保证团队绩效的首要因素。在组建团队之初，管理层面临很多选择，而能否网罗到适合组织发展的人才，则是每个领导者都关心的问题。在选拔团队成员时，除了要考虑被选者是否具备工作所需的技术才能外，还要考虑他们是否具备扮演团队成员角色所必需的其他才能。

在团队中，最重要的是团队成员的有效合作，只有这样，才能实现资源的优势互补。团队的一大障碍是个人阻力。一个员工成功与否不再单纯由他的个人绩效所决定，要成为一名优秀的团队成员，个体必须学会与别人进行公开、坦诚的沟通；学会面对个体间的差别并能解决由此而带来的冲突；学会如何把个人的目标升华为团队的利益。但许多应聘者不具备成为团队成员的必备技能，尤其是那些生活于高度个人主义民族文化中的比较重视个人贡献的应聘者。面对这类应聘者，管理人员通常有如下选择：第一，对他们加以培训，使他们具备成为合格团队成员的必备技能，这是管理人员的第一种选择，也是团队形成之初的重要课题。第二，把他们转到适合其发展的其他团队中，这有一个前提，必须存在一个需要此种人才的团队。第三，对不具备这种条件的人才不予聘用。如果抱有侥幸心理对其聘用的话，可能会导致整个团队分崩离析，从而不利于目标的实现。

在选拔团队成员（包括团队领导者）时，一定要注意团队成员的技能素质和团队协作能力，这关系到团队组建后能否实现预定目标。选拔前要进行细致的岗位分析，根据所需要的职能角色、领域（如销售、人事、质量管理、财务、市场营销、生产等领域）以及成员所应当具备的技能、能力和经验来进行选用。成员的选拔要围绕工作设计来展开，避免没有目的的选优。因为，即使挑选的是各个领域最优秀的人才，团队的绩效也未必最大。在团队运作过程中，当需要为团队招募新成员以补余缺时，同样要遵循基本的选拔程序。与组建之初的选拔不同的是，这时还要让团队目前的成员参与进来，征求他们的意见，并要考虑是否对团队进行重组，重新分配角色。

培训也是团队建立和发展所必然要经历的一个过程。培训有双重任务，既“破”又“立”：一是在团队建立之初，要使团队摆脱原有工作模式的影响，适应新的角色任务。形成一个有凝聚力的团队，就应进行培训。二是要使团队形成新的工作理念，运用新的统一标准以促成团队绩效的实现。这也需要借助于培训。一般说来，在重视个人成就的背景中成长起来的大部分人是可以通过培训而成为合格的团队选手的。这些培训大致包括：对团队凝聚力的培养、关于团队工作程序的培训以及团队领导者的培养。

大多数组织不可能在团队开始的时候就向每个成员提供一到两年的培训。所以，为了提升团队的凝聚力，很多组织往往首先对两类团队成员进行培训，即对那些有经验基础的人和那些富有冒险精神的人进行培训。培训的目的主要是打破雇员之间的隔阂，让他们懂得只有互相帮助、共同致力于团队的整体目标，才能实现个人的价值。这种培训在很大程度上属于经验式培训。

经验式的培训固然是提升团队凝聚力的一种有效方法，但仅靠这一点还不可能实现最优化的团队绩效。工作团队还得依靠正式的培训，即加强团队工作程序方面的培训。比如，在团队的成形和震荡期，团队成员需要通过理性的方式被告知他们容易遭受的挫折；团队成员需要通过培训认识到规范对他们绩效的意义；在更高的追求中，团队成员还可以通过培训而树立起自觉发展规则以帮助实现团队目标。一般说来，在团队发展过程中所进行的正式培训项目应该包括的内容有：怎样采用多种技术去挖掘创造性的思想；怎样去界定和讨论问题以及它们可能的结果；如何在众多可选方案中选出一个；如何保证方案依据大家都同意的方式得以执行；等等。

自我管理型团队的正式培训还应该包括适合组织自己的关于获取资源、成本核算、进程报告、团队评价方面程序的内容。对团队领导者的培训同样值得注意，特别是团队的新领导者，他们经常对自己的角色感到迷惑不解。所以，需要通过培训使团队领导者清楚：成功的团队领导者应当是愿意接受成员建议的，他们不会因为个人观点而去拒绝或促成某项建议；好的团队领导者善于总结信息，促进讨论，创造条件使成员形成问题意识，而且善于发现在什么时候去解决分歧，什么时候去赞成一项统一的决议；合格的团队领导应学会怎样去支持不同意见。

3. 激励团队绩效

团队业绩的取得、绩效水平的提高，离不开激励。对团队成员的激励一直困扰着管理者，有些管理者经常错误地认为只要有金钱的激励就可以了，因为“有钱能使鬼推磨”，认为团队成员可以用金钱去获得他们想要的任何东西。事实证明，金钱不是万能的，没有一种包治百病的灵丹妙药，也没有一种激励方法可以让所有的员工都满意。一般说来，团队的激励体系可以参照如下方面来加以建立：

（1）物质激励。高薪和高福利是传统的物质激励手段，对于团队成员的激励也很有用。除此之外，组织还可以根据自己的情况来选择激励手段，比如，一些公司通过股票期权、股票授予等方式提高成员的积极性。

（2）提供适当的学习机会。一般说来，团队成员大都具有积极向上的精神和追求，具有提高自我能力和自我价值的要求，因此，对团队成员的激励应重视提供专门技能的培训和学习。这既有利于工作，又能满足团队成员自我实现的需要。

（3）工作设计。工作设计也要基于团队成员自我实现的需要而做出，即通过工作扩大化、工作丰富化、提供富有挑战性的工作来使团队成员体会到工作的意义，从而增强其工作的积极性。

（4）目标激励。设置适当的目标，引导个人目标与其相符，提高团队成员的工作信心。

（5）鼓励失败。团队成员一般都害怕失败，所以工作时诚惶诚恐，绩效难以提高，而鼓励失败则可以免去团队成员的后顾之忧，会在推动团队成员的创新方面发挥积极的作用，进而有利于团队绩效的提高。

总的说来，激励不能千篇一律，而要根据团队成员的实际情况因人、因时、因地制宜，激励的手段、方式、方法都要切实可行，要把团队激励和个人激励有机结合起来，但同时要防止使激励变成平均主义。同时，激励又要有明确的规范体系，对激励的标准、实施、程序等都要有明确的规定；需要建立激励监督机制，防止激励的滥用。再者，激励也不一定都奖给那些做出突出贡献的团队成员，对那些为团队的沟通、协调做出重大努力的团队成员，对那些虽然工作业绩不突出却取得很大进步的团队成员，同样应给予奖励，这样能够为团队以后的工作创造条件。

此外，在团队完成使命后，要对团队的活动做出总的评价，正确指出其贡献所在。同时总结经验教训，对团队工作的合理方面做出肯定，对优秀个人予以表彰，这无论对团队自身成员还是其他团队都能产生积极的效果。

4.3 组织环境及其分类

4.3.1 组织环境及其特性

“环境”一词在当代话语系统中使用频率极高，其内涵也非常丰富。首先，环境是针对特定事物或某一中心事物而言的，是指那些可称为“环境”的事物及其相应的构成因素、关系、属性和作用力。所谓环境，是相对于它所环绕或所属的事物而言的，而且因时、因地、因事而异。也就是说，离开了特定的空间关系，就无所谓环境。其次，客观世界中的任何事物都在一定意义上可作为某一特定事物的环境因素。最后，环境是一个可以转化的概念，即一定的事物虽不能成为自身的环境，却是与之相关事物的环境因素。换言之，作为一定事物的环境因素，其本身也处于一定的环境之中。在此意义上，不同事物实际上互为环境中的构成因素。基于此，所谓组织环境，就是指围绕着某一组织的、影响组织发展变化的一切条件、因素和情况的总和。

一般说来，影响组织生存与发展的因素主要包括外部因素与内部因素。相应地，组织环境就可以分为外部环境与内部环境。组织的外部环境是存在于组织之外，并对组织的建立、存在和发展产生影响的外界客观情况与条件，如政治、经济、文化、地理、人口、宗教等因素。组织的内部环境则是存在于组织内部、决定着组织存在以及影响其发展的客观条件的总和，既包括人员、物资设备、经费等实体性要素，也包括法规、章程、规则、条例等制度性因素，还包括组织内部的人际关系状况等。当然，组织的内部环境与外部环境的划分并不是绝对的，这主要取决于具体的情境，即组织的规模、职能、层次、地位等。比如，构成一个单个组织的外部环境对于其所处的整个组织系统来说又成为内部环境。但是，对特定组织而言，组织的内部环境与外部环境又是确定的，这也是组织活动得以顺利进行的基础。

内部环境与外部环境对组织的作用是有区别的：内部环境主要影响组织的运行过程本身，如组织的设计，决策、沟通与协调的方式，财务管理与监督，人力资源开发等；而外部环境则主要制约组织的运行方向，它向组织提出一定的客观要求和各种人力、财力及物力资源，从而促进或阻碍组织的运转，并提供组织运行所需的场所、氛围及外部规范等。内部环境与外部环境之间又是相互制约和相互影响的，二者共同决定着组织的性质、目的、形式、理念、方式和方法等，影响着组织的变革与发展。

组织环境与组织活动密切相关，这些环境本身按照一定的方式构成，具有特定的性质与特征。具体说来，组织环境具有以下几个方面的特点：

（1）客观性。环境是客观存在的，它不以组织中人们的主观意志为转移，客观地制约着组织的生存与发展。组织所置身于其中的各种自然的和社会的条件，表现为物质实体或物质关系，是组织赖以存在的物质基础。这种实体性存在对于组织来说具有客观实在性。即使是作为精神性存在的文化环境，也是一个国家、一个民族在长期的历史积淀中形成的，这种历史的文化积淀，对于组织、组织中的个体，无疑具有客观实在性。比如，一个民族、一个国家在长期发展中所形成的习惯、传统、风俗等，其本身就是一种客观存在的力量。

（2）整体性。组织环境是组织赖以生存和发展的各种要素的总和，可以认为，凡是作用于组织的各种条件和要素，都属于组织环境的范畴。这些要素小到一个人的生理、心理状况，大到整个社会、整个世界的客观存在，呈现出不同的特色。因此，很难在时间、空间和种类上为组织环境划定一个明确的边界。尽管如此，这并不意味着我们对组织环境不能利用与认识。事实上，组织环境本身也是一个系统，它是由与组织相关的各种事物和条件有机联系而成的整体。构成环境系统的各要素之间相互联系、相互作用，形成一定的结构，表现出环境的整体性特点。

（3）复杂性。组织环境是一个开放的系统，其所包含的因素极为广泛与复杂，从而体现出复杂性特征。具体说来，这种复杂性表现为三层含义：一是构成环境的要素具有多种不同的形态：有物质的，如自然界；有精神的，如组织的价值观与组织文化等；有有形的，如地理状况和气候条件；有无形的，如组织成员的人生观与价值观；有国内的，如本国的经济社会发展状况；也有国际的，如影响各国经济政策的国际经济规则、国际经济条件，特别是全球化，各国的经济、社会、文化相互影响、相互渗透、相互激荡，使组织所面临的环境的复杂性程度达到前所未有的高度。二是这些要素之间构成纵横交错的复杂关系并对组织产生复杂的影响，一个问题的解决往往涉及多种环境因素的相互影响。三是由于不同组织管理的对象、范围等不同，以及同一组织不同时期管理的方向和重点有所不同，组织要素有时是管理的环境因素，有时又成为管理的内容。

（4）动态性。组织环境自身总是处于不断的运动变化之中，这就是组织环境的动态性。这种动态性体现在：其一，组织环境的内在矛盾推动环境系统自身的运动，往往促成组织环境整体结构的变化；其二，组织环境与管理系统的物质、能量、信息的双向交换，促成组织环境的不断变化；其三，组织环境与管理系统之间的边界由于认识和实践的需要而发生着扩张、收缩以至倒转等变化。认识到组织环境的动态性，有利于管理者因应环境的变化，适时地改变管理的方式、调整管理的目标等，进而推动组织的变革和发展。

（5）具体性。组织环境是针对组织而言的，离开了具体的组织，就无所谓组织环境。这就是组织环境的具体性。这意味着研究和讨论组织环境时必须从特定的组织出发，以具体的环境为基础来考虑不同组织所面对的具体环境。一旦这样去思考组织环境，也就看到了组织环境的差异性，即不同组织的具体环境不尽相同，正如天下没有两片相同的树叶一样，不同组织的内部环境与外部环境是不一样的。这种差异性使得组织的生存与发展呈现出多样性，从而使得组织工作与组织管理表现出不同的管理风格。

4.3.2　管理中的环境意识

现代社会，组织管理面对的是复杂多变的环境，这就要求管理者必须头脑敏捷、反应灵敏、果敢机智、多谋善断，能够在环境突然发生变化时动员本系统的一切力量，全力以赴应对偶然事件，避免偶然事件对组织体系造成不应有的损失。一个成功的管理者不应消极、被动地应付复杂多变的环境，他应具有远见卓识，分析、看待问题具有前瞻性，能准确地预见到环境将要发生的变化，做出预先安排。也就是说，应充分发挥自己的主观能动性，变不利因素为有利因素，使事情朝着有利于自己的方向发展。环境是对管理者素质与能力的考验，管理的有效性既是应付环境变化的必然要求，也是管理者的活动与环境作用的综合结果。所以，管理者在实践中必须首先分析面临的环境状况，预测其发展变化的可能性。一个成功的管理者往往善于审时度势，在复杂环境的各种制约因素下游刃有余。

要成为一个成功应对复杂环境的管理者，必须具备以下条件：

（1）管理者在管理实践中，必须有高度的社会责任感去对环境做出积极的回应。一个合格的管理者必须使组织的活动合乎整个社会规范的要求，一定的组织只有最大限度地满足社会利益的需要，才能得到最大程度的发展。具体来说，管理者的社会责任主要表现在管理者法制观念是否建立，能否依法办事，是否会主动地承担社会义务和参与解决社会问题。

（2）管理者的管理活动必须注意协调组织自身的内外环境。外部环境对组织的内部环境有重大影响，组织中的成员也是与社会有千丝万缕的联系的，这种联系是组织内外环境交流的桥梁。管理者在实践中要善于利用社会的压力改造内部环境，利用民族习惯、风土人情促使组织的内部环境与社会环境相协调，从而使组织取得社会大系统中子系统的地位，得到社会的支持。

（3）管理者必须注意向民主化管理的方向发展。随着社会的文明进步，人们的文化和智力水平得到大大提高，对民主化管理的要求日益高涨。管理者推行民主化管理是改造组织内部环境的关键。因为，管理者对于被管理者所采取的管理方式不同，会使组织中产生不同的气氛，这种气氛是重要的内部环境因素，它会明显地影响到组织成员的行为以及整个组织的效果。

（4）管理者必须致力于提高管理效率。有学者认为，现实环境有四大难题迫使管理者在实践中必须注意管理效率。首先，管理者的时间很容易变成别人的时间。几乎随时有人来找，以至于管理活动要随别人转动，时间上不能自主。其次，管理者常常迫于日常作业。几乎所有管理者都有同样的困扰，其原因在于管理者是否采取了"有什么事就做什么事"的态度和处事方式。因为，这必然会使管理者陷入穷于应付的境地，处于一种被动应付的状态。再次，管理者本身处于一个组织中，受组织上下左右的牵制，只有当别人能够利用管理者的贡献时，他的管理活动才是有效的。最后，管理者居于组织内部，不易看清外界情况，对外部环境变化的影响力较小，而组织的资源输入和技术输入、组织的交流输出和成果输出，又都要依靠外部环境的配合。

概言之，一名成功的管理者，要有强烈的环境意识，既要从思想上、观念上认识到环境对组织管理的重要性，还要辨别、认清环境的复杂性、动态性、具体性和差异性，从宏观上把握环境变化对组织以及组织工作的整体性影响，迅速地从复杂多变的环境中分清各种因素之间的相互关系，更要在实际的微观管理过程中敢于面对环境的挑战，遵循环境变化的规律，抓住问题的实质，并根据形势和问题而果断地做出正确的决策，积极应对环境的变化，努力使组织与其所处的环境处于协调发展状态。

4.3.3 组织环境的分类

把组织环境分为内部环境与外部环境是相对的，如果根据组织面临的不同条件或因素来分类的话，还可以把组织环境分为组织的政治环境、经济环境和文化环境。

1. 组织的政治环境

组织的政治环境是指在不同程度上影响组织的各种政治因素的总和，主要包括法律、规章制度、公共政策、政府机构及其相关的政治规范，同时还包括各种政治势力和社会集团相互作用所带来的动荡或安定的政治局面。政治环境对组织的影响是极其深刻的。比如，政治局面、政治制度、法律及政策状况等，都是一个组织必须关注的环境因素。对于微观组织来说，政治环境的影响主要是通过法律、政策等制度性规范的约束来体现的。组织的政治环境从理论上来说，主要是政治制度、政治结构、政治关系等因素。从现实的实体来看，政治环境包括国家政权制度、政党制度、社会组织结构、公共政策、法律制度、政治文化等。概括地说，政治环境可以归结为政治因素、政策因素、法律因素三个方面。

（1）政治因素是构成组织政治环境的背景性安排。1）国家根本制度。一个国家的根本制度包括国体、政体和国家结构形式，是最基本的政治制度。这个层面上的制度规定了社会中各个阶级、阶层的政治地位，是任何组织都必须面对的基本的政治环境，它决定着组织的地位以及组织效能的发挥。作为一种背景性的制度安排，一个国家的政党制度也构成了这种背景性安排非常重要的方面。2）政党制度。当今世界各国大都存在着政党并通过不同的政党制度来组织政府，行使政治权力。因此，政党制度就成为一个国家政治生活中非常重要的一项政治制度，是政治环境中的重要因素之一。政党与组织有着直接或间接的关系，甚至有时直接影响组织的机构设置、人员安排以及功能的发挥等。3）政治局势。政治局势也构成政治环境的一个方面。政治局势是指组织内外各种政治势力、社会集团相互作用所形成的政治秩序以及政治体系的运行状况，主要表现为政治稳定或政治动荡。一般来说，组织的有序运行需要稳定的政治局势，然而，稳定走向极端就成为僵化，政治体系就失去了活力。因此，尽管不稳定从总体上说是消极的，但有时不稳定甚至动荡也是组织必须面对的政治环境，管理者需要学会把这种环境的消极性转化为积极性，并在其中获得发展机遇。

（2）政策因素是构成政治环境的主要方面。如果说政治制度构成政治环境的深层次方面，那么政策则构成政治环境的表层因素，是一个国家进行社会治理的主要手段。组织的运行与发展受到一个国家政策因素的深刻影响。组织环境中的政策因素主要是指那些对组织发生影响作用的、与政策相关的所有因素的总和。对于国家宏观管理而言，政策是管理的手段与途径，更多的时候是作为管理的内部环境而出现的。对于企业、社会团体等微观组织来说，政策因素构成其外部环境。尽管公共政策作为一种行为规范或准则具有一定的稳定性，但其本身却随着自身环境的变化而进行调整。因而，作为组织环境的政策因素也是一个动态的多样化系统，它会因政策制定主体的不同而表现出不同的形式，也会因不同的目标群体及内容而表现为不同的类型。

（3）法律因素也是构成政治因素的重要方面。在组织的政治环境中，法律因素是组织活动最直接、最重要的政治环境因素。法律制度对组织的影响，主要表现在规定并保障组织及其成员在社会中的权利与义务，并保证组织系统的协调性、规范性和科学性。只有创造良好的法制环境，才能确保组织有序运行，保证组织目标的实现。法制环境既包括静态的法律规则和制度体系，也包括立法、执法、司法、守法等活动的全过程。所以，良好的法制环境不仅包括一套规范、科学的法律规则体系，也包括拥有一个公正、高效、透明的执法与司法程序，还要求社会成员具有良好的守法意识。

组织的政治环境是一个有机整体，无论是政治因素还是政策因素、法律因素，都是国家政治生活的重要组成部分。政治因素是政策因素、法律因素的前提与保证，它决定着政策因素、法律因素的性质和基本功能，而政策因素与法律因素则是政治制度、政治原则、政治理念的具体体现。同时，政策因素与法律因素之间也是有机联系的，政策因素往往以法的形式出现，即政策主体由法律规定，目标群体由法律赋予权利和义务，社会问题经由法定程序形成具体政策，而法律则通常是由政策转化而来的，法律活动有时则是对有关政策的执行与运用。因此，在分析组织的政治环境时，不应将上述三种因素割裂开来。

2. 组织的经济环境

经济环境主要是指影响和制约组织生存与发展的社会经济状况和经济制度，它表现为一个社会的生产力发展水平和基本的经济结构。经济环境会影响到组织的规模、构成及其运转。在市场经济条件下，组织的经济环境主要体现在市场环境上，其主要因素包括资金、劳动力、价格水平、运输费用、顾客偏好、竞争对手、政府的财政与税收政策以及社会的生活水平等。具体说来，经济环境主要包括经济发展水平、市场经济体制以及生产要素的安排。

（1）生产力是在物质生产活动即劳动中形成的，反映的是生产者利用生产资料进行物质生产的能力。生产力发展水平是一个国家经济发展水平的根本标志，反映了社会的总体生产能力和社会占有物质财富的水平。物质财富的丰富程度及利用水平、生产资料尤其是劳动工具的性质与发达程度、劳动者素质的高低以及构成状况等，制约着组织活动的水平、效率。生产力的发展水平不仅影响着管理的范围和管理的能力，而且影响管理的水平和效率。生产力发展水平是经济发展水平的根本标志，作为组织环境要素的生产力系统，也处于不断变化和发展的动态过程中。生产力跨越式发展是当代社会生产力运动的基本规律，是当代社会最根本的实践活动。这一实践活动的核心是创新，它决定了当代社会是以创新为灵魂的社会形态。随着生产力的发展，经济发展呈现出多样化的态势，社会经济生活变得更加复杂多变，进而深刻地影响着组织及其运行。比如，以互联网为代表的技术创新所引发的技术革命正在深刻地改变着人们的生活方式，也使组织本身的结构、运行发生了根本性的变化。

（2）生产关系的构成状况及其发展程度也是组织要面对的重要环境因素。在现实生活中，社会生产关系主要表现为一系列的经济制度和相应的经济体制。从世界经济发展的历史经验来看，市场经济体制在各种生产要素的分配与资源的配置中具有独特的优势，因而为大多数国家所采用。市场经济是组织重要的环境因素，这不仅是因为市场经济是生产力发展到一定历史阶段的产物，已成为现代社会中经济发展的现实形式，对于组织而言，这是一种客观的外部环境因素，而且组织本身也是市场的重要构成因素。市场经济的有关法律制度、规则等，对组织活动有着深刻的影响，在某种程度上，组织目标及其功能的实现在很大程度上取决于组织所面临的市场经济体制的健全程度。当然，由于市场经济体制本身是一个不断完善与演进的过程，在不同国家和不同的经济发展阶段表现出明显的特殊性。所以，对于具体组织而言，就存在着其所面临经济环境的差异性与特殊性。这就要求具体的组织既要遵守市场经济的普遍规律，也要根据自身所面临的特定环境做出相应的安排和调整，以顺利实现组织目标。

（3）生产要素成为经济环境的活的因素。生产要素是指进行物质资料和劳务生产所必须具备的基本因素和条件。一般而言，劳动者、劳动资料和劳动对象是构成人类劳动过程最抽象、最基本的三个生产要素。马克思在分析资本主义生产过程时，把生产要素归结为

“物的因素”和“人的因素”，并明确指出这两类不同因素在产品形成中起着不同的作用。因此，生产要素可以划分为客观性生产要素和主观性生产要素两类。客观性生产要素与生产中物的因素直接相关，它以不同类型的物质要素为载体，以物质要素使用价值功能的发挥为内容，在组织活动中起着特定的物质基础作用。主观性生产要素与生产中人的因素直接相关，它以不同类型的劳动者为载体，以不同形式的活动支出为内容，在生产过程和劳动产品形成中占据着主导地位，是起决定性作用的生产要素。对于组织而言，主观性生产要素是组织的内在构成要素，其功能的实现决定了组织活动能否实现及其完成的质量与效果。

经济全球化使生产力、生产关系以及生产要素的配置呈现出不同于以往的状态。如果说此前的经济活动主要是在民族国家的范围内进行的话，那么，经济全球化进程则使生产要素的流动超越了民族国家的边界，在全世界范围内流动与配置，各个国家或地区越来越深地被纳入不断扩大的统一的世界市场体系之中。经济全球化一方面使得人们之间的交往日益频繁，另一方面，也使生产与交换、消费之间的距离大大缩短，从而对组织的结构、构成与运作方式产生深刻影响。

3. 组织的文化环境

我们这里所说的文化是一种广义的文化，包括社会意识形态层面上的文化和社会心理层面上的文化。其中，社会心理层面上的文化即人们心理活动的趋向和心理定式，主要是人们稳定的态度、价值、情感、风俗习惯、道德风尚、审美情趣等。因此，组织的文化环境主要是指由教育水平、科技状况以及伦理、信念、心理习惯、价值观与道德水准等影响组织系统的各种文化条件构成的总体。组织是社会的一个细胞，一个基本组成单位。一方面，它具有整个社会文化的内容和特征，是社会文化的组成部分；另一方面，由于它本身特有的性质和内在矛盾，形成了反映这些性质和内在矛盾的独特文化，即组织文化。文化构成了决定组织行为方式的重要组织环境之一，表现为组织行为方式的凝固化。文化对组织的影响相对于政治环境和经济环境而言比较间接，但影响时间却更持久，主要表现在：影响组织及其人员对周围环境的认识和解释；决定管理活动的价值取向及目标选择；规定着管理方式方法的选择等。

文化冲突存在于组织内部以及组织所处的更大社会系统之中。组织内部的文化冲突主要是主文化与亚文化以及亚文化之间的冲突。组织文化往往代表着一个组织成员的共同认知，主文化是组织的核心价值观，为组织大多数成员所认可，但由于组织内部成员存在社会地位、阶层、出身、宗教信仰、文化背景等方面的差异，存在着职位、利益等方面的差别，因而会形成一些亚文化。主文化与亚文化以及亚文化之间常常会发生冲突，如企业中管理者与员工、员工与员工之间的冲突。在不同发展时期，组织也会面临文化上的冲突，尤其是组织处于变革、合并、重组等时期，文化冲突表现得更为激烈。组织与社会之间的文化冲突主要表现为组织文化与民族文化、地域文化以及组织之外其他群体文化之间的冲突。这些冲突在现实生活中也表现出时空方面的差异，如企业中管理人员与客户之间、不同企业之间、外资企业与本地文化之间的差异与冲突。

管理受文化环境的制约与影响，不同文化环境下的管理会具有不同的特征。当管理系统由一国向另一国拓展时，必然要超越原来的文化模式而成为跨文化管理。所谓跨文化管理，是指对不同文化背景的人、物、事进行管理，即在不同形态的文化环境中设计出有效的组织机构和管理机制，合理配置企业资源，克服异质文化的冲突，从而进行卓有成效的管理。跨文化管理实质上是文化冲突与融合的一种形式，它主要指能够适应不同国家文化背景的管理。实行跨文化管理，要求管理者首先要有正确的认识和态度，即认识到不同国家文化之间的冲突是必然的，进而尊重并接受这种文化差异，寻找文化融合的现实基础。其次，管理者必须认清文化冲突在管理中的具体表现，主要有价值观及人格取向、管理理念、管理模式、决策思维、组织结构、行为方式、管理文化等方面的冲突。再次，有针对性地进行跨文化培训，加强员工对不同文化传统的反应和适应性，促进不同文化背景的人之间的沟通和理解。其主要内容有对文化的认识、文化的敏感性训练、语言学习、跨文化沟通及冲突的处理、地区环境模拟等。最后，构建与文化背景相适应的组织系统，并在继承、沟通、融合的基础上再造组织文化。

随着经济全球化运动的展开，各种管理系统无论是在组织结构的设计方面，还是在具体管理活动的地域范围方面，都不可避免地要面临不同国别和地区的差异性很大的文化环境，尤其是那些跨国性组织，可能在每一项重大行动中都会遇到不同的文化。这种不同国家和地区的文化差异所带来的文化冲突，对管理系统的管理理念、方式、原则等各方面提出了挑战。

4.4 组织边界管理

4.4.1 组织边界的结构

个人之所以不同于他人，能够同他人区分开来，就在于人与人之间存在着边界划分。边界所标示的是一种区分，标示个体的身份与认同感，边界成为个体独特性的一种标志。个人如此，组织也是如此。组织有着自己的边界，就组织是一个实体性的存在而言，其边界是组织对内维持秩序、对外发挥保护作用的一种制度性设计，是一种“保护壳”。“边界以及边界的建立、加强、超越和解散的过程，像广义的社会生活一样，是组织的一个重要方面。人们坚持不懈地通过一系列的内外的区分，同一性与差异性的区分来包装自己的世界，或者让别人帮他们包装。”① 边界使得不同组织能够得到清晰区分，表明实体意义上的组织具有自己独特的存在形态，在它与环境、其他组织之间划定了一个明确的界限。

组织边界可以进一步划分为物理边界、社会边界及心理边界。物理边界主要是由有形体所组成，比如工厂和学校的围墙、办公室的墙壁、工厂的大门、企业理念、安全徽章及工人的制服等，这仅仅是对物理边界的传统认识。随着技术的发展，现代化组织采用一种附着在现代媒体之上的物质边界。电子媒体创造出各种边界来控制获取某种信息的途径。它们不仅控制了谁有权得到某种信息，还控制着什么样的信息可以通过何种媒介进行传

---

① 保尔森，赫尼斯. 组织边界管理：多元化观点. 北京：经济管理出版社，2005：49.

递。此外，组织的物理边界还包括制约组织成员之间、组织成员与环境之间可能发生的交换类型的那些规则与制度。从组织与其环境之间的关系来看，边界的主要作用就在于控制它们之间的交互作用和各种资源的流动。这些边界通过描绘个人和组织之间的交互行为的责任、期望及模式来描述组织的结构。当组织以结构化的方式存在时，实际上已经表明它确定了组织内部各部门、组织成员以及组织与外部环境之间如何进行交往的规范。在这里，规范就是一种约束、一种限制、一种边界。所以，物理边界是保证组织获得稳定性与可预见性的有效途径，通过物理边界清晰地划定了组织、部门与个人之间的权力—义务边界时，也就意味着其行为能够沿着可预期的轨道前行。与传统社会的任意性和偶然性相比，边界划设显然是社会进步的标志，提供了组织与个人行动的可预期性，创造了一个有序的生活世界。

社会边界更多地指向了组织或集团的身份意识，从社会运行的现实来看，“集团及组织建立社会边界来使它们自身区分于其他的组织和集团。这种独特意识促使了‘相异性’的产生，从而使这个集团和其他的集团区别开来”[①]。组织通过社会边界的划设赋予组织成员一种行为特征，也提供了行为标准。社会边界依赖于社会交互作用而生存，尽管它们可能采取不同的形式。社会关系的作用在于提醒社会成员自身的集体身份，这也就是为什么一些传说、故事能够有助于建立和维持组织的同一性意识。具体说来，社会边界的作用体现在以下三个方面：第一，社会边界在行为准则的确立中发挥着非常重要的作用，因为社会成员总是以社会所期望的方式行事。第二，社会边界在社会成员认为他们的身份受到威胁的时候还能起到保护作用，这就是组织有时会出现转型失败的原因。第三，社会边界不仅维护行为准则，而且还发挥着支持社会力量的作用。清晰的社会边界致力于维持现状并阻碍社会进行变革。与此同时，社会边界也为有效的行为和改革提供基础，尤其是当某些行为逾越群体界线时，严格的社会边界可能使人们拥有高信任度，人们无须在物理距离上很接近也能有效地进行合作。

心理边界主要是在个体的意义上来理解的，它类似于“心理围墙”，主要是指那些帮助群体交流、做出行为以及加深他们对特定事物理解的特定术语和符号。一方面，心理边界对个体起到保护作用，组织成员往往利用心理边界来保护自己不受外在世界的侵害；另一方面，心理边界是个体理解世界的基础，通过心理边界，人们在群体界线之内和之外都形成了一个行动基础。尽管心理边界可能构成行动的限制与阻碍，但它也为新的知识与边界的形成奠定了基础。

如果说物理边界是有形的、物质的、可见的，那么，社会边界与心理边界则是无形的、精神的、不可见的。有形的边界很容易消除，无形的边界有时是难以逾越的，会成为人们之间无法充分进行交流与沟通的“心理围墙”。在全球化日益加深的今天，组织之间、个人之间的交流与合作非常频繁，但有时在交往中却存在着无法突破的障碍。这个障碍主要就是各个民族、各个国家以及不同社群之间在长期生活中形成的风俗、习惯与传统所构成的心理边界与社会边界。有时，这种边界甚至成为某种禁忌，成为无法跨越的鸿沟。

---

① 保尔森，赫尼斯. 组织边界管理：多元化观点. 北京：经济管理出版社，2005：31.

4.4.2 服务于环境控制的边界

边界是一种划分、一种区分，划界使组织与组织之间、组织与环境之间、组织内的部门之间以及组织成员之间得以隔离开来，具有明确而清晰的界限。这种界限也就意味着划定了组织、部门以及成员的活动范围。同时，边界划分意味着权力界限，形成了事实上的领地、势力范围。国家、社团、学校、政府、企业等各类组织都有自己的权力边界，边界所提供的一方面是限制，另一方面是保护。就限制来说，这种限制在某种程度上是一种控制。“内部控制通过身体、心理或者社会的限制所允许的社会过程来实现。外部控制则通过分割空间以使一些过程能够穿越边界而其他的不能够跨过边界来实现。”① 组织结构以及职能划分不仅仅构成了权力行使的手段，还意味着监督。限制的同时也是允许或许可，在限制某些行为的同时也就意味着另外一些行为成为可能，即表现为保护。在保护的意义上，边界所能提供的稳定性使组织在加深信任度和一致性的基础上有可能做出有目的的行为。更为重要的是，边界提供了一个资源可以自由流动的空间，在这个空间之内，能量得以释放。

政府组织是理性化的产物，政府的部门设置非常典型地体现了人们的这种控制要求。虽然面临着成本限制的要求，但政府部门的设置主要目的是要使我们所生活的世界处于有序状态，为了这一目的，政府内部设置也就大体上按领域划分，设置了不同的部门，试图把不同领域分门别类地管理与控制起来，使整个社会、甚至是自然都处于政府的掌握之中。政府部门所设置的市场调节与监控、社会的公共安全、网络空间的控制、社会福利与社会保障、农业、渔业、林业、海洋等部门，其实质就在于要实现政府对环境的控制愿望。乃至于当社会出现了新问题、新情况时，政府的本能反应就是设立新的部门以确保能实现对社会的控制。

通过外部边界，组织之间泾渭分明；通过垂直边界与水平边界，组织实现了自己内部的职能分工与各部门之间的权限划分，使得组织自身能高效地运转起来。当然，在实际运转中，组织并不是故步自封的，任何组织都有扩张的冲动。这种扩张主要是通过扩大规模与渗透两种策略实现的。“组织并不是封闭的、自给自足的实体，而是被视为不能被孤立于外界环境之外的开放系统，因为它们的边界必须持续不断地被输入和输出所打破，这种特性赋予组织种种限制和与组织的技术及任务环境相关的偶然性。在这种意义上，组织的对外边界不是被视为一个容器壁，而是更像交互地带可渗透的一层膜。”② 组织不仅通过渗透的方式来拓展自己的边界，而且通过扩张的方式来实现扩大自己的边界。这一点在企业中表现得最为明显。由于企业有着利润增长这样的外在约束，企业不得不通过扩张规模或者增加产品的多元化来实现扩张，尽可能地突破已有的边界。

从国家与社会的关系来看，在传统的行政管理理论与实践中，政府与社会、政府与企业有着清晰的行为边界，政府只能在自己的领地内行动，绝不允许窜扰社会，政府的行政

---

① 保尔森，赫尼斯. 组织边界管理：多元化观点. 北京：经济管理出版社，2005：34.

② 同①53.

权力必须在社会面前驻足。这样做的目的是为了防止行政权力扩张的冲动，防止其任意侵扰社会自治。同样，企业以营利为目的，政府在提供产权确认的前提下，并无权力干涉企业的自主经营。也就是说，在传统的管理理论之下，政府与社会、政府与企业都有自己的行动边界与权力范围。

然而，20 世纪后期开始，整个社会出现了“去边界化”的趋势，从 20 世纪 80 年代开始的全球性行政改革来看，新公共管理理论的提出并在实践中的广泛运用，使得原来国家与社会二分的说法被突破，传统上由政府独家提供的公共服务越来越多地由企业来承担。“美国的公司提供许多在其他国家由政府提供的社会福利：医疗保健、托儿所、养老金等。公司越来越多地建立和拥有各种法律功能和程序：内设法律咨询服务、内部争端解决程序、处罚听证和申诉程序——很像法院。公司经常会赞助所在社区的艺术展览，支持廉租屋建设，向低收入人群提供医疗补贴，帮助自己的员工解决接受高等教育的费用等。”①企业变得越来越像政府，承担起原来由政府担当的许多职能。与此同时，国家运行也变得越来越像企业。政府运行也讲成本核算，政府也变得越来越关注经济效益。政府自身引入企业的管理方法，比如绩效考核、全面质量管理、目标管理等，这使政府变得越来越像企业。这样，政府与企业、政府与社会之间的相互渗透使得二者之间的边界不再那么鲜明。这种现象的出现说明了政府与社会出现相互渗透的趋势，也使得原有的组织边界划分出现模糊化。

4.4.3　边界的模糊化

随着网络技术的发展，组织边界日益模糊，虚拟组织的出现使得组织呈现出无边界的趋势。比如，某些建立在网络技术之上的企业并无传统的官僚制组织体系，甚至也没有通常意义上的产品生产车间，其成员更多地表现为某些人所形成的松散集合。这样的企业组织结构没有了传统的组织边界。当然，虚拟组织中消失的只是物理边界，或者说由于物理边界的僵化不能适应现代社会对组织的灵敏性要求而使得原有的物理边界被祛除。但是，虚拟组织依然存在着边界，也说明组织仍然需要边界。只不过，这些边界发挥作用的方式不同了。

传统组织的社会边界，如规则、程序与控制检验都被用于控制雇员的生产力，而在虚拟组织中，强调输出而非输入的行为标准占据优先地位。这说明，虚拟组织的出现打破了原有的关于组织边界的概念，至少原有的固定的、僵化的物理边界在虚拟组织中表现得不那么明显了。但社会边界与心理边界在基于现代网络技术上的组织中依然存在，就像生物体中的“隔膜”一样，一方面，它仍然发挥着区分各生物体、各组织的作用；另一方面，它又是透明的，能量、信息等可以在生物体内自由流动，从而维持生物体的正常且有效运转。无边界组织也是如此，虽然传统的、有形的物理边界没有了或者以新的形式存在，但组织之间、组织内部的必要分工仍然是需要的，因此无边界组织并不意味着完全没有边界，并不意味着整个社会成为共同体。建立在网络化组织结构基础上的组织形式、组织结构与传统的官僚制组织相比发生了根本性变化，虽然物理边界很容易消

---

① 斯科特，等. 组织理论：理性、自然与开放系统的视角. 北京：中国人民大学出版社，2011：416.

除，但社会边界与心理边界很难在短期内消解，更何况不同民族、不同国家、不同文化体长期积淀而成的民族意识、意识形态、认知习惯等所形成的心理阻隔是很难用技术来消解的。

组织边界的模糊化是一个新的社会现象，对管理构成了巨大的挑战，一方面，传统的建立在等级森严基础上的组织边界是需要改变的，至少那种使得各组织之间区分的物理边界是需要改变的；另一方面，在管理活动中需要给予更多关注的是社会心理意义上的边界，它更多地存在于组织成员的心里，而不是物化为组织的结构。赫希霍恩和吉尔摩（Hirschhorn & Gilmore）提出，在一个具有灵活性的组织中，人们更多地关注社会心理意义上的组织边界①。心理边界包括权威边界、任务边界、政治边界和认同边界。

在官僚制组织中，权威自然而然集中在领导身上，领导发布命令，下属执行命令，因而管理主要就是一种有效的监督和控制。现在的情况则是，组织变得更为灵活，更为柔韧，具有正式权威的个体并不必然是那些了解组织问题最新信息和动态的人，也就是说，具有正式权威的并不必定是组织中处于高级职位的领导者。相反，那些处在问题场景中或者对现场情况了如指掌的在场者更具有权威，因为他们具有充分的信息、知识和技能，他们甚至还有那些远离现场的领导无法比拟的优势，即对现场情况的总体把握。正是在这个意义上，权威边界发生了变化，它不再固定于组织内的位高权重者，而是那些对现场情况最了解、最熟悉的组织成员。这样，组织的权威可能就不是固定不变的，而是会随着任务、场景的变化而变化。当然，这并不意味着不需要权威，也不意味着权威边界不复存在，而是那些最了解情况、最具有相应知识和技能的组织成员才有可能成为拥有权威的人。可见，组织的权威边界正在呈现出越来越多的不确定性。

官僚制组织是建立在分工—协作基础上的，随着分工的不断细化，愈来愈需要专业化的组织成员来担当相应的专门工作。但是，随着组织专业化程度的提高，组织成员所担当的工作越来越碎片化，每一个组织成员都从自己所从事的专业或专门工作出发，无法获得一种对组织整体的使命感。在全球化、后工业化条件下，个体之间、个体与组织之间以及组织之间的依赖性日益增强，使任务边界发生了变化。特别是在危机管理等特殊的管理类型中，任务边界甚至会成为组织整体合力形成的障碍。这就要求打破传统组织因为专业主义而形成的任务边界。全球化、后工业化进程向我们提出了人的共生共在的要求，使得人们的相互依存问题变得越来越突出。对于组织成员来说，任务的完成，目标的实现，越来越多的依赖于他人的技能和资源，而他人所具有的这种知识与技能是我们所无法控制的。随着这种意识的不断加强，就要求组织成员必须更清醒地意识到，其工作任务的完成不能仅仅专注于自身，还必须关注他人，只有有效合作才能更为顺利地完成组织任务。所以，组织的任务边界正在变得越来越模糊。

在既有的组织中，认同边界可以保证组织成员在组织内部建立起对于组织的“同一感”。组织被理解为是一个与环境进行交换的开放系统，而认同则可以使组织成员获得一

---

① HIRSCHHORN, GILMORE. The New Boundaries of the “Boundaryless” Company. Harvard Business Review, 1992, 70 (3): 104-115.

种“我们感”，这就是说，通过边界确立起“我们”与“他们”的区分。对于“我们”，因为有这种认同而给予信任；对于“他们”，往往会产生一种本能的警觉。因为有了这种认同，组织成员就会把组织的价值视为理所当然的，并寻求与之具有同一性的那些个体而共事。从这个意义上来说，认同边界的作用在于使组织成员能产生一种对组织的内在认同，一种心悦诚服的忠诚感，一种发自内心的“我们感”。在全球化、后工业化条件下，虚拟组织的运行不仅没有削弱组织的认同边界，反而使组织的认同边界得到了强化。因为，网络技术使得组织成员所在的空间形态发生了改变，一方面，人们在空间的意义上拥有了前所未有的自由；另一方面，人们在心理上却遭遇了无以复加的孤独。同时，在地理上接近的人们却有可能在心理上相互排斥。然而，组织认同却可以为人们提供一种“家园感”。这说明，自觉的管理活动将会把关注的重心放在认同边界的安排中，既要通过认同边界的确立而让组织成员获得“家园感”，又要防止认同边界成为阻碍组织间合作的消极因素。

总的说来，在全球化、后工业化进程中，组织边界处在变动之中，有些边界变得模糊甚至消失，而有些边界则呈现出增强的趋势。这是管理所面对的新问题，它要求管理者自觉地认识组织边界问题，强化组织边界管理。同时，这也是管理学所面对的新问题，有着巨大的创新空间，在一定程度上，也是理论创新的一个新的生长点。

关键术语

组织　组织工作　组织类型　官僚制组织　网络组织　学习型组织　团队　群体　团队管理　团队成员　团队规范　团队绩效　环境　组织环境　政策因素　政治环境　政治因素　经济环境　生产要素　经济全球化　文化冲突　文化环境　文化融合　跨文化管理　组织边界　物理边界　心理边界　社会边界　任务边界　边界模糊化

复习思考题

1. 什么是组织、组织工作？二者各有什么特征？
2. 什么是传统组织？什么是官僚制组织？试比较分析。
3. 试分析网络组织与学习型组织的产生背景。
4. 什么是非正式组织？其产生原因有哪些？
5. 非正式组织的积极作用和消极作用有哪些？
6. 什么是团队？它与群体有什么区别和联系？
7. 团队环境对团队运行有什么影响？
8. 一个组织成员怎样才能成为团队成员？
9. 团队业绩的取得受哪些因素的影响？
10. 什么是环境？如何理解组织环境及其特性？
11. 试举例分析管理者的环境意识。

12. 政治环境包括哪些因素？
13. 试分析文化环境对管理的影响。
14. 试分析组织的环境控制追求。
15. 试论述边界管理的内容与趋势。

第5章

组织的基本架构

开篇引例

布瓦蒙多是一家生产表壳的工厂，马赛尔·巴布是其创办者。1940年法国战败后，由于在瓦伦斯找不到机械工，巴布到街上招募了许多人，这些人年龄都在30岁以下。他主动提出教他们制造表壳，前提是他们同意和他一道寻找一种“废除雇主和雇员界限”的组织机构。这样，就创造了布瓦蒙多工作公社。

公社的最高权力集中在全体成员大会，大会每年召开两次，只有一致通过的决议才对成员有约束力。全体成员大会选举一名公社主席，他不仅是技术上合格的人，也是“一个带头人”，一个榜样，一个教育人、无私、乐于为人服务的人。他拥有全部行政权力，任期3年，之后，他回到原来的工作岗位。主席对全体成员大会有否决权。如果大会不想放弃决定，就得举行信任投票。如果主席得不到一致的信任票，他就得选择：要么与大会意见保持一致，要么辞职。全体大会选举议事会委员，其任务是给公社主席提建议，委员任期1年，在议事会内，部门经理和8名委员及公社主席一起组成管理委员会，委员会每周开会一次。公社内的一切负责岗位，包括部门经理和工头，都完全通过“双重信赖”来指定。全体成员每周举行一次碰头大会，其目的在于使每个人知道公社内正在发生的事情，并使大家保持联系。

布瓦蒙多有两大部门：社会部和工业部。后者的组织结构如下：（最多）10人组成技术组；几个组构成一个科或一个车间；几个科或车间组成一个部。每组的成员都一致对科（车间）负责，几个科（车间）对部负责。而社会部处理技术性问题之外的一切活动。

公社最主要的特色之一是成立了邻居小组，由五六个住处邻近的家庭构成，选举产生组长，不定期地在某一家庭聚会，提出问题，就不满意的事情发表意见，或提建议，会议细节全部被记录，送交公社主席，由他进行汇总归纳，然后由各个部门的负责人来回答。

资料来源：弗洛姆．健全的社会．贵阳：贵州人民出版社，1994：247-253.

5.1 组织结构

5.1.1 组织结构理论的演进

组织结构理论是组织理论的重要组成部分，也同样形成了自己的演进轨迹。在 19 世纪末 20 世纪初的美国和欧洲，泰勒、法约尔、韦伯等人属于较早一批系统探讨组织结构理论的管理学大师。

泰勒主张实行职能管理制，把计划职能（管理职能）与执行职能（实际操作）分开，并进一步强调计划的重要性，设置了专门的职能管理机构。泰勒认为，在此基础上应该进一步对其内部的各管理职能实行专业化和标准化。为了实现职能专业化，泰勒提出了组织中高级管理人员把一般的日常事务授权给下级管理人员去处理而自己只保留对例外事项（重要事项）的决策和监督权的例外原则，以适应规模较大的职能组织。

法约尔继承并发展了泰勒的思想，试图创立一种适用于各种组织的一般理论。他概括了 14 条一般管理原则，其中包括劳动分工、权利与责任相符、命令指挥统一、连续指挥链等有深远影响的原则。他还将统一指挥原则和泰勒的组织职能化原理结合起来，提出了直线职能制组织形式，至今仍被广泛采用。另外，他独创性地提出了设立无等级、无权限的参谋机构去协助高层管理者完成管理工作的设想。他提出的“跳板”原则（又称“法约尔桥”）是对层级原则的有益补充，是对泰勒的“例外原则”的深化，也隐约显露出矩阵结构的影子。

马克斯·韦伯关于官僚制组织的理论是对组织结构理论的重要贡献。他从管理角度把这种组织形式的结构分为三层：顶端是主要负责人，主要职能是进行决策；中间是行政官员，主要职能是贯彻负责人的决策；底层是一般工作人员，主要职能是从事实际的业务作业。

上述组织结构理论坚持用科学的准确性和普遍适用性来解释组织结构和组织管理的原则，属于一种以不变应万变的理论，认为组织就是运用合法的管理权威进行计划和控制的机械系统，有一种适合所有组织的最好的模式，即通过严格的组织制度建立一个等级清晰的职权系统——金字塔式的结构形式。这种理论适应了当时社会化大生产的要求，促进了组织效率的提高和生产力的发展。但是，随着社会的进步和发展，这种理论的局限和不足逐渐暴露了出来。首先，它仅仅将组织当作一个机械系统，就结构谈结构，忽视了构成组织最基本的最具活力的因素——人及其除物质需求以外的更丰富的需要。所以，它更多地强调人对组织结构的适应问题，忽视了个人对组织结构的能动作用，甚至要求牺牲个人目标，从而抑制了人的创造性。其次，它强调组织内部的相互适应，因而脱离了组织所赖以生存的社会环境。所以，它对组织结构的研究是孤立的、封闭的。另外，此理论侧重于静态组织结构的研究，缺乏对组织发展和创新的探讨。尽管如此，古典组织结构理论为现代组织结构理论奠定了基石，至今仍是组织结构理论继续发展和进行管理实践的坚实基础。

在20世纪20年代，组织动力系统的缺陷越来越成为制约组织进一步提高效率的主要因素，因而，以行为主义面目出现的学者们将目光转向了此前被忽视的人的因素上，开始研究人的行为差异、行为原因以及对组织结构的影响，并形成了人际关系理论，20世纪50年代则发展成为行为科学理论，20世纪60年代中叶发展形成了组织行为学。这一学派的理论在组织结构方面的贡献相当丰富，可以被称为行为科学的组织结构理论。主要代表人物有梅奥、马斯洛、伦西斯、利克特、麦格雷戈、赫茨伯格、阿吉里斯等人。他们的共同之处在于强调组织中社会心理系统对人的行为的作用，重视社会环境和人际关系对提高工作效率的影响。

赫茨伯格认为，应改变古典理论中通过使工作合理化来提高效率的方法，代之以“职务的丰富化”而去谋求更有效地利用人力资源。阿吉里斯则指出，在古典组织结构理论中，专业化分工、等级层次、集中统一领导与具有独立、积极主动特征的个性成熟成员之间存在着矛盾，而且这种矛盾会造成组织的混乱。利克特提出了组织支持关系理论，主张参与式管理，强调增加沟通，并设计了高效组织中的单元结构。此种结构打破了古典结构理论中一人一个职位，各部门之间严格划分界限的观念，指出了管理人员不能只完成本职位上的工作，还要在部门之间、人与人之间起联络作用，特别是在上下级之间起联络作用，以增强沟通和协调，提高组织效率。

以巴纳德为代表的社会系统学派从组织本质和组织要素出发论述了组织结构的发展规律，对以后组织结构理论的发展产生了深远影响。巴纳德是最早将组织结构特性与个体行为特性结合起来去分析组织问题的组织理论家，他对古典组织理论将组织视为由原子式的个人构成的纯粹权责结构提出否定，从而提出了组织协作系统的观点。

西蒙是决策学派的代表人物，他对传统组织结构理论的一些设计和管理原则做出了批判，认为一个单位的组织结构的建立必须同决策过程联系起来，而不是单单遵循部门化原则；结构设计要按分工原则进行，尽可能保持部门的相对独立性，避免重叠，同时要重视部门之间的横向交流与联系。西蒙对传统理论中直线与参谋的关系做出改进，提出了“狭义的指挥统一”原则，认为组织中的集权和分权应视决策而定。西蒙还将组织的层级结构划分为三层：最高层设计系统，确立目标并监督其实施，是非程序化决策；中层管理日常操作和分配，是程序化决策过程；最下层从事基本的操作，也属于程序化决策。

经验主义学派对组织结构的贡献主要是归纳总结了各种组织结构模式的类型。德鲁克概括出集权的职能性结构、分权的“联邦式”结构、模拟性分权结构、矩阵结构和系统结构五种类型，这对实际工作有很高的借鉴和参考的价值。斯隆则在管理实践中创立了事业部制组织。

系统权变理论侧重于研究组织与环境之间相互影响与适应的关系。这一理论认为，组织是一个开放的动态系统，作为社会总系统的一部分，组织与社会环境各部分之间存在相互依赖和相互影响的关系。所以，组织结构必须根据环境的变化不断进行调整，即所谓以变应变，不存在一个一成不变的、普遍适用的、最好的组织结构设计。不同的组织以及同一组织在不同的发展阶段上，都应按当时的具体情况来设计相适应的组织结构。

20 世纪 70 年代以后，组织结构理论又有了新的发展。如环境决定组织结构理论所包括的整体生态理论、制度理论、资源依赖理论等都认为，是组织的外部环境主导了组织结构的变革；而由委托代理理论、交易费用理论所构成的经济组织结构理论则进一步探究了组织结构发展新趋势背后的深层原因。对于 21 世纪以来组织结构出现的“网络关系”、“虚拟结构”和“内部市场”等新模式，现代交易费用理论也从企业降低交易费用的要求出发做出了解释。

5.1.2 解读组织结构

现代社会中的组织是互动的个人或团体为实现一定的目标、依据一定的职权关系而组成的具有一定结构形式的实体性社会存在物。组织结构指的是组织内部之间相对稳定的关系模式，既表现为静态的组织结构，又体现在动态的组织活动中。所谓组织结构，是指组织中建立起来的各部门或机构之间以及以部门、机构为依托的组织成员之间的权利和责任关系的结合方式，表现为组织各部分排列顺序、空间位置、聚集状态、联系方式以及各要素之间相互关系的一种模式。在广义上，也被看作执行管理和承担任务的体制。

一般认为，组织结构的内容，主要包括纵向层次结构、横向部门结构和组织管理体制三个方面。纵向层次结构是指组织指挥系统的等级或者纵向管理层次；横向部门结构是指组织根据工作的性质、管理的职能、办事的程序以及地区、成员或者物资的特点等而分设的部门或机构；组织管理体制是组织结构中各层次、各部门之间的管理关系制度化的表现形式。不同特点的纵向层次结构、横向部门结构和组织管理体制的有机结合，构成了各种具有不同特点的组织结构。典型的组织结构主要有八种，包括传统组织结构模式的直线型、职能型、直线参谋型和直线职能型四种以及现代事业部制、矩阵型、多维立体式和自由式结构模式。

组织结构是由组织的目标任务以及环境情况决定的，其中包含组织内部的指挥系统和沟通网络，又包含着组织成员在不同层次的责权系统中的地位和相互关系。因此，组织结构是维持组织内部正常运行活动的关键因素。设置恰当的组织结构并维持其健康发展，对于提高组织活动效率和实现组织目标都是至关重要的。组织结构系统包含着组织的权力系统，也就是说，组织结构中的上下层次关系包含着相应的权力分配关系；组织结构中的横向分工也包含着权力在同一层级上的分割。如果说组织结构是由上下层级和横向分工构成的话，那么，这种组织结构的本质正是组织权力的分配和分割。

在考察组织结构时，职权、职责和责任是三个关键性的概念。在组织中，首先看到的是职位，这是一个组织结构的概念，一定的职位有其相对应的一定权力和权限，这种职位与权力的统一就是职权。从一个组织内部来看，其中存在着权力中心和权力分支，这便是组织结构中的上下级关系。由此，又在一个组织内部分化出不同的职位，每一个职位都有不同的权限，这样就在这个组织中形成了由不同职权构成的权力系统。如果进一步考察职权，还可以发现职责，它具有边界的要求，在这种边界要求的范围内表现为一种责任。与职位相伴随的还有完成职责要求的报酬，这是人们通常所说的“利”。组织通过合理的权力分配与分割，就是为了做到职、权、责、利的结合，从而使组织能保持正常的活动，实现组织的发展。

组织内部的权力系统说明，组织内部既有差异又有统一。承认差异，就是要求各个权力分支之间要做到职责分明，这是提高组织工作效率的重要条件。权力差异又在权力中心得到统一。所谓统一，一方面是指各种职责协调统一，组织机构正常运作；另一方面是指职责虽然不同，而又服务于同一组织目标，从各个不同的方面实现组织的目标。需要指出的是，在组织结构的权力系统中，就权力本身的结构而言，存在着抽象权力与具体权力的区分。抽象权力是一种应然的权力，是根据某种理念而应有的权力，因而人们在组织结构的确立和权力体制的设计中总是极力要对这种权力加以规范。所以，抽象权力总是表现为一种规范化的和制度化的权力。这种权力与组织职位有着一致性，职位的高低也就意味着权力的大小。人们在组织结构中所思考的权力，就是这种应然的权力。但是，应然的权力只是一种可能的权力，是一种可能发挥作用的权力。具体的权力则不同，是一种现实运行着的权力，这种权力直接地与权力的执掌者和调节对象联系在一起。正是因为存在着抽象权力与具体权力的区分，决定了权力与职位之间关系的复杂性，使组织结构中的“职—权”关系可能出现不对称的问题。

5.1.3　组织结构模式

1. 直线型组织结构

直线型组织结构所显现出的是组织中的权力从组织上层而指向基层的线性模式，根据这种组织结构，每一位主管人员对其下属都有直接命令权。或者说，这是一种垂直领导的组织结构形式。在这种结构中，职位、职权、职责从组织的最高层到组织的最低层按照直线垂直分布，形成等级系列，通过自上而下的指挥领导关系，将一切权力集中在组织的最高层。作为一种最简单的组织结构形式，某个机构和人员都只有一个直接上司，他们之间的关系是指挥和服从、命令和执行的关系。同一层次的机构和成员之间不发生任何从属关系，有关信息沿着垂直线上下传递。组织职位按照垂直系统直线排列，各级主管对自己的下级拥有直接的指挥权，职权和命令链纵向贯穿于组织之中。

直线型组织结构的优点是：线条清楚，集中领导，结构简单，关系清晰，上下级权责明确；政令统一，行动迅速，决策快，效率高；组织中的人们明确自己的权责，知道自己的使命，明确自己的目标，这样有利于组织效率的提高，能够确保指挥控制的有效性。

直线型组织结构的缺点是：首先，缺乏专业化的分工管理，下级一切问题都须向上级请示汇报，领导工作繁忙，容易陷入日常事务当中，难以集中时间和精力思考和规划重大问题。其次，由于权力集中且受专业、个人素质等方面的影响，难以保证领导、决策、指挥不出现失误。此外，由于信息只沿着上下直线传递，对左右协调和沟通不利。当同层级的单位之间需要合作时，往往显得非常困难。最后，由于这种组织结构是比较典型的金字塔式等级结构，容易使下属产生依赖心理。因此，直线型组织结构的组织形式一般只适用于那些规模较小、活动内容比较简单、工作程序少、同级单位较少合作的组织系统。即使在规模小、业务简单的组织内，要采用直线型的组织形式，对组织中的首长也有较高的要求。也就是说，它要求领导者必须精明干练，经验丰富，学识渊博，具有较高的领导决策能力。

2. 职能型组织结构

职能型组织结构表现为在上一层级的领导下按专业分工设置若干职能部门，各职能部门直接对上级领导负责，并在其业务范围内对下级有指挥、协调、监督、控制权力。这种组织结构要求根据组织职能划分部门，并由此建立领导和指挥关系。也就是说，在上层主管之下设立各个职能机构，并把相应的管理职责和权力交给这些职能部门，各职能机构在自己的业务范围内可以直接向下级下达命令和指示，直接指挥下属。

职能型组织结构的优点是：实行专业化分工，各级管理者分工明确，可以利用自己的专业特长和技能有效地处理比较复杂的问题，因而可以提高组织和人员的积极性、主动性和创造性。另外，也可以减轻上级领导的工作负担，使其能集中精力考虑本组织的战略问题，处理本组织中的重大问题。所以，这是一种能够适应管理活动复杂化要求的组织结构形式。

职能型组织结构的缺点是：一方面，这种结构形式要求各单位分别听命于许多上级，容易造成多头领导或多重领导，出现政出多门、指示冲突、互相推诿的现象，影响了统一指挥，增加了协调的困难，造成了管理上的混乱。另一方面，各职能机构容易从各自的专业和部门利益出发，同级之间不能很好配合，缺乏整体观念而各自为政，往往导致组织管理效能低下。此外，职能型组织结构使得组织对环境变化的适应性较差，反应不够灵敏，过分强调专业化容易使主管人员忽视本专业以外的知识，不利于培养综合型的领导人才。

3. 直线参谋型组织结构

直线参谋型组织结构表现为以直线型组织结构为主线而在组织最高领导之下设立相应的职能部门，所实行的是首长统一领导与专业化管理相结合。也就是说，它是一种从直线组织发展而来的用参谋制补充直线结构之不足的组织结构形式。单纯的直线型组织结构模式往往由组织的最高领导掌握全部权力，受组织最高领导的知识和才能的限制。对于规模大、目标多样、关系复杂的组织来说，处理问题需要多方面的专门知识和才能，这是组织最高领导难以做到的，为了弥补这一缺陷，就需要设置参谋部门。

直线参谋型组织结构要求直线部门中的主管有独立的指挥权、决策权，对其下属进行指挥和控制，并负全部责任；直线主管的参谋部门只有建议权，没有决策权，只向最高领导提供有关方面的专门知识，起的是助手和咨询的作用。如果没有得到组织最高领导的授权，参谋部门无权直接向下级发布命令，在一定程度上，组织的参谋部门仅仅是其最高领导者个人权力的延伸。在增加参谋部门这一点上，显然与单纯的直线型组织结构不同，但在只具有上下级的直接关系、整个组织命令统一这一点上，这种结构又保留了直线式的特点。必须贯彻命令统一原则的大规模组织，如军队组织，通常采取的就是以参谋制补充直线型结构形式。

直线参谋型组织结构比较容易导致的问题就是参谋组织越权或不能起到应有的作用。具体地说，各参谋组织之间的横向联系差，容易发生沟通障碍，甚至发生冲突，从而使管理工作陷入混乱。同时，也正因为它包含了两种结构形式，容易在两者之间出现矛盾。一方面，如果参谋机构将其意图强加于主管者，就会干扰、限制管理者的正常工作；另一方面，如果直线管理者过于武断、自行其是，将会置参谋机构于可有可无的地位，也会给组织带来不利的后果。

4. 直线职能型组织结构

直线职能型组织结构是直线型组织和职能型组织两种结构形式的综合，它在设置横向职能机构的同时又设置由最高层垂直领导的机构。垂直机构有的是比较稳定的，有的则是为完成某些临时性的任务而建立的。职能机构不能直接向下一个层级的垂直机构发布命令，相互间的关系表现为只能通过协商解决问题。具体地说，直线职能型组织往往拥有两套系统：一套是按照命令统一原则建立的组织指挥系统；另一套是按照专业化原则建立的组织管理职能系统。垂直机构直接从上层接受命令，完成直线领导交给他们的任务。这种组织结构既实行职能分类，发挥专业人员的优势，又能够保证权力的集中、指挥的统一。

直线职能型组织结构是以职能结构为基础的，辅之以直线结构的形式，是一种较为复杂的结构形式。它综合了两者的优点，既具有直线型组织结构统一指挥、职责清楚、秩序井然、效率较高、组织稳定的优点，又具有职能型组织结构专业化分工、适应性强的优点。

与直线参谋型组织结构相类似，这种形式的组织由于各方面的关系更加复杂，容易产生机构之间职责划分不明确的情况，从而造成组织机构内部的摩擦。因此，在采用这种结构形式时，组织内部如何协调各机构之间的关系就显得尤为重要。

5. 事业部制组织结构

事业部制组织结构又称 M 形结构或多部门结构，是由美国企业管理专家斯隆于 20 世纪 20 年代初设计出来的，因此也被称为“斯隆模型”。这一组织结构是在组织的服务对象、活动领域等基础上把组织划分为若干事业部而组成，能够适应组织规模日益扩大、活动内容日益复杂、基层部门自主经营日益重要的管理要求。作为一种分权式的组织结构形式，它所划分的事业部具有很大的权力，组织最高领导除保留人事管理、财务控制、组织监督等权力外，把很大的权力下放到了事业部。事业部由事业部长负责，进行独立的业务活动和独立核算，并设有自己的职能部门。因此，是在组织最高权力之下设立的具有半独立性质的管理部门。这是一种大权独揽、小权分散、集中决策、分散经营的组织结构形式，是集中领导下的分权管理模式。

事业部制组织结构的优点是：提高了管理的灵活性和适应性，有利于组织对变化迅速的环境做出回应，使决策层摆脱了具体的日常事务，从而有利于集中精力进行战略研究和长远规划，并能较大程度地减少决策失误。同时，可以使事业部具有很高的自主性，有利于其主动性和积极性的发挥，有利于组织的专业化，提高管理效率和领导的灵活性、适应性，非常有利于培养和训练领导人才。

事业部制组织结构的缺点是：由于机构设置重复，导致管理部门增多，管理人员增加，因而造成资源浪费。各个事业部独立经营使人员交换比较困难，相互支援度差。各事业部领导往往会从本部门的利益出发，忽视组织的整体性，容易形成本位主义。另外，由于职权下放过多，一旦出现指挥失灵，各事业部之间的竞争也会造成协调困难，从而影响先进技术和科学管理方法的交流和共享，甚至会影响组织的整体发展。

在事业部制组织结构的基础上，20 世纪 70 年代在美国和日本的一些大公司又出现了一种新的组织结构——超事业部制组织结构，它在组织最高领导层和各个事业部之间增加了一级管理机构，负责协调所属各个事业部的活动，使领导方式在分权的基础上有了适当的集中。这样做的好处是可以集中几个事业部的力量共同研究和解决问题，更好地协调各事业部的活动，从而增强了组织活动的灵活性，保持了组织的统一性，维护了组织的整体利益。

6. 矩阵型组织结构

矩阵型组织结构也称作“规划-目标”结构，是在直线参谋型组织结构或者直线职能型组织结构的基础上增设横向管理系统而形成的一种多维式组织结构模式，它既保留了职能式组织的形式，又设立了按照项目划分的横向管理系统。其主要特点是，在组织结构中存在着纵向和横向两种管理系统。纵向管理系统以职能部门为其稳定结构，按照“指挥—职能”关系进行管理。横向管理系统是为了完成某项专门的任务而临时增设的。

矩阵组织没有独立的职能部门，其人员附着在原来的参谋或者职能部门里，遵循“规划—目标”关系进行管理。组织的负责人一般由设立矩阵组织的主管领导者选拔并授权，直接向主管领导者负责，其成员也是临时抽调的，任务完成后，他们还会回到原来的职能部门。在矩阵型组织结构模式中，既有作为专业化活动固定基地的永久性的职能部门，也有对各种专业化活动起协调作用的统一协调单位。因此，矩阵型组织结构具有双重权力和责任。双重权力是指矩阵型组织结构模式具有两条权力线：一条是来自职能部门负责人的垂直的权力线；另一条是来自矩阵组织内部的水平权力线。双重责任是指编入矩阵组织中的每一个人几乎都既要对职能部门负责人负责，又要对矩阵组织负责人负责。当一个管理系统中有多个矩阵组织时，它的横向领导系统和原来的纵向领导系统又构成了一种矩阵形式。

矩阵型组织结构模式的独特之处在于事业部制与职能制组织结构特征的同时实现。其优点是：实行集权与分权相结合，有利于发挥专业人员的潜能，有利于人才的培养。同时，又加强了各职能部门的横向联系，有利于各种专业人员取长补短，发挥综合优势，具有较大的灵活性和适应性，有利于精简机构，裁减冗员，提高组织效率。

矩阵型组织结构的缺点是：由于组织成员同时接受来自两个方向的指挥，如果上级意见不一致，就会使下属左右为难，无所适从，导致指挥和协调上的困难。同时，人员位置不固定，有临时性的特点，会导致责任心不够强；人员受双重领导，有时不易分清责任；由于组织关系比较复杂，对任务或项目负责人素质要求也较高。

5.2 组织设计

5.2.1 影响组织设计的因素

组织设计（organization design）就是建立或改变一个组织的结构（包括组织机构和职位系统），使之能更有效地实现组织的既定目标。具体而言，组织设计就是根据组织目标，对实现目标所必需的各项业务活动加以区分和归类，把性质相近或联系紧密的工作进行归并，组建相应的职能部门进行专业化管理，并根据适度的管理宽度来确定组织管理层次，包括组织内横向管理部门的设置和纵向管理层次的划分。组织设计是一项系统工程，进行组织设计时需要考察和描述影响组织设计的各种变量，分析影响组织设计的因素，遵循一定的设计原则，从而保证组织设计的科学性，保证组织效益的实现。

影响组织设计的因素是多种多样的，其中，最主要的因素有以下几种：

（1）组织战略。组织战略决定了一个组织区别于其他组织的目的和竞争性技巧。战略是行动计划，是关于组织应对环境和达成组织目标而需要的资源分配和活动方案的描述。组织战略决定组织运营的范围以及组织成员和组织外部人员的关系。反过来，组织是实现战略的责权利配置体系，没有与战略相匹配的组织机制，组织战略就无法实现。美国学者埃尔佛雷德·钱德勒认为，组织战略的改变先于并导致其组织结构的改变。在其 1962 年出版的《战略与结构》一书中，钱德勒提出了组织战略分为单一产品战略及产品多样化战略的分类，并认为它们要求不同的组织结构与之相配合。与单一产品战略相适应的组织结构通常应该是简单而高度集权的，规范性程度较低。产品多样化战略要求考虑高效地分配资源、对组织绩效负责、部门间相互协作，最佳的途径就是建立一系列独立的部门。约翰·B. 米勒则认为，战略对组织设计的影响作用主要取决于管理者实际上拥有的自决权程度。比如，在组织建立的初期阶段，管理者拥有较大的自决权，但是当组织发展到一定阶段，人员配备完整、设备齐全、制度及方针政策已经建立并完善后，战略对组织设计的影响性就会减弱。

（2）组织技术。组织技术是指组织把输入资源转化为产品输出的整个过程中所拥有的信息决策和沟通系统、机器设备、工艺流程的总和。它的核心是组织输入如何转化为产出的问题。这个概念适合于任何组织。政府、非政府组织、企业组织等都存在着本系统与系统之外的输入与输出的问题。查尔斯·佩罗认为，可以根据任务的多变性及任务的可分析性（工作活动可在多大程度上分解成几个机械性步骤，使组织成员可按标准的客观的程序完成工作的）程度，将技术分成常规型的和非常规型的。常规型技术（routine technology）的特点是：任务没有多变性，具有分析性，可采用客观的可计量的程序完成工作，其任务也是正式化的、标准化的。非常规型技术（nonroutine technology）有很高的任务多变性，转化过程不宜分析。一般而言，采用常规型技术的组织往往是高度复杂化的组织，规范化程度较高，更多地具有集权而不是分权特征。采用非常规型技术的组织往往是有机性较强的组织，结构形式较为灵活，规范化、正式化程度较低，有更多的授权和横向协调。当然，还可以根据组织各个部门在获得资源和完成组织目标方面存在的相互依赖度，把组织技术分为共享依赖式的组织技术、前后衔接式的组织技术和互动依赖的组织技术。

（3）组织规模。组织规模往往可以用组织成员数来反映，也可以使用其他衡量尺度，如销售总额、资产总额等。对于不同类型的组织，其组织规模的大小可以有不同的衡量标准，但一般说来，组织规模的扩大往往促进了组织结构复杂化程度的增加。因为组织规模的扩大直接影响着组织结构的复杂性，要求分工细化，组织中的部门和职务的数量会相应增加，而且组织的垂直管理层也会增加。由于分工细化，书面沟通和文件数量增加，加大了协调的难度，以至于组织的最高层难以直接控制其下属的一切活动，从而导致分权。

（4）组织环境。组织设计的重要任务之一就是要使组织内部结构适应于外部环境。组织环境可以按不同标准划分为不同的类别。对于组织结构设计工作来说，最为重要的是把握环境的不确定性。组织环境不确定性程度越高，决策者越是难以获得确切可靠的关于环境因素的有关信息，无法把握外部条件的变化方向和速度，因而组织生产经营活动的风险性就大；反之，组织环境不确定性程度低，则外部环境的变化不大，比较容易了解和把握外部因素对组织的影响，因而组织经营的风险性较小。

（5）权力控制。除了战略、规模、技术、环境等对组织设计有一定的影响外，权力控制也是影响组织设计的关键因素。1972 年，英国组织学家约翰·理查德在《组织结构、环境和绩效：战略选择的作用》中提出了有关权力控制对组织结构影响的理论。他认为，组织中存在不同的权力主体，组织设计往往是支配权力集团决策的结果，同时，在决策中也集中地反映了支配权力集团的利益和倾向。

5.2.2 组织设计的原则

组织设计并没有一个固定的模式，应该因具体情境而异。但是，有些基本原则却是一切组织设计活动都应共同遵守的。具体地说，在进行组织设计时，应该遵循以下原则：

（1）权责对等原则。职权是为了担负责任所应具有的权力，组织中的每一个职位的任职者都具有相应的权力，由于权力职位之间的相关性，人们往往把职位上的权力简称为职权。职责是组织成员在一定职位上应该担负的责任，为了完成其职责又不至于滥用权力，都要求职权与职责对等，有职无权是无法完成职责的。也就是说，分派的职责和赋予的职权必须相匹配，职权过大，会滥用职权；职权过小，则会影响职责的完成。在组织结构设计中，既要明确规定每一管理层次和各个部门的职责范围，又要赋予其完成职责所必需的管理权限；需要让从事不同工作和任务的人在权力和责任上有区别。授权的时候，应同时授予相称的职责。对管理人员而言，要明确其直接责任和领导责任；对员工而言，则要明确规定其工作责任。同时也要强调组织权责分配的均衡性，一个层级上机构、人员之间的工作量、职责、职权等应大致平衡，不宜偏多或偏少，避免苦乐不均、忙闲不均等不良现象的出现。

（2）统一指挥原则。组织内部的单位和职位之间存在着层级关系，这就产生了上级如何指挥下级的问题。在进行组织设计时，必须贯彻统一指挥的原则，组织的各级机构以及个人必须服从一个上级的命令和指挥，只有这样，才能保证命令和指挥的统一，避免多头领导和多头指挥。统一指挥原则下的指挥链是行使权力、履行职责的正式通道，根据这一原则，“我的下级的下级不是我的下级”，每个下属应当而且只能向一个上级主管直接负责，不能向两个或者更多的上司汇报工作，其他上级单位无权指挥本单位或本职务人员。否则，下属可能要面对来自多个主管的相互冲突的要求或优先处理的要求。也就是说，每个单位或职位任职人员只向其直接领导报告工作，不能越级报告工作，但可以越级申诉；每个单位或职位任职人员只能指挥其直接领导下的单位或职位，不能越级指挥，但可以越级检查。

（3）精干高效原则。组织设计必须将组织的精干高效放在首要地位，力求减少管理层次，应精简管理机构，精减人员，充分发挥组织成员的积极性，提高管理效率，更好地实现组织目标。要做到这一点，需要做到行动因事而异，岗位因职配人，先要有事，然后才设机构，才配备人员。并且，要尽量减少管理层次，员工配备也要精干。一般而言，管理层次多，管理人员就会增多，相互之间的协调工作就会增多，花费的精力、时间和费用都要增加；上下级之间信息在传递中就容易出现遗漏，指令的下达和情况上报也比较迟缓，办事效率相应地就会降低，而且极容易助长官僚主义。相反，管理层次少，组织机构可以相对地简单些，所需的管理人员、时间和费用要少得多，上下级之间的联系和信息传递的时间可以缩短；由于掌握情况及时，上级决策就快，也就提高了工作效率。

（4）目标导向原则。组织目标规定着组织运行的基准和方向，涉及组织的各项管理工作以及适应环境和各种条件变化的能力。组织结构的设计和组织形式的选择必须有利于组织目标的实现。组织内部各单位目标要围绕组织目标来建立，而单位内部的职位目标又要围绕单位目标来建立。这就要求在组织设计中要因事设机构、设职位，做到人与事高度配合，避免出现因人设事、因人设职的现象。组织内部各级、各部门以至于每个组织成员，都要认识到自己的工作在实现组织管理目标中的地位和作用，确定各级、各部门以至每个成员的行动目标。

（5）分工协作原则。组织设计要确保组织内既有合理的分工又有分工基础上必要的协作。组织机构之间的分工不能过细，这样可以避免增加机构、浪费人力资源以及出现部门之间责任不清和职能交叉等情况。而且，分工过细势必提高管理协调的难度，会对协调众多组织成员的工作活动提出更高要求。所以，应根据组织的具体情况从各项管理职能的业务性质出发，在机构之间进行合理的分工，划清职责范围，提高管理专业化程度，以达到提高工作效率的目的。同时，在分工的基础上，必须加强协作、相互配合，因为各项专业管理工作之间都有着内在的联系。在实现组织目标的过程中，为了使各个机构及其各项专业管理工作能够协调一致，必须加强它们之间的横向联系，注意综合管理的问题。

5.2.3　管理宽度与管理层次

组织设计的基本内容是划分组织层次，解决组织的纵向结构问题。随着生产力的发展、科技的进步和经济的增长，组织的规模越来越大，管理者与被管理者的关系随之复杂化。为了处理错综复杂的管理关系，管理者需要花费大量的时间与精力。每个管理者的能力、精力与时间又都是有限的，主管人员为有效地领导下属，必须考虑能够有效管理直接下属的人数问题。当直接管理的下属人数超过某个限度时，就必须增加一个管理层次，通过委派工作给下一级主管人员而减轻上层主管人员的负担。如此下去，就形成了有层次的组织结构。组织结构层级化和分部门化的基本问题是处理好以效率为中心的层级隶属的程度与部门设置的限度，也就是处理好管理层次与管理宽度之间的关系问题。

管理宽度也称管理跨度，是指一名领导者直接领导的下级人员的人数。从形式上看，管理宽度仅仅表示了一名领导人直接领导的下级人员的人数，但由于这些下级人员都承担着某个部门或某个方面的业务，所以，管理宽度的大小，实际上意味着上级领导人直接控制和协调的业务活动量的多少。管理层次也称组织层次，是指组织的纵向垂直层级数，从组织最高一级到最低一级的每一个组织等级都被视为一个管理层次。

管理宽度与管理层次之间的关系十分密切。一般说来，在工作量一定的前提下，管理宽度与管理层次成反比例关系：层次多则宽度小，层次少则宽度大。管理层次多而宽度小的组织呈现高耸型结构；管理层次少而宽度大的组织则呈现扁平型结构。管理宽度与管理层次之间存在互相制约的关系，其中起主导作用的是管理宽度。同时，管理层次对管理宽度也存在一定的制约作用，与管理宽度相比，管理层次具有较高的稳定性。一个组织不可能也不应该频繁地改变管理层次，一个组织一旦根据管理宽度的要求设立了若干管理层次，只要组织的管理宽度没有发生全局性的且比较大的变化，管理层次就不宜改变，这就要求管理宽度在一定程度上应服从既定的管理层次。

不存在一种普遍适用的管理宽度，它的大小取决于若干基本变量，组织设计的任务就是找出限制管理宽度的影响因素，根据它们影响强度的大小，具体地确定各级各类组织与人员的管理宽度。一般说来，影响管理宽度大小的因素可以归结为：

（1）主管人员与其下属双方的素质和能力。如果组织成员的素质高、能力强、经验丰富，管理宽度就可以大一些；反之，则管理宽度应适当减小。

（2）上下级管理工作的复杂性、变动性和下级人员工作的相似性。如果面对的问题是复杂的、较困难的或涉及方向性战略时，则管理宽度不宜过大。如果许多问题的处理不易标准化或者管理基础差，实现日常管理工作科学化与规范化尚需长时间的努力，管理宽度也应适当减小。如果组织机构内工作程序化、标准化的程度较高，可适当加大管理宽度，但这有赖于工作程序和规章制度本身的科学性、合理性及可操作性。

（3）授权。适当的授权可减少主管的监督时间和精力，增大管理宽度。下级人员职权合理与明确，也可增大管理宽度。

（4）计划的周全性。事前有良好的计划，可增大管理宽度。缺乏系统的、正式的、进度明确的计划，则无法增大管理宽度。

（5）组织环境和组织自身的变化速度快慢。在组织环境和组织内部变化速度快的情况下，为了提高组织的灵活性，可适当加大管理宽度。

（6）工作条件。这包括助手的配备情况、信息手段的完备情况和信息沟通的效率与效果、组织运行管理的自动化水平、工作地点的接近性、地理交通状况等对管理宽度均有影响。如管理人员在组织机构中的地位层次越高，直接控制的人数就应越少。所辖地域近可多管，地域远则少管。

（7）组织文化。如组织中的权力哲学，管理者及其下属的倾向性——对权力的态度，组织的凝聚力强弱等均影响管理宽度。

5.2.4 组织的部门划分

组织结构设计中的部门划分主要是为了解决组织的横向结构问题。所谓部门划分又称为部门化，是把完成组织目标所必须开展的各项活动加以归并组合而交给不同的单位或部门去承担的做法。部门划分的基本方法有如下几种：

（1）按职能划分部门。这是应用最广泛的一种部门划分方法，几乎可以在所有类型组织的结构中找到它的踪迹。任何一个组织的存在目的都是要创造某种为他人所需要的物品或服务，所以，一切组织都有着一些基本职能。以组织的基本职能为依据，可以将组织划分为一系列不同的部门。按照职能划分部门，有利于确保组织的主要活动得到重视；由于遵循了专业化原则，有利于提高人员、资源的使用效率，同时也简化了培训工作；由于最高主管要对最终成果负责，为高层实施严格控制提供了手段。但是，按职能划分部门的方式也有着许多缺点：它容易使人们局限于自己所在的职能部门而忽视了组织的整体目标，部门间的协调往往比较困难；只有最高主管才能对最终成果负责，因而对各部门的绩效和责任很难进行评价，也不利于培养综合性的、全面的管理人才。

(2) 按组织所提供的服务或产品划分部门。这是许多开展多样化经营的大组织经常采用的部门划分方式，是从按照职能划分部门的组织中逐步发展起来的。随着组织规模的扩大和服务、产品品种的增加，管理工作日益复杂，各部门主管的工作负担日益加重，而管理宽度的客观限制又使他们难以通过增加直接下属的办法来解决问题，此时，按照产品或产品系列来重新划分组织部门就成为必要。按照产品划分部门有利于组织采用专门设备，促进协调，充分发挥人员的技能和专业知识，也有利于产品和服务的改进和发展；能够明确责任；有利于锻炼和培养独当一面的总经理型人才。但这种部门划分也有一些不足：它对分部主管人员的全面管理能力要求高；各分部的独立性较强而整体观念较弱；各分部内都需要保持职能部门或职能人员，从而造成资源重复配置、管理费用增加。

(3) 按地域、区域划分部门。这是管理活动在地域上比较分散的组织所常用的一种部门划分方法，其做法是将某一地区的业务活动集中起来，并委派相应的管理者，形成区域性的部门。按照地域划分部门，有利于鼓励地方参与决策，促进地区活动的协调；有利于管理者因地制宜地制定管理决策和方针；有利于降低管理成本；有利于培养能力全面的管理者。这种方法的主要缺点是，由于机构重复，使得费用增加，总部对地方控制的难度较大，要求管理者具有全面的管理能力。

(4) 按服务对象划分部门。有许多组织按照自己所服务的对象来划分部门。这种方法是将与某一特定服务对象有关的各种活动结合起来，并委派相应的管理者以形成部门。按照服务对象划分部门的目的是为了更好地迎合特定群体的要求，采用这种方法有利于重视服务对象的需要，提高服务对象的满意程度，并有利于形成针对特定服务对象的技能和诀窍。不足之处主要是，按照服务对象组织起来的部门常常要求特殊对待而造成部门间协调困难，同时也要求管理者熟悉特定服务对象的情况。

此外，在一些组织中，还有一些常见的部门划分方法。比如，在一些技术含量较高的组织中可以按照技术或设备划分部门；在一些需要轮班作业的组织中则可以按照时间划分部门；在一些简单劳动特征较为突出的组织中还可以按照人数划分部门。总的说来，在组织结构的设计中，部门划分必须与职权联系在一起。其实，部门划分的目的就是要解决好职权的问题，因而，与部门划分相伴随的是职权划分。一般说来，组织的职权有直线职权、参谋职权和职能职权三种类型，在进行组织设计中，可以通过部门划分来区分并处理好部门间的职权关系。除此之外，还需要对部门内的这三种职权进行分类，把它们与相关的职位和人员联系起来。组织设计的总要求就是，要正确处理直线人员、职能人员与参谋人员的关系，在充分发挥直线职权而保证组织目标实现的前提下注重发挥参谋职权中的协助和建议权，以求直线主管人员做出的决策更加科学合理。

5.3　组织运行

5.3.1　组织目标

组织运行是组织围绕着组织目标确立组织体制和以特定的组织文化为依托而对组织进

行管理的过程。一般说来，在社会生活中，个人仅凭自己的力量往往是无法完成其所追求的目标的，也无法满足其各种需要，甚至连最基本的生存需要也无法得到满足。组织存在的意义就在于在个人的目标追求中发现一般性、普遍性的共同目标并通过组织管理过程去达成这些目标。也就是说，人们只有按照一定的结构形式和活动规律结成某种社会性实体即组织去追求和实现共同目标时，才能同时实现个人的目标，他们的各种需要才可能得到满足。可见，所谓组织目标，就是包含在组织成员个人的各种需要满足过程中的一般性的、普遍性的共同目标，或者说，是组织成员个人所追求的目标的总和，它确定了组织运行的方向。从组织整体的角度看，组织目标也可以概括为组织在一定时期内所追求的最终成果和组织奋力争取达到的所希望的未来状况。

组织目标是组织存在和发展的前提，组织目标决定着组织行为的方式和组织发展的方向，是组织建立和存在的出发点和前提。组织目标的不同在一定程度上决定了组织的性质不同，如政府的目标是实现公共利益，保证社会的协调发展；企业的目标是利润的最大化。关于组织目标，可以有多种认识途径。根据组织目标的层次，可以将组织目标区分为组织的正式目标和操作性目标。组织的正式目标又被称为组织的总目标，即组织的使命，是组织的存在原因，它描述组织的愿景、价值观和信念，是关于组织力图实现的结果的正式说明。组织的操作性目标则是组织实际运行过程中所要追求的结果，是组织所要完成的主要任务。根据组织目标的功能，可以把组织目标区分为能够维持组织生存下去的目标和保证组织发展壮大的目标。根据组织目标的内容，可以把组织目标区分为社会目标、产量目标、系统目标、产品特性目标以及其他的派生目标。

组织目标为组织的前进指明了方向，也为组织的活动确定了发展路线。确定目标是组织的战略、计划和其他各项工作安排的基础，只有把笼统的目的转化为具体的目标，组织才有比较大的希望去实现对效益的追求。对于管理者来说，目标就好比路标，它指明了组织努力的方向，确定了组织应在哪些领域取得什么样的成就。管理者在管理实践中要想得到满意的效益，就不能停留在目的性阶段，而应上升到自觉追求目标的阶段。一个组织必须有明确的目标，目标不确定或者混淆了不同的目标，必然会导致管理的混乱。所以，任何管理活动都必须把制定组织目标作为首要任务。一般说来，组织目标对于组织的存在与发展具有以下几个方面的意义：

（1）组织目标为组织及其成员的考核提供了基本依据，这些依据又会反过来使组织的各个部门以及每一个成员都获得正确的工作方向。实际上，组织目标对组织及其成员具有激励和鞭策的作用。因为，组织中的各个部门以及全体组织成员能否积极地工作，在很大程度上取决于组织目标是否正确、明确并具有挑战性。对于一个组织来说，当其目标确立以后，组织中的各个部门及其成员就有了工作的依据，并能根据目标来自我控制、自我引导，从而使整个组织自动地运转起来。不过，为了使组织目标更好地与组织成员的工作绩效相衔接，还需要把组织目标进一步分解和细化，使之成为考核组织成员工作绩效的标准。在组织目标细化的过程中，要使目标简洁、明确，也应简单且易于评估，各子目标之间要相互衔接，要有优先顺序，并形成一个短期目标和长期目标相结合、局部目标和整体目标相结合的目标体系。当然，目标的激励功能更多地包含于目标的挑战性中，具有挑战性的目标能够激发组织成员的工作热情。

（2）组织目标可以为管理人、财、物等资源提供依据和标准。组织管理的好坏取决于计划和控制工作的完成质量，组织目标与计划和控制工作有着密切的关系，计划是为了达到既定的组织目标而制定的，而控制过程则是以计划为依据的。一旦失去组织目标，二者也就失去了依托。组织中本位主义现象的发生，主要是由于组织目标不够明确而造成的。只有在有了明确的组织目标的情况下，才能把组织中分散的资源组成一个有机系统。明确的组织目标以及对组织目标所进行的合理分解可以使各个部门及其成员实现行动上的相互配合，并使整个组织成为一个统一的整体，人、财、物等资源的配置也能够得到优化。

（3）组织目标可以成为组织凝聚力的核心。组织成员中的每一个人都是独立的个体，组织却可以通过组织目标而实现对组织成员的整合。显然，当组织成员将组织目标内化为个人目标时，就会获得对组织的认同感、归属感，就可以在对个人目标的追求中实现组织目标，从而表现出自觉的、主动的行为。组织目标是组织成员个人的一般性的、普遍性的共同目标，是组织成员满足各自不同动机的手段，科学合理的组织目标必然会对组织成员产生巨大的吸引力，让组织成员时刻关注它，而且，组织成员会把组织目标的实现与个人的价值实现联系在一起。

5.3.2　组织体制

组织体制是组织中相对稳定和明确的关系及其运行机制的总称，是制度化和程序化了的组织权力关系。组织类型的不同决定了组织体制上的差别。概括说来，存在着以下几种组织体制：

1. 集权制与分权制

根据组织上下级权力分配关系的不同，组织体制可以分为集权制和分权制。

（1）集权制表现为决策权集中于上级机关，上级有决策、指挥、监督的权力，下级处于服从命令、听从指挥的被动地位，自主权很少。集权制的优点是：政令统一，便于统一意志、统一领导、统一指挥、统一行动；由于权力集中，具有较强的动员能力、组织能力和应变能力；高层管理人员具有全局观念，有利于调动和集中各种资源，可以对组织事务进行统筹安排和管理。集权制的缺陷是：组织结构较为僵化，下级缺少必要的自主权，缺乏工作的主动性和积极性，组织缺乏活力和创造性；由于决策权掌握在上级手中，容易出现由于官僚主义、主观主义而造成的决策失误；层级过多，信息传递迟缓，对外部环境反应较慢，不利于处理突发事件；集权制还易于走向“家长制”或“一言堂”，甚至走向专制或独裁。

（2）分权制表现为下级在其管辖范围内有较大的自主决定权，不必凡事请命于上级，上级对下级权限范围的事务一般不过多干预。分权制的优点是：独立自主，可以结合本部门、本地区的实际情况因地制宜地确定组织具体目标，进行决策和管理；分层授权，分级管理，有利于调动下级的积极性和主动性；反应灵活，不需要层层请示汇报，信息传递较快，对外部环境反应也较快，适合近点决策、处理突发事件，效率也较高；职能分工明确，有利于专业化管理。分权制的缺陷是容易造成权力分散，不易形成统一意志，不易进行统一领导和统一指挥；分权不易于集中资源，统筹全面发展；过度分权容易导致各自为政，形成地方主义和本位主义。

2. 首长制与委员会制

根据组织中掌握最高决策权的人数多寡，组织体制可分为首长制和委员会制。

（1）首长制又称“独立制”、“一长制”或“首长负责制”，组织最高领导者——首长独自掌握决策权和指挥权，对其管辖的组织事务进行统一领导、统一指挥并负责。首长制的优点是：权力集中，责任明确，可以避免推诿扯皮，减少冲突和矛盾，效率较高；由于首长独自掌握决策权，显得决策灵活、快捷，对外部环境反应快，能够较好地实现统一领导，有利于统一指挥、动员和调配组织资源。首长制的缺陷是：首长知识、智慧的有限性增加了组织决策的风险，易给组织造成严重损失；由于首长独揽大权，缺乏民主和参与，不利于调动下属的积极性；由于缺乏权力制衡，首长制容易演变为家长制，出现不受监督的权力，因而可能滥用职权，产生腐败。

（2）委员会制是指组织中有两个人以上掌握决策权和指挥权，往往按照多数原则进行决策。委员会制的优点是：集思广益，民主决策，可以提高决策质量和可行性；既有分工，又有合作，可以减轻领导的决策负担并有利于专业化管理；互相监督，权力制衡，可以防止专断独行、家长制和营私舞弊。委员会制的缺陷是：事权分散而难以集中统一，行动迟缓而容易贻误时机；决策成本高，容易出现议而不决、决而不行、行而不果等拖拉扯皮的现象，效率相对低下；多头领导、集体负责可能演化为无人负责、互相推诿、责任不明确的状况。

3. 完整制与分离制

根据组织同一层级各个部门所隶属的领导不同，可以分为完整制和分离制。

（1）完整制又叫“一元统属制”，是指组织同一层级的各个部门或同一组织部门完全接受同一位首长的领导、指挥和监督，组织的每一个层级或部门都以相对独立的单位出现。完整制的优点是：有利于统一领导、统一指挥；政令统一，权力集中；高度自主，有独立的决策权，有利于调动本部门的积极性；可以因地制宜地确定组织目标和进行决策，具有反应灵活的特点。完整制的缺陷是：资源有限，上级也不能进行统筹安排；高度自主，容易出现各自为政的现象；缺乏全局观念，只顾局部利益，容易产生部门主义、本位主义。

（2）分离制又称“多元领导制”，是指组织同一层级的各个部门或同一组织部门隶属于两个或两个以上组织或首长领导、指挥和监督，每个层级或每个部门都处于组织的整体之中，与其他层级或部门处于互动状态。分离制的优点是：有利于组织资源的整合，团结协作，统筹兼顾；能够做到统一领导和统一指挥，组织效率高；有利于专业化管理，强调部门职能；有分有合，集中了集权与分权的优点。分离制的缺陷是：多元领导有可能造成下级无所适从；人与事分离，不利于对组织成员的领导和使用，给协调带来较大难度。

5.3.3 组织文化

组织文化是指一个组织在长期发展过程中形成的组织成员共同拥有的价值观、信仰和道德规范的总和，它贯穿在组织架构及管理系统之中，影响着组织行为并造就某种行为模式，特别是会反映在组织处理事情的方法、组织运行机制及组织特性上。有学者把组织文化概括为人文关怀型、高度归属型、相互同意型、传统习惯型、依赖型、规避型、反对型、权力取向型、内部竞争型、力求至善型、成就取向型、自我实现型 12 种类型。组织文化对组织具有目标导向功能、凝聚功能、激励功能和创新功能。组织文化的内容大致可分为四个层次：

（1）精神文化。精神文化是组织在建立和发展过程中受一定的社会文化背景、意识形态的长期影响而形成的一种精神成果和文化观念，或者说，是组织文化的核心内容，包括组织目标、价值观念、组织精神、组织道德、组织风气等，是组织意识形态的总和。

（2）制度文化。制度文化是外加的行为规范，是组织为实现自身目标对组织成员的行为给予的一定限制，它具有强有力的行为规范要求。制度文化规范是一种外在于组织成员强制性约束，主要包括组织领导体制、组织机构和管理制度三个方面。

（3）行为文化。行为文化主要是组织成员在组织运行发展过程中产生的文化，主要产生于组织管理、教育宣传、人际关系活动、文娱体育活动中。同时，又体现在组织管理作风、精神面貌、人际关系等方面，是组织精神、组织价值观的折射。

（4）物质文化。物质文化其实只是以物质载体来表现的文化，是组织文化在物质层面上的体现，在实质上，它还是群体价值观的物质载体形式，是由组织成员创造的产品和各种物质设施等构成的器物文化。

一般说来，组织文化具有三个方面的特点：一是民族特色。组织文化是社会文化影响、渗透的产物，是以社会文化发展为基础的。不同社会、不同民族的组织文化都具有各自鲜明的特色。一个国家的组织文化建立在传统的民族文化基础上，并与其经济发展、科技进步程度相联系。二是整体效用。组织文化在确定了该组织的风气和人们的行为准则的同时，也影响着计划、组织、用人、领导和控制等各项管理职能的实施。优秀的组织文化反映和代表了推动组织发展的整体精神、共同价值观、合乎时代要求的道德。三是个性特征。组织文化是在某一文化背景下，由组织自身的发展阶段、发展目标、经营策略、组织内外环境等多种因素综合作用而形成的独特的文化管理模式，每一个组织都会拥有不同于其他组织的组织文化，其价值内涵也各不相同，而且组织文化的类型和强度也都不同，从而使组织文化具有明显的个性特征。

5.3.4　组织管理

组织管理是常态管理和危机管理的结合，由于组织运行中所面临的环境分为常态和危机状态两种，因而组织的管理也可分为常态管理和危机管理。法约尔认为，管理之道在于分辨正常与异常、常态与偶发、通案与个案、长期与短期、内部与外部等，再予以分别管理。所谓常态管理就是对那些例行有规律、稳定无问题、状况可控制、简明无疑难的事务的管理，也可以称作日常管理。组织的常态管理也就是在常态环境下的管理，常态管理的过程通常是组织既定职能的实现过程。常态管理所要解决的问题具有一定的稳定性和重复性，可以通过一系列规章制度、工作标准来协调组织成员之间、部门之间的关系，规范组织行为。规章制度的执行则能够保证组织拥有正常秩序。组织的常态管理可以有计划、有步骤地加以完善，从而降低管理成本。因为，常态管理是针对例行问题的模式化管理方法和管理程序，能够减少重复决策、重复制定规则的次数，使管理者从繁忙的日常事务中解脱出来。

危机管理则是指有关组织、国家乃至国际机构为避免或者减轻危机或者紧急事态所带来的严重威胁、重大冲击和损害而有计划、有组织地学习、制定和实施一系列管理措施和因应策略的行动，包括危机的准备、危机的运作、危机的解决与危机解决后的复兴等不断学习和适应的动态过程。组织在危机状态下的管理是不同于常态管理的。一个在常态管理中有竞争力的组织，很可能在突发性危机状态下惊慌失措、土崩瓦解。相反，有的组织在危机突然来临时，应对得法、临危不乱，甚至能够变坏事为好事。危机状态下的管理是更为复杂的管理，因为，在这种情况下，组织既要进行危机环境下的应对性管理，又要承担常态环境下的管理，由此形成了组织双重管理的要求和任务。

危机管理中的“危机”，包括 crisis（危机）、risk（风险）以及 emergency（紧急事态）等所表述的危险状态或者紧急事态的情形。crisis 是指构成社会体制的既存的人力、物力、信息、能源等要素以及使这些要素发挥作用的诸机制与价值处于崩溃边缘的极其危险的状态；risk 意味着被置于危害、损害、损失等危险状态，主要用来指企业层面上的风险；emergency 是指构成社会体制的人力、物力、信息、能源等要素因为某种没有或者无法预期的情况发生而面临遭受重大损害的威胁或者已经遭受重大损害而要求立即予以支援及救助等即时应对的全部紧急事态或者非常事态，如大规模地震、特大洪水等突发性事件导致的需要即时支援及救助的状态等。形成或爆发危机的风险普遍地潜藏于组织和社会之中，从企业到政府，从组织的战略规划、人事安排、财务管理、公众关系，到社会的安全生产、治安管理、人口流动、金融财政、经济运行等各方面，都存在着爆发危机的风险。正是由于这些原因，联合国专门提出“与危机共存”的战略思维，强调将危机管理纳入社会和组织的常态管理中去。

危机是一种不稳定的、变化的时间和状态，一般要经过潜伏期、爆发期、处理期、恢复期四个阶段。当然，并非所有的危机都有四个发展阶段，有的危机可能在潜伏期就被解决了。组织要针对这四个发展阶段，制定出合理的危机管理制度。

（1）组织应防患于未然，制订危机应变计划。危机发生之前，组织应尽量把危机消灭于萌芽之中，应有危机预防意识和一整套的预防措施。也就是说，组织应时刻具有危机意识，组建危机管理的组织核心。该核心应由组织高层领导者和各类专业人员组成，有超凡的预警能力、敏锐的判断力、高效的领导决策能力，能分析危机的强度、类型、持续时间、危害，能制定处理危机的战略，在危机发生时提供全面的指导和咨询；同时应以信息情报系统作为技术支持。组织还应有完整的危机处理行动方案，给每种可能出现的危机提供具体行动的方案，即提供应付、处理组织各种危机事件所需要的人力、组织、方法、措施的方案。其中应包括组建危机管理机构，为每项潜在的危机制定策略，进行危机模拟训练等。最后形成一个书面的危机应变计划，组织中每个部门的成员都能知道发生某种情况时具体的应对方法。

（2）危机发生后，组织要准确监测危机、控制危机、解决危机，把损失减少到最小。当危机不可避免地发生时，组织要密切监测危机发展的动态趋势，监测危机的性质、强度、持久度等，积极控制危机，在紧急状态下做出正确决策，果断采取行动解决危机。一方面，组织要全面、客观地收集信息和整理信息。具体地说，危机事件发生后，组织应掌握第一手资料及相关的背景资料，在专业人员的参与下了解事件发生的时间、地点、原因、人员伤亡和财产损失情况，估计危机状态的规模、发展趋向。同时，要了解相关公众的情绪和舆论的反应以及他们对组织的期望与态度。在客观的信息分析基础上深入研究，确定所应采取的对策和措施。另一方面，组织要依法果断采取措施以恢复正常的组织秩序。具体做法是：有效而迅速地控制危机区域以避免事态扩大。对于伤亡事故，要采取积极援救措施。在处理危机的过程中，组织必须掌握舆论的主导权，压制流言、谣言，使组织发布的消息成为唯一的权威性来源。在事件真相未查明前，可以向媒体提供背景材料、发生危机的初步情况、组织采取的措施、与事件相关的资料。危机处理人员应对各种情况冷静判断，确定统一口径，不能对外发布相互矛盾的消息。

(3) 做好危机善后工作。这主要是出于消除危机处理遗留问题的需要。危机发生后，经过责任追究、经济赔偿等善后工作，还会有心理上的影响和组织形象的影响，组织在危机发生时的表现将继续受到公众的关注，组织面临重获信任、恢复信誉等重要问题。如果危机善后工作处理得好，可以弥补危机给组织带来的种种损失。组织通过总结经验教训、做出相应的人事调整和组织机构调整、处理有关责任人、增强对抗危机的免疫力、发布致歉和感谢公告以及补偿公众损失等善后工作，可以重新建立起与社会各界的良好关系，增进彼此的了解和沟通，获得相关公众的理解、谅解和支持，还可以借助危机提高组织的知名度、扩大组织的美誉度。

总的说来，危机管理需要遵从以下原则：

第一，公众利益至上的原则。公共利益至上是组织伦理中重要的价值取向，危机的巨大破坏力和组织成员以及外部公众在危机面前的脆弱性，迫切需要组织在危机管理中将公众利益作为一切决策和措施的出发点和旨归。在处理危机时，如果为谋取组织特殊利益甚至个人私利而置公众利益于不顾，将会加剧危机，甚至使由自然灾害导致的危机演变为人为灾难，加剧危机对组织形象的不良影响。然而，遵循公众利益至上原则是有助于组织赢得公众信任、支持与合作的，进而还可以唤起公众与组织一道共同致力于应对危机状态。

第二，及时应对的原则。危机突发性的特点往往给公众以震撼，这时，组织内外公众的期待往往集中于组织管理行为上。组织一方面要在危机事件发生的第一时间里做出快速反应，让公众了解组织已经采取了有效措施，切忌让公众以为组织对危机事件不闻不问或守口如瓶，这将引发更多的责难。另一方面，在向公众表示组织的关注、高度负责的态度之后，需迅速查明事件缘由，研究对策，尽快解决危机，减少危机带来的损失。

第二，真诚坦率的原则。危机的发生往往会令组织内外公众产生种种猜测、怀疑，流言、谣言也有了传播的土壤。组织要取得公众的信任，就应真诚坦率，尊重事实，尊重公众的知情权，不能隐瞒事实。反面的例子有：苏联在处理切尔诺贝利核事故时，因没有将真相及时公布于众，引起周边国家的恐慌，也给不明真相的人们带来了更大的伤害；中国的相关企业处理"问题奶粉"事件不力，也是其遭受惨重损失的原因所在。

第四，勇于承担责任的原则。一方面，组织相关人员应时刻恪守职责，建立完备的预警系统，通过分析研究发现某些引发危机的线索和因素，估计将遇到的问题以及事件发生后的发展程度和方向，从而制定多种可供选择的应变措施，以防患于未然，及时将危机消灭于萌芽中，或为即将到来的危机做好准备。另一方面，因组织及其工作人员的工作疏忽或失误而导致责任事故时，要勇于承担责任，不能推卸责任。

关键术语

直线型组织结构　职能型组织结构　直线参谋型组织结构　直线职能型组织结构　矩阵型组织结构　事业部制组织结构　组织设计　组织战略　组织设计原则　管理宽度　管理层次　组织目标　组织体制　首长制与委员会制　完整制与分离制　组织文化　精神文化　制度文化　行为文化　物质文化　常态管理　危机管理

复习思考题

1. 试概述组织结构理论的发展。
2. 什么是组织结构？其本质是什么？
3. 简述直线型组织结构的优缺点。
4. 简述职能型组织结构的优缺点。
5. 简述直线参谋型组织结构的优缺点。
6. 简述直线职能型组织结构的优缺点。
7. 简述矩阵型组织结构的优缺点。
8. 简述事业部制组织结构的优缺点。
9. 影响组织设计的因素有哪些？请分别举例说明。
10. 组织设计应遵循什么原则？
11. 试阐述管理宽度与管理层次的关系。
12. 试分析影响管理宽度的因素。
13. 试论述组织的部门划分方法。
14. 什么是组织目标？组织目标具有什么样的功能？
15. 什么是组织体制？组织体制有哪些类型？
16. 如何理解组织文化的内涵？试举例说明组织文化的特点与内容。
17. 组织常态管理的特点是什么？
18. 试分析危机管理的原则与程序。

第 6 章

组织的资源管理

开篇引例

IBM 公司创始人沃森曾说："你可以接管我的工厂，烧掉我的厂房，但只要留下我的人，我就可以重建 IBM 公司。"这一语道破了人力资源管理对组织的重要性。IBM 公司一度占据了美国 70%的电脑市场，但 20 世纪 90 年代，由于未能掌控外部经营环境的迅速变化，IBM 公司经营战略出现重大失误，陷入困境，1992 年公司亏损高达 470 亿美元，股票价格下跌了 50%，1993 年，IBM 公司董事会做出了出人意料的决策：招聘无计算机行业经验但具有 27 年管理经历的路易斯·郭士纳担任新一届董事长兼首席执行官。在郭士纳实施了一系列重大改革措施后，IBM 公司在 1996 年实现了 770 亿美元的营业收入，净赚 60 亿美元。

资料来源：伯纳丁．人力资源管理：实践的方法（第 4 版）．南京：南京大学出版社，2009：1.

6.1　人力资源管理

6.1.1　人力资源及其管理

1. 人力资源的含义与特点

关于人力资源的概念，可以从狭义和广义两个角度来理解。狭义的人力资源是指包含在人体内的一种生产能力，是表现在劳动者身上的、以劳动者的数量和质量来表示的资源。广义的人力资源则是指在一定区域内所有具有劳动能力的人口的总和，既包括现有的在生产过程中投入的劳动力人口，也包括即将进入生产过程的潜在劳动人口和暂时失去工作职位但仍有劳动能力的失业或待业人口等。

人力资源包括数量和质量两个要素。人力资源数量是人力资源的量的特征，是衡量人力资源总量的基础性指标，既要反映人力资源的绝对量水平也要反映相对量水平。人力资源的质量是人力资源的质的特征，是衡量人力资源总体素质的指标，对于国家和社会发展的作用比人力资源数量因素更为重要。

人力资源分为现实的人力资源和潜在的人力资源两部分。现实的人力资源指的是在一定时间内拥有的实际从事生产劳动的全部人口，例如企业中的员工、政府中的公务员等。潜在的人力资源指的是处于储备阶段、经过培养而可能具备劳动能力的或者尚未从事劳动的具有劳动能力的人口总和，例如在校青年学生、从事家务劳动的家庭妇女等。

同其他类型的资源相比，人力资源具有如下特点：

（1）能动性。人力资源在劳动过程中居于组织所有资源的中心位置，所发挥的是主导性作用，能够引导、操纵、利用和控制其他资源，因而，是所有组织资源中具有能动性的资源。人力资源是组织中唯一能发挥创造性作用的因素，能够顺应一定的社会历史条件，也能够进行创新和发展。能动性是人力资源的一个根本性质，是区别于其他资源的本质特征。

（2）社会性。人力资源具有的知识和技能具有明显的后天性，受民族文化和社会环境的影响，生成过程具有明显的社会性特征，是多种社会因素共同作用的结果。一个时代的经济、文化、科技等状况都会影响和制约着人力资源的生成过程。

（3）资本性。人力资源也是一种经济性资源，在市场经济的条件下可以转化为资本。一方面，人力资源是投资的结果，人力资源质量的高低取决于投资的程度；另一方面，人力资源所带来的收益可以以货币形态出现，也可以以非货币的形式出现。人力资源又不同于一般的资本。一般的资本普遍存在收益递减的规律，而人力资源则体现了收益递增的规律，其收益份额大大超过了其他的资源。正是由于这个原因，人们从人力资源的质量中引出了“知本”的概念。

（4）两重性。人力资源既是生产者又是消费者。也就是说，人力资源的成长过程中需要消耗各种资源，在其闲置过程中，仍需要不断地消耗各种资源。组织必须付出必要的经济性补偿和物质保障使闲置的人力资源得以维持。

（5）时效性。人的生命周期各阶段体能和智能不同，表现为人力资源使用过程中的时效性特征。在人力资源达到最佳状态时，组织需要及时地开发和利用，否则，人力资源的综合素质就会下降，从而造成人力资源的浪费，甚至影响到组织的发展目标及工作绩效。

此外，人力资源还存在有形磨损（人力资源自身的衰老）和无形磨损（知识和技能的老化），需要自我补偿、自我更新，进行持续性的开发。人力资源具有许多潜在的素质和能力，组织可以通过各种途径加以开发利用。而且，以往开发出的素质能够在新开发中附加地发挥作用。

2. 人力资源管理及其特点

人力资源管理是对人力资源这样一种特殊资源的开发、利用和管理，其目的在于获取、激励和开发人力资源，吸引合适的人员、留住优秀的人才和激励员工的工作热情。人力资源管理的主要内容包括：人力资源的智力开发和思想文化素质、道德水平的提高；人力资源现有能力的充分发挥和潜在能力的挖掘、培养；对人力资源的发现、鉴别、选择、分配和合理利用，其中也要对人力资源的发展和利用做好预测、规划、组织、培训等工作。总的来说，人力资源管理是这样一个过程：它运用现代科学方法对与一定物力相结合的人力进行合理的组织、培训和调配，使人力、物力经常保持最佳比例，同时对人的思想、心理和行为进行恰当的协调、控制，充分发挥人的主观能动性，以实现组织目标。具体地说，人力资源管理的内容包括：工作分析、人力资源规划、招聘与录用、培训与开发、薪资福利、绩效评估、人员激励、人事调整、劳动关系等。对于现代组织管理而言，人力资源管理不仅是人力资源管理部门的事情，同时也是每一个管理者的职责，它已经成为现代管理的核心。

人力资源管理是在传统人事管理的基础上发展起来的。传统的人事管理把“事得其人、人尽其才、才尽其用”作为出发点和归宿，它的局限性在于以“事”为中心，为事配人，以人适事，不同程度地忽视了对人的开发和利用，进而造成人才闲置、压制和浪费等现象。人力资源管理则在对人的管理理念和实践上发生了根本性的变革。概括地说，人力资源管理具有如下几个特点：

（1）宏观性和微观性相结合。对于具体的组织而言，人力资源管理是其内部管理的一个重要组成部分，同时，它也是一个国家对整个社会人力资源管理的一部分。组织的人力资源管理必须适应社会人力资源管理的基本要求，受到宏观人力资源管理环境的影响和制约。

（2）引导性与前瞻性相结合。人力资源管理通过制定具体的政策、制度，引导人力资源朝着有利于增值的方向发展，对社会整体性人才以及组织内人才的培养产生导向作用。这种引导性是建立在前瞻性基础上的。前瞻性指的是人力资源管理对未来社会、经济发展所需的人力资源的内容、供需情况进行合理的预测和规划，根据组织的工作需要对实现组织目标所需的人员数量和质量做出规划。

（3）开发性和增值性相结合。人力资源管理把人的劳动能力看作一种资本性资源，具有增值潜力。通过培训和开发，能够充分挖掘人的潜能，从而使人力资源获得不断增值。

6.1.2　人力资源规划

1. 人力资源规划概述

人力资源规划是指组织根据发展的需要和目标对组织人力资源需求进行预测、估计和评价的过程。组织的人力资源需求既包括短期、中期和长期的需求，也包括人才的种类、层次和人数的需求，还包括财务预算、招聘和培训需求等。因而，人力资源规划的内容主要包括：（1）变化着的内外部环境对组织发展和人员需求提出的要求；（2）组织的短期和长期的发展目标；（3）现有人力资源素质、能力结构与组织目标之间存在的差距；（4）对组织未来的人力资源需求和供给情况做出预测；（5）在管理中贯彻和实施人力资源规划的要求；（6）对人力资源规划的成果予以评估。

在当今社会，人力资源可以说是人类社会发展中所形成的最宝贵资源，而人力资源规划则是组织获取这一宝贵资源的前期准备，是人力资源管理的基础性工作。许多人力资源管理的成功实践都有赖于科学细致的人力资源规划。通过人力资源规划，组织能够确定未来的工作空缺以及相应的工作资格要求。人力资源规划能帮助管理者预测甚至掌握、部署和使用那些与人员相关的变动性需求。所以，组织需要首先详细制订一份总体计划，即“战略性计划”，然后通过需求和供给预测来估计成功执行总体计划所需的人员数量和类型。根据这些信息，组织就能够规划自己的招聘、选拔和培训策略了。

人力资源规划的目的是为了保证实现组织的各种目标。人力资源规划有助于改善人力资源的配置，降低组织用人成本，同时谋求人力资源使用的平衡，谋求人力资源科学有效的开发。所以说，人力资源规划是人力资源战略和人力资源管理之间的纽带，它能够有效地支持和保证组织发展目标的实现。

2. 人力资源规划的过程

人力资源规划的过程是组织科学地预测、分析自己在变化环境中的人力资源供需状况，制定必要的政策和措施以确保自身获得各种所需要的人员（包括数量和质量两个方面），并使组织和个体得到长期利益的过程。它主要包括以下几个方面：

（1）审视组织内外环境，制定组织发展目标和战略规划。人力资源规划的先决条件是审视组织内外部环境，制定组织发展目标和战略规划。外部环境因素包括政治环境、经济环境和文化环境，而内部环境因素主要有组织目标、组织文化、组织结构、人员构成、工作性质、工作方式等。在环境分析的基础上，组织需要确认自身所处的地位和发展前景，确定一定时期内的目标，并制定中长期战略性规划。人力资源规划要符合组织目标的需要，服务于组织的战略规划。在此基础上人力资源规划才能做到有的放矢。长期的管理实践表明，人力资源规划本身并没有好坏之分，而是取决于它被应用的情况和环境。

（2）现有人力资源状况的分析归类。人力资源状况包括组织在过去一定时期内人力资源的结构以及量和质的状况。不同环境、不同性质、不同水平的人力资源具有不同的状况，必须以不同的方式加以开发和利用。只有从数量、质量、结构、变化等角度对其进行分析，才能找到人力资源利用的合理途径，做出科学的预测。同时，组织通过工作分析，描述组织内的职位设置和工作性质，将其作为对照人力资源结构的基础性资料；运用面谈或问卷的方式统计人员的基本情况，获得现有人力资源状况的基础性分析资料；对这些基础性资料进行统计、归纳和分析，得出组织现有人力资源总体状况的统计分析结果。通过上述步骤，组织可以发现在目前的工作性质下人员使用、流动的规律，把握工作要求与人员资格能力之间的契合程度，发现目前人力资源状况的弱点和不足，与组织发展目标之间的差距，从而为人力资源需求预测奠定基础。

（3）人力资源供需预测。人力资源供需预测是人力资源规划的核心和关键环节。需求预测集中在组织需求人员的数量、专业技术种类、能力水平和职务层次三个方面。供给预测提供了社会中人力资源的结构、劳动力市场的流动状况以及组织所需人力资源的来源。人力资源供给预测是从现有人员的清点开始的，即对组织内外部人员的可能来源进行分析。在供给预测中，不仅要分析数量因素，更重要的是要分析人员的质量因素。这样，可以在人员的流动中把握组织可能产生的人员平衡问题。通过供给预测，组织可以了解规划的合理性程度，可以更有效地配置各种资源，降低成本支出，提高资源利用率。组织在完成供需预测之后，对两方面的结果进行比较与综合评价。针对可能出现的供大于求、供不应求、供求平衡三种情况，采取相应的行动方案，促使资深人力资源供需关系达到基本平衡，从而防止人才不足或人浮于事等现象的出现。

（4）制订总体规划和行动计划。人力资源供需之间必然会存在着差距，确定总体规划和具体的行动计划就是为了消除这种差距。行动计划主要包括：第一，人力资源供需平衡计划。根据组织发展的需要、人员自然损耗、人员内外流动等确定新增加的人员数量、种类和层次。第二，人力资源招聘补充计划。确定招聘的数量、种类、层次、时间、地点、方式，这就需要通过组建招聘小组、指定招聘负责人去进行，也需要进行招聘的财务预算。第三，人员的培训发展计划。规划和安排对组织中各层次、各类型的人员进行有计划、有针对性的培训。第四，薪酬福利计划以及职业生涯计划。根据组织的需要和个人的特长和爱好，帮助个人规划职业发展方向和职业发展空间。根据胜任原则和发展原则帮助个人向最佳职业道路发展，并定时修正错误，使个人的发展和组织的目标相吻合。

（5）人力资源规划的控制和评价。在人力资源规划的这一阶段需要做的工作是对人力资源规划的内容和实施情况进行控制和调节，并对其进行评价，把评价结果反馈给下一次规划过程。控制包括对招聘成本的控制、培训成本的控制、职业管理成本的控制等。评价指的是对人力资源规划和实施中取得的结果和影响进行综合、系统的分析和评定。有效的评价能够及时发现规划中的不足，不断改进和发展规划，调整由环境变迁带来的不适应，从而保持组织对规划的满意度。评价要解决的关键问题是评价标准的选择，使评价做到客观和有效。主要标准包括：规划的充分性、规划的可行性、规划的效率、规划的效能等。

6.1.3　招聘、培训与开发

1. 招聘的过程

招聘是指组织用以寻找或吸引求职者来填补工作岗位的过程。招聘的目的在于迅速、合法、有效地找到合适的任职者。一般来说，人力资源招聘是一个完整、复杂、连续的程序化过程，大致可以分为招募、甄选、录用、评估四个阶段。招募是组织为了吸引更多更好的应聘者而进行的活动，包括招聘计划的制订和审批、招聘信息的发布、接受应聘者申请等；甄选是组织从职位需要出发挑选出最合适的人员，包括申请资格审查、初选、笔试、面试、其他测试、体检、资料核实、甄选决策等；录用是组织对甄选出来的人员进行初步安置、适应性培训、试用、正式录用等；评估则是组织对整个招聘效益与录用人员质量的评估。

招聘分为内部招聘和外部招聘两种方法。内部招聘方法主要有：计算机化的职业生涯系统、主管推荐、工作张榜、职业生涯开发系统；外部招聘方法主要有：员工推荐、求职者自荐、招工广告、就业代理机构、校园招聘。以上方法各有利弊，不同类型的工作可以采用不同的招聘方法。比如，招聘销售人员大多采用招工广告、推荐、就业代理机构等方法；招聘工人采用去职业学校招聘、员工推荐、求职者毛遂自荐等方法；招聘专业技术人员经常通过校园招聘、招工广告等方法进行；招聘高级管理人才和高级专业技术人员，则可以采用推荐的方法或通过“猎头公司”获取。

在多数组织中，外部招聘适合招收从事“入门水平”工作的人员，高于入门水平的工作人员通常通过晋升的方法用组织现有的人员来补充，外部招聘一般适用于如下一些情况：需要外部人员给组织添加新的理念和活力、没有合适的内部候选人、需要增加某些特殊的未被充分使用的人员百分比。相对于外部招聘，内部招聘的优势有：第一，招聘者比较熟悉内部候选人的资格；第二，花费相对较少；第三，能够更快地填补工作空缺；第四，内部候选人更熟悉组织的政策和实践，需要较少的培训；第五，最为重要的一点是，晋升的可能性往往能增强人员的士气，使工作满意度以及工作绩效得以提升。当然，内部招聘也会产生一些问题，如内部晋升过程中的竞争可能会使一些得不到晋升的人员心中郁积不满，从而在今后的工作中出现抵触情绪。另外，被晋升的人员与过去的同事之间的关系在角色转变之后也会面临一些问题。尽管如此，组织内的大多数工作都是用这种方法补缺的。

2. 培训与开发的意义

培训是指组织根据经济和社会发展及实际工作的需要，依照有关的法律、法规和规定，采取多种多样的形式对人员进行有目的、有计划、有组织、多层次、多渠道的培养、教育和训练的活动。培训的目的在于帮助组织成员获得有助于促进实现各种组织目标的技术或知识。从狭义角度看，培训为人员增添了他们现任职务所需的知识和技能。广义的培训其实包括一般性的培训和开发两个部分的工作内容。培训的方法多种多样，经常使用的一些方法有：迎新介绍、在职培训、工作指导培训、讲授、案例分析、角色扮演、行为模仿、模拟性指导、视频培训、远程培训。

人力资源开发是指提升人力资源的智力，激发人力资源的活力的活动。通过开发，使人员获得了超过他们目前工作需要的各种能力，人员个人的职业生涯目标也逐渐变得更加明确，职务也能得以步步升迁。人力资源开发一方面是对人力资源的充分挖掘和合理利用；另一方面，也属于人力资源的培养与发展范畴的工作。人力资源开发包括三个层次：培养性开发、使用性开发、政策性开发。

在组织的人力资源管理过程中，培训与开发发挥着重要的作用：

（1）培训与开发可以提高人员胜任工作的能力。培训与开发能够通过人员的知识基础、态度和技能的变化提高其能力，使人员成为更好的雇员。对于新雇员的培训可以分为技术培训、适应性培训和文化培训。在职人员的培训基本上分为纠正性培训、与变革有关的培训和开发性培训。

（2）培训与开发可以减少不必要的流动。组织中有一些人员会因为对组织管理方式的不满而离开，这些人常常是非常优秀的。培训与开发通过指导方案来改变不良的管理实践，从而提高主管人员管理“低效人员”的能力。而且，培训与开发往往是通过提高人员的工作技能以提高工作绩效，通过对技能过时的人员进行再教育后分配给他们新的工作职责。

（3）培训与开发可以强化组织文化的建设过程。组织文化对于组织发展的重要作用正在引起越来越多的关注，组织文化往往是通过建立共同的价值观和寻找观念共同点而建立起来的，可以使人产生亲切感、信任感和归属感，实现文化的认同和融合，能够在共识的基础上产生巨大的凝聚力和向心力，从而有助于组织目标的达成。组织文化是人员培训的一项重要内容，同时，人员培训也成了宣传、讲授和强化组织文化的重要环节。

3. 培训与开发的原则

组织在对员工进行培训与开发的过程中，应遵循以下原则：

（1）学以致用的原则。培训应做到理论联系实际，不应为了培训而培训，特别是应保证员工在培训中所学到的东西能够被用在工作上。尽力避免培训和使用脱节而造成人力、物力和财力浪费。为此，需要将培训内容与工作实际相结合，一般可以使用案例、模拟、角色扮演以及实例等方法。

（2）讲求实效的原则。大多数组织在培训和开发上花费了大量的时间和金钱，却未必能给人员或组织本身带来真正的效益，因此，培训和开发的效率问题值得关注。在培训和开发过程中，培训方案必须包含有助于受训人学到有效工作绩效所必需的知识、技能和能力方面的材料；获得并保持受训人的专注、提供实践机会、给予积极的反馈，从而使受训人的学习效果达到最大化。

（3）分级培训的原则。要根据组织的需要和人员的实际情况制订相应的培训计划，有针对性地决定培训内容，进行分级培训，使人员培训计划与组织各项规划妥善接轨。专业知识技能培训和组织文化培训应兼顾，针对不同的对象应有所侧重，在全员培训的基础上体现重点提高原则、按需施教原则，特别应注重重点培训员工的技术和管理水平，尤其是培训中上层管理人员，对于年纪较轻、素质较好、有培养前途的人员更应该有计划地加以培训。

（4）考评激励的原则。对培训进行严格的考评是保证培训质量的必要措施，也是检验培训质量的重要手段，只有培训考核合格的人员才有资格得到择优录用或提拔。当然，组织中也有许多培训只是为了提高素质而并不涉及录用、提拔或安排工作问题，但也应有一定的激励措施。因此，对受训人进行必要的激励就成为调动其培训积极性的有力杠杆。这就要求把人员的培训与他们的任职、晋升、奖励和工资福利衔接起来，与他们自身素质和能力开发结合起来，保证人员在诸多激励因素的吸引下自觉自愿地参加培训。

4. 对培训的评估

对人力资源培训的评估是一项对培训工作进行评价与反馈的活动，是要检查和审定培训规划、培训实施过程和培训效果等各个环节的状况，以求及时反馈信息，发现培训中存在的问题，改进培训方案，提高培训绩效。这是不断改进和完善人力资源培训的必要手段。一个组织如果不能正确评价其培训方案，就不知道该方案是否达到了预期目标，就有可能继续使用一个无效的方案或者错误地中止一项有效的方案。另外，如果培训人能提出有力的证据表明一项培训方案正在达到预期目标，就有可能会继续获得对该培训计划的资金支持。因此，在培训结束后，应该立即开始对培训进行评价。

一般说来，关于培训的评估应围绕着这样几个方面展开：第一，对培训效果进行准确合理的判断，评估培训规划的总体状况；第二，测量和追踪培训过程的各个环节，提出改进方案；第三，发现新的培训需求，以便为下一轮培训提供依据；第四，为研究培训过程中一些非量化的或者不可测量的因素提供素材。

对培训进行评价需要采用一定的评估标准，而评估标准的选择有赖于组织对评估目的的认定。也就是说，组织所认定的人力资源培训目的构成了培训评估标准。评估标准选择得恰当与否，对于评估工作的成败乃至整个培训工作都会产生极大的影响。为此，评估标准要以培训目标为基础，要与培训规划相适应，要具有可操作性，特别是要有一定的信度。选择并实施一套与评估标准相适应的评估方法，是培训评价是否科学有效的关键。评估方法主要有动态评估法、比较评估法、集体讨论法、个体评估法和个案分析法、定性评估法和定量评估法、问卷评估法等。科学有效的培训评价是促进人力资源培训活动良性循环的有效保证。培训应以严谨的科学态度和高度的责任感来进行，避免形式主义的、肤浅的、填鸭式的、不考虑投入与产出的培训。

6.1.4 人力资源流动

人力资源流动一般是指人力资源在不同地区、不同社会阶层、不同职业、不同组织之间以及组织内部各部门、各岗位之间的转移。在组织层面上，人力资源流动专指人力资源的流入、流出和内部流动。一般说来，人们习惯于将组织内部的人力资源流动称为人力资源调配，而将流入和流出组织的称为人力资源流动。人力资源流动状况反映了一个国家社会经济生活发展的状况，是社会多种因素综合作用的结果。具体来说，影响人力资源流动的因素主要有以下几个方面：

（1）个人因素。个人因素包括了个人的利益和职业追求、价值观、责任心、个性特点、能力专长、心理状况、职业发展以及年龄等多个方面。在当今社会条件下，个人的利益追求和职业发展是影响人力资源流动的主导因素。价值观体现的是人力资源的价值取向，是在人们进行行为选择时遵从的行为准则，对人力资源的流动有着指向性的作用。应当看到，个人的其他因素也都在不同程度上影响着人力资源的流动。比如，有能力、有专长的人更倾向于选择能够实现自我价值的组织。年龄因素的影响显示，人力资源流动率与人的年龄呈现出一定的反比例关系。

（2）组织因素。组织因素涉及组织的战略、目标及结构调整，组织的领导风格及组织氛围、待遇水平、管理制度以及人才的录用和选拔机制。组织目标和战略的调整往往成为一个组织人力资源流动的重要影响因素；领导风格是否人性化、组织氛围是否和谐、待遇水平的高低、管理制度合理与否以及人才是否得到有效的使用，都在很大程度上决定着组织内部人才的去留。

（3）职业因素。职业因素主要涉及相关职业的社会声望和社会评价以及职业技术水平的影响。职业声誉的影响在于较高的职业评价往往有着更高的吸引力，职业技术水平的高低则决定着人才进入的门槛。

（4）社会因素。社会因素主要是指一个社会的政治、经济、文化、教育、科学、技术、产业结构等方面的影响。比如，在计划经济体制下，人力资源的流动呈现出较低的倾向，流动方式和渠道也较为单一。另外，一个社会产业结构的调整也势必在较大范围内引发人力资源的频繁流动。

伴随着社会经济的发展，人力资源供给日益市场化，与以往相比，人类资源流动更加频繁。这一方面是由于社会经济发展不仅给人们提供了更多的机会，也凸显出人才的稀缺性，从而促使对人才的竞争日趋激烈。当今社会，人才的重要性已日益为人们所重视，为了保持组织竞争优势的可持续性，各类组织都不遗余力地去获取人才。对于高层次人才，组织开出的条件常常极为丰厚，获取的渠道也日益多样，它们不仅从市场中直接招聘所需人才，也通过各种方式“挖”其他组织的墙角，甚至直接将目光聚焦到仍然在校学习的学生身上，从而推动了人力资源的流动。另一方面则是因为人才对组织的要求也更加现实，是否有优厚的待遇、舒适的工作环境、能否提升个人的潜力并有良好的职业发展正逐渐成为高层次人才对组织的主导需求。这使得以往组织主导一切的格局逐渐转变为组织与个人更加均衡的局面，从而给组织合理使用和保持人力资源提出了严峻的挑战。

人力资源流动对组织的存续和发展有着极为重要的影响。正像俗话所说，“铁打的营盘，流水的兵”，人力资源流动正是一个组织得以维持员工队伍新陈代谢、保持组织活力与效率的必要手段。一个缺乏正常人力资源流动的组织必定是人浮于事、人满为患，组织内耗急剧增长；同时，正常的人力资源流动能够有效地实现组织内部资源的有效配置，做到人尽其才，才尽其用，从而进一步实现组织成员与组织本身发展相互促进的良好局面。因此，适度、有序的人力资源流动无论是对于个人、组织乃至国家和社会都是有益的。但在缺乏统一有效规范管理的情况下，人力资源的盲目、无序流动，尤其是在一定阶段较大规模流动，则会严重影响到组织人力资源的有效配置，甚至导致人才的大量流失和组织竞争力的丧失。因此，任何一个想要保持自身持续竞争力的组织都必须对人力资源流动进行有计划、有目的、及时有效的管理。

组织的人力资源流动管理应保证人力资源的正常流动，即人力资源招聘、退休、解雇和内部调任等工作的正常进行，这一部分的工作主要是和人力资源规划及其实施紧密相关，必须做到心中有数，调配得当，妥善处理。更为重要的是应围绕人力资源的保留展开人力资源流动管理，力求避免人力资源的流失。能否留住人才，取决于人才是否得到合理使用，是否得到了相应的待遇和薪酬，以及未来职业发展的前景。因此，组织必须建立合理有效的用人机制、公平的绩效考评机制以及激励机制，还要帮助员工制定和实现自己的职业发展规划。唯有如此，才能真正做到待遇留人、情感留人、事业留人。

6.2　财力资源管理

6.2.1　财力资源及其管理

1. 财力资源管理的特点

财力资源是组织拥有或者控制的能以货币计量的经济资源，包括组织拥有的资金、各种财产、债权和其他形式的经济资源。财力资源是组织从事经营管理活动的基本前提，是组织一切工作的中心，财力资源的数量和质量是反映组织各项工作成效的综合指标。所谓财力资源管理，就是遵循资金运动的客观规律，对组织的财力资源、财务活动及其所体现的财务关系所进行的管理。这里的财务活动包括筹资、投资和分配；财务关系是指组织与各相关关系人因资金运动而发生的经济利益关系；而管理则是指通过财务决策、制订财务计划和预算、设立财务机构、实施财务计划和预算、进行财务控制和考核的全过程。虽然不同的组织在财务管理方面都会有自己的特点，但与其他方面的管理相比，一切组织在财力资源管理方面又都有着一些共同的特点：

（1）具有价值管理和行为管理的二重性。价值管理是财力资源管理的核心行为。财力资源管理首先表现为利用资本、成本、收入、支出等价值指标来组织一个单位中价值的形成、实现和分配，并处理在这种价值运动中表现出来的经济关系。所以，财力资源管理的基本属性首先是价值管理。与价值管理相联系的是协调各相关利益方的利益冲突，能否调整、解决好利益冲突，约束和激励各方行为，避免相互间的逆向选择和道德风险，直接决定着财力资源管理活动的顺利进行及最终的财力资源管理绩效。

（2）具有“财”与“权”管理对象的二重属性。现代社会的组织是责、权（包括财权）、利的统一体。“财”是指组织的价值流；“权”是指支配“财”所具有的权力。从产权的角度看，一组产权的交换或流动实质上意味着一组价值的运动，体现了一定的权、责、效、利，产权所体现的不是人与物的关系，而是由于物的存在和使用而引起的人们之间的行为关系。在市场经济条件下，一切组织都要思考如何履行义务、行使权利、增加利益和运作资本等重要内容，所以，需要处理好“财”与“权”的关系。

（3）具有决策和控制二重职能及多样化手段。财力资源管理的基本职能是财务决算与预算控制。由于市场经济的复杂性和社会需求的变动性、多样性，无论是非营利组织还是营利性组织的财务管理部门都要能够根据市场需求和环境的变化进行财力管理，要针对种种不确定的经济、社会因素及时做出全面的分析，为组织决策提供翔实的资料依据。此外，财力资源决策的取向还直接影响到组织的发展进程。企业经营活动一方面是商品运动的过程，另一方面是资金运动的过程。任何商品运动都必然与货币收支联系在一起，通过货币收支规模及其结构的变化，是可以对商品运动过程进行有效控制的。

（4）具有管理服务和独立行使职权的二重地位。传统的财务管理一般与组织的经营活动融为一体，并侧重于为生产经营活动服务。现代财力资源管理除了与生产经营活动相结合外还与资本市场相联系，形成一种特殊的经营理财活动，即资本运营。资本运营的过程实际上就是不断获取或放弃控制权的过程，也就是将所控制资产不断优化的过程。通过这一过程，实现资源配置最佳化、资本结构最优化、资本成本最小化和资本增殖利润的最大化。现代财力资源管理具有可以离开企业内部的生产经营活动而独立获利的特点，这是现代财力资源管理作为一种独立经济活动而存在的重要标志。

2. 财力资源管理的目标

财力资源管理的目标是组织进行财力资源管理活动要达到的根本目的，是评价组织财力资源管理活动是否合理有效的标准，它决定着财力资源管理的基本方向。

（1）财力资源管理的目标取决于、服从于组织的整体目标，例如政府行政的目标是增进社会公共利益，有效提供公共产品和公共服务，推进社会协调发展，这就决定了政府财力资源管理的目标必须是保证政府职能的行使，促进管理效率的提高。

（2）财力资源管理的目标应反映资金运动的规律。资金运动从其出发点和归宿来看，是为了取得价值增值。组织以一定的资金投入获得更多的产出是资金运动的基本规律，因此，财力资源管理的目标也应该是价值增值，并尽可能使其最大化。

（3）财力资源管理的目标是组织和协调财力资源的基础。财力资源管理的目标一旦确定，就成为财力资源管理活动的出发点和归宿。所以，组织的一系列财务活动都必须围绕这一目标展开，财力资源管理活动的控制必须以其目标为准绳，其效果也必须以目标的实现程度来评价。

(4) 财力资源管理目标具有层次性。财力资源管理的内容可以分为若干层次，因而可以把财力资源管理的目标分为整体目标和具体目标两个层次。所谓整体目标是指一般财力资源管理目标，它决定着整个财力资源管理活动和过程以及发展方向，是财力资源管理活动的出发点和归宿；所谓具体目标是指在整体目标的制约下从事某一部分财力资源管理活动所要达到的目标。此外，财力资源管理目标的层次性也是指组织的不同层次有着不同的目标。就企业来讲，高层控制盈利和投资的目标越强，而基层则主要侧重对成本进行控制。

非营利组织与营利性组织存在着运行目标上的明显不同，因而，两类组织的财力资源管理目标是不同的。非营利组织财力资源管理的目标以维持组织的正常运转、有效履行其职能为前提，而营利性组织的财力资源管理目标却包含着利润最大化、资本利润率最大化、企业价值最大化等不同形式的要求。

明确财力资源管理目标的意义十分重要，这有助于科学地进行财务决策。对非营利组织来说尤其如此，因为，投资决策与筹资决策是非营利组织的两大财力资源管理决策。财力资源管理决策的过程实际上就是一个选择过程，选择行为又直接受到财力资源管理目标的约束。如果没有明确的目标，财力资源管理决策就会出现随意性。同时，明确财力资源管理目标还有助于日常财务管理行为的高效化和规范化。财力资源管理尽管对组织宏观战略目标的实现影响重大，但财力资源管理人员的大部分工作时间都是在从事日常的财务分析、财务控制等活动，比如对资金、资产的管理等。这些工作虽说对组织的发展不会产生根本性的影响，但其管理的水平却会影响到组织财务状况。明确了财力资源管理目标，可以使理财人员在日常的财力资源控制中有据可依，对其中的不良变化保持警惕。

6.2.2　财力资源管理过程

1. 财力资源管理的内容

组织的财力资源管理一般包括筹资管理、投资管理和利润分配管理三个方面。即使是非营利组织，由于财政拨款的有限性，也需要通过银行或社会自筹一部分经费维持组织的正常运转及发展，因此也面临着诸如筹资、投资及分配的问题。

(1) 筹资管理。筹资就是组织根据其运转及发展的需要而通过筹资渠道和资金市场有效地筹集所需资金的活动。筹资之所以可能，是因为资金供需双方有着某种契合。从一般供求关系看，资金的需求者需要从市场获取所需的资金，而作为资金供应者则有闲置的资金可供投出。筹资管理还涉及筹资渠道与筹资方式。筹资渠道是指筹措资金来源的方向与通道，它属于资金供应的范畴。在筹资过程中，必须对影响筹资活动的各种要素进行分析，并遵循一定的筹资规则。只有这样，才能提高筹资效率，降低筹资风险与筹资成本。

(2) 投资管理。投资是指将财力投放于一定的对象以期望在未来获取收益的行为。投资可按不同的标准进行分类：按回收时间的长短可分为短期性投资和长期性投资，按投资的形式可分为直接投资和间接投资，按投资的范围可分为对内投资和对外投资，按各个投资项目现金流量是否相关可分为独立性投资和相关性投资，按投资的影响程度可分为战术性投资和战略性投资。投资中应考虑的因素主要有投资收益、投资风险、投资约束。首先，投资的根本动机是追求投资收益最大化，这就要求投资方案的选择必须以投资收益的大小来取舍；其次，投资总是伴有风险，在投资中考虑投资风险意味着充分合理地预期投资风险，防止和减少投资风险带来的损失，甚至提出合理规避投资风险的策略；最后，投资约束是指投资者对接受投资的单位进行制约的活动。比如，财政专项资金一般都要求接收单位专款专用，如果挪作他用，将被视为违反财经纪律，相关人员应受到查处，这就属于投资约束的范畴。

（3）利润分配管理。对于企业来说，筹资与投资的最终目的是赚取利润，有了利润就存在着利润分配问题。利润是企业经营所追求的目标，是投资决策的重要依据，也是分配的基础。企业可以按照国家财经法规和企业章程对所实现的净利润在本单位与投资者之间、利润分配各项目之间和投资者之间进行分配。利润分配必须遵守国家财经法规，兼顾国家、投资者和员工各方面的利益，发挥分配机制的利益激励与约束功能以及对再生产的调节功能，促进本单位经济效益的不断提高和长期发展。

2. 财力资源管理的环节

财力资源管理是一个过程，它由一系列具体环节构成，或者说，财力资源管理是由一系列具体环节构成的连续性的程序。财力资源管理的环节主要有：

（1）财务预测。财务预测是指根据财务活动的历史资料，考虑目前的实际和要求，对组织未来的财务活动和财务成果做出科学的预计和测算。财务预测是财务决策的基础，是编制财务预算的前提，是组织日常财务活动的必要条件。财务预测环节的主要任务是：测算各项经营或开支方案的经济效益，为决策提供可靠的依据；预计财务支出的发展变化情况，以确定经营目标；测定各项定额和标准，为编制计划、分解指标服务。

（2）财务决策。财务决策是财务人员在财务管理目标的总体要求下，采用专门的方法，从若干个备选方案中选出最优方案的过程。在市场经济条件下，管理的中心在于经营，经营的中心在于决策，所以，财务管理的基本职能是财务决策。

（3）财务预算。财务预算是以财务预测提供的信息和财务决策确立的方案为基础，运用科学的技术手段和计算方法，对目标进行综合平衡，制定和协调各项主要的计划指标。财务预算是财务预测和财务决策的具体化，是控制和分析财务活动的依据。

（4）财务控制。财务控制是在财务管理的过程中利用有关信息和特定手段对本单位的财务活动加以影响或调节，以便实现财务预算所规定的目标。实行财务控制是落实财务预算任务和保证财务预算实现的有效手段。

（5）财务分析。财务分析是根据核算资料提供的信息并运用特定的方法去对财务活动过程及其结果进行分析和评价的工作。借助财务分析，可以掌握各项财务计划的完成情况，评价财务状况，研究和掌握财务活动的规律，有利于改善财务预测、财务决策、财务预算和财务控制，从而提高管理水平和效益。

3. 财力资源管理的原则

财力资源管理的原则是组织财务活动、处理财务关系时应遵守的准则。在社会主义市场经济条件下，我国财力资源管理应遵循的原则主要有：

（1）依法管理原则。社会主义市场经济是法治经济，没有法律、法规或有法不依，经济秩序势必混乱。国家法律法规、公司章程、组织内部财务管理制度等是组织处理财务关系的规范。因此，任何组织的财务活动都必须在法律、法规和制度允许的范围内进行。

（2）计划管理原则。计划是对未来活动所做的安排。财力资源管理活动不能离开计划管理，这是由市场经济的风险性和财务活动的复杂性所决定的。财力资源计划管理就是对影响财力资源活动的各种情况采用多种方法进行预测，对预测结果进行详细的分析研究后做出决策，并用财务预算的方式表示出来，以提高预见性。

（3）系统优化原则。财力资源管理是整个组织管理系统中的一个子系统，它本身又由筹资管理、投资管理、收益分配管理等子系统构成。在财力资源管理中坚持系统优化原则，首先要做到整体优化，因为，只有整体最优才是真正的最优。为此，财力资源管理必须从组织的整体战略出发，不能为了财务而财务，各财力资源管理子系统必须围绕财力资源管理目标进行，不能“各自为政”。其次是结构优化，也就是说，应注意结构比例优化，如资金结构、资产结构、资本结构、分配结构的优化等。

（4）动态平衡原则。这一原则的基本要求就是资金存量与流量的综合协调平衡。资金的存量平衡是指资金的合理配置，也就是通过资金的组织和调节使各项物质资源间形成适当的构成比例，以保证各种形态资金的适度占用和资金活动的可持续性，保证经营活动的顺畅进行；资金的流量平衡，指通过资金的合理使用和积极筹措，达到收支总量和收支时点的平衡，以保证资金周转不致中断。

（5）统分结合原则。我国的财力资源管理实行统一领导与分级管理相结合，它是民主集中制原则在财力资源管理中的具体体现，也是财力资源管理的特点所需要的。为了贯彻这一原则，财力资源管理一般要由组织的领导者负责，设置单独的财力资源管理机构，配备专职财力资源管理人员。财力资源管理部门受领导者委托对本单位财力资源活动进行集中管理，并接受群众监督。为了实现统一领导与分级管理，还应坚持管钱与管物相结合，使用资金与管理资金相结合，管理责任与管理权力相结合。在实行内部经济核算的条件下，应合理安排各级各部门在资金、成本费用和收益管理中的职权关系，并制定一定的财务目标，定期考核，根据考核结果进行奖惩，以提高单位内部各级各部门理财的积极性，共同把财力资源管理工作做好。

6.2.3　财力资源管理的形式

1. 预算管理

预算是指组织对未来一定时间内如何取得及使用资源的计划。由于资源的有限性和支出需求的无限性，无论是政府预算、企业预算还是家庭预算都意味着在各种可能的支出目标之间进行选择，找出需要优先支出的重点。预算也意味着平衡，不考虑收入的支出计划不能称之为预算。当然在技术上可以通过借款来实现平衡，而借款则意味着现在支出多将来归还也多，是一种跨时间的平衡。预算也依赖一定的决策过程，一般会涉及收入估计、支出闲置，在各种选择中比较、调整决策以确保具体的决策按适当的顺序及时做出。预算是反映组织未来一定预算期内预计财力资源收支规模、结构、资金来源和去向等一系列价值指标的计划。从形式看，预算是按一定标准将收入和支出分门别类地列入特定表格，从而使人们能清楚地了解组织的财务活动。从实际内容看，预算的编制是组织对收支计划的安排，预算的执行是收支的筹措和使用过程。

预算管理就是对预算资金的筹集、分配、使用所进行的计划、领导、组织、控制、协调、监督等活动。预算管理的目的是完成预算收支任务，提高预算的效率，控制财务风险损失。预算管理的基本内容包括收入预算管理和支出预算管理两部分，收入预算由自筹资金、财政拨款、预算外收入构成；支出预算由经常性支出、专项支出和基本建设支出构成。一个组织的财务预算必须反映其收入与支出的全貌，所有的收入与支出都应纳入财力资源预算的体系。

预算管理是一种权力规制管理，体现了出资者（拨款单位）对资金获得者的权利授予与约束。从理论上讲，出资者投出资金都有相应的收益预期。营利性组织接受了资金就必须通过自己的经营活动为投资者带来经济收益；非营利组织接受了财政拨款就必须履行自己的职能，优质高效地完成任务。不难看出，预算体现了投资者的基本权益以及对接受资金者的约束，同时，也表明了接受资金者对出资者的责任，预算不等于简单的财务预测或计划，它一经制定出来并通过，就如同一部组织内部的“宪法”，各责任单位必须执行。

财力资源预算的关键在于预算编制，而对于预算编制来说，第一，需要以预算主体的需要和可能为依据，应有具体明确的目标，而且这一目标应当是组织整体目标的落实和具体化、数量化；第二，应综合考虑，全面分析，并以货币计量的形式具体、详细地反映出来；第三，要坚持综合平衡、略有结余，尽量避免预算赤字，不仅要做到预算收支内平衡，而且还要做到预算外收支、信贷收支的综合平衡；第四，应量入为出，即根据收入安排支出，不能脱离组织的实际情况，盲目扩大预算支出，造成预算赤字，导致财务危机。

2. 收支管理

收支管理包括收入管理与支出管理两个方面。收入管理是指组织中的预算单位对合理、合法收入进行及时入账和分项如实填报的活动，这里的收入有上级主管部门和财务部门的拨款，也有预算外收入及其他收入。不管是预算内收入还是预算外收入，都必须纳入财力资源管理部门的统一管理之下，这是财力资源管理的客观需要。支出管理涉及资金的出口问题，它是要对资金使用范围、用途、指标进行管理。通过支出管理，可以实现对组织各项活动目标的控制。组织的一切经常性工作一旦出现差错或问题就会影响到组织的正常运转，而组织的一切活动又都离不开资金的使用与调动，所以，支出管理可以影响组织活动的方向、规模。收支管理是各类组织中财力资源管理的基本内容，因而增强收支管理的科学性、规范性，提高收支管理的水平，也就显得至关重要。为此，应注意以下几点：

第一，严格遵守财力资源收支计划。财力资源收支计划是经过组织各部门自下而上、自上而下几番讨论形成的，并经过严格程序最终获得通过。收支计划一旦通过，就被赋予了“法律”的效力，对组织来说就是具有约束力的文件，任何人不得随意修改。在计划期内，各部门和各单位凡是有收入的都必须依照规定入账，如实填报；凡是有支出的，必须按计划规定的项目、金额、时间进行开支；建立部门领导负责制；对于没有列入收支计划的开支项目，财力资源部门有权拒绝开支，坚持没有计划不能开支的原则；对确实是因意外事件造成的计划外开支，必须履行审批手续，编制补充计划，并经过审核后才能列支；计划期末要对收支计划的执行情况进行检查考核，对超计划开支的要查明原因，确定责任。

第二，建立、健全支出管理制度。为了保证支出的合理有序，必须建立、健全支出管理体系，针对不同的支出项目建立相应的管理制度。对于经常性支出要建立标准定额管理、水平考核制度；对于专项支出要建立核算、使用、效益考核以及监督等制度；对于预算外资金的支出要强化统一管理、定额管理和监督审查制度；对于重大支出项目要遵循严格的程序，完善调研、立项和审批制度。

第三，保证基本项目支出，严格专项支出的管理。基本项目支出是维持组织正常运转的物质基础，要求各部门必须从全局出发去切实保证经常性开支的资金供应。为此，一方面要严格遵循支出计划，做到计划开支、有序开支；另一方面要本着节约精神，对于一些超计划、超范围、超标准的支出坚决抵制，做到每一笔开支都有依据，每一分钱都不乱花。专项支出是为保证专门任务的完成而产生的支出，必须做到专款专用，严格按照审批的用途、金额、范围、进度进行拨付，不得随意更改资金的用途，不得截留挪用。

3. 资产管理

资产是组织占有或使用的可以用货币来计量的经济资源，包括流动资产、固定资产和无形资产三类。任何一种资产都具有使用价值和价值，因为具有使用价值，可以为组织的正常运转提供客观条件和物质保障；因为具有价值，可以通过货币单位计量而纳入财力资源管理的范围。

一般来说，流动资产由现金（含银行存款）、存货材料、应收款项和可变现的有价证券等组成。流动资产的价值运动表现为不断地投入和收回的过程，这个过程永无止境，无限循环。对流动资产利用效果的基本评价方法是：以最低的成本满足组织的需要，加速流动资产周转。流动资产的特点是：周转速度快，循环周期短；形态具有多样性与易变性；占用量会时高时低。

固定资产是指使用期限超过一年并且在使用过程中保持原有实物形态的资产，如房屋、建筑物、运输工具以及其他设备、器具、工具等。有些单位还规定单价在一定金额以上，使用超过一定年限的设备、物品为固定资产。要做好固定资产管理，首先需要做好固定资产管理的各项基础工作，其内容包括：建立固定资产分口分级管理责任制；编制固定资产目录；建立固定资产登记簿或卡片；做好固定资产计价工作。其次，应当加强对固定资产实物的管理和维修，对新增固定资产应做好验收、移交及登记入账工作；对在用固定资产要注意内部转移，做到部门之间有交接，财务部门能及时掌握情况；对清理报废及有偿调出的固定资产，必须做到事前有批准手续，事后及时注销账卡；对租出、租入的固定资产也要做好记录，加强控制；对使用中的资产实物应加强日常维护、保养和检查、修理工作。

流动资产和固定资产都属于有形资产的范畴，传统管理比较注重有形资产的管理，而现代管理越来越重视无形资产的作用。随着时代的发展和科学技术的进步，无形资产作为知识形态的经济资源在当代经济增长中所起的作用越来越大，在整个社会再生产投资中的比重也日益增大，它所创造的效益在整个经济效益中的比重日益增长，无形资产已经成为 21 世纪生产力的重要因素。一般说来，无形资产是指特定主体所控制的、不具有实物形态但对组织发挥长期作用且能带来经济效益的资源，包括专利权、非专利权、商标权、著作权、土地使用权、经营特许权、商业信誉等。无形资产管理就是对无形资产这一资源进行计划、组织、控制，使之发挥最佳效益的活动。无形资产的存在离不开有形物体，有形物体是无形资产的载体。无形资产的载体有两种：一是人体，即人的大脑和神经系统；二是除人之外的物体，如契约、许可证、法律文件、档案、磁盘、光盘、计算机，等等。无形资产管理应该有三个方面的内容：

第一，应建立无形资产管理职能部门，配备专职的无形资产管理人员，以便对组织的无形资产进行综合、全面、系统的管理。无形资产如同有形资产一样，需要人们管理、维护。现实中因为商标被抢注、商业秘密被窃取或因管理不善而致使企业深陷被动甚至一败涂地的例子并不罕见。无形资产管理部门的主要职能包括：对整个组织无形资产的开发、引进、投资进行总的规划和控制；在无形资产应用过程中协调与内部其他职能部门的关系；协调与组织外部国家有关专业管理机关的关系；协调与其他组织的关系；维护企业无形资产资源安全完整；考核、分析无形资产的投入产出状况和收益状况。

第二，制定无形资产管理制度。无形资产管理制度包括：无形资产开发方面的管理制度，无形资产权益（权益取得、维护、保护）方面的管理制度，无形资产对外许可、转让、合作管理制度，无形资产档案管理制度，无形资产奖惩管理制度，无形资产投入产出考核制度，无形资产融资管理制度，无形资产评估制度，无形资产监控制度，无形资产审计制度，无形资产国家权益管理制度，无形资产投资管理制度等。

第三，利用专门的无形资产管理工具，将无形资产的管理、监控与业绩考核综合起来，建立起适合本组织的无形资产管理的科学模式。

6.2.4 财务监督

1. 财务监督的含义

财务监督是根据国家有关财务管理的法律、法规和财务规章制度对组织及组织中每一个独立预算单位的财务活动进行审核和检查的行为。财务监督也可以理解为货币监督。由于组织的许多活动必须借助于价值形式才能进行，因而可以运用货币收支和财务指标对组织的发展状况实施监督，从而控制组织的活动并及时解决问题。

财务监督的主要内容有：第一，监督组织资金的筹集和运用，保证组织财务收支平衡，提高资金利用效果；第二，监督成本开支，控制运营耗费，合理使用人力、物力和财力，减少浪费，不断降低成本，提高劳动生产率；第三，监督营利性组织收入及利润的实现和分配，及时足额地完成税收任务；第四，监督各项经济活动，严格执行国家财经纪律、信贷纪律和结算纪律。

国家财务监督与审计是国家审计机关依据法律法规对国家机关、行政事业单位和国有企业执行预算收支的情况和会计资料实施检查、审核、监督的专门性活动。监督审计的内容主要包括：预算监督审计、决算监督审计、税收监督审计、基本建设监督审计、国有企业监督审计、事业单位监督审计等。

财务监督的过程一般分为三个工作阶段：1）准备阶段。主要工作包括确定检查对象、内容和任务，组织落实检查人员，安排检查时间、程序。2）实施阶段。主要工作包括搜集资料、了解情况、调查取证。3）总结阶段。主要工作包括整理检查资料、编写检查报告。

2. 财务监督的作用

在社会经济发展和组织运行过程中，财务监督具有非常重要的作用，可以概括为如下几个方面：

（1）保证组织的财务活动遵守、执行国家的有关法律、法规和财经制度。社会主义市场经济离不开法制，依法治国是我们的基本方略，没有良好的经济秩序就没有经济发展的良好环境。经济秩序包含了财务管理的法制化、制度化，国家的经济立法和财务管理规范制定，一方面体现了依法治国的精神，另一方面也规范、影响、引导社会经济生活，使其朝进步、文明的方向发展。无论什么性质的组织，只要做到遵纪守法，它的正常运营就能得到国家的保护，它的经济和社会收益就能得到认可。良好的经济秩序需要全社会的遵守与响应，财务监督与审计就是建立良好经济秩序的重要手段。

（2）促进营利性组织树立千方百计结余资金、降低成本、增加经济效益的现代经营理念，提高产品和服务的竞争力，更快更好地参与国际竞争，增强国家的综合经济实力。对于非营利组织特别是政府部门，财务监督的目的还在于精兵简政，合理定编定员，节约公共资源，构建一个低成本高效率的“廉价政府”，促进政府部门人财物配置结构的优化。

（3）促进组织资金的合理使用，提高资金使用效率。目前我国一些地方政府出于快速发展经济的考虑盲目开展建设项目而使财政赤字严重，政府背上了沉重的包袱。一些行政性事业单位急功近利，违规收费，牟取单位利益，严重损害了公共组织的社会形象。实施财务监督审计就是要促进这些部门收支有度，防止资金使用失当，反对铺张浪费，努力提高公共服务的质量和水平。

（4）促进财务政策、法规、制度纪律的健全完善。通过对社会各类组织遵守经济政策、财务政策、财务制度、财经纪律的监督，能够发现制度的漏洞，吸取经验教训，不断完善各项财务制度。

（5）揭露财务活动中的舞弊和违法乱纪行为，约束、威慑不法行为，保护公共财产、合法财产不受损失。

3. 财务监督的手段

财务监督的手段主要有审查财务报告和进行财务分析两种。

（1）财务报告是关于组织中的独立预算单位一定时期内的财务状况和预算执行情况的书面文件，包括财务报表和财务情况说明书。财务报表是对企业有关账项所做的系统归纳与表达，所记载的主要是各种数据，可以反映一个单位的各项经济资源和经济状况；反映资金的筹措、运用以及现金收支的情况；反应组织运营能力、经营成果和收益的情况，反映了一个单位的各项本质特征。通过分析财务报表，可以对组织财务活动的合法性、真实性进行了解，及时发现组织存在的问题。财务报表由资产负债表、收入支出总表、支出明细表、基本数字表，以及预算外资金收支明细表、专项支出情况表等组成。财务说明书是对预算单位各项财务报表的补充性、说明性资料，往往用来说明：1）预算单位预算期内收入、支出、结余、专项经费使用及各项资产变动、周转情况及原因；2）对预算单位财务情况、运营成果、现金流量发生重大影响的事项；3）预算单位财务管理的现状和问题、进一步改进的措施和步骤。通过查阅分析财务说明书，可以更全面地了解预算单位财务状况的变化及原因，使财务监督有据可依。

（2）财务分析是以预算单位的工作计划和年度预算为依据，利用财务报表（包括资产负债表、收入支出表、现金流量表及有关附表和财务状况说明书）和其他相关资料，运用专门的方法对一定预算期内预算单位财务活动的过程和结果所进行的分析。财务分析是组织经济活动分析的重要组成部分，也是财务管理的重要手段，其一般目的可以概括为：评价过去的业绩；衡量现在的财务状况；预测未来的发展趋势。财务分析提供的信息不仅能说明目前的财务状况，更为重要的是能为未来的财务决策和财务计划提供重要依据。进行财务分析的意义在于：促进预算单位加强预算管理，保证预算收支任务的完成，促进管理水平的提高。因为，通过财务分析可以了解组织的偿债能力、营运能力和收益能力，划清经济责任，合理评价组织领导的业绩，以奖优罚劣去促进管理制度的健全、管理水平的提高，促进组织资源的优化配置。财务分析还可以帮助预算单位分析资金利用环节存在的缺陷，分析不良资产形成的原因，找出盘活不良资产的办法，不断挖掘各类资源的潜力。进行财务分析，也能够促进预算单位严格遵守财务制度和财经纪律，促进预算单位完善组织内部的财务管理制度。

财务分析的内容主要包括：第一，分析预算编制情况。首先注意分析预算计划是否遵守了国家相关法律法规；其次，按照工作单位的目标，对照检查预算各项指标是否全面真实地体现了组织的发展愿望，编制是否科学，是否贯彻了量力而行、量入为出的原则，预算数值是否计算准确，编制过程是否按照规定的程序进行。第二，分析预算执行情况。这里包括执行程序、执行进度、执行结果的分析。第三，分析收入、支出情况。收入是否符合规定，支出是否超出了范围，支出标准是否存在过低或过高，支出结构是否合理，是否体现了各利益相关方的合法权益。第四，分析财产使用情况。分析预算设备是否按规定购买、使用、维护保养，折旧费用的确定是否合理，有无资产流失、损毁。第五，分析预算单位人员结构、数量、流动的变化规律对收支情况的影响。第六，分析财务管理制度建设情况。财务制度建设是否与国家法律法规相符合，是否符合本单位实际情况，管理制度是否健全，财务管理内部不同职责部门、财务过程不同环节的规章制度是否相互衔接、配套等。

6.3 物质资源管理

6.3.1 物质资源及其管理

1. 物质资源

物质资源是指人类社会生活中拥有和使用的各种有形资源，既包括以自然形态呈现的资源，如土地、矿产、能源等天然资源，也包括经过人类加工改造的资源，如建筑物、仪器设备和原材料、产品等。一般来说，物质资源是可以直接用货币单位来计量的。同其他类型的资源相比，物质资源呈现出以下几个方面的特点：

第一，基础性。物质资源在人的社会生活中发挥着重要作用，正是通过与自然界进行物质、能量和信息的交换，人类才得以生存和发展。物质资源给人类社会生活提供了最基本的生产资料和生活资料，是人类生存和发展须臾不可或缺的前提条件。即使是在人类社会高度发展的今天，这种局面也丝毫没有改变。

第二，客观性。物质资源以客观实体的形式存在，它在外观上有一定的性状，在空间中占据着一定的位置，是人们在日常生活中通过自己的感官看得见、摸得着的。物质资源的存在和演变有其自身内在的规律，这些规律不以人的主观意志为转移，只要存在适合的条件，就会发生作用，产生影响，人类在获取和使用物质资源时，必须尊重这一规律。

第三，多样性。物质资源的种类繁多，形态样式各异，伴随着人类社会的不断进步以及科学技术的飞速发展，物质资源也越来越多地打上了人类活动的印记，其多样性的特点也得到了进一步的展现，其表现形态也日益丰富。物质资源多样性的特点使得人们在管理和使用它们时必须采取不同的措施和方法方能取得良好的效果。在具体的组织管理过程中，物质资源一般分为固定资产、材料和低值易耗品三大类。

2. 物质资源管理

物质资源管理是组织在运营过程中对所需物资的获取、使用、储备等行为所进行的计划、组织、控制等一系列工作。物质资源的种类十分庞杂，且在获取和使用的过程中需要占用和耗费大量的资金，因而需要对其进行有效的管理才能降低组织的运营成本、加速资金周转和提升组织效率、应对外部环境的能力。物质资源管理包括计划、获取、使用、储备等环节，其中任何一个环节出现问题，都将对组织的物质资源供应产生不良影响。在今天，物质资源管理已经成为现代组织管理的重要组成部分，成为组织控制成本、提高效率的重要手段。物质资源有着不同于组织其他资源的特点，在组织运行过程中所占据的地位和发挥的作用有所不同，从而决定了物质资源管理也呈现出不同于其他资源管理的特点。

（1）服务性。物质资源管理的服务性可以从以下两个方面来理解：其一，和其他资源管理一样，物质资源管理从终极目标来看是为推进组织的可持续发展服务的；其二，和其他资源管理不同的是，物质资源管理的直接服务对象是组织中各个具体的生产和经营部门，是为了满足其资源需要，保障各项工作的顺利进行。一般来说，人们都是站在这一角度来理解和看待物质资源管理的服务性的。因此，组织中的物质资源管理部门的功能定位就在于“后勤保障”。物质资源管理的服务性特征充分体现在管理的具体环节上，从需求调查到计划编制再到计划的执行和监督，时时刻刻都是围绕着如何很好地发挥服务功能展开的。同时，服务也是人们衡量物质资源管理功能发挥状况的标准，换言之，能否很好地为组织发展提供物质资源保障是人们衡量和评价物质资源管理工作的最终依据。

（2）技术性。在组织中，物质资源管理是一个独特的领域，有着很高的技术要求，需要有专门技能的人员才能胜任。社会环境的复杂性和不确定性的迅速增长对物质资源管理提出了更高的要求，因而，在物质资源管理领域积极应用科学技术的最新成果早已成为组织应对激烈竞争的有力武器。信息论、控制论、运筹学、现代规划、计算机网络等现代先进科学技术被相继应用于物质资源管理中，成为影响物质资源管理水平的关键因素，更加显示出物质资源管理的技术性特征。

（3）基础性。物质资源管理的基础性与其服务性有着非常紧密的关系，是由其直接派生出来的。一方面，服务定位决定了物质资源管理是为组织的中心工作、为组织中的各个部门及其成员提供后勤、保障、生活、辅助等服务；另一方面，这种服务体现在满足组织运行每一个方面的物质需求上。物质资源管理是组织的日常性工作，为组织的存续和发展提供了必要的物质保障。组织的存续和发展对物质资源有着严格的要求，物质资源不仅要在用途上符合组织的要求，在规模、数量、质量上也要满足组织的要求，必须在需要的时候能够及时到达使用者手中。良好的物质资源管理能够使物质资源的作用得到很好的发挥，而缺乏对物质资源的有效管理，就会造成负面影响，组织中其他资源的管理也会陷入混乱。

6.3.2 物质资源管理的原则

物质资源管理应严格遵循以下基本原则：

（1）依法管理原则。在宏观层面上，物质资源管理要严格按照国家相关法律、法规和政策的规定进行，避免在物质资源的获取和使用过程中对公共利益造成危害、对集体财产造成损害和对个人的合法财产造成损失。在微观层面上，物质资源管理则要严格依据组织有关物质资源管理的相关制度和程序进行。虽然组织是多样的，但在物质资源管理的问题上，所有组织都有严格的程序设计和制度规定，涵盖了物质资源的计划编制、获取、储备、保管、使用等全过程，这些制度和程序是物质资源高效有序管理的有力保障。

（2）科学化原则。物质资源管理必须尊重物质资源本身的特点，严格按照客观规律的要求进行；必须以科学的理论为指导，设计出一套符合物质资源自身特点、行之有效的管理办法。当然，物质资源的种类和形式繁多，其价值、消耗、资金占用等情况各有不同，获取的难易程度也不一样，因而其重要程度也各不相同，必须根据不同情况，区别对待，分类管理。比如，对占用资金多、获取较难的资源在订货批量、进货时间、库存储备等方面采用较经济的办法，定时定量供应，定点管理，严格控制库存；对品种虽多，但占用资金较少、较易获取的资源可采用较简便的方法进行管理，适当控制库存。只有这样，才能够做到降低库存，加速资金周转，提高组织经济效益，从而为组织的运营和发展提供有力的支持。

（3）系统化原则。物质资源管理涉及组织管理的方方面面，必须将其视为一项系统工程，即按照系统工程的理论和方法进行物质资源管理。要根据物质资源流动的特点，建立科学的物质资源流动和管理体系。在具体的管理过程中，既要从宏观的角度把握物质资源及其流动的总体状况，又要在物质资源管理的各个环节，大力应用现代科学技术尤其是运筹学的理论和方法开展研究，建立数学模型，进行定量分析；构建完善的计算机网络系统，加强物质资源管理各个环节之间的沟通与联系，从而减少资金消耗，合理配置物质资源，使其发挥更大的效益。

（4）信息化原则。物质资源管理离不开组织与环境之间、组织与组织之间、组织内部各部门之间的信息沟通与交流。信息是物质资源管理部门决策的基础，是物质资源计划编制的依据，是保证物质资源管理体系各部分之间协同配合的重要条件。缺乏有效的信息沟通与交流，决策失误在所难免，计划编制就会无的放矢，协同配合更无从谈起。物质资源管理系统的信息包括两个方面：一是物质资源系统内部的信息，二是物质资源系统外部的信息，前者反映的是如统计资料、库存情况、组织运转过程中各项任务的完成情况及存在的问题等，后者则涉及国家的相关政策、法律、法令和法规，社会经济发展计划，上级组织或机构的建议或指令，供货单位的生产情况，用货单位的消耗情况等，物质资源管理部门和人员必须紧密结合这些信息科学决策、制订计划并监督执行，才能保证物质资源发挥最大的效益。

（5）及时原则。物质资源管理是组织高效运营的保障，必须在组织及其各部门需要的时候，能够及时地提供各种优良的物质资源。这就要求物质资源管理部门的工作具有前瞻性，密切关注组织生产和运营，多方位、多渠道搜集组织的资源需求信息，同时深入了解资源供给方面的情况，积极组织采购，合理安排库存，从而保证组织资源供给的及时到位。

（6）节约原则。加强物质资源管理是为了在现有的人力、物力和财力的条件下最大限度地满足组织可持续发展的需要，这是物质资源管理的目标。这一目标的实现，不能依赖无节制的资源投入（这不仅不现实，也根本不可能），相反，必须在保证现有物质资源供应的前提下，最大限度地降低费用，节约成本。这是因为，在日常的生产活动中，不仅存在着资源投入的边际收益递减规律，而且各要素之间也要有适当的比例关系，任何一个组织都会受到资源和资金边界的约束，因此，节约本身就是物质资源管理的题中应有之义。

6.3.3　物质资源管理的内容

物质资源管理工作包含了物质资源的计划编制、获取、使用、储备以及管理制度建设等方面的内容。

1. 物质资源的计划编制

计划编制是物质资源管理的首要环节，是组织订货采购工作和组织内部物质资源供应工作的依据。计划的编制需要遵循组织的发展战略和目标，根据组织发展规划计算出所需物质资源以及组织当前所拥有的物质资源的规模、数量、质量，综合组织内部各部门的信息进行。在今天瞬息万变的市场经济背景下，只有综合物资、生产和财务等各部门的信息进行物质资源计划编制，才可以使计划编制更精准、更科学、更具可操作性。物质资源计划不仅包括所需资源的种类、数量，而且包括资源获取的方式，即以什么样的方式去获取。

加强物质资源的计划编制，既保证了其他物资管理环节的顺利进行，也能够有效避免物质资源浪费，具体的做法是：首先，由物质资源管理部门组织人员对物质资源进行调研，深入了解物质资源市场行情，掌握相关物质资源价格的第一手资料；其次，由生产部门估算所需物质资源的数量、种类，提报物质资源需求清单；再次，由财务部门负责提供流动资金的详细信息；最后，由组织通过计算机系统综合处理各部门所提供的信息，编制科学、合理的物质资源需求计划，统筹安排物质资源获取、使用、储备等行为，并由物质资源管理部门负责计划的落实及监督任务，发现问题并及时解决。

2. 物质资源的获取

在市场经济条件下，为了节约组织有限的财力和资金，物质资源的获取方式也日益多样化，从以往单一的组织采购逐步发展到采购、租借和合作等多种方式的物质资源供给途径。

采购是组织通过资金支出交换所需物质资源的重要途径，组织在采购过程中，主要采取比价、限价和定价三种模式。比价采购是在采购过程中实行以综合比对为主要手段的物质资源采购管理模式，其中，物资的供应质量和价格、采购的中间费用、售后服务、供货商的信誉以及货款的承付方式等都是采购对比的要素。比价采购强调同种货物比质量，同等质量比价格，同样价格比服务，同等服务比信誉，旨在通过对各要素进行综合比对而达到采购物质资源物美价廉的目标。限价采购和定价采购是比价采购的一种延伸，在特定的情况下能够发挥更加积极的作用。当采购的物质资源品种繁多、采购次数频繁、且难以形成大规模批量采购的情况下，可以由物质资源管理部门在深入调查市场行情的基础上对外公布组织所能接受的物质资源价格上限或具体数额，实行限价采购或定价采购。科学合理的物资采购计划加上严格的物资采购过程控制，可以从根本上解决盲目采购、无计划采购、多头采购等问题，最大限度地改善组织成本支出状况，有效节省组织开支。

与采购不同，租借与合作不以获得资源的所用权为目标，而是注重资源的使用权。在组织资金较为紧张的情况下，可以达到“四两拨千斤”的效果。当然，无论是租借还是合作，也都同样需按比价、限价和定价的原则进行。

3. 物质资源的使用

物质资源使用主要包括物质资源的配送及消耗两个环节。现代组织物质资源的使用管理以方便、高效为原则，一改传统的“统一进货、集中存放、定点发放”的配送方式，重点突出了配送方式的灵活性、多样性和物质资源消耗的控制力度，强调“即时配送”“准时配送”“多批次、少批量”“变领料为送料”，从而极大地减少了在材料搬运、等待领料等环节造成的浪费。

生产过程中的物质资源消耗量是影响组织生产成本的决定性因素，因而成为组织管理和控制的重点。在物质资源管理过程中，应注重对物质资源建立起一套行之有效的监控系统，利用计算机系统对生产过程中的物质资源消耗量进行详细记录、分析、比对，通过监控将超额情况及时反馈到管理层，尽早查明超额原因，最大限度地降低物质资源消耗，避免出现浪费现象。

4. 物质资源的储备

对于组织来说，物质资源储备是保障生产经营正常进行的必要手段。物质资源储备管理要求在满足现实生产需求和扩大再生产需求的情况下尽可能地调整库存结构、盘活积压物资、加快资金周转、减少储备资金占用。物质资源储备管理首先是要对物质资源实行分类管理，对供应充足、可即时购买的长线资源原则上不储存，对产销平衡的资源通过合理安排进货时间实现不储存，而对于进货相对困难的紧俏物资则要备有一定的储存量；其次，对物质资源储备量进行实时监控，并及时向管理层反馈信息，预防物质资源积压和超储现象的发生；最后，当出现物质资源积压或超储现象时，应积极寻求合理的对策，比如，能够内部代用的可以实行内部代用，无法代用的则可与供货商进行协商退货，或与其他组织交换资源实现“双赢”。

“零库存”是一种反映了现代物质资源储备管理的理念。所谓零库存，并不是指以仓库储存形式的某种或某些物品的储存数量真正为零，而是指物料（包括原材料、半成品和产成品等）在采购、生产、销售、配送等经营环节中，不以仓库存储的形式存在，而是处于周转的状态，从而实现库存量的最小化。

总的说来，物质资源管理是一项规范性、程序性很强的工作，建章立制是提升其管理水平的最佳路径。通过物质资源管理的制度建设，进一步细化管理制度，规范运作，增加可操作性，才能提升物质资源管理水平，满足组织发展的需要。加强物质资源管理的制度建设，不仅能够规范物质资源采购程序，扩大采购范围，降低采购成本，减少资金占用，避免积压超储，保障供应和组织的安全运行，提高组织的经济效益和社会效益，而且能够推动整个组织制度建设的进一步完善。

6.4　信息资源管理

6.4.1　信息是重要资源

现代社会被称为信息社会，信息在社会发展中具有重要的意义，已经成为增加社会财富、提高社会生产效果和人民生活水平的重要工具，成为无形的财富和重要资源。现代社会的管理工作每一步都离不开信息，只要有管理活动，就存在着信息并发挥作用。信息资源管理对现代管理的成败有着决定性的影响。因为，管理行为的成败取决于能否制定出有效的决策，决策的质量则取决于信息的准确程度，而正确的信息则是减少不确定性信息的基础。

信息资源有着各种各样的特征，从不同的角度，可以对它进行不同的分类。最为常见也最为有效的分类是根据信息的内容做出的，如经济信息、政治信息、科技信息、军事信息等。从一般管理的角度看，具有普遍指导意义的分类是根据信息的功能做出的，主要包括战略计划信息、管理控制信息和作业信息。

信息资源管理是管理者为实现组织的战略目标和推进组织不断向前发展而运用现代化管理手段、管理方法对信息资源进行组织、协调和使用的活动。在任何一个管理系统中，管理者都是借助信息来实施管理的。所谓管理者的管理活动，其实就是根据环境提供的信息来选择自己的管理行为的活动，是把自己的想法以口头或书面的形式传送给被管理者并得到被管理者的理解和执行的活动。也就是说，管理活动实际上是不断地把信息转换为具体行动的决策活动，是根据已有信息做出的行动选择。管理活动中的执行则是把来自上级管理层的信息落实到具体的行动上。一切管理层都极力去准确获取信息和适时地使用信息，努力把管理的成功寄托在对信息的占有和使用上。

一切管理系统都是借助于信息的获取、传递、加工、处理来实现有效的管理的。虽然每一个管理系统都有自己的特点和自己特定的目的，是与其他管理系统相互区别着的，但是千差万别的管理系统之间有一个共同的特征，那就是它们都是管理信息的输入和输出系统，是在不断的信息输入和输出中展现生命力的。对于管理系统来说，它的构成要素是多种多样的，而信息则是它的一种黏合剂、一种纽带，是一切系统的整体性、确定性和生命力的所在。管理无论在哪个领域和哪个水平上进行都离不开信息。信息资源管理已渗透到管理的各个领域、各个环节。概括起来，信息资源管理的作用主要体现在以下几个方面：

（1）信息资源管理是保证决策和计划科学性的前提条件。决策和计划是管理的基本职能，科学的决策和计划，必须以全面反映客观过程的信息资料为依据。因此，了解情况和掌握信息是对决策者和计划人员的起码要求，是在决策中做出正确判断和决定的基本前提，是使计划切实可行的根本保证。

（2）信息资源管理是管理系统控制的依据和手段。控制是管理的一个重要职能，在某种意义上，管理就是从各有关方面获得信息，对这些信息进行加工，然后发出控制指令，驾驭系统沿着既定轨道运行，并达到预期目标。在实际控制中，正是根据反复不断的信息输入、输出和多回路的反馈，才使活动得到及时调整，按照预定的轨道顺利发展。

（3）信息资源管理是管理系统中各工作环节和管理层次互相沟通、联络的纽带和桥梁。组织是诸多要素按照一定方式相互联系起来的、动态的有机系统，组织要保持自身的稳定性、发挥出最佳的组织功能，就离不开信息。信息是组织的生命，组织内各要素之间、组织与组织之间的联系，都要靠信息来维持。信息是组织有序化的标志，是系统的组织性、确定性的量度。对信息资源的管理是组织有序化，使其各个层次、各个环节的活动协调于系统之中，从而使组织功能得到充分的发挥。

6.4.2 信息资源管理的过程

信息资源管理是一个由信息采集、信息加工处理、信息存储检索、信息服务等一系列环节组成的完整过程。

（1）信息的采集。管理系统中的各种数据是分布于不同部门和管理活动的不同环节中的，不会自然而然地汇集到一起。对信息资源的管理首先就是将这些数据收集起来，并转化为所需要的形式。信息采集是信息资源管理的首要环节，是挖掘信息资源价值，促进信息资源价值转化，开展信息服务的基本前提。各信息管理部门只有占有丰富、翔实的信息，才能真正发挥服务于组织发展的作用和功能。信息采集并非盲目地采集，而是根据组织运营和发展的实际需要，有计划、有目的、多层次、多渠道、全方位采集信息资源的过程。对于具体的管理活动来说，信息的流动来自两个方向：其一，来自系统之外的，我们称之为外源信息流；其二，在系统内流动的，我们称之为内源信息流。外源信息流包含着关于系统环境的信息，内源信息流则是在管理系统内部产生和流动的，主要是关于管理系统内部各要素和内部环境方面的信息。这些信息在流向上可能是垂直的，也可能是平行的；在流通渠道上，有正式的组织渠道，也有非正式的组织渠道。内源信息是比外源信息更为复杂的信息流，对管理的成败也有着更为重要的意义。

（2）信息的处理。收集到的原始信息通常是杂乱无章的，需要进行加工处理才能成为有用的信息。信息的加工处理包括了信息的筛选、分类、评价等多个环节，信息的处理方法很多，最为基本的是对数据进行排序、核对、分类、比较、合并、统计、更新、选择、分配，直至对复杂的数据处理模型进行调试等。信息处理能力的强弱，直接反映了信息系统的强弱。

（3）信息的存储。经过加工处理的信息，有的并非立即就可以使用，即使是需要立即被使用的信息，日后也可能会被重复使用，因此，必须把它们存储起来。信息可以存储在不同的介质中，纸张、卡片、磁带、磁盘、网络等都可以成为存储信息的介质。选择信息存储介质应当遵循这样的原则：在考虑体积小、容量大、失真度低、保存时间长等条件的同时，力求经济、方便。信息的存储不是机械地保存，也包括定期地对信息进行逻辑组织，即按照信息本身的内在逻辑关系或按照信息使用方便的要求，把信息组织成合理的结构。

（4）信息的传输。信息只有被准确及时地送到需求者手中，才能发挥作用。信息传递效率的高低主要表现在传递的速度和质量上，因此，如何使信息传递的速度更快、质量更高一直是管理信息系统的追求，从古代的驿站到现代的电传都是这种追求的表现。为使信息传递的速度快、质量高，需要拥有稳定的信息通道，编制科学合理的信息流程，并尽量减少信息传递的环节和层次。

（5）信息的输出。信息输出是信息资源管理的最终目的，因为数据的收集、信息的处理，都是为了输出高质量的信息，以便为管理服务。信息输出可以根据需要以文字、报表、图形的形式出现。但是，应当注意，信息的接收者不是信息专家，一切输出的信息，都应当直观醒目、简明易懂并合乎正常的使用习惯。

6.4.3　管理信息系统的建立

1. 管理信息系统的概念

管理信息系统（MIS）是现代管理系统的一个重要组成部分，是专门为管理者提供其所需要信息的系统。管理信息系统专门进行资料处理、储存和调用，也就是说，它从环境和系统内部获取数据，进行筛选、组织和选择，并组成信息迅速地传递给管理者，各级管理人员借助这些信息能够开展有效的管理活动。因此，管理信息系统也被看作在管理系统内部设立的管理咨询系统，它为管理者的决策、预测、控制、指挥、协调等管理活动提供信息支持。

管理信息系统中的“系统”表明了一种顺序、安排和目的的意思。进一步地说，管理信息系统强调提供给管理者的是信息，而不是单纯的数据，数据是未经加工的、未经分析的事实，如一堆数值、姓名或产量值就仅仅是数据。数据对管理者来说是没有什么用处的。只有经过分析和处理的数据才变为信息。管理信息系统的任务就是采集数据并将其转换成管理者可用的信息。

无论什么样的管理信息系统，都首先应当具有三种功能：（1）确定信息需求；（2）搜集和处理信息；（3）促使信息得到使用。在现代管理活动中，时时都会遇到大量信息，但信息多不一定是好事，因为信息过多往往会造成干扰。所以，首先应当确定哪些信息是自己真正需要的，然后根据这个前提去收集信息并加以处理，精选出准确、真实、有用的信息。同样，信息的时效性和准确性是同样重要的，管理信息系统又应当及时地把准确的信息传送给管理者。

一个管理信息系统大致包括这样几个子系统：数据的收集、整理系统，输入系统，加工系统，传输系统，存储系统，检索系统，输出系统等。但就管理信息系统的构成要素看，它主要包括人员、设备和数据。

管理信息系统是多种多样的，根据其应用的技术不同，可以分为手工操作系统、机械处理系统、电子系统这三种主要形式的管理信息系统。在现代管理信息系统中，使用计算机来进行信息处理工作已是非常普遍的事情，是管理者驾驭管理系统的必要手段。一个管理信息系统可以大致比喻为一个图书馆，它收集、存储数据，进行分类整理，加工管理成信息，以便在管理者需要的时候，能够迅速地提取。

2. 管理信息系统的建立

管理信息系统在管理中的重要性越来越为人们所认识，现代管理者在建立一个管理系统时，都很重视作为管理系统子系统的管理信息系统的建立，这是因为：

首先，管理对外部信息的需求决定了管理信息系统的重要性，现代管理者面对着复杂的管理环境和种种难题，比如，全球性的竞争、能源危机、资源匮乏、通货膨胀、人才短缺以及新技术的采用、环境保护、人口增长等带来的问题，行政方面的管理形势可能更为复杂。在这种条件下，管理者如果不借助管理信息系统的工作，是无法顺利展开管理工作的。

其次，管理信息系统内部的沟通对建立管理信息系统提出了要求。具有现代特征的管理体系，往往规模大、内容广、层次多、结构复杂，对于这种管理体系，管理者必须通过逐层分权来实施管理。在这种情况下，要对各级管理人员的决策加以控制，使之保持一致性和统一性，就需要用信息来沟通，从而维护整个系统的整体性，使之不至于因管理层次和管理部门的多元化而受到破坏。

最后，现代技术为建立专门的、高效的管理信息系统提供了可能。计算机的出现，使信息的收集、处理、储存、传输都极为快捷和准确，现代管理信息系统必须以计算机为工具来开展工作。同时，也应当认识到，计算机本身并不知道信息应如何收集、处理、储存、传输，计算机的工作需要在人的指令下进行。

计算机的管理信息系统是一个人机系统，是由人和电子计算机以及有关程序组成的结构性综合体。这个系统，除设备人员以外，更为关键的是要根据管理工作的内容、规模、性质和要求来设计或购买应用软件系统，以使该管理系统原先的程序性管理工作内容被纳入人机系统，从而把管理人员从大量程序性的工作中解放出来。当然，管理者不能没有为其服务的管理信息系统，但也不能过多地依赖管理信息系统，任何时候，管理者的知识水平和智慧素养都是第一位的。

3. 建立管理信息系统的条件

建立一个管理信息系统，必须满足以下几个方面的要求：其一，任何一个管理信息系统的建立，都必须从解决实际存在的管理问题出发；其二，管理信息系统所提供的信息必须是准确的和高质量的，错误的信息势必导致决策的失误；其三，信息必须及时；其四，信息量要适中，不可过多。实践证明，计算机在管理中的应用能取得巨大的经济效益，但是，必须具备一定的前提条件并使用恰当，否则不但不能达到预期效果，反而会造成人力、物力、财力和时间的大量浪费。对于某一个具体组织而言，必须衡量其是否初步具备建立管理信息系统的四个基本条件：

（1）具有一定的科学管理基础，能将大量的数据及时、准确地进行加工处理，使之变为对管理有用的信息。只有输入的数据准确、完整，才能得到真实反映客观情况、具有指导意义的输出结果。若是一个管理不善、生产秩序混乱、原始数据不准不全的单位，那么，它只能向计算机输入一些无用数据，当然输出的也是毫无用处的结果。因此，只有在合理的管理体制、科学的管理方法及准确的原始数据的基础上，才能真正发挥计算机的有效作用。

（2）领导重视、业务人员积极性高。建立管理信息系统是一项非常复杂的工程，也是管理的一次改革，常常涉及体制、机构、人员、规章制度的变化和调整以及统一数据编码、表格形式等很多协调工作。此外，管理信息系统开发和利用的各个时期，还要求不断地投入新的资源。这些全局性的重大问题，只有高层领导重视甚至亲自过问，才能得到解决。当然，业务人员的积极性也非常重要，在信息系统开发阶段，需要他们介绍业务、提供数据、积极进行配合；在新系统建成以后，他们将是主要操作者和使用者，他们的业务水平、工作习惯以及对新系统的积极性，将直接影响系统的使用效果和生命力。

（3）建立一支高水平的信息系统开发专业队伍。信息系统的开发主要依靠具备管理知识和计算机知识，并能熟练掌握先进的系统分析与设计、技术和方法的信息系统开发人员。开发人员的水平和素质往往会影响到开发的效果。专业队伍的结构也相当重要。专业人员包括系统分析员、系统设计员、经济管理模型设计员、程序员、数据员、信息系统操作员，以及己方的硬、软件人员，操作员和输入员等。在开发初期首先要由系统分析人员进行现行系统的调查研究和系统分析等工作，随着系统分析与设计工作的不断深入，应达到系统实施阶段所需人员基本配齐的要求。当然，根据组织的技术力量和新系统要求的不同，上述各类人员也可作适当取舍。

（4）具备一定的资源条件。计算机系统的主机、外设和软件都十分昂贵，因此，要开发管理信息系统，必须具备一定的资源条件。信息系统的开发费包括：购买计算机软、硬设备的费用，建造或改建机房的费用，购置空调、电源、机房设施等的费用，人员的工资、培训、编程和调试费，以及开发过程中的一系列杂项支出等。另外，随着计算机技术的不断发展和处理业务扩大的需要，一些机器设备也要随之更新并增添功能更强的各类硬件、软件。信息系统的投资不可能一次完成，应该在开发和运行过程中不断投入，只有在逐步取得阶段性成果的基础上，才能得到更多的补充资源。

4. 建立管理信息系统的原则

管理信息系统已经成为现代管理必不可少的支持系统，而且在管理发展的历史趋势中可以看出，管理者对管理信息系统的依赖会越来越强。在这种情况下，管理者自觉地进行管理系统的建立已经成为现代管理的基本内容之一。因此，现代管理者大都非常关注甚至亲自参与管理信息系统的设计。在管理信息系统的设计中，以下几项基本原则是应当加以遵循的。

（1）要有明确的目的性。管理信息系统是为管理系统提供服务的，因此它的设计必须依据管理系统的性质、规模以及所需信息在数量、质量、时间等方面的要求来进行。在进行管理信息系统设计时，要先明确管理系统需要哪些信息，这些信息应从哪里获取，以及以什么方式收集和传递信息最好。

（2）要坚持系统的完整性和统一性。所谓完整性，就是根据信息加工需要，必须具备的环节不能省略，同时要保证各环节的相互联系和正常运转；所谓统一性，就是要求整个信息系统的工作统一化、制度化，整个系统各个工作环节和输送的信息在语法、语意和格式上要标准化、规范化，从而保证管理信息系统的每个环节工作上的协调。同时也便于与别的管理信息系统联系、合作，所加工的信息也应便于使用。

（3）要具有可靠性。管理信息系统的可靠性，集中表现在所提供的信息的准确性、适用性和及时性上，只有这样，才能真正成为管理的助手。所以，可靠性是管理信息系统的生命所在。为了提高管理信息系统的可靠性，必须使整个系统有良好的素质，其中包括设备、人员、服务态度、工作作风等素质，同时还有必要在整个系统中配备一定的控制装置和监督人员。

（4）要有相对独立性。允许管理信息系统拥有相对的独立性，主要目的是保证信息的真实性和可靠性，不受管理者的主观意志和情感好恶的影响。所以，虽然在总体上管理信息系统是管理系统的一个组成部分，但在组织运行方式上，管理信息系统应与管理系统分设，或者从纪律上、制度上对管理信息系统的相对独立性做出规定，尽量避免长官意志和过多的行政干预。

（5）要注意其适应性和灵活性。在科学技术的发展日新月异、社会和经济形势千变万化的情况下，现代管理要求有很强的适应性和灵活性。管理上的这种适应性和灵活性，主要靠即时信息来实现，这就要求管理信息系统具有一定的适应性和灵活性。只有这样才能在条件发生变化时仍能采集和使用及时可靠的、具有现实意义的信息，以便管理信息系统的决策、计划能及时适应新情况。

（6）要讲究经济效益。在信息系统设计中注重经济效益就是指不但要考虑所需信息的准确性、及时性、适用性，而且要考虑获取、加工和输送这些信息的费用和成本，其中也包括管理信息系统的工作效率。当然，影响管理信息系统经济效益的因素是多方面的。所以，在进行管理信息系统设计时，必须进行经济效益分析，综合考虑各种影响因素，把设备上的先进性、技术上的可行性和经济上的合理性统一起来。

总之，在进行管理信息系统设计时，要从实际需要出发，使其实用、经济、高效。甚至在管理信息系统的规模上，即人员、设备的配置上，都需要精打细算。也就是说，不要因为信息在管理中的重要性而把管理信息系统建得过大，设备也并不是越先进越好，新的设备不仅会造成信息成本的提高，而且可能造成效率的下降，因为任何一项新的技术、一套新的设备，与之相关的人员都需要一个熟悉的过程。

同样，管理信息系统提供的信息也并不是越多越好。在某种意义上，设置管理信息系统的目的就是要对信息进行筛选，以保证把那些真正需要的信息传递到管理者那里。大量地收集外源信息和内源信息，尽可能充分占有信息，这是管理信息系统的职能。但是，对于管理者来说，不应当是信息越多越好，管理信息系统传递给管理者的信息应当是经过过滤后切实有用的信息。信息时代中的信息膨胀，往往意味着存在许多“信息垃圾”，过多的信息可能会造成管理环境的污染，使管理者淹没在信息的海洋中，形成一些管理障碍。对于管理者来说，信息的质量比数量更重要，管理者所需要的信息，应该是准确、完整、可靠、及时和有针对性的。

此外，还要避免管理者对管理信息系统的完全依赖。也就是说，设置了管理信息系统，并不意味着它就可以取代其他的信息来源通道。比如，一些重要的会议、管理者与被管理者之间的一些约会和谈话、在管理范围内的巡视以及一些社交活动等，都是不可取代的。

关键术语

人力资源　人力资源管理　人力资源规划　需求预测　招聘　录用　培训与开发　财力资源　财力资源管理　筹资管理　投资管理　分配管理　财务预测　财务决策　财务预算　财务监督　物质资源　物质资源管理　信息资源　信息资源管理　信息技术　管理信息系统

复习思考题

1. 简述人力资源管理的含义、特点、内容及意义。
2. 简述人力资源规划的内容、类型及其过程。
3. 简述招聘的程序。
4. 内部招聘与外部招聘各有什么优缺点?
5. 简述培训与开发的意义。
6. 什么是财力资源管理?
7. 简述财力资源管理的原则。
8. 什么是财务监督? 财务监督有什么作用? 财务监督应如何实施?
9. 简述物质资源管理的含义及原则。
10. 简述物质资源管理的特点及作用。
11. 简述物质资源管理的内容。
12. 简述信息资源管理的含义及作用。
13. 简述信息资源管理的过程。
14. 建立管理信息系统需要什么条件?
15. 建立管理信息系统需要遵循哪些原则?

第7章 决策

开篇引例

2011年8月15日，当时成立仅13年的谷歌公司突然宣布与摩托罗拉移动公司签署收购协议。根据双方的协议，谷歌将以每股40美元的价格收购摩托罗拉移动，总价约为125亿美元，谷歌将全部以现金形式支付。

对于做出此项收购摩托罗拉移动公司的决策，谷歌CEO拉里·佩奇（Larry Page）解释称，谷歌一直在寻求“以新的方式”为Android生态系统提供支持。之所以相中摩托罗拉，是因为这家“百年老店”早已拥有的市场名气和多达1.7万项专利。通过这些专利技术的应用和开发，可以构建更好的Android生态系统，通过摩托罗拉移动公司的Android操作系统使其移动业务快速进入了上升轨道并获得爆发性增长。经过多年布局，谷歌达到了目的，目前Android操作系统在全球智能手机操作系统中的市场占有率已经超过了80%。谷歌管理者认为，是放手发展谷歌移动服务（GMS）的时候了。2014年1月30日，谷歌公司决定将摩托罗拉移动以29亿美元的价格出售给联想集团。出售后，谷歌依然拥有摩托罗拉移动1.7万项专利中的1.5万项。在获得此批资金后，谷歌公司依然可以利用这些专利技术，把更多的精力投入Android生态系统的建立和保护中。

资料来源：根据谷歌官网、微博以及互联网资料整理。

7.1 计划工作及其制订

7.1.1 计划工作

1. 计划与计划工作

计划是管理的一项重要职能，它构成了所有其他管理职能的基础。没有计划，管理者就不知如何开展组织、领导和控制等活动。何谓计划？在汉语语境中，“计划”一词既可是名词，也可是动词。作为名词的计划是指用文字和指标等形式所表述的在未来一定时期内组织、组织内部不同部门及成员关于行动方向、内容和方式安排的管理文件。作为动词的计划则是为实现既定目标而进行的预先安排。计划可以做广义和狭义的区分。广义的计划指制订计划、执行计划和检查计划执行情况等整个工作的全过程。狭义的计划仅指制订计划，即通过一定的科学方法为决策目标的实现做出具体安排。

计划工作是指对决策所确定的任务和目标提供一种合理的实现途径和方法，它包含计划和目标两个重要因素，是管理过程中与计划相关的一切工作的总和。正如哈罗德·孔茨等人所言，计划工作是一座桥梁，它把我们所处的这岸和我们要去的对岸连接起来，以克服这一天堑①。计划工作给组织提供了实现决策目标的明确道路，也给组织、领导、控制等一系列管理工作提供了基础，是组织内部不同部门和成员行动的依据。因此，计划工作就是确定组织目标，并通过计划的制订、执行和检查，整合和协调组织资源以实现目标的工作。

作为一项重要的管理职能，计划与决策的关系十分密切。通常认为，决策是计划的前提和灵魂，计划是决策的具体化和落实方法。决策功能的使命是确定未来活动的目标、方向和原则以及为实现目标在整体上必须进行的程序、途径、手段和措施的选择。但是，决策只是描绘了未来行动的大致轮廓，远远没有达到缜密设计的程度。决策确定的目标能否实现？决策选择的方案能否实施？在决策和决策实施之间还需要有一种管理功能作为桥梁把它们彼此衔接起来。计划就起了这种桥梁作用。计划的使命是在决策所确定的目标、方向和路径的基础上使决策方案具体化，以促进目标的实现。

在管理活动中，管理者通过一系列的计划管理活动，对决策目标进行分解、计算，并拟订实施目标的步骤、方法和策略，以期合理地安排人力、物力和财力资源，调动各方面的积极性，迅速有效地达成决策目标。可以说，计划是决策的逻辑延续，它拟订了一条通向决策目标的具体途径。正是通过计划的制订、执行和检查，才能够有效地协调和合理地安排组织中各方面的管理活动，有效地利用组织的人力、物力和财力资源，取得最佳的经济效益和社会效益。可见，在实际应用中，计划和决策相互渗透，不可分割地交织在一起，管理活动离不开科学的决策和详细缜密的计划，决策为计划的任务安排提供了依据，计划为决策目标选择的实施提供了有力保证。

2. 计划工作的内容

西方管理学常常用5W1H来概括计划工作的内容，它们是：why（为什么做），这是指制订计划的工作应当首先明确其原因和目的，即为什么要制订计划和制订计划的目的是什么，做出这个提问，可以避免单凭主观意志行事的做法，从而保证根据客观需要去制订计划；what（做什么），这是指计划应当包括哪些具体内容，或者说，计划的任务是什么；who（谁去做），这是对计划执行者的确定，在计划制订的过程中，需要明确计划的内容、计划中所提出的任务应由谁来负责完成；where（在什么地方做），这是对计划实施的地点或场所做出规定，即根据实施计划地点的特点及其各种环境因素的状况而在计划中做出安

① 孔茨，韦里克. 管理学（第9版）. 北京：经济科学出版社，1993：66.

排；when（在什么时候做）；这是指计划的时限及实施的进度，即在计划中规定该计划提出的任务从何时开始落实和到何时为止，在计划实施的过程中，每一阶段应当达到什么程度；how（怎样做），这是指对实施计划需要采取的措施做出的规定，即如何去安排人力、物力和财力，采用什么样的手段，保证计划顺利实施。这六个方面为计划的制订者提供了一个思路，即要求计划的制订者在制订计划的过程中从这六个方面来做出全盘考虑，以保证计划切实可行。

实际上，切实可行的计划工作应当满足以下几个方面的基本要求：

（1）目标。任何计划都是为了完成一定的任务而制订的，都有目的性。目标是计划在一定时期内要达到的预期效果，是各项管理活动的最终结果。没有一个明确的目标做前提，计划就只能是盲目的。计划的目标与决策的目标不同，决策的目标是管理活动的整体目标，规定着管理活动的发展方向，预示着管理活动所取得的最终成果。计划目标是管理活动的分支目标，是计划的制订者依据管理系统内外的客观情况，将整体目标层层分解后所形成的。分支目标从属于整体目标，是整体目标实施的前提、措施和步骤。分支目标实施的效果应能够导致整体目标的实现。因此，在计划制订前，要认真分析和研究工作现状，正确分解整体目标，根据整体目标的要求确定具体的工作目的，确定在一定的时间内所要取得的成果，所要采取的方式、方法和步骤。计划的目标要尽量明确、具体，易于量化，以便管理者能较为准确地度量和控制。

（2）措施。措施是实现计划的保证。计划目标确定了以后，采取什么手段去达到既定目标就是编制计划的重要内容。措施是指管理活动的参与者凭借的工具和手段以及以一定的方式对管理对象发生的作用，包括实现既定目标需要动员哪些力量，采取哪些方法，创造哪些条件，克服哪些困难等。措施是否得当直接影响计划的实施效果。尽管因计划的内容不同而采取的措施也会不一样，但有哪些部门参加计划的实施，由谁负责？通常都要在措施中体现出来，以便明确责任、检查督促，保证计划的实施。

（3）步骤。计划的目标、措施确定了以后，还要对实施行动的程序和时间做出安排，这些都属于步骤的内容。程序是指完成工作任务的先后次序；时间是指实施行动的起止时间和每一阶段的时间划分。工作任务有轻重缓急之分，完成任务也有个先后次序。完成任务的次序与完成任务的时间紧密相连，一般说来，在规定了完成计划总的时限以后还必须有每一阶段的时间上的具体要求，以便管理人员知道在一定条件下的一定时间内应该把工作做到什么程度，以争取主动，协调进行。任何计划的实施都离不开人、财、物，在一定时间内完成什么样的任务，由哪些人员参加，人、财、物应如何分配，是制订计划的主要内容，其目的是要使资源的利用与所要完成的工作任务相称，以最少的资源投入完成在规定期限内的工作任务，减少不必要的损耗和浪费。由于计划的实施牵涉不同的层级、不同的部门、不同的人员，在步骤中还要包括对参与计划实施的部门、人员进行协调的内容，以求各部门之间相互配合，前后衔接，最大限度地发挥组织的功能。

（4）约束条件。约束条件是实施行动的措施、步骤能够得以落实和目标能够得以实现的保证。计划的约束条件包括两方面的内容：一是约束组织成员的行为，提出一定时间内完成一定工作任务的具体规定；二是一些惩罚性措施。前者一般在措施、步骤里面体现出来，后者通常可以单列。约束条件里提出的组织成员在一时间内完成工作任务的规定是实施计划的最低要求，如果这些要求实现不了，就意味着计划落空。因此，为了保证计划目标的实现，还必须有一些惩罚性措施。惩罚性措施包括行政处罚、经济处罚等。除此之外，为了防止未来情况发生变化，在约束条件中还需提出对各种可能情况出现时进行斟酌取舍和处置的规范性标准，用以保障计划切实付诸实施。

3. 计划工作的特点

作为管理活动的一项重要内容，计划工作具有如下特点：

（1）目的性。任何组织和个人制订计划都是为了有效地达到某种目的。不应为了计划而计划，而应为了实现组织和个人的目标而制订计划。对于组织而言，每项计划以及所有派生计划的目的都是完成组织目标。计划工作的一个重要功能就是把今后的一切行动都集中到目标上来，预测并确定哪些行动有利于达到目标，哪些行动不利于达到目标或与目标无关，从而指导今后的行动朝着目标的方向前进。因此，计划工作一定要紧紧把握住组织的目标，不能凭主观想象，也不能空洞无物，变成可有可无的形式。

（2）首位性。计划工作相对于其他管理职能应处于优先地位。之所以把计划工作放在首位，从管理过程来看，在计划、组织、领导、控制等职能中，计划工作引领并贯穿于其他工作之中，计划工作在某些场合是付诸实施的唯一的管理职能。计划工作的结果直接决定管理的其他工作能否及如何进行。计划工作的修改和变化，也往往会影响其他职能的行使。因此，管理活动的开展应把计划工作放在首要的位置，通过前瞻性的计划，预测可能的变化以及这些变化的冲击，为管理活动的有效开展奠定基础。

（3）普遍性。计划工作的普遍性包括两个方面的含义：一方面，计划是各级管理人员都应履行的一项工作职能，不论是处于哪一层级和哪个部门的管理者，都需要制订计划。尽管各级管理人员在组织中的地位、职责范围不同，其计划的影响和重要性也不相同，但所有管理人员都需要做计划工作，这是普遍的。一般而言，组织中高层管理者负责制订战略性计划，具体的战术性计划则由下级完成。另一方面，计划工作渗透到各项管理工作之中。在管理活动中，不管是组织工作、领导工作，还是控制工作，都应遵守计划工作中蕴含的秩序。这种秩序主要表现为计划工作的纵向层次性与横向协作性。组织高层管理者确定组织的总方向后，各层级管理人员还须根据已制订的总方向来安排具体的工作计划。这些计划如何贯彻和执行，直接关系到管理工作的绩效。

（4）效率性。计划工作的效率是指实现目标所获得的利益与执行计划过程中的所有消耗之和的比例，也就是制订和执行计划时所有的产出与投入之比。计划工作的产出与投入之比既包括经济方面的利益和损耗，又包括诸如个人和群体的满意度、组织的士气等非经济方面的利益和损耗。计划工作不仅要确保组织目标的实现，还应选择最优的资源配置方案，以求合理高效地利用资源，保证以最少的成本投入获得最大的收益产出。简单而言，就是既要“做正确的事情”，又要“把事情做正确”。一个科学的计划常常可以带来巨大的经济效益和社会效益。相反，一个错误的计划也往往会造成巨大的损失。因此，在制订计划时，那种既不考虑投入又不考虑产出的做法，是完全错误的。

（5）时效性。计划是组织一定时期内的行动方案，应该尽可能地保持稳定，这样才有助于计划执行者卓有成效地开展工作，保证决策目标得以实现。但是，由于影响客观事物发展变化的因素复杂多样，而且具有不确定性，计划常常面临着发展变化的多种可能性，计划本身也不可能是一成不变的。这就要求，在制订计划时一般不能满打满算，要留有余地，使计划能够灵活地适应变化着的客观环境。即使在计划期内，随着与计划工作目标有关的一些因素的发展变化，也需要不失时机地对计划进行修订和调整，使计划工作始终保持时效性。

4. 计划的类型

计划的种类很多，从不同的角度和依据不同的标准，可以对计划做出不同的分类。当然，计划工作中的计划也不是彼此割裂的，而是由分别适用于不同条件、不同环境下的计划组成的一个计划体系。

（1）按计划的期限，可分为长期计划、中期计划和短期计划。长期计划通常又称为远景规划，是关系到组织发展远景的计划，它一般会指出组织的长远目标和发展方向，并包含着怎样去实现组织长远目标的内容。一般说来，长期计划具有战略性、纲领性、指导性、综合性等特点。长期计划的期限通常在五年以上，但并非越长越好，也不可千篇一律，而要由组织目标的大小、未来的可预测性程度、组织的经济和技术力量等决定。中期计划是根据长期计划而提出的战略目标和要求，它是长期计划的具体化，同时又为短期计划指明了方向。短期计划比中期计划更为详细具体，是最接近于实施的行动计划，是为实现组织的短期目标服务的。短期计划的计划期限一般为一年以内，它对中期计划起着反馈作用，其执行情况是修订中期计划的依据。

（2）按计划制订的组织层级，可分为高层计划、中层计划和基层计划，或者称战略计划、战术计划和作业计划。一般来说，高层计划或战略计划多是关系到组织全局的总体计划，主要包括组织在未来一段时间内总的战略目标、战略重点、战略措施以及实施途径等，它通常由高层负责制订，具有长远性、全局性、稳定性等特点。高层计划或战略计划对其他计划具有指导作用。中层计划或战术计划是一种以时间为中心的局部性的、阶段性的计划，通常由中层管理者制订。一般情况下，中层计划或战术计划是按年度分别拟订的，它将战略计划中具有广泛性的目标和政策转变为确定的目标和政策。基层计划或作业计划往往是由具体部门制订的，一般由基层管理者负责指导，将中层计划或战术计划所确定的内容具体化，是关于具体的业务活动的执行计划，通常具有个体性、具体性、可重复性和较大的刚性。

（3）按计划的约束力，可分为指令性计划和指导性计划。指令性计划一般是由上级主管部门向下级下达的，具有严格约束力。指令性计划一经下达，计划的执行者就必须遵照计划开展活动，要尽一切努力去完成。指令性计划主要是依靠行政手段去实现的，具有强制性。指导性计划可以是上级主管部门下达的，也可以是同级部门编制的，执行单位不一定完全遵照执行，是一种参考性的计划。上级为了促使下级按指导性计划工作，通常采用价格、税收、信贷等方面的优惠政策进行调节。

（4）按计划的职能，可分为业务计划、人事计划和财务计划。业务计划是组织的主要计划。组织是通过一定业务活动而立足于社会的，其业务计划可分为长期业务计划和短期业务计划。人事计划是围绕业务计划展开的，是为业务计划服务的，主要是为组织提供人力资源方面的保证，也可分为长期人事计划和短期人事计划。财务计划也是围绕业务计划展开的，是从资金的提供和利用上来为组织活动提供保证的，也可以分为长期财务计划和短期财务计划。

（5）按计划的表现形式，可以将计划从抽象到具体划分为一个层次体系（见图7-1）：使命、目标、战略、政策、程序、规则、方案和预算①。

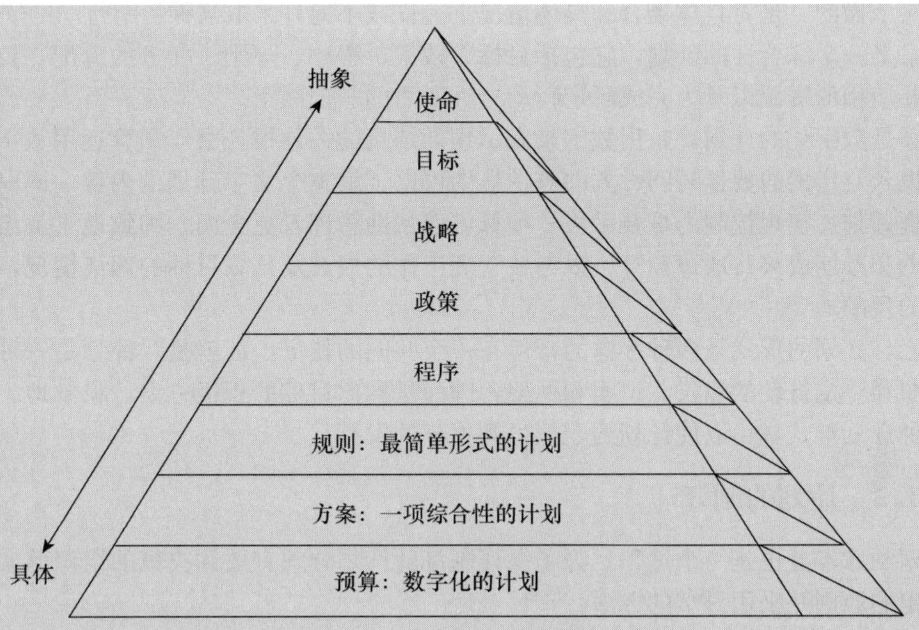

图7-1 计划的层次体系

使命表明了社会赋予组织的基本职能和基本使命，它说明了组织是干什么的、组织应该干什么。不同性质的组织有其不同的使命，任何一个组织的存在都必然意味着有一个或一些明确的目的和使命。

目标是使命的具体化，一定时期的目标或各项具体目标是在使命指导下提出的，具体地规定了组织及其各个部门的管理活动在一定时期要达到的具体成果。目标不仅是计划的终点，也是组织、领导以及控制等活动所要达到的结果。

战略是计划的指导方针和行动方针，为政策和规划的确定提供一些基本原则。战略并不是要具体地说明组织如何实现目标，而是表现为指出工作的重点和顺序、人财物各种资源的分配原则等方面的科学设计和安排，以更加充分和合理地利用有限的资源，取得更高的效益。

政策是在管理中处理各种具体问题的一般规定，是用文字来说明的、用来指导和沟通思想以及行动的、协商一致的意见。政策应有足够的一贯性、完整性和稳定性，这样才能使政策深入组织成员的思想，形成一种发挥持久作用的机制。同时，政策又应具有一定的变通性和弹性，以便各级主管人员在不违反一定准则的前提下，根据具体情况做出适当调整。

① 孔茨，韦里克．管理学（第9版）．北京：经济科学出版社，1993：70．

程序是一种经过优化的计划，它规定了处理那些在未来重复发生的例行问题的标准和方法，它的实质是对所要进行的活动规定时间顺序，是对大量日常工作过程及工作方法的提炼和规范。制定和贯彻各项管理工作的程序是组织的一项基础工作。

规则是组织用来指导成员行动的是非标准，确定了在各种情况下什么是应该做的，什么是不应该做的，是对具体场合和具体情况下允许或不允许采取某种特定行动的规定。

方案是一个综合性的计划，它包括目标、政策、程序、规则、任务的分配，要采取的步骤，要使用的资源以及为完成既定行动方针所需的其他因素。

预算是数字化的计划，是用数字来表示预期结果的一种报告书。预算运用数字来表示计划的投入与产出的数量时间、方向等，从中可以了解整个文字计划的内容。同时，预算也是检查计划、实现控制的重要手段。预算可以帮助管理者更全面、细致地了解组织的规模、重点和预期成果。通过预算可以考核管理工作的成效及预算目标的偏离情况，从而实现控制的目的。

总之，计划的形式是多种多样的，但有一个共同的特征，那就是，计划是一种关于未来的蓝图和一定行动的建议、说明和框架，因而是导向目标的积极方案。科学地、灵活地运用各种计划形式，可以使计划的职能得到更好的发挥。

7.1.2 计划的制订

计划制订本身也是一个过程。为了保证制订的计划合理有效和决策的组织落实，必须坚持一定的原则并采用科学的方法。

1. 计划制订的原则

计划制订工作是一个过程，它确定目标并科学、及时地预计和制订为达既定目标的行动方案。计划工作着眼于未来，其目的是提供有关推荐行动方案的资料，以便能够估计事业成败的可能性。所以，为了使计划切实可行，符合客观事物的发展规律，能以较少的资源投入取得最大的效益，保障决策目标的实现，在制订计划时必须遵循以下原则：

（1）统筹原则。是指在计划制订时要全面考虑计划对象系统中的各个构成部分及其相互关系，考虑计划对象与相关系统的关系，按照它们之间的必然联系进行统一筹划。这是因为，计划的目的是要通过系统整体的最优化实现决策目标，而系统整体最优化的关键在于系统内部结构的有序性和合理性，在于对象的内部关系与外部关系的协调。计划牵涉方方面面，关系组织内部各个组成部分，也与外部相关系统发生联系。如果它们彼此之间关系没有协调好，就会影响和制约决策目标的实现，在组织系统内部造成“内耗”，在组织系统外部造成“阻力”，影响和妨碍组织功能的正常发挥。因此，坚持统筹原则是计划工作的第一要义。

（2）重点原则。是指在统一筹划、全面把握计划各个方面的同时要分清计划内容的主次和轻重缓急，抓住计划的关键性问题、关键要素以及计划执行中的关键环节。在影响计划制订与执行的诸多因素中，各因素的地位和作用是不一样的，其中必有起主要作用、影响到全局的关键性因素。能否处理好关键性因素，不仅关系到计划执行的效率，甚至关系到计划的成败。因此，计划制订时不应对所有的因素同等对待，一定要突出重点，抓住关键性因素，着力解决好影响全局的问题。

（3）弹性原则。是指计划能够根据客观环境的发展变化做出相应的调整和变动。任何计划都离不开一定的客观环境，在计划执行的过程中，难免会出现某些人们预想不到或无法控制的事件。为此，计划的制订要具有弹性，使计划具有对客观环境发展变化的应变能力和适应性质。计划的弹性有两方面的含义：一方面，要对计划执行过程中可能出现的各种情形和问题有足够的估计，并有相应的应对措施，保留一定的机动人力、物力和财力以应付未来情况的变化，不至于措手不及，使计划中途受阻或搁浅；另一方面，在计划制订时要留有充分的余地，使计划具有可做适度修改的伸缩性，只有这样，计划才能适应客观情况的变化，顺利执行下去。

（4）连续性原则。是指为完成某一决策目标而制订的前后具有承接的各项计划，当其有依次递进关系时，彼此之间要前后衔接、相互配套。计划是决策目标的进一步展开和具体化，是在分解整体目标的基础上为完成分支目标所规定的工作任务而制订的。为此，围绕着一个决策整体目标，通常要制订多项工作计划。这些计划承担的任务不同，完成任务的时间也不一样。因此，要求计划在时间的意义上具有连续性。计划的连续性表明各项计划的目标一致，依次推进、依次深入。同时，计划的连续性也能使组织成员上下一致，齐心协力，为完成整体目标而奋斗。

（5）可行性原则。计划必须是可实现的，应具有可行性。这一原则要求计划工作者自觉地认识到环境的客观性，努力了解和找到计划制订的一些关键性的限制条件，并据此提出和评价各种可行方案。特别是计划中的指标应当适中，过高的指标无法实现，而过低的指标则会失去激励作用。应当使短期计划与长期计划相结合，长期计划意味着风险与代价的增加，但没有长期计划又是缺乏远见的表现，会使组织失去本来可以获得的更大的发展机会。所以，需要用长期计划统率和引导短期计划，用短期计划补充和丰富长期计划。同时，计划一经确定出来就应付诸执行，这也要求在计划制订的时候考虑到执行的问题，设定一些计划执行需要达到的标准和监控计划执行的途径。

2. 计划制订的要求

计划制订是一项科学性很强的工作，要想制订一个切实可行的、有效的计划，应当满足以下几个方面的要求：

（1）重视协调性。要使组织的计划对组织的经营活动起到指导作用，就需要管理者在计划制订过程中高度重视计划的协调性。因为，一方面，组织的活动涉及人员、物资、资金、信息、技术、质量等各个方面，这不仅与组织内部的各个要素有关，而且与组织外部的各种条件诸如国家经济体制、财政制度、金融制度、国家发展计划、科技文化发展水平、社会风俗习惯、传统、市场供求情况等，都有密切的关系。组织的计划既必须注意内部各要素、各部门之间的相互协调，又必须注意组织与外部环境条件之间的充分协调，这样才能使组织的计划真正发挥指导作用。另一方面，由于组织各项计划的基础是决策，而决策通常只确定组织各项活动的总方向，各个职能部门在制订各自的计划时，由于都有自己特定的目标、特定的工作条件以及与特定目标和特定工作条件相联系的特定利益，因而很容易造成各项计划之间的冲突，这就要求计划制订时重视协调性。

（2）加强灵活性。计划是预先确定的行动方案，组织实际运行中情况发生变化是常见的事情，因而，理想的计划应是具有弹性的。也就是说，管理者在计划制订时应加强计划的灵活性。首先，计划制订时要留有余地，计划中的要求或指标不能定得过高，要给执行者留有一定的余地，要留有超额完成计划的空间。这样做能够激发执行者的热情和积极性，有利于更好地实现所确定的目标和计划方案。计划要留有余地的另一层意思是在资源的安排和使用上要留有一定的后备力量。在实际的管理过程中，难免出现预计不到的情况，只有留有余地，才能应付不测事件，掌握实现计划的主动权。其次，加强计划的灵活性，还要求计划具有较大的弹性，应随不断变化的情况而进行不断修订。在制订计划时，应准备几套替换方案以及对某些可能出现的紧急情况的处理方案。

（3）消除“计划隔阂”。“计划隔阂”是一种存在于组织内部各单位和个人之间的有关前提、目标和基本观念的分歧。随着调查、分析和评价的需要日益增加，计划已经变成一种专门性活动，由专门的计划参谋机构来进行。在实践中，计划专家往往会认为他的任务是制订计划，而不是一种协助管理部门的计划活动。与此同时，管理者又会根据自己所设想的情况来制订自己的计划。除非计划专家与各管理人员之间有相当多的对话和相互了解，否则，极有可能产生一种引起组织职能失调的“计划隔阂”。对于这种情况，如果计划专家的活动能够依照管理部门所分析的情况来进行，就可能消除“计划隔阂”。当然，还有更好的方法，如用精密度较高的信息投入使组织中管理者对组织及其在环境中的作用的看法发生改变，推动相互之间的适应与协调一致，从而消除“计划隔阂”。当然，完全消除“计划隔阂”是很难的，因为，要做到这一点，就需要管理者具有完整的知识、绝对的预见，组织内有完善的沟通体系并且整个组织上下做到完全一致。这是一种太过理想的境界，基本上是无法达到的。但是，如果计划专家的工作被认为是管理者计划职能的延伸，则能够把“计划隔阂”缩小到较低限度。

（4）填补“计划空隙”。“计划空隙”是指在组织内部由于缺乏充分的信息沟通而造成的某些管理层次对组织的总目标、计划的前提、策略和主要政策以及对必然会影响下级计划工作各个方面的上级计划不了解的情况。在一个组织中，最高主管部门及其管理者知道组织的目标、策略和政策，基层的成员也知道他们当天要完成的工作要求是什么，而在最高层和基层之间却可能存在一个空隙，处于这个空隙中的一些管理者则不懂得他们那个部门的目标和政策怎样跟组织的总体目标和政策结成一体，从而出现了“计划空隙”。管理实践的经验表明，每个人只有在得到与他所负责的计划工作有关方面的全部信息时才能把计划工作做好，可见，消除“计划空隙”的关键在于加强信息沟通。这就要求：首先，计划信息应当尽可能具体和详尽。这意味着一切与计划有关的主管人员能够较为容易地获得目标、策略、政策，能够了解别人的计划以及明显影响组织计划工作的其他信息。其次，上级主管人员必须向下级阐明并解释计划。最后，应当尽可能地给下级参与计划的机会。如果能让各级主管人员有机会参与和他们职权范围有关的计划工作，就能使各级主管人员充分了解计划，有效地填补可能出现的“计划空隙”，从而保证计划的实施和管理效果。

3. 计划制订的程序

虽然计划的类型以及表现形式多种多样，但科学的计划制订所遵循的程序和步骤却具有普遍性。计划制订的程序是否科学、合理，关系到计划能否顺利执行。根据计划内容各部分之间的内在联系，计划制订的程序大致如图 7－2 所示：

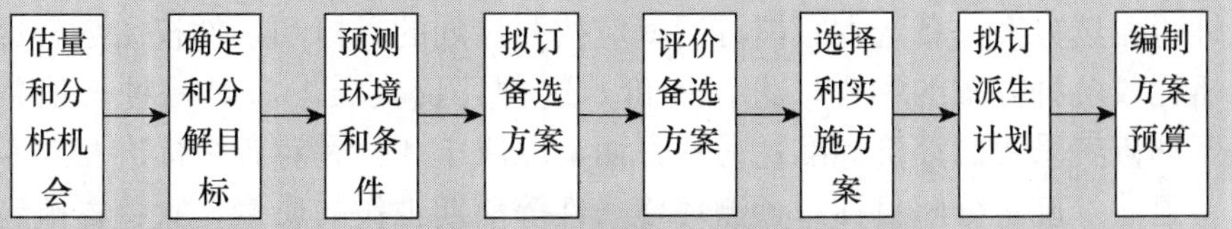

图 7－2　计划制订的程序

（1）估量和分析机会。这是计划工作的准备阶段，也是制订和实施计划工作方案的前提。对机会的估量和分析，要在实际的计划工作开始之前就着手进行。这项工作包括，在广泛搜集信息资料和调查研究的基础上考虑组织期望的结果、存在的问题、所需的资源和能力等，根据自身现有条件，对未来可能出现的变化和成功机会进行初步分析，形成判断。简言之，所谓估量和分析机会，就是根据实际情况对可能存在的机会做出客观判断。一个组织能否制定一个切实可行的目标，关键就在于能否准确地估量机会。

（2）确定和分解目标。目标往往指明了组织预期的成果，是组织行动的出发点和归宿，它为组织整体、各部门和各成员指示方向，确立目标是决策工作的主要任务，也是计划制订的重要一步。但对于计划来说，更需要突出的是完成什么工作任务，达到什么目标，这些是计划制订首先要考虑的问题。计划工作作为决策的展开与具体化，其目标的确立受决策目标的制约。在明确决策目标即管理活动的整体目标后，应根据一定的方法对整体目标进行分解，在分解的基础上，通过各部门、各层次目标的相互支持和协调，形成一个完整的目标体系。这种分解一般是根据整体目标的内在结构进行的，因而应关注目标的内容与先后顺序。在一定的时间和条件下，共存的几个目标的重要性和紧迫性会有所不同，这也会导致计划的实现顺序以及组织资源分配等产生不同。目标的确定及分解应尽可能量化，应有明确的衡量数据和指标，以便度量和实施控制。

（3）预测环境和条件。计划是对未来环境、条件的一种“情景模拟”，计划工作的这一程序就是要确定这种情景的状态和环境。众所周知，完成目标需要一定的条件作为保证。这些条件既包括组织内部的各种资源条件，即人力、物力、财力；又包括外部条件，即计划赖以实施的客观环境。不管是内部条件，还是外部条件，对计划的实施和任务的完成都具有重要的影响作用。预测分析这些条件是否具备，其目的是提高计划的有效性和应变能力，为计划的实施创造提供更好的保障。在计划制订时，要考察分析组织内各层级和部门所拥有的实现分支目标的实力，对于实力不足的，要给予必要的补充。要预测分析客观环境的发展变化，掌握各种因素的变量关系，提前制定一些补救措施。这种未来状态和环境的模拟和预测越贴近现实，计划确定的预期成果实现的可能性就越大。

（4）拟订备选方案。任何一项任务的完成都会有不同的途径、解决方式和方法，只有发掘各种可行的方案，才有可能从中选择最佳的方案。因此，计划工作需要拟订多种备选方案。可供选择的计划方案多一些，被选计划的相对满意度就会高一些，行动就会更有成效。在拟订备选方案阶段，既要充分利用专家的力量，又要动员群众参与，集思广益，群策群力。当然，方案也不是越多越好，即便是可以采用数学方法和利用计算机的手段，也要对备选方案的数量加以控制，以便把主要精力放在对少数最有希望的方案的分析和比较上。

（5）评价备选方案。备选方案拟订后就应按照计划的目标和条件权衡各种因素，通过考察、分析比较各种方案的利弊，进行评价，这种评价实质上就是一种价值判断。一方面，取决于评价者采用的评价标准；另一方面，取决于评价者对各个标准相对重要性即权重的赋值。显然，确定分解目标、预测环境条件等前期工作的质量，直接影响到方案评价的质量。在备选方案评价的方法上，可以采用运筹学中的矩阵评价法、层次分析法以及多目标评价方法等。

（6）选择和实施方案。这是计划制订程序中最为关键的一步。在对备选方案投入与产出等多种因素的分析、研究和评价后，确定一个切实可行的具体实施方案。方案选定之后，需要将计划方案的各项指标逐一落实到具体的执行单位，规定这些单位完成计划的起止时间、工作程序和主要方法。然后，根据计划的具体要求和工作任务的轻重缓急列出详细的工作表和时间表，以便于执行单位具体实施和检查监督。

（7）拟订派生计划。派生计划是总计划下的分计划和行动计划。派生计划是实施总计划的基础，总计划的实现要靠派生计划的实现来支持和保证。因此，完成实施计划的选择后，还需帮助涉及计划内容的各个下属部门制订支持总计划的派生计划。

（8）编制方案预算。预算就是用数字的形式表示组织在未来某一确定时期内的计划，是对计划的数量说明，也就是用数字形式对预期结果的一种表示。它能使管理人员明确哪些资源将由谁来使用，在何时、何地使用，进而制订由此引出的其他费用计划、收入计划以及效率计划等，从而使整体计划更易于实施和考核。由此，制定方案预算的主要目的有两个：一是计划必然涉及组织资源的分配，只有将其数量化后才能汇总和平衡各层次计划，分配好资源；二是预算方案可以成为衡量和考核计划是否完成的标准。

4. 计划制订的方法

计划的制订不仅要按照一定的原则和步骤进行，而且要采用一些科学的方法。在实际工作中，常用的计划制订方法有以下几种：

（1）定额法。定额法是运用统计资料和技术手段去测定完成一定任务的资源消耗标准并根据这一标准来制订计划的方法。定额法也称定额换算法。采用定额法首先要确定一定的资源消耗可以完成多少工作任务，从而得到一个标准，即定额。这一标准既可以根据有关部门的规定来确定，也可以根据正常情况下实际达到的工作量来确定。例如，某企业准备制订生产计划，需要先了解上年度每个职工、各个车间所完成工作量的情况，再将此作为定额标准来制订企业的生产计划。定额法通常用于核算人力、物力、财力的需要量和设备、资源的利用率。

（2）比较法。比较法是通过对同类计划问题在不同时间、不同空间所呈现的不同结果进行比较分析，总结经验教训和客观规律，从而指导计划制订。这种方法常被用于进行计划分析和论证。计划制订既要依据现状，又要借鉴历史。不同国家、不同地区在不同时期计划制订所取得的成功经验与教训可以成为计划制订的重要参考。比较法的运用范围比较广泛，既可以将国家与国家、地区与地区、单位与单位、专业与专业、项目与项目进行比较；又可以将计划目标、政策措施、实施方案、行动步骤进行比较。不但要比较优劣得失，还要比较影响优劣得失的主客观条件。通过比较分析，可以吸收一些成功的经验，避免走弯路，从而取得事半功倍的效果。在运用比较法时，要注意同类计划诸多因素的可比性问题，切忌简单类比或生搬硬套。

（3）整体综合法。整体综合法是在系统分析的基础上对计划的各个构成部分、各个主要因素进行全面平衡的方法，其目的是要追求系统整体的优化。整体综合法把任何一项计划都看成是一个整体，它不追求局部和单项指标的最优化，而是追求整体功能实现的最佳状态。为了使整体功能得到充分发挥，就要协调好计划各部分、各要素之间的关系。因此，整体综合法的关键是按照统筹兼顾的原则，采用定性或定量分析的方法，科学确定计划各部分、各要素的指标，使其前后一致、左右平衡、结构完整。运用整体综合法，一定要经过严密的逻辑分析，平衡好各方面的关系，一些能够量化的指标要尽量量化，如建立便于计算的计划图解模型或数学模型、经济计量模型等。只有那些在系统分析综合平衡的基础上制订的计划，才能使整体得到优化。

（4）滚动计划法。滚动计划法是根据计划的执行情况和客观环境的变化定期修订计划，使计划不断向前移动的方法。在计划制订时很难准确预测未来客观环境和计划各要素的发展变化，随着计划的延展，影响计划执行的不确定性因素会越来越多，计划的不确定性越来越大，计划越来越暴露出不适应性。如果不考虑客观环境的变化，仍然执行原有计划，就会影响到计划目标的实现，带来巨大的损失。因此，需要采用滚动计划法对计划不断进行修订。滚动计划法的具体做法就是把计划执行期分为几个阶段。在第一个计划执行期结束时，根据该阶段计划的执行情况和内外部有关因素的变化情况对原计划进行修订，使计划向前滚动，即不断地定期修订计划，促使计划逐期滚动。滚动计划法适用于任何类型的计划。由于滚动计划法把计划的制订工作同客观环境的变化联系了起来，能够较好地促使计划工作走向动态管理。它表明，不仅在计划执行前要进行计划制订，在计划执行的全过程中也要不断修订和完善计划。滚动计划法虽然增加了计划制订工作的任务量，但具有许多优点，在现代管理中被越来越多地采用。

（5）网络计划法。网络计划法又称关键路线法、组合网络法，是一种以网络为基础的计划制订方法。网络计划法的基本原理是通过绘制网络图来把一项工作或项目根据作业顺序进行排列，分成各种作业面和作业步骤，并对整个工作或项目进行统筹规划和控制，以使用最短的时间和最少的人力、物力、财力资源去完成既定的目标或任务。这种方法通过对网络图的分析，计算网络时间，确定关键工序和关键线路。同时，通过网络优化，选择最优实施方案。网络计划法有一系列优点：它能使管理者了解组织管理中各个部门及工序之间的相互配合关系；能使管理者在工作进度和控制上与员工进行及时而有效的意见交流；有利于管理人员对关键路线上的关键工作进行重点控制，可发挥例外管理的功效；在资源分配发生矛盾时，可调动非关键路线活动的资源以保证主要项目的完成进度。

此外，许多管理学家也极力推荐一些新的方法，特别是注重把一些决策、预测方法引入计划制订的过程中来。比如，运筹学方法、计划—规划—预测方法、投入产出方法等也都是在计划制订的过程中非常有用的方法。

7.2 决策的本质与地位

7.2.1 决策的特征和类型

1. 决策的特征

综观各类组织的管理活动，无论是政府管理还是企业管理，都包含计划、组织、人事、领导、控制与协调等主要职能，而各项管理职能的履行在本质上都是由决策活动支配的，无论是规划设计、组织实施，还是领导激励、管理控制，每一项管理活动都涉及决策，每一项职能的成功实现都取决于正确的决策。正如西蒙所言，“管理过程是决策的过程”。组织的内外部环境总处于不断变化之中，新的问题、矛盾和冲突会不断涌现，这既给管理者带来一系列威胁，同时也带来一系列机会。应对这些机会和威胁，对这些新问题、新矛盾、新冲突进行分析、判断和提出对策，便是组织的决策。组织决策的质量影响着组织的活力和组织的发展。

通俗地讲，决策就是“做决定”。作为动态过程的“做决定”（decision making）是一个有目的的活动过程；而作为其结果的“决定”（decision）则是在多个可供选择的方案中选定一个。前者从“过程”的意义上来理解做决定，是广义的决策；后者从“抉择”的意义上来理解做决定，是狭义的决策。总的说来，决策就是对组织未来实践的方向、目标、原则和方法做决定的过程，它包括认识现状、识别问题、分析问题、拟订方案、选择方案、使方案生效等一系列环节。

为了完整地理解决策概念，需要把握决策的如下特征：

（1）目的性。目的性是指决策活动的最终指向。对于组织的决策来说，大到决定组织发展方向，小到解决组织日常问题，都需要有明确的目标。决策之时，决策者都应回答“为什么要做这个决定”这一问题，否则，决策就会陷入就事论事的泥潭。在组织的层级结构中，高层次的决策目标规范并支配着低层次的决策目标，而具体的决策目标则应与组织的目标结构相协调。

（2）未来性。未来性也称风险性，是指未来行动的不确定性。决策是现在决定未来的行动，包含着风险和失败的可能性，这是由决策信息的不完备性和决策者的有限理性决定的。但管理者的基本任务就是做决策，缺少了决策，组织就不会进步。优秀的管理者都应勇于接受自己做出的决定所带来的风险，在此起彼伏的“决策风浪”中享受成功的喜悦。

（3）择优性。择优性是指在多个决策预选方案中做出抉择。决策是在目标的引导下对现有的多个行动方案进行评价和筛选并最后优选出一个特定方案的过程。从理论上讲，供选择的解决办法有无限多个，但从实用性的角度看，只有有限数量的办法是独立的并可以用语言清晰地表达出来的。当然，决策的择优性在实质上也排斥了任何只有一个备选方案的“决策”。

（4）责任性。责任性是指决策者应对决策后果负责。根据权责一致原则，行使决策权的管理者应对决策后果承担责任。这种责任可能是道义上或政治上的，也可能是行政上和法律上的。也就是说，决策过程应有明确的责任机制，以便确保“择优”的实现和决策目标的达成。

（5）有效性。有效性是指确定的方案能够得到有效执行。这里的有效性不是指目的性，也不是指决断方案的质量（择优性），而是指方案的有效实施。因为，决策是为了解决问题，不生效的决策便不具有任何实际意义。

2. 决策的类型

决策在组织的活动中具有普遍性，但由于管理层次、管理部门以及决策者的风格等因素会有所不同，决定了决策也有着丰富的内容和多种形式。依据不同的标准，可以把决策划分以下类型：

（1）依据对组织的影响程度，可分为战略决策和战术决策。组织的战略决策通常是指那些确定组织在一个较长时期内的管理活动方向、原则和目标的决策，它关系到组织的全局利益和长远利益，甚至关系到组织的生死存亡。战略决策要解决的问题往往比较复杂，在决策实施过程中往往会经历较大的环境变动。因此，战略决策要求抓住问题的本质和关键，而不是关注细枝末节，也不需要面面俱到。战术决策是在执行战略决策的过程中发生的决策，是战略决策的具体化，是为实现战略决策目标服务的。战术决策主要运用于对组织资源的开发和利用、组织活动的方式方法以及技术手段的选择上。战略决策与战术决策是相互补充、相互依存的。战略决策是战术决策的前提，没有战略决策，战术决策也就失去了目的及意义；而战术决策则是实现战略决策所必需的步骤和环节，没有战术决策，再好的战略决策也只能是空中楼阁。

（2）依据决策问题的重复程度，可分为程序化决策和非程序化决策。程序化决策也称重复性决策、定型化决策、常规决策等，是指可以被程序化到重复执行状态的决策。对于管理活动中重复出现的例行问题，组织往往要制定一定的程序、处理方法和标准，以实现对问题的程序化解决。因此，程序化决策通常是有章可循、有程序可依的，它的实现也基本上是有把握的。在各类组织中，常规性的决策是大量的并须及时做出的。管理者通过制定规则和方针来指导所有的程序性决策行为，是一种有效的管理方式。非程序化决策也被称作非定型化决策、非常规性决策、一次性决策等，一般是指那些处理首次出现或偶然发生的问题或关于重大事项的决策，它一般无先例可循，决策难度大，对决策者的要求也比较高。在现实的组织管理中，非程序化的决策大量存在。在面对不经常发生的或异常的机会或威胁并需要做出反应时，由于情况是意料之外的，缺乏相应的决策规则、足够的时间和信息，决策者就需要做出非程序化的决策。应当说，程序化决策与非程序化决策是密切相连的，程序化决策是由非程序决策转化而来的，而程序化决策也会因组织系统中各项条件的变化而变成非程序化决策。其实，在实际的决策实践中，一切决策都具有程序化和非程序化两重特征，只是有的决策非程序性内容较多，有的决策程序性内容比较突出。

（3）依据决策问题的可控程度，可分为确定型决策、风险型决策、不确定型决策、竞争型决策。确定型决策是指存在着确定目标、面临着确定状态、行动方案具有确定性结果的决策。风险型决策是指存在一个确定的目标，面临多种自然状态，不同方案在不同自然状态下的结果不同，未来出现哪一种自然状态虽不能确定，但却可以计算或预测其出现的概率，因而决策后果就是带有一定风险的。不确定型决策，一般是采取与风险型决策相比较的办法对其下定义的，即决策对象所处状态基本上与风险型决策相似，不同的只是未来究竟出现哪一种自然状态，其概率是不能计算或预测的，决策结果不确定，决策难度更大、风险更大。竞争型决策是一种面对利益相互冲突的竞争对手所进行的角逐性决策。这种决策的难度大风险也大，因为其不确定因素除了自然因素之外还有更复杂的和更为主要的人的因素。在以上四种决策类型中，从确定型决策到竞争型决策，决策所处状态的不确定程度和决策的风险程度依次增高，决策的难度也依次增加。当然，在具备了一定条件的情况下，上述有关类型的决策是可以相互转化的。

（4）依据参与决策的人数，可以划分为个人决策和群体决策。个人决策是指决策主要由某个人做出，其他人的意见可以参考但不起决定性作用，决策主体具有突出的个体性特征。由于个体决策者的经历、经验和对问题的感知不同，个体的知识和能力、价值观念及对事物的信念存在差异，因而决策往往具有强烈的个性化色彩。对于所要处理的相同问题，不同个体的决策者所做出的方案选择可能会有很大的不同。群体决策是指决策由两个以上的决策者参与做出，决策主体是一个由个体组成的复合体，这些个体相互制约、相互补充，共同做出决策。在集体决策状态下，决策主体的决策能力就不仅仅取决于诸如学识、胆略、经验等个人素质，还取决于由个人素质组合而成的集体的智能结构及其决策方式。与个人决策相比，群体决策既具有开放性、互补性、稳妥性和知识信息的集中性等优点，同时也可能具有反应较慢、存在冒险性或保守性、产生矛盾和对抗、无决策结果等缺点。如何发挥群体决策的优势和注意克服其缺点，是决策学需要认真研究的问题。需要指出的是，在现代组织的决策中，个人决策和群体决策的界限实际上很难清楚划分，但这并不妨碍在不同的环境状态中着重使用不同的决策类型，并使之相互补充。

（5）依据是否改变原有决策方向和目标，可以划分为突破型决策和保守型决策。突破型决策是一种旨在改变原有决策方向和目标的决策，一般是在一种决策付诸实施之后由于组织外部环境和内部结构发生重大变化而需要重新确定组织活动的方向和目标的条件下进行的，所以，往往表现为对原有决策的较大突破。与突破型决策不同，保守型决策是一种旨在维护和保持原有决策方向和目标不变而做出的处理新情况、新问题的决策。保守型决策大多出现于下述情况，即在原决策实施过程中，组织内外环境并无重大变化，约束原决策的边界条件依然存在，原决策对于组织的存在与发展，依然具有现实意义。从突破型决策和保守型决策与原决策的关系来看，它们都属于追踪型决策，都可以看成是在原决策实施过程中所采取的追踪决策行为。

（6）依据决策的外部环境力量，可以划分为机会反应型决策和威胁反应型决策。组织管理者的主要任务之一是对组织环境进行管理。外部环境中的种种力量会给管理者和其所在的组织带来一系列的机会和威胁。同时，在组织内部，管理者也必须面对在运用组织资源过程中所产生的许多机会和威胁。为了应对这些机会和威胁，管理者必须做出决策，即必须从许多备选方案中选择一种来实施。当管理者抓取环境所提供的机会去寻找改善组织绩效的方法以使组织成员、消费者及其他利益相关者获利时所进行的决策，可以视为机会反应型决策。在组织内部或外部发生了对组织绩效有负面影响的事件时，管理者需要寻找化解威胁和改善绩效的方法，这个时候所进行的决策就属于威胁反应型决策。

决策还有其他一些类型，如按照决策的理性程度，可以把决策分为经验决策和科学决策；按照决策影响的时间划分，可以把决策分为长期决策、中期决策和短期决策；按照决策者在管理系统中所处层级的高低，可以划分为高层决策、中层决策和基层决策；按照决策者追求目标的多寡，可以划分为单目标决策和多目标综合决策等。

7.2.2　决策的地位

对任何类型的组织来说，决策都是管理过程中至关重要的环节，具有不可忽视的重要地位和作用，是管理的基础和关键。组织的领导者和管理者应当对决策在组织管理中的地位和作用有充分认识。具体说来，决策的地位和作用主要体现在以下几个方面：

1. 决策的地位

（1）决策是管理的起点。组织管理是由一系列活动或环节构成的系统过程，而决策则是整个管理过程中的首要环节。人们在管理实践中遇到问题后，相关信息首先输入决策系统，进入管理过程的第一阶段——决策阶段。决策系统做出决策，然后由执行系统予以执行。整个管理过程就是“决策—执行—再决策—再执行”的循环往复过程。决策较之于执行，是首要环节，是管理的起点。没有决策，就没有明确和有效的执行，也就没有卓有成效的管理。

（2）决策是管理的基础。组织管理的决策、计划、组织、领导、控制和协调等职能相互联系、相互影响，是密不可分的有机整体。其中，决策是其他管理职能的基础，其他管理职能以实现决策目标为活动目的，其他管理职能能否有效发挥作用，关键在于管理决策。

（3）决策贯穿于管理过程的始终。组织的决策既是管理过程的一个环节或一项职能，又贯穿于整个管理过程的始终，存在于组织管理的每个环节、每个方面、每个层次之中。无论履行何种职能，无论哪一层级的管理者，都必须经常对当前的或长远的各种问题做出决策，否则便无法完成自身任务。如计划制订，就要对未来活动做周密、详细的决策；计划制订后的贯彻实施则需要组织力量、选配人员，对此也要进行决策；在执行决策方案时，一旦发生偏离，还要及时对决策进行纠正；等等。可以说，管理过程就是一个不断决策和实现决策的过程。

2. 决策的作用

（1）决策能够优化管理目标、节约管理成本、提高管理效率。管理活动作为人的有组织的理性行为，需要有明确的目标，因而，确立管理目标是决策的一项重要任务。在决策过程中，决策者往往拟订多个目标，然后通过分析论证，找出较优目标；同样，决策的内容之一就是通过大量收集信息并在此基础上提出可供选择的多种方案，然后通过科学论证而最后确定一个令人满意的方案。一般而言，令人满意的方案就是管理成本较少、效益较大的方案。因此，决策的过程可以说就是一个优化决策目标和决策方案的过程，就是一个寻找成本较少、效益较大的管理方案的过程。

（2）决策正确与否关系到管理活动的成败。管理是由一系列决策组成的，管理就是决策。决策的正确与否，决定着组织发展的盛衰，关系到组织的生死存亡。决策是组织做任何事情的第一步，同时也是最关键的一步。决策失误，是最大的失误。尤其是重大决策，一旦失误，就会给组织带来无可估量的损失，甚至还可能是灭顶之灾。据兰德公司统计：

世界上破产倒闭的大企业，85%的破产原因是企业管理者的决策不慎。

（3）在现代管理中，决策的作用尤为突出。在不同的时代和社会环境中，决策在管理中的地位和作用是不同的。在古代社会，经济落后，社会发展缓慢，组织面临的问题相对简单，决策更新频率很低，故而决策在组织管理中的地位和作用还不是很突出。在当今社会，科学技术突飞猛进，经济社会日新月异，组织间竞争激烈，任何一个国家、地区或企业，要想发展和前进，就必须在激烈的竞争中迅速做出正确的决策。优柔寡断，极易错失良机，而仓促决定则可能造成严重损失。在现代社会，决策日益复杂、决策更新日益频繁，决策在管理中的作用也越来越突出。

7.3 决策的原则与过程

7.3.1 决策的原则

决策的原则是指为保证决策的科学性和有效性所应遵循的决策行为准则。现代决策理论认为，决策应遵循的科学原则主要有：

（1）信息准确全面原则。信息是决策的基础和依据。组织的决策过程实际上就是一个"信息输入—处理—输出"的过程。决策运行的各个环节，如问题界定、目标确定、方案的设计与选定等，都必须建立在全面、准确的信息资料基础之上。只有掌握大量准确的信息，并对之进行科学加工和处理，才可能做出正确的决策。决策的科学性与信息的全面性、准确性是成正比的。信息越全面、准确和完备，决策的基础就越坚实，据此所做的决策也就越具有科学性。对于信息在决策中的重要作用，组织的管理者应当有充分的认识。同时，决策者在实践中还应当适当平衡信息价值大小与决策成本和收益之间的关系。如果制定一项决策的成本巨大，而所产生的效益甚微，那么花费大量的时间、精力和金钱去收集信息就不值得。但是，如果一项决策能够带来巨大收益或者可以避免巨大损失，那么，为了做出正确的决策而花费很大的力量来收集信息应当是合理的。

（2）科学预测原则。"凡事预则立，不预则废。"正确地预见和推断事物的发展方向和发展趋势，对于驾驭或顺应事物的发展、实现决策的成功至关重要。预测对决策的重要作用主要表现在：预测可以为决策提供事物未来发展的趋势，从而为正确决策提供客观依据；预测可以帮助决策者了解决策方案贯彻实施后可能产生的问题，使决策者能及时调整原方案以适应环境的变化等。总之，预测是决策的基础和重要环节，没有预测或预测不科学，会导致盲目决策或决策失误。在决策过程中注意贯彻预测原则，就是要在正确的理论指导下按照科学的原则、程序和方法对未来情况进行分析、估计和判断，以实现决策的科学化。

（3）可行性原则。所谓可行性原则，是指决策时必须从实际出发，根据现有的人力、财力、物力等主客观条件拟订和选择方案，从而使决策方案具有可操作性和成功的最大可能性。在决策活动中，组织的决策者必须充分考虑和认真研究决策方案的可行性，因为不可行的决策方案是没有实践价值和意义的。为了确保可行性原则的贯彻实施，决策者在决策过程中既要考虑需求又要分析可能性；既要看到有利因素和成功机会又要看到不利因素和失败的风险；既要看到现在的主客观条件又要充分估计到未来的情况变化。只有这样，才能使决策建立在可靠、可行的基础上。

（4）对比选优原则。组织的管理实践表明，科学的决策一定是建立在对多种方案的对比选优基础之上的。比较重大的决策更应当多角度、全方位地制定尽可能多的备选方案。有比较才有鉴别，如果只有一个方案，或方案很少，就无法比较，无从择优，也就谈不上科学决策。当然，对比选优是相对的，绝对的优化是不存在的。由于认识能力的局限性以及时间、精力、信息来源等限制，实际的组织决策大多只能满足“相对满意”标准，即须在条件允许的范围内力争较好地达到目标。

（5）弹性原则。指在决策时要留有余地，以适应客观事物各种可能的变化。在管理实践中，决策问题往往涉及错综复杂的众多因素。这些因素相互联系、相互影响，处于不断发展变化之中。决策者往往难以全面把握和预测决策所涉及的各因素之间的种种关系及其变化趋势。为此，就需要贯彻决策的弹性原则，事先对可能出现的情况进行充分的考虑和预测，制定必要的应变措施，留有一定的调整空间以保证决策在情况变化后仍有继续实施的可能性。

（6）系统原则。组织管理所涉及的因素、问题、方面和环节都不是孤立的，而是相互联系、密不可分的。决策过程中遵循系统原则就是要用联系的观点、整体的观点、全面的观点仔细考察和深入分析决策所涉及的各因素、环节和方面之间的相互联系和相互影响，做到统筹兼顾，防止以偏概全、顾此失彼。系统原则是实现决策科学化的一项重要原则，它要求决策者必须树立系统观念，养成全面周密地思考问题的习惯，力戒决策的片面性。

（7）民主决策原则。随着经济社会的迅速发展，现代决策已呈现出高度综合性和复杂性的状态，决策所涉及的学科知识日益增多，决策环境动态变化快，不确定因素很多。很多决策的完成绝非个人或少数人所能胜任的。在这种情况下，要做出正确的决策，就必须坚持民主决策原则。其具体要求为：一是要充分发挥专家、学者的参谋咨询作用，使智囊团切实起到决策科学化的组织保证功能；二是要在广泛听取各方面意见的基础上，由决策层民主讨论，集思广益，集体决策。但是，民主决策往往在决策效率方面很难有优异的表现，这也是开展决策活动时需要充分重视的。

7.3.2　决策的过程

组织决策是一个完整的过程，需要按照一定的程序进行。按照一定程序进行决策，至少有三个方面的优点：一是节约时间、费用及各种开支，不会造成无谓的浪费；二是减少决策的不确定性和风险性，因为按组织规则办事，可以减少个人的或偶然的因素对决策正确性的影响；三是使用统一的程序，有助于协调决策中的不同意见，使决策意见趋于一致。一般说来，组织的决策过程主要包括发现问题、确定目标、拟订备选方案、分析评价备选方案、选择方案、实施选定的方案和评估决策结果等步骤。尽管在实际决策中并非所有问题的解决都要完全经历上述过程，但从周密性上讲，以上步骤是避免重大差错出现的程序保障，尤其是对组织中重大问题的决策更应严格遵循上述决策程序。

（1）发现问题。识别机会、发现问题是决策过程的起点。在决策过程中，问题是指组织的“期望目标”与所面临的“实际情况”之间的差距。一般来说，要想实现有效的问题诊断，必须对以下三方面问题进行深入分析：第一，目前实际状况与原来期望之间的差距在哪里？量值有多大？第二，造成此差距的直接原因与间接原因是什么？第三，上一级组织或外部环境是不是造成该问题的根源？该问题对其他方面的影响程度如何？在“发现问题”阶段，追查问题的根源，正确界定所要解决的主要问题，是后续步骤科学有效的基础。在找出问题发生根源的同时，进一步考虑问题的出现对上级目标的影响，也是十分有益的。

（2）确定目标。这一阶段的任务在于澄清解决问题的最终目的，是要明确所应达成的目标，并对目标的优先顺序进行排序。决策目标是由上一阶段明确的有待解决的问题决定的。在目标确定过程中，只有首先把所要解决问题的性质、结构、症结及其原因分析清楚，才能有针对性地确定出合理的决策目标。决策目标往往不止一个，而且多个目标之间有时还会有矛盾，这就给决策带来了一定的困难。要处理好多目标的问题，就需要把所要解决的问题尽可能地集中起来，尽量减少目标数量；把各个目标依重要程度进行排序，把重要程度高的目标先行安排决策，减少目标间的矛盾；进行目标的协调，即以总目标为基准进行协调。另外需要强调的是，在目标确定过程中，要注意防止遗漏那些容易被忽视的目标，如无形目标、社会目标、长期目标、隐性目标等。

（3）拟订备选方案。在诊断出问题的根源及澄清解决此问题的真正目标之后，就需要寻找解决问题的对策和办法。由于一个问题往往可以用一个以上的办法来解决，所以在选择方案之前，应先把所有可能的候选方案及相关因素都罗列出来并认真加以考查和评估。一般说来，方案的数量越多、质量越好，选择的余地就越大，决策的有效性就越高。同时，还要注意各方案之间应具备相互排斥性，特别是应注重所拟订的方案应具体和细致周到。具体地说，开发备选方案时的主要方法有：第一，从过去的经验中寻找方案，即从自己及别人过去处理类似问题的经验中寻找办法；第二，从创新中寻找对策，这是一种突破既有管理思维定式、使用新的思维方式、以未来为导向寻求决策方案的方法，对组织的高层管理者来说，这一点尤其重要。

（4）分析评价备选方案。管理者在形成了一组备选方案后，就必须对每一种备选方案的优点及缺点进行评价。而实现良好评价的前提则是在准确定义机会或威胁的基础上确定可能影响各备选方案选择的标准。一般而言，成功的决策者通常使用合法性标准、伦理性标准、经济性标准和相容性标准来对备选方案进行正反两方面的评价。如果某一备选方案看上去优于其他方案，但仔细分析后发现其会对其他重要的组织目标产生威胁，那么这一备选方案与组织目标之间就不具有很好的相容性。

（5）选择方案。在完成了对备选方案的详细评价之后，接下来的一项任务就是对各个备选方案进行排序，并从中做出选择。在对备选方案进行排序时，决策者应当将所有可能得到的信息都纳入考虑范围。当然，要求决策信息周全并不意味着决策者拥有的信息必须是充分的。其实，要求决策信息准确、完全，对于复杂问题的决策来说是不现实的。需要指出的是，在备选方案选择过程中，决策者对已经掌握的关键信息的忽视倾向是比信息不完全更为严重的问题，这需要在克服决策者的认知偏见和集体思维的某些缺陷的情况下才能得到较好的解决。

（6）实施选定的方案。在各个备选方案中选定相对最佳的方案后，就需要将其付诸实施。在这一过程中，还需要做出许多后续决策（次级决策）。一般说来，一项行动方案被决定之后，会有许多的次级决策需要相继做出。虽然看上去做出相关的后续决策以实现选定的决策方案是自然的，但在实践中往往有很多管理者在做出决策后没有能够采取相应的实施行动，其效果和没有做出决策并无区别。为了确保方案得到切实实施，高层管理者必须赋予中层管理者做出后续决策的权力，给予足够的资源以支持其实现目标，建立激励和约束机制促使其履行好自己的决策职责。

（7）评估决策结果。决策过程的最后一步是评估决策的结果，看看问题是否得到了解决，所选定的方案及其实施的结果是否收到了期望的效果。决策评估的过程实际上就是决策者从反馈中学习的过程，只有积极地从决策的成功和失败中学习，才会不断地提高其决策的水平和质量。如果通过决策评估发现问题仍然存在，那么接下来，决策者就需要仔细分析究竟是在哪个环节上发生了错误，如问题是否被错误地定义了，在分析评价各备选方案时是否发生了偏差，或者，方案选择正确而实施得不好。问题的答案也许要求管理者重新回到决策程序的某个步骤，甚至可能需要重新开始整个决策过程以最终求得问题的解决。

决策是一个动态过程，在每一个阶段中都存在着许多反馈环路。由于决策的每个步骤都会受主体的经验、态度、价值观以及所处环境、文化、伦理道德等诸多因素的影响和制约，因此，不能简单地认为决策的过程是一个由起点发展到最后阶段的流畅过程。当然，这些阶段实际上也并不是完全可以进行明确清晰划分的。

7.4　决策的方法与心理

7.4.1　决策的方法

现代组织决策不仅要受到管理者在信息加工方面的心理局限性的影响，而且还受到许多组织因素的影响，如组织的规章制度、各利益派别的相互作用、对决策所依据信息的不同“解释”，等等。总之，现代组织决策是一个十分复杂的过程，为了保障决策的正确、可行和有效，除了决策者应具备优良的素质以外，还必须在决策过程中综合使用一些已被实践证明为行之有效的方法。这些方法既有以定性为主的“软”方法，也有运用计算机技术和数学模型进行定量分析的“硬”方法。决策的“软”方法主要是一些定性的分析方法，它是一种基于人们的经验而对决策方案进行分析、评价与判断的方法。决策的“硬”方法主要是一些定量分析方法，它是根据已有的实际数据以及变量间的相互关系，建立一定的数学模型，然后通过运算取得结果。只有软硬方法有机结合、科学运用，才能收到良好的决策效果。

1. 以定性为主的“软”方法

一般常用的或有特色的决策“软”方法有以下几种：

（1）头脑风暴法。头脑风暴（brain storming）是要求人们自由奔放、打破常规、创造性地思考问题和构思方案的一种决策方法。这是一种决策参与者面对面坐在一起，通过开会来形成多个备选方案，并对其进行讨论的集体解决问题的技术。其主要特征是鼓励提出任何种类的方案设计思想，禁止提出批评。头脑风暴法采取会议的方式，一般参与者以8～12人为宜，也可略有增减（5～15人），特殊情况下可以不受人数限制。会议按以下程序进行：首先，由一人对需要讨论的问题进行大致的描述；其次，成员各自提出自己的想法，形成各种备选行动方案；再次，在成员介绍某种备选方案时，不允许任何人进行批评，直到全部备选方案都被提出，由一个成员负责对各个备选方案进行记录；复次，鼓励成员尽可能地创新，不管具体想法是什么，所提出的想法越多越好，并且鼓励成员在他人想法基础上进行进一步的思考；最后，当所有的备选方案都被提出以后，成员对每种方案的优点与不足进行讨论，并形成一个最佳的排列。

（2）德尔菲法。德尔菲法（Delphi method）是兰德公司发展出的一种专家意见法，要求参加决策的专家互不见面，意见的发表和交流采取匿名书面方式进行。其优点是隔绝了群体成员之间可能的影响，也无须决策参与者到场。实行德尔菲法的目的在于，通过咨询专家而获得创造性的设想，系统地解决问题。其具体步骤如下：第一，对问题的性质、条件等方面加以明确，精心设计问卷并寄达专家，要求专家提供可能解决问题的方案；第二，专家们先“背靠背”，不发生任何形式的联系，每人匿名并独立地完成问卷；第三，主持人对收集的问卷集中归纳，向专家发出本轮问卷结果的复印件，请他们进一步提出方案，第一轮的结果常常能够激发出新的方案或改变某些专家原来的观点；第四，重复以上步骤，不断地相互启发，提出新的可行性方案，排除不切实际的方案，缩小分析范围，直至得到满意方案。

（3）电子会议分析法。电子会议分析法（electronic meetings）是群体预测与计算机技术相结合的一种群体决策方法。其基本方法是：群体成员各有一台计算机终端，根据所要解决的问题将自己的方案敲入键盘显示在屏幕，任何人的评论均可通过网络共享。这种方法的主要优点是匿名、诚实、迅速，参与者不透露个人信息而可能充分发表自己的意见，同时消除了闲聊和讨论偏题，且不必担心打断别人的“发言”。这一方法可借助局域网在一个相对集中的范围内进行，也可通过因特网在更广泛乃至全球的范围内进行。

（4）“鱼缸法”。运用这个方法时，决策者围坐成一个圆圈，在圆圈中放一个单人的椅子，当有人坐到椅子上时，只有他有发言权。这样，群体成员的注意力都集中到坐在中间椅子上的人身上了，坐在中间的人在不遭到反对的情况下讲述他的观点及问题解决方法，因其形似鱼缸，故得名“鱼缸法”。这种方法杜绝了交叉讲话和无关的讨论，中间放一把椅子，可以请一个在该领域有专长的发言人坐在“鱼缸”中，让他谈谈对问题的看法和解决的方案。成员们可以提问，但不可以交头接耳，一旦发言人的观点被完全理解，他就离开，再换下一个人。重复以上过程。大家也可以利用从前面专家那里得到的信息来询问后来的专家，从而使观点趋向于某一行动方案。

2. 以定量为主的“硬”方法

定量分析方法有很多，下面只简单介绍几种较为常用的方法：

（1）期望值法。这是一种采用比较各方案期望值来确定最优方案的方法。在期望值决策法中，决策者对一个方案可能出现的各种结果进行分别估计其得失数值和可能发生的概率，各种结果乘积的和即为此方案的期望值。计算出每个方案的期望值再进行比较，做出选择。通常选择期望值大者作为最优方案。一般说来，决策方案的期望值包括三类：一是收益期望值，如利润期望值、产值期望值等；二是损失期望值，如成本期望值、投资期望值等；三是机会期望值，如机会收益期望值、机会损失期望值等。通过计算得到各方案的损益期望值（或机会损益期望值）之后，选择出收益期望值（或机会收益期望值）最大者，或损失期望值（或机会损失期望值）最小者为最优决策策略。

（2）决策树法。又称树形决策法，是定量决策分析的一种常见方法。作为分析判断的一种形式，它实际上早已存在于人们的思维过程中，一直被决策者有意无意地使用着，后来则用形象的模型方式展现出来。决策树以“树”的形式概述决策点、偶然事件和在可能采取的各种方案里的概率。

（3）边际分析法。边际分析法是通过比较备选方案的投入和收入之间的比例而进行择优的方法。边际分析就是对边际支出和边际收入进行比较，二者相等时的值为临界点，处于临界点的方案被认为是最佳方案。一个方案设计的投入过少或过多都是不可取的，决策者所要选择的是那种投入和收入比例接近于临界点的方案。

（4）现值分析法。现值分析法的具体处理步骤是：将不同时期内发生的收益或追加的投资及经营费用都折算为投资起点的现值，然后与起初的投资比较，净现值大于零的方案是可行方案，净现值最大的方案为最佳方案。

（5）运筹学法。运筹学法是研究一个系统的组织管理与决策如何最经济、最有效地使用人、财、物等资源以取得最好的工作效果的方法。运筹学实际上起源于 20 世纪初的科学管理运动。第二次世界大战后，运筹学法相继在各领域得到广泛应用并获得飞速发展，到 20 世纪 60 年代，已形成了运筹学的许多分支，如线性规划、非线性规划、整数规划、目标规划、图论与网络、排队论、存储论、对策论等。应用运筹学法的第一步，也是最重要的一步，是建立数学模型。根据问题的性质确定采用哪一类运筹学法，并按此方法将问题描述为一定的数学模型，确定问题的变量、约束条件、目标函数。其后是求解过程。稍复杂的模型求解一般都要借助计算机和相应的软件进行。另外，运用运筹学法最终所得到的问题的最优解是附加了各种假定条件的“理论上的最优解”。实践中，由于各种条件的变化，在冲突着的多目标之间只能找到一种最终的折中方案，是“满意解”而非“理论最优解”。

7.4.2 决策心理

决策是一个外延广泛的概念，大至国家的行政决策，小至个人的消费决策，就其运行的心理过程而言，并无实质性的区别。任何决策都是通过人的心理过程来实现的。决策要强调有效性，就必须注重科学性，就必须注重决策的心理效应，包括矫正决策者可能具有的许多心理障碍。

1. 个体认知

20 世纪 70 年代，心理学家丹尼尔·卡尼曼（Daniel Kahneman）和阿莫斯·特瓦思凯（Amos Tversky）指出，由于所有决策者都受有限理性的制约，因而都倾向于使用“推断”（heuristics）这一根据经验进行判断的方法，借以简化决策的过程。卡尼曼和特瓦思凯认为，这种基于经验的方法在多数情况下是有用的，因为它可以帮助决策者对复杂、不确定和模糊的信息做出理解和判断。但是，这种方法也可能导致决策者在处理关于备选方案的信息并进行决策时发生“系统错误”（systematic errors），即人们可能会重复做出产生不良效果的决策。心理学家对导致组织决策“系统错误”的认知偏见进行了比较系统的研究，对于管理者来说，就是要清醒地意识到可能存在的认知偏见及其负面影响，努力确定出自己的决策风格。影响决策的偏见主要有以下几种：

（1）事前假定偏见（prior hypothesis bias）。组织的决策者对于决策中所涉及的两个变量之间的关系如果具有比较强烈的事先观点，那么他们就往往会倾向于在这些偏见的基础上做决策，即使有证据表明他们的观点是错误的。这种决策心理情形被称为事前假设偏见。在这种情形下，决策者往往倾向于寻找、使用与事前观点相一致的信息，而忽视与之相矛盾的信息。这种做法虽然并不意味着所做出的决策一定是错误的，却清楚地表明决策有可能受到事前偏见的影响。

（2）代表性偏见（representativeness bias）。代表性的思维方法实际上是指人们倾向于根据观察到的某种事物的模式与其经验中该类事物的代表性模式的相似程度而进行判断。如果某一种事物与其类别高度相似，其代表性就高；反之，代表性就低。代表性反映的是个体与类别之间的关系，常常作为人们预测的基础。但是，组织的决策者如果不恰当地从一个小样本甚至是一个案例中来进行概括归纳，就容易导致代表性偏见，造成决策失误。代表性偏见的例子有很多。比如，在代表性作用下，投资者坚持认为，好股票是好公司的股票，坏股票是差公司的股票。在投资者的思想中，好公司代表成功的公司，成功的公司产生高盈利，进而导致高收益；差公司则正好相反。投资者的上述思维就犯了先入为主的错误。

（3）信息易得性。信息易得性（availability）反映的是人们依靠容易得到的信息而非全部信息进行认知和判断。由于受人的时间、精力、记忆能力或知识等的局限，人们在对事物进行判断时不可能利用所有的相关信息，只能利用其中的一部分。一般情况下，人们大多利用自己熟悉或容易得到的信息。然而，被忽略的信息对正确评估和决策可能有重要影响，仅靠熟悉的和易于得到的信息进行判断就有可能出现偏差。

（4）锚定和调整。在许多情况下，人们对事物进行估计是从某个初值或起点开始的，然后逐渐调整到最终结果。初值可能在系统表述问题时被提出，也很可能是进行一定计算的结果。不论是哪种情况，调整（adjustment）都是不充分的。不同的初值得到不同的偏向于初值的估计结果，这种现象被称为锚定（anchoring）。由于大多数人都锚定初值，给予初值更大的权重，对新信息的反应调整不完全、不充分，显得比较保守，这就会引起一定的估计偏差。

（5）控制错觉（illusion of control）。控制错觉是导致组织决策错误的另一个重要原因。所谓控制错觉，是指决策者过高估计对活动和事件控制能力的倾向。在大型组织中，高层管理者特别容易形成这种偏见。由于是付出极大努力，经过艰难打拼才走到了组织的高层，所以他们往往倾向于对自身的价值产生过高的评价，对于其成功控制事件的能力过于自信。控制错觉使得很多管理者过高估计了正面结果出现的可能性，以致最后做出不恰当的决策。

（6）递增承诺（escalating commitment）。在组织已经对行动方案投入了大量的资源以后，即使收到的反馈表明这一项目正在走下坡路，一些决策者仍然会继续承诺为这一项目提供更多的资源。在这里，对于特定项目的个人责任明显地影响了决策者的分析，从而产生了递增承诺这一现象。他们会增加对其负责项目的时间投入和资金投入而忽视了这样做是非法的、有悖商业道德的、不经济的或不可行的事实。实际上，在这种情况下，停止和撤退才是适宜的决策。由于受递增承诺的影响，许多决策者往往不能在恰当的时机做出恰当的决策。

2. 团体思维

对于现代社会的各类组织来说，绝大部分重要的决策都是由管理者团体而不是个体做出的。团体决策在一些方面要优于个体决策。一般说来，当管理者组成团队、做出决策、解决问题时，他们受个人偏见影响的可能性以及发生错误的可能性会相应地减少。他们可以利用团体成员共有的技术、能力和知识来提高推出备选方案和做出良好决策的能力。团体决策还可以使管理者处理更多的信息，互相纠正各自不正确的地方和方面。由于在决策过程中团体成员进行了比较好的参与和沟通，因此，在决策实施阶段，涉及这项决策的管理者们都会采取合作的态度。同由一位高层管理者做出一项决策然后强加于下属的情况相比，由管理者团体共同做出一项决策，其成功实施的可能性会更高。

当然，团体决策也存在一些缺陷。因为，团体决策需要让具有不同利益和偏好的人对某个问题达成一致，一般来说，这要比个体决策花费更多的时间。另外，与单个管理者做决定一样，团体决策也会受到偏见的影响。团体偏见主要根源于团体思维（group think），这种思维一般表现为团体成员在对决策相关信息不做准确评价的条件下而去达成一致并做出决策，其决策极有可能存在缺陷。当决策者陷于团体思维时，他们会绕过适当标准对备选方案进行评估，从而形成行动方案。通常，决策团体会围绕一位如 CEO 这样的核心人物形成一个这位核心人物所支持的决策方案。这表明团体成员对决策方案的盲从往往出于对该方案感性的而非理性的评估。同时，在团体思维中，保持团体一致与融洽的压力必然会阻碍成员个人提出与多数人观点不同的意见。

认知偏见和团体思维的存在使得如何改善团体决策和个体决策的问题成为组织管理中一个十分现实和紧迫的问题，以下介绍两种应对团体思维和认知偏见的方法：第一，“魔鬼的争辩”（devil’s advocacy）。这是对所选择的决策方案进行的一种关键分析，目的是要在实施之前确定其优点和不足。通常的做法是，决策团体的一个成员扮演魔鬼的角色，由他对决策团体评价备选方案并从中做出选择的方式进行批评。魔鬼争辩的目的是要确定所有可能导致被选择的决策方案最终不被接受的理由。通过这种方式，决策者将比较清楚地认识到所选择的决策方案可能存在的危险之处。第二，辩证的质询（dialectical inquiry）。具体做法是就一个决策问题安排两组管理者，每一组都要对备选方案进行评价，并从中选择一个行动方案。高层管理者听取每一组对所选方案的说明以及对另外一组所选方案的批评。在争论的过程中，高层管理者对两个小组的观点提出质疑，以求发现潜在的问题或危险。这一方法的目标是寻找一种更好的决策方案，以便为组织所采用。

改善团体思维的另外一种方法是促进决策团体成员的多元化，通过将不同性别、不同宗教信仰、不同国籍以及不同部门的管理者组织在一起，可以拓展经验，能够在形成、评价、选择备选方案的过程中生成更多的观点。而且，多元化的团体相对来说会具有较低的团体思维倾向。因为，团体成员本来就具有很大的差异，追求融洽的压力相对来说比较小，成员之间更容易畅所欲言。

3. 组织决策能力提升

组织决策的质量最终取决于对机会或威胁的创造性反应，为了不断提高非程序性决策的能力，提升组织适应、调整甚至改变其任务环境的能力，管理者需要加强学习型组织（learning organization）的建设，积极支持与鼓励组织学习。这样做是符合决策心理学规律的。

（1）建立学习型组织。建立学习型组织的目的是尽可能地使每个成员和组织的创造性思维和行为能力都得到最大程度的发挥，最大限度地提高组织的绩效。

（2）促进个人创造性。从决策的角度看，组织学习的核心是创造力（creativity），这是管理者及组织成员密切互动、共同发现独创的、新颖的并能够成为可行方案的想法的能力。对于管理者及成员创造力的鼓励已经成为现代社会组织关注的一个重要问题。对于高层管理者来说，在决策过程中重视和强调成员的参与和贡献，对于提出创造性想法的成员进行恰当的奖励（物质的或精神的）十分重要。从心理学上讲，富有创造力的人喜欢得到他人的赞扬。富有创新氛围的组织，大都会设计或开发多种类型的奖励和肯定形式以对员工做出的创造性工作予以认可。

（3）促进集体创造性。应当说，只有在决策过程中激发出集体的创造性，学习型组织建设和组织学习才算收到了根本性的效果。组织能够用来激发创造性思维和创新性解决方案的办法大多是前面所描述的那些以集体的方式来解决问题的“软”的方法或技术，如头脑风暴法、德尔菲法等。这些方法或技术既可以帮助管理者发现其决策过程中的认知偏见，也可以用来防止团体思维中的弊端，所以，组织在决策实践中需要认真践行这些方法，而不只是摆样子、搞形式。

关键术语

计划　计划工作　5W1H　战略计划　战术计划　作业计划　指令性计划　指导性计划　计划隔阂　计划空隙　决策　决策者　备选方案　决策方法　头脑风暴法　德尔菲法　鱼缸法　期望值法　决策树法　边际分析法　现值分析法　运筹学法　认知偏见　团体思维

复习思考题

1. 什么是计划？如何理解计划和决策的关系？
2. 什么是计划工作？计划工作的内容是什么？
3. 计划有哪些基本类型？
4. 简述计划制订的程序。
5. 制订计划的基本方法有哪些？

6. 什么是决策？如何理解决策的概念？
7. 组织的决策主要有哪些类型？
8. 决策在管理中的地位和作用是什么？
9. 决策的原则有哪些？
10. 决策的过程包括哪些步骤？
11. 决策“软”方法与“硬”方法的含义是什么？
12. 个体经验决策心理会产生哪些偏见？
13. 如何矫正团体思维决策心理的缺陷？

第8章

执行

开篇引例

当朗讯科技公司于1996年任命理查德·麦克吉恩担任CEO的时候，人们都对他寄予了很高的期望。营销人员出身的麦克吉恩风度十足，而且非常善于向投资者推销公司的未来。根据他向投资者们的承诺，公司将在未来取得让人炫目的收入和收益。由于当时的经济形势相当好，而且他的这种分析又采取了一种高瞻远瞩的方式，所以投资者和董事会似乎都对公司的未来充满信心。但麦克吉恩根本没有办法使得自己的计划在公司内部得到落实。2000年，电信泡沫的破灭最终影响到了所有的参与者。其实，朗讯公司的衰落在此之前就已经开始，而且它也比其他竞争对手衰落得更快、更严重。

进入以因特网速度发展的技术市场后，麦克吉恩没能及时改变西部电子以前那种缓慢而富有官僚气的作风。朗讯的结构非常庞大而臃肿，它的财务控制系统显得有些不堪重负。比如说，执行官们根本无法得到有关利润、产品或渠道的信息，这就使得他们无法在资源分配问题上做出明智的决策。麦克吉恩的手下要求他采取措施扭转这种局面，但毫无作用，他没能及时替换掉那些表现不佳的执行官，而他的竞争对手在这方面则要表现得比他好得多。

结果，朗讯公司在开发新产品的过程中一直没能达到预期目标，这就使它最终错失了最好的市场机遇。公司投入巨资安装了SAP软件，希望能够通过这个标准的软件平台将公司所有部分连接起来，但由于公司没能及时改变工作流程，导致大部分资金被白白浪费掉了。

资料来源：博西迪，查兰. 执行：如何完成任务的学问. 北京：机械工业出版社，2003：34-35.

8.1　执行及其基本原则

8.1.1　管理中的执行

1. 执行的基本概念

在管理理论中，“执行”不仅是极其重要的管理词汇，更是管理学中相当活跃的课题。执行是组织工作的生命力，没有执行，一切其他管理活动都是空谈。执行之所以如此关键，就在于它是组织目标与绩效之间的桥梁，是组织战略规划和具体任务得以落实到位的全部内容。因而，企业家、职业经理人、社会组织领导者、政府官员等各类组织中的各级管理者都将执行视作其关键工作之一。与此同时，执行是否有力，也会直接影响到组织预期目标实现程度的高低。在组织中，执行必须回应组织的成长与发展。有力的执行不仅能够促进组织的成长与发展，而且能够始终与组织的成长与发展保持一致，反之，无力或无效的执行则会阻碍和制约组织的成长与发展。

执行是贯彻落实组织战略规划、实现组织预期目标的一系列有计划、有组织、有意识的实际行动。有力的执行是组织战略意图和预期目标得以实现的基础，是组织战略规划和预定目标有效转化为实际效益和成果的关键路径。相对于组织战略规划的制定，执行更加注重从细节上去完成目标任务。然而，我们并不能就此认为，执行仅仅是一套具体行动和操作技巧，或仅仅是一种组织目标实现的战术问题，其实，它也是一门系统的学问，渗透于组织工作的各个流程，融入于战略规划、目标设定和文化积淀的各个方面。执行也因此被纳入了计划、组织、人事、指挥、协调、领导、控制等组织工作的各项职能与每个环节之中。

2. 执行的三个层次

执行贯穿于组织管理的全过程，组织中不同层次的管理者都是特定意义上的执行者。从管理者的层次来区分执行者的层次，可以分为最高执行者、中层执行者和现场执行者。他们各有分工，各司其职。当然，我们也可以从执行本身所包含的管理内涵来对其进行层次划分，从这个角度看，执行也包含三个层次。

执行的第一层次是按指令做事。这种执行强调员工按照既定的行为规则和程序要求来完成上级指令，要求管理者对决策目标和行动计划进行具体化、操作化及标准化，并尽可能细化、量化监控过程及结果评价。根据科学管理的要求，在组织中，所有的决策归于领导，而执行归于员工，随着领导者地位的日益提高和影响力的增强，员工越来越依赖于领导者的思考和决策，养成了惰性，也就慢慢失去了独立思考、自主判断和创新思维的能力。实际上，如果仅仅要求按指令做事，员工个人专业素养和品格素质的差异、对组织目标和上级意图有折扣地理解，以及个体固有的取巧心理等，都可能导致服从指令这种最简单的事情都难以做好。

执行的第二层次是按目标计划做事。在执行过程中，一些事项是无结构的、非程序化的，而另一些事项则是结构化、程序化的。通常，第一层次的执行专注于前者，所要做的主要是那些随机的、片段的、被动的、非连贯的指令事项，评价执行效果的主要标准是上级的指令是否得到执行。按目标计划做事的执行则是组织战略规划和预期目标得以落实到位的最大保障，其执行活动往往是按照既定计划的总体顺序连续地、整体地做下去的，从而达到预期的执行效果。对于组织管理及其执行活动而言，按指令做事的执行适合实现短期目标和承担临时任务，而按目标计划做事的执行则更适合组织长期目标和长远战略规划的落实。

执行的第三层次是创造性地做事。这一层次的执行是执行的理想状态，它不仅能够很好地适应组织内外环境的复杂性和不确定性，并且能够使管理的效率与效果得到明显的提升。逻辑地看，按指令做事这一执行层次是按目标计划做事这一执行层次的基础，而按目标计划做事的执行层次则又是创造性地做事这一执行层次的保障，三者有着层次递进关系。在组织管理中，组织的战略规划、目标设定以及决策活动通常无法涵盖执行活动中的全部可能性，因而，执行的理想境界便是创造性地做事，它能够很好地应对各种计划工作未能预料到的复杂情境。一般而言，第三层次的执行只要遵循组织成长与事物发展的客观规律，不损害组织目标计划和操作规范、不违反组织利益与顾客的根本利益，就能够发挥出落实组织的战略规划和创造性地实现组织预期目标的作用。

8.1.2 执行的基本原则

1. 注重细节原则

在组织管理过程中，一方面，组织会因为对某个细节的忽略而导致产品或服务出现意想不到的缺陷与莫名其妙的问题；另一方面，组织也会因为注重细节而使得产品或服务面临的难题迎刃而解。对于执行而言，细节在很大程度上决定了执行的成败。细节的微弱变化也许会影响全局的状况，一个小的细节受到忽视或改变，原本只是系统中初始条件的十分微小的变化，而其长期的连锁效应却能够导致整个组织执行体系背离预期的目标而走向失败。组织的战略规划制定之后也就进入了执行环节，大量的资源都会随之运转起来，并使组织成为一个复杂系统，其中，也许某个细节受到了忽视，或者在执行过程中出现了细节上的失误，都有可能导致执行的失败。因而，对于任何一个组织及其各个层次的执行者而言，都必须给细节以足够的重视。

组织想要使战略规划落实到位，就必须注重执行的细节。在某种意义上，组织预期目标能否实现不仅仅取决于战略规划的精妙设计，更取决于对执行细节的重视。不重视细节的执行往往是无力的。执行无力，再精妙的战略规划设计也只不过是“纸上谈兵”。唯有执行得力，才能完美地展现战略规划的精妙。执行得力也就意味着对执行中的细节给予足够的重视。执行成败的关键在于注重细节，而且，细节上的认真操作和细致审核，又能够帮助组织细致地思考战略规划及其执行体系，进而使组织战略规划更加完善。对于战略规划而言，执行细节比创意更加意义深远，尤其是一项决策在组织体系中全面展开时，对执行中的细节的忽视，会使得原本具有非凡创意的战略规划面目全非。相反，对细节的重视也就保证了执行过程能够做到细致到位，并使战略规划方案的创新性与突破性得以展现。

从实践来看，在执行过程中会出现在战略规划和执行细节两个方面顾此失彼的问题。

其实，任何一项任务的执行和目标的实现都包含着两个层面：一是从宏观战略规划的层面去规划和思考组织目标实现的路径；二是从执行细节的微观层面细致地分析每项任务以及具体落实方式。一般而言，宏观战略规划重在行动的总体部署，而微观执行细节则着眼于任务的具体执行。因而，注重细节的执行原则要求管理者既重视战略规划又注重执行细节。对组织的执行体系而言，战略规划的好坏直接关系到组织的长远发展和执行的可行性。但是，战略规划只有在执行细节构成的行动中去实现。成功的管理者能够做到将战略规划和执行细节很好地配合起来并落实到位，既避免在战略规划中不敢想、不去想，又要在执行细节中避免做不到、不去做。

2. “三度”原则

在执行过程中，执行制度的建立、执行规则的制定以及执行流程的设计，都是要确保组织各个层级的执行者能够有章可循、有规可依、有度可量。说到底，组织管理体系的优劣直接表现为组织的执行能力和执行水平的高低。换言之，如果组织为各个层级上的员工创设了合理的权责关系，并激励他们在各自的岗位上尽心尽责、共同努力，进而使组织的管理系统沟通有效、协调一致，那么，组织的执行能力和执行水平就会显著提高。一般说来，组织执行要遵循“三度”原则。

（1）尺度。在组织战略规划经由具体执行方案而得以落实的过程中，执行的标准是执行方案能否按照科学设计的路线行进的重要保障。在执行过程中，一般说来，作为执行效果测量尺度的标准往往会因各种有意或无意的原因而逐渐降低，甚至完全背离最初的设定。概括地说，造成执行标准降低的原因主要有三个方面：一是执行标准模糊，难以进入操作层面。这就使得执行者可以根据个人偏好、主观理解、难易取舍等去执行任务。二是执行标准随意，难以形成强制力。在执行过程中，如果执行标准具有随意性，执行者就会自行根据事件的重要性和时间的紧迫性而对任务进行排序，选择性地安排执行任务。三是执行标准过高，难以完成预期目标。这个时候，执行者要么去修改标准，要么降低标准。在执行者这样做的时候，肯定会夹杂许多不科学、非理性的因素，从而影响执行效果。基于这三类原因，执行应把握好尺度原则，形成清晰、严肃、适中的执行标准。

（2）速度。组织中的绝大多数任务都会有时间条件的约束，这种时间约束通常来自两个方面：一是任务本身的时效性。一旦错过了某个时间点或时间段，执行所需的那些预设前提和外部条件就会消失，执行“窗口”被关闭，执行会变得极其困难，甚至毫无成功的可能性。因此，执行者要认真对待任务的时间约束，把握恰当的执行时机，快速准确地执行任务。二是任务序列中其他任务的干扰。组织的任务不可能是单一的，而是由一系列任务构成的任务体系，更多的时候，任务会依时间序列而展开为一个体系，形成一个任务序列。在多个任务构成了一个先后序列时，一项任务如果在执行过程中出现延误，就必然会对下一项任务的执行造成干扰。所以，在执行过程中，要按照时间约束条件关注执行速度。

（3）力度。战略规划的执行往往会出现执行力度从强到弱的衰变过程，如果管理者不给予高度重视，就会导致执行虎头蛇尾，甚至会使整个战略规划在执行力度的衰变中“流产”。执行力度衰变的原因有两种：其一，由于缺乏对执行成效的跟踪评价和良好的绩效激励，执行者的积极性受损，致使执行力度逐渐减弱。其二，长期高强度的工作会导致执行者身心疲惫，致使执行力度下降。对这两种情况，管理者都应引起充分的重视，并根据执行力度下降的不同原因找出相应的解决措施，以保证执行力度维持在一个合适的水平上。

3. “烫火炉”原则

“烫火炉”的故事是这样的：“冬天，一个烧得通红的火炉会让人觉得非常亲切。人们围炉而坐，一边说话，一边取暖，心中对火炉总会产生几分感激。然而，火炉是会烫人的，而且非常有原则：碰着炉子就会挨烫，这是大家都知道的；不分官职大小，主人客人，只要碰着它，谁都要烫，绝不讲人情；说烫就烫，立即兑现，决不研究以后再说。因为炉子这样有原则，所以即使主人自己挨了烫，也只能怪自己不小心，而绝不会说炉子烫人不对。”①对组织而言，制度规范就像“烫火炉”既能够供暖又会烫人的双重特性一样，既能够支持人，也会处罚人。因此，制度规范的设计与执行就应该像“烫火炉”一样。制度规范首先必须是得到员工普遍认可的合理性存在，并且组织有义务让与制度相关的所有人如同常识一样地清楚明白；制度规范具有权威性，它一经确立，就必须在整个组织范围内认真贯彻执行，以何种方式及在何种程度上触犯或违反制度规范，就必然会遭到相应的惩罚。任何人、任何团体或组织都不例外，也不会有任何机会寻找“替罪羊”来逃避所应受到的惩罚。

有了明确而完善的制度规范，组织执行才能得到有力的保障。首先，制度规范应像“烫火炉”一样“不碰不烫”。组织成员只要在制度范围内行事，不跨越边界、不违反规则，就不会受到任何惩罚。反之，任何人又都不可以无视其存在，不可以轻易越“雷池”半步。其次，制度规范应像“烫火炉”一样“一碰即烫”。“烫火炉”的作用机理是即时性的，只要你触碰它，它马上就会烫你。与此相同，制度规范想要实实在在地约束和规范组织成员的行为，就必须在组织成员一旦触及它的时候就会立即招致相应的惩罚。再次，制度规范应像“烫火炉”一样“谁碰烫谁”。烫火炉是不讲情面的，任何人只要触碰到它，它就立即烫谁，一视同仁。制度规范也应具有这种无差别性的特点。最后，制度规范应像“烫火炉”一样“哪碰烫哪”。烫火炉只烫触碰它的那个部分，而不会牵连到其他部分。在实际的管理工作中，管理者应针对违反制度规范的行为，实事求是，对事不对人，而不应扩大问题的边界，或将行为的错误放大为人的错误。

8.2 执行的过程与模式

8.2.1 执行的过程

1. 制订战略计划

一份真正有效的战略计划是组织发展的长期指导方针，是实现组织长远目标的保证。组织的高层管理者决定和制订了战略计划，并通过它将组织的整体和部分连接起来。战略

---

① 谢文辉．赢在执行力．北京：北京科学技术出版社，2005：93.

计划为组织的具体管理工作提供了指南，所提供的要点能够为决策与执行提供指导作用，能够保证处于不同时间和地点上的管理者们保持统一和协调的行动。实际上，战略计划所关注的是能否保持组织现有的成功潜能并发展新的成功潜能，以确保组织能够在战略计划期间或一定时期内都有获得未来成功的保证。

既然战略计划是组织执行的目标与指南，那么就必须找准影响组织发展的关键要素，诸如个体、组织、合作、决策、自由裁量等，并在战略计划制订中体现出对关键要素的重视。战略计划的制订是一项相当复杂的工作，因而需要组织内部不同职能部门的相互协调与积极配合。通过组织的协作系统，战略计划的制订从问题诊断开始，最终定位在对机遇和威胁的粗略评估上，而更加详细的评估和方案，则与战略选择紧密联系在一起。伴随着以战略评估为基础的战略选择的完成，也就形成了组织未来发展的各类组合方式。在此基础上，组织开始进入总体战略制定、业务战略制定以及关于战略实施方法的设计等阶段。实际上，战略行动方案的制订是战略计划制订中极其重要的环节，战略行动能够在计划和执行之间建立起桥梁，使战略目标得到很好的落实。

2. 优化组织体系

一是优化行动决策。在组织执行体系中，有力的执行只有在正确决策的基础上才能够产生正效应。脱离或背离组织制度规范的决策，不仅不会提升组织执行能力，甚至还可能产生严重的负面效应。为此，管理者要有敏锐的眼光、前瞻性视野和批判性思维，在发现问题、制定战略以及具体执行中谋求组织的可持续发展。组织的可持续发展是由一系列连续的决策构成的，任何决策失误或决策变动，都会影响执行活动。在执行力形成阶段，决策会严重损害组织执行力的提升。在执行阶段，行动决策偏离组织目标越远，执行力越高，其破坏性越大，负效应也就越强。

二是调整组织架构。良好的组织战略依托于良好的组织架构。战略规划不应试图去适应组织架构，而是需要组织架构配合战略规划及其实施。在制定组织战略规划之后，管理者需要对组织结构进行适当调整，为执行环节上的每个职位配置合适的人，明确执行者的权责定位，做到权责对等，只有这样，执行者才能名正言顺地贯彻落实上级的指令，高标准、高效率地完成预期的执行目标，实现组织战略规划所设定的各项任务。在组织架构调整中，新旧岗位上的职责和任职人员都要按照组织战略规划的要求进行适应性重置，使新的组织架构充分发挥协同能力。

三是规范管理者言行。组织行为学中的“上行下效”会影响组织执行的效果，换言之，上级管理者的癖好、强调和检查，直接影响到下级执行者的好恶、重视和偏重。对于有力的执行而言，上下同心、左右同步的氛围是执行取得良好效果的重要保证，是从战略到执行能够一以贯之的关键因素。因此，管理者对执行任务的倡导以及身体力行能够促进组织执行力的提升。反之，则会影响甚至阻碍组织执行力的提升。

3. 选任合适人员

在执行目标确定和计划分解完毕之后，“正确用人”与“用正确的人”也就成了执行中的关键一步。对个人而言，组织执行力实质上是每个员工实际执行力的综合。组织员工，尤其是关键岗位上的员工，他们的判断、经验和能力在很大程度上决定着一个组织的命运。领导者必备的技能之一就是通过他人来完成任务，若无法通过他人来完成任务，将会浪费大量时间和精力，进而导致领导者无法专注于那些更具战略意义的事务。领导者还要基于事实对员工进行评估，坦诚的评估能够使员工更清楚地认识到自身特点，并随着组织的进步，个人也可以获得提高。在管理实践中，CEO 的一个重要任务就是打造核心团队，实现知识互补、个性互补和技能互补，也正是通过人力资源管理构建出色的核心团队，组织的各项任务才能高效地落实。

在选择人员时，许多成功的领导者都是把“正确的态度”作为标准来招聘员工。在他们看来，那些有“正确的态度”的人具有工作主动性、创新能力和在压力之下保持平衡的素质，往往更有能力解决组织在复杂环境中遇到的各种问题。实际上，改变一个人的态度与人际关系技巧要比改变其技术及业务知识储备难得多。当工作中需要解决大量的复杂问题，员工需要能够非常好地面对不确定性，特别是当问题解决对人的自主性、团队合作能力、人际交往能力提出更多要求时，组织的人员选择就越需要寻求有正确态度的人。实践表明，有正确态度的人时常能够提供那些对组织真正重要的个体属性，这些人通常具备一些明显的特点：拥有快速敏捷的学习能力，有能力处理不确定的问题，具备影响他人的能力，可以在无监督的情况下从事工作，卓越的沟通技能。

8.2.2 执行的模式

1. 自上而下执行模式

自上而下执行模式强调负责决策的管理者在组织中具有优越的地位，是组织科层体系中的上级，而负责执行的管理者和基层组织成员必须秉承上级决策者的意志，实现上级管理者的决策意图与目标。这种执行模式强调组织中严密的命令-服从关系，上级对下级具有强大的控制指挥能力，这种模式主张上级决策者负有对执行的架构与规范进行理性设计的责任。

自上而下执行模式的基本命题有：（1）组织中的决策与执行是有界限的、相互分离的；（2）决策者为组织设定目标，执行者则为组织执行这些目标；（3）既然决策者与执行者接受两者之间的任务界限，认同这种分工基础上的角色分配，那么，决策过程和执行过程就必然是前后相继的连续过程；（4）在执行过程中也存在执行者的决定，但它们在本质上不同于决策者所做出的决策；（5）与决策者可以有更多的偏好、主观意图相比，执行者则必须始终保持中立、客观、理性。

自上而下执行模式的应用性是相当广泛的，具有相当普遍的影响力。在组织运行架构中，这种执行模式非常强调执行的法令规章结构，所以它特别重视组织内外的法令规章体系。但是，这一执行模式也存在着诸多缺点：（1）过度依赖高层管理者的目标设定与方案规划的能力，容易忽视来自中层管理者、基层组织成员和外部可能行动者的角色以及他们在执行中的自主性、自觉性和积极性；（2）当某些决策的归属执行部门不明确或缺乏特定法令规章约束时，会产生多个部门共同执行、重复执行的问题，并有可能在部门间产生冲突；（3）容易低估基层执行者采取各种对抗策略以及企图影响决策目标的实力与潜力；（4）计划与执行之间的区分容易造成行动规划与具体环境相脱节的问题。

2. 自下而上执行模式

自下而上执行模式是一种正在兴起的执行模式，目前更多地反映在理论探讨中。这种执行模式在理论上的基本命题有：(1) 有效的执行蕴含着多元化的组织执行结构；(2) 这种执行结构是达成共识的不同层级组织成员自我选择过程的结果；(3) 执行是以计划理性而非组织理性为基础的；(4) 有效的执行取决于多元执行者之间的互动过程，而非上级管理者或组织决策者的主观意图与雄心壮志；(5) 有效的执行是多元行动者自下而上互动的结果，而非单一部门自上而下贯彻组织目标的行动结果；(6) 有效的执行依赖于基层执行者的自由裁量权，而非科层结构的命令-服从体系；(7) 有效的执行必然涉及妥协、交易或联盟等活动，是互惠性的活动。

从理论上来看，自下而上的执行模式具有以下优点：(1) 通过基于网络技术和网络关系的执行能够掌握执行结构中多元行动者的互动状况；(2) 以多元行动者所认知的问题、策略与目标为基础，这种模式着眼于对组织计划的观察，从而摆脱了自上而下执行模式过分重视高层管理者或支配性部门角色的缺点；(3) 这种模式不以正式目标的完成为焦点，而以实现计划所出现的各种结果为焦点，这样可以发现那些影响执行是否有效的非预期结果；(4) 与自上而下执行模式仅能执行支配性部门主导的且有固定程式的计划不同，这种模式可以处理牵涉多元计划且没有支配性部门的复杂组织情境；(5) 这种模式可以同时处理许多行动者所努力追求的行动策略，不至于产生自上而下执行模式容易忽略其他行动者的重要性的问题。

自下而上执行模式也有许多缺点：(1) 如果说自上而下执行模式过分重视中心而忽略了边缘，那么，自下而上执行模式则是过分重视边缘而忽略了中心，因而缺乏对中心与边缘互动关系的客观评估；(2) 肯定基层执行者的角色固然是重要的，然而却容易忽略这样一个事实：对于组织目标的实现，基层执行者的行动策略并不总是正面的，他们的对抗策略也会受到严惩；(3) 在分析途径上，这种模式着重于基层执行者“事实层面”的经验分析，但对于“价值层面”的伦理分析则相对欠缺；(4) 这种模式假设了一个先于多元行动者互动而存在的执行结构，因而也就忽略了形成这种执行结构之前行动者所付出的努力。

3. 整合型执行模式

整合型执行模式的基本前提是承认决策与行动之间的连续性。执行的过程实际上就是决策者与执行者进行互动、博弈的过程。一方面决策者着力于规范执行的细节，并希望决策目标能够很好地付诸实施，从而不折不扣地实现决策意图和组织目标；另一方面执行者有着自己的专业知识与实践经验，他们会选择性地执行上级管理者的决策意图，并会形成自己的行动策略。这两者会在互动和博弈中不断修正、变更、完善决策及其执行方式。所以，在这一模式中，执行并不是自上而下或自下而上的模式，而是针对决策意图和组织目标再形成新的行动策略，并针对新的行动策略做出行为选择。

虽然整合型执行模式是针对自上而下和自下而上两种模式的优点而整合出来的，但它毕竟只是概念性模式，而不是基于对现实世界的观察而进行的理论概括。而且，在理论建构和实践应用上都还需要更多的经验性知识来支持，需要积累更多的执行知识来打造坚实的基础。不可否认，这样的尝试是正确的，因为长期以来，执行理论都没有发展出统合性的专业成果，其中最重要的缺失就在于自上而下和自下而上两种执行模式之间的冲突与对立阻碍了执行理论的知识积累与概念拓展。整合型执行模式的提出有助于执行理论朝更具统合性的方向发展，不过，它所尝试建立的架构仍存在许多问题，且其中所包含的变项是否充分、是否具有代表性等，都存在一定的争议。因而，整合型执行模式仍有待进一步研究和完善。

8.3 执行力及其有效性

8.3.1 组织的执行力

1. 作为一种能力的执行力

尽管越来越多的管理者意识到执行之于组织战略规划和预期目标实现的重要意义，然而，执行不力依然是大多数组织的一个通病。有时，管理者们缺乏对执行力的正觉，而将之曲解为领导者的权力或权威，以至于当组织缺乏合理的制度时，个人权力或权威会凌驾于制度规范之上。有时，制度体系又会被设计成一套脱离执行实际的宏大愿景，而使得组织战略规划及其实施流于形式，管理变成了“喊口号”，执行不仅不能解决组织面对的问题，反而成了问题的源头。有时，制度体系是合理的，领导者对执行也给予了足够的重视，却由于缺乏合理的执行体系而使执行的阻力重重、控制力不足、效率低下。这也是绝大多数组织及其管理者遇到的最大困惑。如果组织有正确的战略、优秀的员工、先进的技术，但没有合理的执行体系，那么，再好的战略规划也执行不下去，无法实现预期效益。

对于任何一个想要获得成功的组织而言，只有执行力才是对组织战略规划和预期目标产生直接作用力的那股力量，因此，组织成败的决定性力量就是执行力。如果说个人的执行力决定了个人在工作和生活中的成败，那么，在一个组织中，由高层领导者、中层管理者以及基层执行者所构成执行体系，其执行力水平将直接决定整个组织管理体系的执行力水平，直接关系到组织战略规划实施和预期目标实现的成败。只有依靠强大的执行力，组织才能走向成功并保持这份成功。

执行力是组织及其员工贯彻落实组织决策的力度，体现的是组织管理体系的协作能力。在当今这个激烈竞争的环境中，我们甚至可以说，执行力就是组织的核心竞争力。对于组织而言，战略规划固然重要，它是组织发展的蓝图，是组织前行的方向，然而，只有强大的执行力才能使之得以落实到位，达成预期目标，实现战略规划的价值。强大的执行力是建立在由高层领导者、中层管理者以及基层执行者构成的执行体系之上的，它能够将人、财、物、信息等各种资源加以有机整合和充分利用，将组织的战略规划落到实处，并使组织在竞争激烈的复杂环境中取得成功。强大的执行力能够建立起组织的核心竞争力，帮助组织获得成功；反之，缺乏执行力则会导致组织所拥有的一切资源优势和内外部条件都无法发挥应有的功效，战略规划无法落实，预期目标不能实现，组织也就难以获得成功，难以在竞争激烈的复杂环境中长久生存下去。

2. 执行力的三种类型

不同的组织类型或同一组织的不同发展阶段，其战略规划及其执行体系的重点是不同的，因而，其执行力的侧重点也是不同的。据此，可以根据组织执行体系所依赖的不同侧重点而将执行力分为三类。

第一类是指令执行力。这类能力是执行者高度依赖高层领导者所下达的那些指令，不折不扣地遵照这些指令，齐心协力地将上级分派的任务完成好的能力。对于一个处于初创阶段的组织而言，指令执行力的作用是较为强大的，领导者通过个人或集体决策而形成的指令，以正式的单向沟通方式下达给组织成员并付诸实施。在这个意义上，领导者决策能力和威信的高低在很大程度上决定了指令执行力的高低。也就是说，如果领导者决策能力强，在下属中的威信高，那么指令执行力也就会高；反之，领导者决策能力差或缺乏威信，那么指令执行力则相对较低。一般说来，优秀且成熟的组织，其指令执行力的保障和提升往往依赖于高层领导者集体的决策能力和威信，因为这样的决策能力和威信是不会因领导者个人的变化而对组织执行力产生较大影响的。

第二类是制度执行力。与依赖于领导者决策能力和威信不同的是，制度执行力依赖于组织正式的制度体系和制度规范。当组织战略规划和预期目标实现了制度化，执行者的执行能力就体现在能否严格贯彻和认真执行那些制度化了的战略规划和预期目标上。组织的制度执行力可以有四种提升途径：一是设计合理的制度体系。制度设计若不合理，执行者就会感到困惑，一旦在执行过程中出现了问题，执行者就会拒绝执行，导致制度执行不力。二是提高制度的可执行性。组织需要建立精细化的工作流程图，把具体的工作任务、关涉部门、负责部门以及所需决策活动等都标明清楚，便于执行和操作。三是加强制度执行的考核力度。有了全面、完善的制度和可执行的工作流程，如果相应的考核体系缺乏或考核力度不足，执行者仍然会在遵守或不遵守制度规范的问题上左右摇摆、态度暧昧。长此以往，就会使执行者失去遵守制度规范的积极性，最终导致制度执行不力。四是塑造领导者的言行。领导者的言行不仅是下属的榜样，更是组织文化的重要构成部分。优秀的组织领导者往往能够身体力行、以身作则地遵守组织的制度规范并在组织中塑造强有力的执行文化。

第三类是创新执行力。在高度复杂性和高度不确定性的环境中，仅仅满足于既有的成绩、成就、地位和优势已经不能保证一个组织的持续成功，因而，这就需要组织战略规划实施和预期目标实现超越组织运行的旧观念、旧思维、旧模式，充分发挥人的创造力和想象力，寻求创造性的问题解决方案，创造性地实施组织战略规划，实现组织预期目标。当然，在很多情况下，创新执行力是以指令执行力和制度执行力为基础的，只有当一个组织在前两类执行力上已经表现得非常优秀的时候，创新执行力对组织的综合优势增强和执行力提升才会显得极为重要。创新执行力对整个组织提出了一项要求，即建构一种把对人的高度重视与制度有机结合的机制。这种机制超越了指令执行力对人及其指令的偏重，超越了制度执行力对制度的过分依赖。

就组织成长与发展的阶段来看，组织的执行力会循着从指令执行力到制度执行力再到创新执行力方向的演进，并且这三类执行力始终在组织管理中发挥极其重要的作用。指令执行力是组织生存之根本，没有强大的指令执行力，就意味着领导者的决策能力差或者缺乏威信。制度执行力是组织发展之基石，没有完善的制度体系和强大的制度执行力的保障，组织运行就会失范，组织的优势发挥和稳定发展也就无从谈起。创新执行力是组织成功的前提，在日益复杂的组织环境中，没有创新执行力，组织也就无法建立新的优势，无法适应新的生存环境，无法解决新的难题。

3. 保障执行力的合作团队

组织的强大执行力离不开得力的合作团队，因为合作团队往往是将指令执行力、制度执行力和创新执行力结合起来的强大黏合剂。在组织的执行体系中，需要通过创建一支高热情、高效率、高质量的合作团队去提高组织的执行力。在一个好的合作团队里，每个人都会尊重并重视自己和他人的价值，把完成自己分内的任务和与他人共同合作完成更加复杂的任务视作同样重要的事情。团队成员会表现得对他人友好、开放，愿意接纳别人并愿意主动帮助别人，会在团队中努力工作并享受与其他人共同工作带来的成就感和乐趣。因此，能够帮助组织建构起强大的执行力。当合作团队在执行中遇到问题时，会在友好、和谐的氛围中将之妥善解决，团队成员也会在问题解决过程中不断提升自己的能力。当然，意见和分歧都可能存在，但意见和分歧不会被隐藏起来，反而会被充分地展现出来。团队成员会以更为成熟的方式去进行讨论，寻求合理的解决方案，这样不仅不会使团队成员关系紧张，反而会促进团队成员间的团结，进而使其开展更加积极的合作行动来出色地完成执行任务。

合作团队是一种充满热情的团队，士气很高，创造了一种使惰性无法发挥作用的氛围，当然，热情团队也需要注意一些问题：第一，不要被规定束缚，避免团队成为极为保守和过于结构化的氛围；第二，不要偏袒，以实际表现为基础，而不是基于政治技能或关系，评估来自同伴而不是团队领导者；第三，不要太苛刻，单纯地以结果为导向、处理问题时强硬和固执态度，这些都是对他人感受的漠视。苛刻的手段是一种强权，它会伤害人们的自尊，使个体觉得组织并不关心他们①。

8.3.2 执行力的有效性

1. 执行方向决定执行力的价值

对任何组织而言，持续性破坏并不是低劣的管理方式造成的，而是由于没有能够面对现实而实现转型，错置了执行方向。执行方向正确，执行力才会有价值，否则可能会对组织乃至社会产生极其严重的破坏。为此，组织要建立一种执行导向的组织文化，保证执行方向能够顺应组织所处的客观情势，将组织战略规划实施和预期目标实现与社会发展趋势、国家建设需要相结合。

在组织目标与环境的关系上，执行追求的是适应复杂环境要求的组织战略目标的实现，这一目标体系超越了僵化、狭隘的个人目标或部门目标，是整合了多层次目标的组织整体目标。这样的整体目标必须在高层领导者、中层管理者和基层执行者之间建立良好的沟通体系和坚定的信念基础。建立良好的沟通体系不在于会议和演讲，而在于积极、坦诚、开放的对话，其中，真正重要的是对话的质量。坚定的信念基础依赖于领导者以身作则、率先垂范，以开放式对话建立和强化组织的共同信念，通过规范自身的言行和塑造良好的形象来强化组织其他成员的信念和行为。

---

① 霍顿．持续执行的四个关键．北京：机械工业出版社，2006：113-117.

2. 执行力度决定执行力的质量

执行力度反映在执行者的行为上，表现为执行者借助于强有力的执行体系对组织拥有的资源加以整合，充分发挥组织的独特优势，把战略规划落到实处，实现组织的预期目标，使组织在激烈竞争的复杂环境中取得成功。在现代组织管理中，执行力不是简单地由个人达成的，而是由组织成员共同实现的，因此，执行力度的强化就需要在个人和组织之间形成一种平衡关系。组织的执行体系将组织与个人的特性和价值结合起来，强化组织及个人的执行意志，及时化解执行者在享受与责任、贡献与收获、能力与权限之间产生的矛盾，落实考核、反馈及奖惩制度是强化执行力度的基本途径。

强化执行力度，需要明确执行者的态度。在逻辑上，执行不是为领导者个人做事，而是为了实现组织目标而做事。如果组织目标和个人目标是一致的，那么，为实现组织目标而做事最终也就是为个人目标做事。在组织的合作系统中，组织成员能够认同并愿意为实现组织共同目标而付出努力，就可以使包括自己在内的整个组织体系获益。为此，组织需要有一套严格规范、公平合理的薪酬体系，将组织发展与个人进步充分结合起来。通过这样的薪酬体系将组织成功与个人成就结合起来，不断强化每个员工都有执行的责任与义务这一认识。当每个人都能强化执行力度，把自己的角色扮演好、把岗位职责落实到位，那么组织整体执行质量必然会得到大幅度提升。

3. 执行速度决定执行力的时效

时间是最稀缺也最珍贵的资源，具有绝对的公平性、不可再生性、不可逆转性、不可伸缩性和不可替代性。执行者要善于寻找优先事务的关键影响因素，对不同任务的重要性进行按人排序，确保优先事务得到优先执行。对于组织执行体系而言，最浪费时间的做法就是出色地完成了根本不需要做的事情，而最有效率的做法则是在恰当时机出色地完成了最应该完成的事情。对于任何一个执行者来说，任务本身和任务序列中其他任务所给出的时间约束条件都是必须遵守的，一旦错失了这些时间条件就有可能延误整个执行任务的推进。那样的话，将会对组织战略规划的落实和预期目标的实现产生极其严重的消极影响，组织甚至需要花费大量的成本才能进行弥补，有时或许永远无法弥补。

在组织执行体系中，高层领导者对执行速度的重视就是对执行时效的重视，把握执行速度是领导应有职责之一。领导者不仅要为决策的做出负责，更要为决策的执行负责，为决策执行提供各种时间、要素、动力等支持。随着组织外界环境的瞬息万变，尤其是大数据时代信息的隐蔽与流动，执行速度将会决定执行是否具有实际意义，是否具有时间上的有效性及优势。因而，领导者需要重视和把握好执行的速度，应充分利用时间条件，提升组织的总体执行力。

4. 执行方法决定执行力的成效

执行力是一种独特的能力，它意味着一个人要知道怎样把决定付诸行动，排除阻力、混乱或者意外的干扰，最终完成目标。在执行过程中，组织目标的分享并非依靠一段振奋人心的陈述，而是要清晰定义目标，使之可以衡量；与每位员工沟通目标，使他们知道如何为实现目标做出贡献；创造树立目标的方法并检测每天、每周和每月的进展情况。管理者不仅要重视个人执行力和组织执行力，更要重视它们是以什么样的方式体现以及改进的。当组织高层领导者为员工执行能力不佳而苦恼时，其实他们更应该思考如何建设组织的执行体系及执行方法，使一群平凡的人聚集在一起，做出不平凡的事，这才是执行力的要义。因此，如何组建有效的执行体系，通过哪些途径来构建有章可循的连续体系，怎样保障各部门之间能够顺畅协调地执行等问题的解决决定了执行力的成效。与组织中的其他成员相比，高层领导者更应关注执行方法的问题。

8.3.3 执行力的提升

1. 高层领导者执行力的提升

组织的高层领导者同时担任着组织战略规划制定的决策任务和组织预期目标实现的执行任务，因而扮演着决策者和执行者的双重角色，因而需要为组织创造言出必践的执行环境，推动每个人把组织计划转化为实际行动。在管理实践中，领导者经常有着一种危险的观念，即认为执行是战术问题，可以分配给别人去做，自己应把精力投入更大的战略问题上。其实，执行是一个系统而复杂的任务，必须融入组织各个方面，渗透到组织的战略、目标和文化等各层面，组织领导者必须真正理解和有效推进执行行动，成为运筹帷幄的决策者和雷厉风行的执行者。因此，提高组织执行力可以从高层领导者执行力的提升入手并着力于以下几个方面：

其一，修炼执行素质。高层领导者应该具备四项执行素质：（1）有坚强的执行意志，有克服一切困难的勇气；（2）有执行的创造力，善于将理论与实践权变结合，能够判断前进方向并做出灵活机动的选择；（3）善于创造一个核心团队，把个人能力转变为组织执行力的中枢，对工作保持敬业精神，从做事情到做事业；（4）建立与下属沟通交流的平台，通过目标明确的技能培训和素质提升来启发下属执行能力。

其二，充分授权并跟踪监督。组织高层领导者不仅自己需要强大的执行力，更重要的是通过合理授权将大量具体执行事务分派给下属，充分调动团队的执行力。充分合理授权不仅有助于锻炼和提高下属的能力，也有利于提高组织的整体执行力。当然，授权也并非"一授就灵"，它是一种管理艺术，需要坚持权威授权、逐步授权、充分授权、明确授权、跟踪监督、及时奖惩等原则。在授权时，高层领导者需要明确授权范围，并可以通过四个步骤让下属分清哪些事项需要请示而哪些则不需要：第一，重申员工可以自主处理的权限并书面化，领导和员工不妨罗列一些需要请示与不需要请示的事项，然后就这些事项对员工加以指导；第二，确认员工知道各项工作的优先顺序；第三，和员工共同讨论授权范围的扩展与缩减；第四，随时提醒员工那些他们未能自动、自发的地方。

其三，建立文化变革的框架。一个组织的文化就是其成员所共享的价值观念、信念和行为规范的总和。价值观念是组织中最基本的原则和标准，组织中那些诸如诚信、责任、尊重顾客等良好导向的价值观念应当得到强化。就信念和行为而言，组织高层领导者可以通过互动沟通机制来改变那些直接影响组织绩效的组织成员的信念和行为。互动沟通非常重要，会对组织文化产生直接的影响。互动沟通在通过对话或会议展开时，必须打破部门、工作流程、等级以及组织内外的界限，形成新的信息流动与沟通关系，促使部门之间自由交换观点与创新见解，以利于成员对组织形成更全局的认识。有效的执行需要领导者直接深入并充满激情地参与其中，需要领导者为执行建立起文化变革的框架。

其四，组建有热情的团队。要想实现高水平的有效执行，就需要团队成员的精诚合作。组建团队因组织而异，但有五个基本事项却可以帮助领导者组建有热情的团队：一是喜欢你的下属。要向那些富有成效和创造力的下属表达你对他们的喜爱，那样的话，他们就会为你竭尽全力。二是相信他们。出色的领导者应能不惜代价地信任和支持他的团队成员，并因而获得下属比预期还要好的表现。三是倾听他们。倾听不仅能够打破人与人之间的隔阂，增强人的自尊心，提高信任度，使期望更加清晰，而且还能令团队充满热情。四是使团队投入地工作。为团队中每一个人创造一个角色是组建热情团队的重要战术之一。出色的领导者相信角色不仅使团队成员觉得自己与众不同，而且也让领导者充分利用团队成员的长处而避免为他们的短处所累。五是让他们做决定。与等级制度和规则束缚相比，让团队自己来做决定则更能发挥类似于信任的作用，它能使团队成员在宽宏大量的环境中考虑得更加周到并表现得更好。

2. 中层管理者执行力的提升

中层管理者的执行力是组织执行力的重要构成部分。他们不仅仅是本部门的领导，更是组织的中坚力量。组织执行力的提升在很大程度上取决于中层管理者有意识地建构自身，形成集人力资源管理、规章制度、采购、生产、营销、售后服务等各环节于一体的知识互补、职能配合的团队。由组织中层管理者构成的团队应是一个人员基本稳定，既有情感纽带又有制度保障的执行体系。中层管理者的执行力提升表现为以下四个方面：

其一，说服上级参与并倾听。强化中层管理者的执行力就是强化他们的业务执行力和管理执行力。在很多情况下，中层管理者从高层领导者那里得到的指示是模糊的和非常原则性的，这时，他们可能做出三种选择：一是不管上级的指示，二是直接告诉他“你的指示模棱两可”，三是沟通并承担更多的责任。第一种选择会因高层领导者与中层管理者之间沟通的断裂而导致执行失败，第二种选择可能会因两者之间的直接冲突而导致执行失败。第三种选择则是中层管理者去自觉地了解上级不说清楚目标的原因，然后有针对性地采取行动，获得上级的倾听。然后，通过沟通和协商，搞清楚上级的真正期望并获得更加清晰的指示。

其二，判断他人的期望并鼓舞团队。中层管理者是处于组织“中间”的那群人，是连接组织宏观战略目标和具体执行行动的关键纽带，他们看守着、管理着组织不同的组成部分，工作意义重大，却时常被低估。对于中层管理者而言，使所有期望清晰透彻是其存在的原因，他们需要去维持一个高效率的团队并为成员提供良好的工作环境。要做到这些，中层管理者一方面要为每个目标形成具体、可衡量、责任明确、有现实性和时效性的标准；另一方面要将大目标合理地分解到每个管理层面上，只有当所有成员都明白完成期望的具体步骤并将其与团队任务结合起来，期望才能得到理解，任务才能有效执行，目标才能最终实现。

其三，增强责任心并控制好自己。执行是在保持原有目标方向不变的情况下，不断适应环境变化而调整实施步骤的动态过程。这就要求执行者应有责任心和责任感。责任心是执行力的真正支柱，责任感是中层执行者的核心工作原则。责任心和责任感的缺失必然导致执行的失败。此外，卓越的中层管理者还应学会抑制自己控制他人的欲望，取而代之的是，控制自己的行为并控制好部门的工作流程与系统。

其四，指导员工并克服执行障碍。中层管理者作为高层领导者和基层管理者之间的枢纽，需要对员工进行指导，帮助他们寻找现实问题并提出问题解决方案，对他们进行知识辅导和行为指导。中层管理者关心的任务非常广泛，如计划、目标设定、绩效管理、问题处理、流程提升、关系建立、分析、沟通、预算、决策等，因而也就会遇到很多会干扰中层管理者时间分配的执行障碍。例如，有人玩弄权术或推卸责任在组织中衍生出了心照不宣的秘密，有员工工作懒散和习惯性沮丧影响了其他人的工作热情和积极性，管理者的管理风格冲突和不放权导致员工工作缺乏自主性，来自不同渠道相互矛盾的信息造成员工无所适从等。中层管理者应直面这些障碍，并采取各种方式排除障碍。

3. 基层执行者执行力的提升

在决策和标准确定后，关键在于执行，而执行的成败又在于细节。基层管理者与一线员工都是组织的基层执行者，不同性格的一线员工在组织执行中的领悟能力、贯彻能力、应变意识有很大差异，这就要求基层管理者具备因材施教的能力，引导一线员工提升执行力。不管高层领导者和中层管理者的执行力如何，所有具体工作最后还要由基层管理者和一线员工来执行，合格的基层执行者需要具备四个方面的能力：一是职业化与专业能力，即员工必须接受过职业化的训练，有专业能力；二是忠诚度与创造能力，即要忠于职业、公司与工作，同时又要有创造力；三是标准化与质疑能力，即必须有标准化的工作基础，但同时能够大胆提出质疑；四是专注化与细节能力，即一线员工必须精神专注，注重工作细节，行动一丝不苟。基层执行者能力提升过程要求基层管理者和一线员工共同采取积极行动。

其一，缩短管理者与一线员工的距离。基层管理者的管理工作要避免模糊、笼统和矛盾的管理指标，应给出清晰的期望，才能起到指导员工执行的作用。对每项目标都要做出简洁而易于衡量的界定，规定出时间表以及执行负责人和部门。基层管理者应与一线员工保持密切联系并获得反馈，需要一种精心设计的有效机制来从一线员工处得到反馈。一线是组织最接近客户的地方，如医院的挂号处、邮局的邮差、银行的柜台，这些是信息最发达、最直接的地方，如果这些地方的信息被隐藏起来，没有反映到主管和决策层，组织整体运行就会受到影响，因此需要建立信息流通制度，及时反映一线信息。

基层管理者与一线员工之间的距离远近、交往频率以及管理方式都会影响下属士气，也会影响下属认同，良好的上下级关系易于将员工对上级的认同转为对组织决策的认同。对不同性格的员工，基层管理者需采用不同的沟通方式，委派不同的任务。为了增加组织凝聚力，可采用人性化管理的方式拉近一线员工和基层管理者的心理距离，通过管理者的影响力有效影响和改变一线员工的心理与行为，使之形成融入群体活动目标轨道的能力。管理者的影响力可以有两种：一是权力影响力，它带有强制性、不可抗拒性，对个人或集团双方或各方发生的利益冲突或价值冲突，采取强制性控制；二是自然影响力，它来自管理者个人的素质，包括管理者的道德品质、文化知识、工作才能和交往艺术等。员工服从的是管理者的权力还是权威，决定着一个组织的执行能力，管理者采用何种影响力去影响员工，决定着一个组织的管理水平，这其中的关键在于基层管理者如何根据不同的员工和不同的情境加以选择。

其二，在自己成长的过程中辅导一线员工的成长。提高组织执行力需要将个人思维转化为组织思维，将个人能力转化为组织能力，将个人的理性与激情转化为团队的合作精神。组织成员应做问题解决者，而不是问题制造者，工作障碍消除了，自己的工作才能富有成效。确保自己不是问题制造者的员工能够获得更多的尊重和信任。执行的成功不是依靠主管的训斥与监督，而是依赖于一线员工的主动性与自觉性。若凡事要靠他人提醒、催促，消极被动地工作，那么执行的活力将会消失。基层管理者将辅导（coaching）作为影响组织的有效方法，不同于建议（advice）和劝告（counseling），辅导本质上是利他的，花时间帮助员工进步，实现双向对话，通过共享某些观点，帮助他人赢得突破。最好的辅导者是受自身的内在驱动去帮助他人学习、成长和获取成功，辅导和被辅导应是自愿的。

好的辅导可以通过合适的培训来进行。合适的培训有利于提高员工的知识水平、技能素养，继而激发员工的积极性和主动性，提升员工对组织的归属感，使员工具有主人翁责任感。培训不能仅限于员工技能的培训，也包括企业文化的传承、企业凝聚力的加强、员工热情的激发等。通过有效培训才能促进沟通，增强企业凝聚力与认同感，促进员工自觉学习。

8.3.4　对执行偏差的矫正

执行偏差是组织运行中一种必须引起注意的现象，因为它有可能带来非常糟糕的局面。由于执行活动涉及多元化的复杂因素，有的时候，即使按照管理学所提供的原理和所指示的方法做出了看似非常科学的安排，也有可能出现执行偏差的问题。这就要求管理者在出现了执行偏差的时候及时找出执行偏差产生的原因，进而找出矫正这些偏差的方法。

1. 矫正决策期望模糊

执行的核心就是由职能部门落实各种计划与任务，起点是组织决策目标，指挥棒则是决策本身。决策目标太高、太多、太低或模糊等不恰当定位势必会影响到执行目标的明确性。现实中组织决策目标常会出现各种问题，诸如目标过于繁杂而让执行者无所适从、目标过于具体而缺乏连续性、过多关注岗位责任而忽视了流程责任、缺乏具体配套措施而使目标分解成了数字游戏等。同时，执行也需要有统一目标，将执行目标统一到组织决策目标的实现中来，必须避免决策的模棱两可。执行目标必须对组织的健康成长和发展具有重要意义，是一个持续有效的目标链，具有积累效应。缺乏统一目标以及只依赖组织文化的支撑并不能确保执行到位。

决策缺陷源于未能透过现象看本质导致的草率决策，或个人情感影响了对情势的判断。管理者要树立一种使命，而不仅仅是鼓舞人心的主题和高超的沟通技巧，管理者要在管理者和员工认同组织战略目标及执行计划的情况下，使战略目标转化为所有人行动的期望，使组织上下齐心地集中力量实现目标。

2. 矫正组织结构失当

在组织结构的意义上，执行是组织纵向命令-服从和横向分工-协作的互动过程。因此，组织结构设计对其执行力有着直接而重要的影响。在执行过程中，高层领导者若不能以身作则，中层管理者就会染上“执行恐惧症”，害怕冲突和失败，甚至惧怕成功，那么执行就很难在不同层级中实现。如果某个或某些部门没有完美地履行其应当承担的执行任务，那么即便其他部门的执行工作做得再完美，也达不到预期的执行效果。在管理实践中，正是由于组织在结构设计上的失当，才导致上下级之间的命令-服从体系运转失灵，部门之间的分工-协作体系运转失调，最终分散了组织的执行力度。当组织结构不适合组织要求时，执行力会严重下降，甚至破坏整个组织体系。为此，组织结构越是复杂，组织管理幅度与层级之间的平衡就越重要，这就需要管理者对其进行动态调整，使之达到良好的平衡。

每一项决策的执行都必须依靠中层管理者和基层管理者的紧密配合。中层管理者的职责是贯彻高层领导者做出的决策，监督和协调基层管理者的管理工作，是高层领导者和基层管理者之间的联络者，是组织目标、决策、方针的执行者。对于中层管理者来说，需要处理好直线关系与职能关系，同时应及时做到上情下达、下情上传，做好高层领导者的参谋助手，及时化解各种危机。基层管理者体现着组织的管理水平，他们是组织中承担执行任务的一线人员，负责执行管理指令、协调相关事务、检查工作完成状况、直接对外等。这就在组织的高层、中层和基层之间建构了一种执行结构体系，这种结构体系建设和维护得越科学、顺畅、高效，那么执行也就会越有效。

3. 矫正权责运行失衡

执行是一种团队实践活动，权责体系是执行过程的核心要素，它要求对执行的任务、权力以及责任人进行科学分配、良好沟通和有效控制。权责体系几乎涉及所有执行事务上的人员，包括布置任务、授予职权、分配职责、承担责任、监督控制、兑现承诺等。因而，权责体系运行中存在的问题将直接影响到执行的效果。例如，权责分配模糊容易导致执行中的逃避客观责任问题，权责不匹配也难以保证责任的有效落实。还有一种情况是领导者的授权不充分，权力仍集中在领导者手中，致使未得到充分授权的下属的责任感很弱，结果是要么专断独裁引起整体执行力的弱化，要么内部派别林立、各自为政，为争夺有限的权力而推卸责任。

权责体系其实也可以理解为一种确定承诺的兑现，其中，兑现奖惩是权责体系生效以及持续下去的保证。德鲁克曾言，组织中唯一能够自动产生的就是无序、冲突和低效。为避免这种局面的出现，需要科学设置职权体系，提高执行者的责任感，强化有授权就有监督的措施，注重职权分离与行为协同的关系。授权不仅对于领导者来说是一种解脱，它也代表着对下属的一种信任。对于下属来说，这种作为激励的信任比物质激励更重要，而对领导者而言，被授权者的素质与完成任务的潜能很重要。不受约束的管理不是现代管理，在权责体系中，授权也要把握好权力与责任之间的平衡，实际上，授权本身就包含着这样两个方面：一是作为信任的激励，二是承担责任的控制。因而，有效的授权体系必须建立在授权者充分了解被授权者的素质与完成任务的潜能的基础上，授权者要进行科学分配，保证良好沟通并且有效控制权责关系，让能力、权力与责任良性互动。

4. 矫正计划流程失当

计划安排必须严谨，避免流程体系脱节。流程体系脱节意味着内部环节出现断裂，而内部环节断裂多因缺乏合理的信息共享平台。一个合理、标准、准确的信息共享平台的缺失，将会使流程空转，因此，组织内成员需要建立以创造价值为核心的流程意识。同时，管理者需要分析执行的最小单位，确保小环节不失误，在细节上确保流程体系的顺畅衔接：一方面，亲临现场是剖析问题产生原因并探索有效的解决措施，让流程改进的负责人成为实际参加流程的人员，清晰了解和认识现场；另一方面，细节决定成败，虽然关注细节的组织和个人未必一定成功，但不重视细节的组织与个人必然不会成功。执行流程设计必须关注一切细节，才能保证执行的顺利进展。

执行偏差是现代管理面临的重要议题，因为执行中有太多不可控制的因素。在开放系统中，组织决策面临的环境充满复杂性和不确定性，国内的政治、经济、社会、科技、文化等因素都会影响决策的执行，国际经济、政治、社会因素也会对其产生影响。在这种情况下，只有改善组织执行力才是根本出路。改善组织执行力，既可以采取措施提高组织执行体系、团队执行体系、个体执行能力，也可以从优化领导者行为着手。领导者行为是执行顺畅的基石之一。领导者行为的改善有利于推动科学决策和有力执行，但是，执行中所遭遇的决策期望模糊、组织结构失当、权责运行失衡、计划流程失当等问题的解决，需要更加广泛的参与主体，需要组织中各个层级的成员恪尽职守、积极进取，共同提升组织执行力。

关键术语

执行　执行力　战略规划　实施流程　注重细节　执行尺度　执行速度　执行力度　“烫火炉”　按指令做事　按目标计划做事　创造性地做事　指令执行力　制度执行力　创新执行力　执行方向　执行方法　执行文化　决策期望模糊　组织结构适当　权责运行失衡　计划流程失当

复习思考题

1. 如何理解执行的基本内涵？
2. 执行有哪些基本原则？
3. 简述执行的主要过程。
4. 简述执行的三个主要模式。
5. 如何理解执行力的内涵？
6. 在组织管理中执行力的有效性取决于哪些方面？
7. 执行模式可以从哪些角度理解？
8. 如何提升组织的执行力？
9. 执行偏差产生的原因有哪些？如何矫正这些偏差？

第9章

控制

开篇引例

A县和B县是某省两个相邻不远的大豆主产县。距离大豆丰产还有几个月的时间，B县主管农业的副县长接到了一封群众来信，来信反映了往年B县大豆产销管理工作不根据市场环境的变化及时调整措施的问题，正是由于措施调整不到位，农民往往不能从大豆丰收中真正得到好处。群众在来信中还提到近期国际农产品市场大豆价格持续走低，建议县政府及早采取应对措施。

B县的主管副县长高度重视这封群众来信，立即召集了有关部门开会讨论。会上有人认为，以往县里大豆产销管理从来没有考虑过国际市场的影响，一直没有出现太大问题，眼看再过几个月就到收获季节了，没有必要兴师动众，花费管理成本调整以往的政策；也有人认为，随着市场经济的发展，农产品国际市场的影响已成为一个不容忽视的问题，再延续以往的管理模式已不能适应农业发展的需要了，政府应积极采取措施，注重科学的宏观控制与调节。县政府采纳了后一种观点，确立了今年大豆丰产后应在保持往年销售工作的基础上力争消除可能存在的不良影响和力争不使农民利益受太大损失的基本目标。会议决定立即着手落实几项工作：首先，成立由主管副县长直接领导，县农贸、农机、交通等部门组成的专门工作组；其次，邀请省里有关专家考察分析国际、国内市场走向及影响，并对以往县产销管理工作存在的问题进行诊断、研究；最后，针对发现的问题集中力量进行专项解决。

转眼，大豆收获的季节到了。由于国内农产品市场随国际市场的波动，大豆价格出现大幅下跌。B县提前采取了调控措施，大豆购销价格虽然略低于往年，但产销政策上的及时调整使得丰收的大豆很快销往外地，农民的利益得到了有力的保障。而A县继续往年的管理方式，忽视外部市场环境的变化，忽视宏观调控措施，未对产销供应链做出及时调整，最终导致A县的大豆严重滞销。

资料来源：中国证券时报，2003-06-12.

9.1　控制及其系统设计

9.1.1　控制概述

1. 控制的内涵

控制是日常生活中的常见现象。在管理学中，控制是与计划密切相关的一个概念，就是使事情按计划进行，主要内容是纠偏。在古典管理理论中，管理活动的职能被分为计划、组织、指挥、协调和控制五个部分。管理过程学派的奠基人法约尔曾这样描述控制的内涵："在一个企业里，控制就是要证实一下是否各项工作都与已定计划相符合，是否与下达的指示及已定原则相符合。控制的目的在于指出工作中的缺点和错误，以便加以纠正并避免重犯。对物、对人、对行动都可以进行控制。"① 现代管理学认为，控制不仅包含了事后的反馈调节，还包含前端控制和过程管理的内容，控制的功能范围涉及：限制、指导、命令、核对、矫正等多个范畴。控制就是由管理者遵照一定的科学程序，对组织内部的管理活动及其效果是否符合计划进行测定，从而确保计划目标得以顺利实现的过程。具体而言，可以从以下几个方面来理解控制的内涵：

（1）控制是管理的一个重要环节。在管理过程所涉及的决策、计划、组织、领导和控制等各个环节中，控制与其他管理职能互相交织，使管理活动形成一个相对闭合的系统。实施控制的主体是管理者，控制活动的对象涉及组织成员、财务、作业、信息和组织的整体绩效等多个方面，但控制的首要任务是对组织成员的行为进行规范。在管理活动中，管理者要对组织成员的行为加以控制，通过激励的手段鼓励和引导某些行为，压制和杜绝另一些行为，避免组织内部出现矛盾冲突，协调组织内部机构及人员的行为，是控制的重要内容，更是管理活动的重要内容。

（2）控制的目的是保证实际工作与计划一致。控制是一项目的性很强的管理活动，现代管理理论认为，控制的目的有两个：一是"确保计划的实施"，在变化着的内外环境中通过控制，即时将计划的执行结果与标准进行比较，当发现有超过计划容许范围的偏差时，及时采取必要的纠正措施以使系统的活动趋于稳定，从而实现组织的既定目标；二是"对计划进行变革与创新"，在某些情况下，环境的变化会对组织提出新的要求，这时需要管理者的改革与创新，需要不断开拓新的局面，通过确定新的目标和控制标准重新引导管理系统上升到一种更加合理、更加先进的状态，使计划设定的总目标得以实现。

（3）控制的过程必须遵循一定的科学程序。控制不是一项随意的活动，它必须遵循一套严格、科学的程序。控制活动包含三个基本步骤，即拟订标准、衡量成效、纠正偏差。没有客观的标准和科学的程序，就无法衡量实际工作的成效，因而也就无法制定纠正偏差的措施，只会使控制流于形式。

（4）控制的作用主要是检验计划执行成效和计划的正确性。由于管理环境不断变化，

---

① 法约尔．工业管理与一般管理．北京：中国社会科学出版社，1982：119.

管理活动可能会偏离计划和目标，出现各种偏差，因此，对管理者来说，不仅要执行计划，还要对计划执行过程进行监控，以便及时发现问题，分析原因并采取有效措施加以解决。所以说，控制是一个检验计划执行成效的过程，同时，也为后续计划的制订提供了科学依据。

2. 控制的特性

控制贯穿于管理过程中其他各项职能之后并存在于管理活动的全过程。控制的作用首先体现在它可以使工作失误及时得到补救。既然已经发生的事实无法改变，那么及时发现问题就可以迅速地加以制止，以免事态扩大和影响加剧，然后就可以利用计划和预设方案中所预留有的弹性措施进行事后补救。其次，控制又是管理者选择何种领导方式的依据。一切管理活动都是具体的、针对特定管理系统的活动，其他组织中的管理经验、管理措施可以借鉴但不能照搬，有时，即使是本系统以往的管理经验和管理措施也可能不再适用于环境已经发生变化的新情况。所以，管理者采取什么样的管理措施和领导方式都会体现在控制活动中。在某种程度上，控制职能是与管理者的职位联系在一起的，管理者在管理系统中的职位越高，担负的控制职能就越重要，其控制活动在管理活动中所占比例也越大。正是在这个意义上，也有人说“领导就是控制”。

控制具有多种特性，主要体现在以下几个方面：

（1）控制具有整体性。控制的整体性体现在控制的全员化和全程化两个方面。一方面，控制是组织内部全员化的职责，完成计划是组织全体成员的共同责任，而参与控制也成为组织全体成员的共同任务；另一方面，控制的对象涉及管理活动的全过程，确保组织整体发展的均衡、协调和高效是管理活动的一项重要目标。为此，管理人员需要了解和掌握组织活动中各个部分的情况，并分别采取不同的控制措施。

（2）控制具有动态性。管理过程中的控制不同于机器设备系统中的自动控制。机器设备的自动控制通常都是高度程序化的，具有较为稳定的特征，而管理活动中的控制是在有机的社会组织中进行的，组织的外部环境和内部结构随时发生着变化。为提高控制的适应性和有效性，控制的标准和方法不能一成不变，必须随着环境的改变而进行动态调整。

（3）控制具有以人为本的特征。控制活动是由人执行的，控制的主要对象也是组织中的人。控制是保证工作按计划进行的必要条件。在实现组织目标的过程中，人始终是管理活动的主体。因此，控制首先是对人的控制。同时，控制的过程也不是自动和自发的，而是由相应的管理者即人来完成的。

（4）控制具有追求高效率的特征。控制是提高工作效率、加强组织内部协同配合的重要手段。控制的目的并不只是实施监督，而是实现组织的最终目标。管理者要发现管理活动中出现的偏差，但落实到纠正的过程却不可能完全依靠管理者来完成，必须依靠下级部门采取实施，只有当下级部门充分认识到偏差的存在及危险性时，才会主动地配合改进工作。因此，控制的实现手段应该是以指导型和帮助型为主，而不是单纯的管、卡、压。控制应该讲求一定的技巧和方法。同时，为了从整体上提高效率、实现组织发展的总体目标，控制还要加强组织内部的协同配合，而不只是发现问题和追究责任。

总之，控制是与计划联系在一起的，计划是控制的前提，而控制则是计划实施的保证。通过控制，可以保证实施计划的活动与计划相一致，从而赋予计划现实性；同样，计划决定着控制，是控制的标准，计划越是全面、明确和严密，对控制的要求也就越高。控制的最高宗旨是实现组织目标，同时又赋予组织目标灵活性，使它不至于僵化。控制可以通过检查、监督的手段及时发现管理系统运行中的问题，采取措施纠正偏差，改进工作，保持正确的工作方向，不断提高工作效率和管理效益。

3. 控制的内容

控制的内容主要是指控制的对象，即控制过程中管理者控制的焦点和重心。美国管理学家罗宾斯通过对一般组织管理活动的研究，将控制的内容归纳为人员控制、财务控制、作业控制、信息控制和组织绩效控制五个方面。

（1）人员控制。在管理活动中，组织目标的实现并不是靠管理者自身来完成的，而是通过逐级分解任务的方式去调动其他组织成员协同配合完成的。因此，管理者如何使被管理者按照组织要求的方式去工作就变得非常重要了。为了做到这一点，管理者可以通过直接巡视和评估管理者的表现来实现对人员的控制。也就是说，在管理的每一个层级中，都存在着管理者对被管理者工作情况的控制。控制的方法主要有两种：一是直接巡视法，即管理者通过各种方式观察被管理者的工作并纠正出现的问题；二是评估法，通过对被管理者的工作进行系统化的评估，对每一位下属的近期绩效进行鉴定，如果下属存在问题的话，则需要根据绩效情况找出问题产生的原因并解决问题。

（2）财务控制。在控制过程中，管理者应当把更多的注意力放在组织的财务状况上。在企业组织中，管理者必须要关注财务状况，但是，在一些非营利组织中，管理者往往容易忽视管理中的财务控制问题，以至于出现危机时才意识到财务控制的意义。所以，财务控制是适用于一切组织的，所有的管理者都应关心组织运行中的财务问题，学会通过财务控制来提高组织活动的效率，降低组织运行的成本。

（3）作业控制。日常管理的绝大部分内容是作业控制，而且一切管理工作的根本都在于作业控制。这是因为，一个组织的成功在很大程度上取决于它生产产品或提供服务的能力、效率和效果。组织中常见的作业控制有：生产或工作控制、采购控制、质量控制、库存控制等。

（4）信息控制。管理者是依赖信息对组织实施管理的，不精确、不完整、冗余或延迟的信息都可能会严重阻碍管理者的行动。因此，管理者必须对信息进行有效的控制。信息控制的主要方法包括：对信息需求进行识别；对信息进行收集、加工、存储和检索，并及时、正确地提供给信息的使用者；保证信息反馈的灵敏、正确。管理实践证明，建立一个计算机化的信息管理系统是进行信息控制的有效方法。

（5）组织绩效控制。组织绩效是管理者关注的核心，这是由管理的效益原则决定的，管理者的一切管理活动都必须以绩效为旨归。管理者应该经常地根据组织整体绩效的状况来实施控制。组织的绩效是实施控制的依据，在一些大的组织中，往往需要设立专门的机构来经常性地考察和衡量组织的整体绩效，以便为管理者的控制工作提供有效信息。一个组织中的生产率、利率、利润、员工士气、产量、适应性、稳定性以及市场占有率等，都可能成为衡量组织整体绩效的重要指标，但其中任何一个单独的指标都不能等同于组织的整体绩效。要恰当地衡量组织绩效，必须采用多种方法。

4. 控制的作用

管理活动难免出现各种各样的偏差，对于管理人员而言，重要的不是管理活动有无偏差，而是能否及时发现偏差或提前预见潜在的偏差并采取措施进行纠正和预防，以确保组织的各项活动能够正常进行，最终确保组织预期目标的实现。具体地说，控制的作用主要体现在以下四个方面：

（1）控制有利于组织适应环境的变化，确保计划的完成和组织目标的实现。受各种内外环境因素的影响，无论设计得多么周密的计划都很难达到完全符合事物发展变化实际的要求。当然，也没有哪个组织会把保持计划的一成不变作为根本的发展目标，一切组织都必然要在变化中求生存、求发展。尤其是在现代社会，组织所面临的环境更是复杂多变，外部环境和内部条件的变化都可能使曾经一度近乎完美的计划失去继续实施的价值。为了使计划及时适应变化了的环境和条件，推动组织目标的实现，任何组织都必须通过管理控制及时发现环境变化的程度、原因、趋势，并据此对计划目标和计划过程做出适当的调整，使计划更加符合实际。

（2）控制有利于协调组织内各部门及成员的活动。第一，组织面临的问题分为两类：一类是突发性的，是影响组织日常活动的急迫问题；另一类是潜在性的、长期存在的，是影响组织发展的慢性问题。急迫问题由于危害性明显，容易引起人们的关注，而慢性问题则往往容易被人忽视。因此，要使控制工作真正发挥作用，就要重点解决慢性问题，解决慢性问题的关键则是充分调动人的积极性，协调组织内部各部门、各层次以及组织成员间的活动。第二，组织都存在着纵向和横向的分工，组织的规模越大，其内部结构就越复杂，部门和层次就越多，在实施管理活动的过程中，组织的活动势必呈现出多样化的特征，甚至容易与组织目标的要求相背离。如果没有控制，就会产生权力滥用和组织活动偏离目标等问题。第三，由于组织成员在不同环境中成长，各自对问题的认识能力不同，工作能力不同，对计划的理解也就可能出现很大差异，而且由于工作能力的差异，实际工作效果也可能在质和量上与计划的要求不符，会出现在某个环节上偏离计划的现象。这种偏差会对整个组织活动的正常进行造成冲击，因而有必要通过控制来协调组织成员的行为，以保证组织目标的实现。

（3）控制是一项重要的管理职能。控制的重要作用可以通过它在管理活动各项职能间的相互关系中得到体现。控制过程通过检查、监督和纠正偏差等活动与管理的其他基本职能紧密地联系在一起，并使整个管理过程成为一个相对封闭的系统。管理计划确定了组织的目标、战略规划、方针政策和主要策略方案，限定了实现上述目标的基本程序，通过资源优化、人员配置、领导指挥、内外协调等环节去落实各种任务。为了保证各项活动能够围绕计划工作所确定的任务展开，必须在计划执行过程中采取必要的控制措施，参照计划任务的控制标准，动态地检查计划的执行情况。计划、组织、领导等职能是控制的基础，控制需要在各项职能的基础上对组织的行为活动进行检查、监督，从而成为各项管理职能得以顺利完成的保证。

（4）控制是组织创新的一种推动力。大多数情况下，组织内部和外部环境的变化都会对组织的计划提出新的要求，为了实现组织目标，必须通过控制及时发现问题和修改计划，使计划更符合实际的要求。所以，控制可以为修改计划提供依据。控制的这一作用同样表现在两个方面：一是对当前管理过程而言，控制有利于组织按照既定方针开展活动，防止偏差、少走弯路；二是对今后的管理实践而言，管理者在前一管理过程中积累的经验以及各种技术资料将有助于为今后的管理工作提供坚实的基础。控制是一种积极主动的管理实践活动，现代管理越来越强调控制中良好的反馈机制和弹性机制以应对新问题、新情况，控制的反馈机制和弹性机制可以为计划的修改及后续计划的制订提供依据，使管理者能够在推动管理工作适应动态环境的过程中推陈出新。

9.1.2　控制系统设计

控制系统是管理者行使控制职权和发挥控制职能的系统。在很大程度上，有效的控制来源于适宜的控制系统。优秀的、合乎实际要求的控制系统是管理者在计划执行中充分发挥其创造性的舞台。任何组织要实现计划目标，都必须建立一个有效的控制系统。一个有效的控制系统有以下几方面特征：

第一，信息的准确性。一个无法提供准确信息的控制系统将会导致管理者采取错误的行动。

第二，信息的及时性。正确的信息如果过时了也将毫无价值，有效的控制系统应能在最合适的时候为管理者提供控制信息并使管理者在最合适的时候出手进行纠偏。

第三，控制方法的灵活性。由于组织环境处在不断变化中，控制系统应该具有足够的灵活性去适应各种情况。

第四，控制成本的经济性。每一项控制工作都需要付出一定的控制成本，管理者应尽量以较少的成本实现较好的控制。

第五，能把握控制的关键点。管理者不可能控制组织中的所有事情，而是应重点控制那些对组织行为有重大影响的关键性活动、作业和事件。

第六，控制系统的灵活应变性。由于管理者不可能控制组织中的所有活动，因而控制手段应主要顾及例外情况。

第七，控制标准的合理性和复合型。控制标准应是一套富有挑战性的、能够对员工产生正向激励作用的标准，而不是令人泄气或鼓励欺骗的标准。同时，控制的标准应是多元化、复合型的。组织活动的目标常常是多元的，既要追求产品的数量，又要追求产品质量和完成的时限。因此，控制的标准也应是多元化、复合型的，以便更好地衡量实际工作。

第八，纠偏的有效性。一个有效的控制系统不仅能预测和发现偏差，而且能有效地纠正这些偏差。

要构建一个有效的控制系统，应该遵循以下原理：

（1）计划导向。控制的目标是实现计划，计划越明确、全面、完整，控制系统越能准确地反映计划的精神，控制也就越有效。表面上看，任何一个控制系统和控制过程都是相同或相似的，其实，不同的具体计划会产生不同的管理过程，针对不同计划和管理过程的控制活动也必须具有特殊性。在确定控制标准、收集信息、控制关键点、选择控制对象及采取纠偏措施方面，都要符合计划工作的特点，才是有效的控制。例如，人力资源控制系统和产品质量控制系统虽然处于同一组织系统中，但二者的控制要求却是不同的。因此，在设计控制系统时，每个管理者都必须围绕相应的计划进行，要根据计划的特点确定控制标准、衡量方法和纠偏措施。

（2）适宜与适度。有效的控制系统必须针对特定的组织结构和人员展开，必须在合理范围之内才能发挥作用。控制是由人来完成的，实施控制的管理人员的个性和特点在很大程度上决定了控制的效度和力度。在设计控制系统时，要充分考虑管理人员的职务、知识水平和业务能力，提供给管理者的信息和技术手段要让管理者能够理解并有效运用。只有这样，控制系统才能发挥更加有效的作用。另外，组织的结构决定了组织成员的职责和分工状况，控制系统的设计必须符合组织结构的要求。同时，控制系统的设计还要考虑其发挥作用的合理范围。任何一个控制系统都是由若干控制技术和方法结合运用构成的，控制系统所发挥的作用绝不应是各种方法所发挥作用的简单相加，并不是所有的控制方法和手段在管理活动过程中的覆盖面越宽越好，任何一种方法，都只有在其合理的边界范围内才能发挥效用。因此，控制系统的设计必须充分考虑到各种控制方法的适用性，努力优化各种控制手段的配比和作用范围，保证它们在合理的限度内发挥控制系统的最大效用。

（3）客观性与灵活性。管理过程必然会有着许多主观性因素包含在内，但是，对于下属工作的评价，不应仅凭主观来做出。在需要凭主观来控制的环节，管理者或下级的个性也有可能会影响到对工作的准确判断。因而，控制系统所依据的评价应当具有客观性，其中最为主要的就是确立客观标准。如能确立起一套客观标准，定期检查过去所拟订的标准和计量规范并适时调整使之符合现实的要求，那么人们就能够客观地控制它们的实际执行情况。控制系统之所以强调灵活性，是因为计划在执行过程中会出现未预见到的情况，甚至有可能出现管理计划失常的情况。控制系统要及时反映这种失常，就应当含有足够灵活的要素，以便在任何情况下都能保持对组织的管理控制。

（4）控制关键点。为实行有效控制，管理者需要特别关注那些有关键意义的因素。首先，从控制系统的覆盖面来讲，控制不可能实现面面俱到，在实施控制的过程中，管理者必须选择需要特别关注的地方，以点带面地确保整个工作按计划要求执行。这些需要管理者特别关注的地方就是控制的关键点。控制系统设计过程中需要把握的关键点包括：经营活动中的限制性因素、能够比其他因素更能体现计划是否得以有效执行的因素。管理者掌握了这些关键因素，不仅可以保证计划目标的实现，而且能够大幅提高控制的效率。其次，从提高控制工作效率的方面来看，把握控制的关键点也是十分重要的。

（5）把握趋势。对管理者来说，在实施控制的过程中，要注意现状所预示的趋势而不是现状本身。所谓趋势，是多种复杂的因素综合作用的结果，是在一段较长时间内逐渐形成的并长期影响管理工作成效的客观路向。趋势往往被现象掩盖，受一些不确定因素的干扰，不容易被觉察和发现，也不易控制和扭转。一般说来，当某种趋势已经完全显示出来之后再实施控制，控制能发挥的作用就非常弱了。把握趋势的关键是在某种趋势初露端倪时就敏锐地发现并采取措施进行纠正。因此，从某种意义上讲，有效的控制系统应当在控制标准中体现预警功能以求在出现某种危险的信号时迅速采取应对措施。

（6）例外控制。为实现有效控制，管理者必须对超出一般情况的特殊点给予足够的关注。管理者对这些特殊点给予的关注越多，控制的效果就越好。控制的例外原理经常运用在产品的质量控制之中。一般认为，如果影响产品质量的主要因素，如材料、工具、设备、操作工人等足够稳定的话，对生产工序的控制就成为影响产品质量的关键，而工序控制经常使用“平均值控制图”来进行判断，如果出现超出平均值的特殊情况，管理者应予以高度关注。当然，关注例外并不等于用“例外”替代“常规”。在实际控制过程中，必须注意把控制的例外原理与控制关键点原理相结合。控制关键点的原理强调选择控制点，而例外原理强调观察控制点以外的异常偏差，这是两个侧重点不同的概念。

9.2 控制类型与过程

9.2.1 控制类型

控制的类型是多种多样的，从不同的角度可以对控制做出不同的分类，以下几种类型是较具代表性的：

（1）前馈控制、现场控制和反馈控制。

前馈控制发生在计划实施之前，是为了保证将来的实际成果能达到计划的要求即尽量减少偏差的控制。由于前馈控制把控制活动提前到管理过程实施之前，因而也被称作前端控制、预控制或事前控制。通常情况下，前馈控制表现为针对输入端而做出的管理上的努力。前馈控制效果的发挥在很大程度上取决于对环境的深度观察、对规律的充分掌握以及对各种相关信息的全方位获得。只有这样，才能够在科学的基础上对未来趋势做出分析判断。由于前馈控制能够有效地避免和防范消极后果的发生，因而成为众多管理者力求在管理过程中能最大程度发挥作用的一种比较经济有效的控制。

现场控制是一种发生在计划执行过程中的控制，是一种通过直接对计划的执行情况进行现场检查并及时纠正各种偏差的控制方式。现场控制又被称作随机控制、实时控制、即时控制、过程控制。现场控制往往表现为管理者深入到具体的管理活动之中，进行直接的指导和监督，对一些事前未能估计到的偏差立即加以纠正。所以，这是一种对计划执行中的偏差做出即时纠正的做法。与前馈控制相比，现场控制活动往往是在偏差已经出现但尚未造成严重后果的情况下进行的，它可以分析研究造成偏差的根源并预测偏差继续发展的可能方向，然后做出控制。现场控制兼有前馈控制和反馈控制两个方面的特征。

反馈控制是一种针对结果的控制，管理者通过分析以前工作的执行结果，将它与控制标准相比较，以便发现偏差以及造成这种偏差的原因，从而可以拟订纠正措施，防止偏差发展或继续出现。由于反馈控制是在计划执行中偏差已经出现并造成了一定后果的情况下进行的，所以也称作事后控制。控制是一个循环过程，在目标计划和方案制订出来之后，进入了实际执行的过程，为了使计划和方案在执行中不出现大的偏差，就需要不断地了解它在执行中的情况，即获取实际行动过程的信息。把行动过程的实际情况反过来与方案做比较，就是反馈。可见，反馈是控制过程的一个不可缺少的组成部分，没有反馈，控制也就无从实行。

（2）间接控制和直接控制。

间接控制是一种通过发现工作中出现的偏差和分析偏差产生的原因并追究责任人的责任而企求改进未来工作的做法。间接控制的主体是直接责任者的监督人。在实际工作中，产生偏差的原因有很多，对于因管理人员缺乏知识、经验和判断力所造成的管理失误和工作上的偏差，可以运用间接控制来帮助纠正，尤其对比较规范、程序化的工作，这种方法更为有效。同时，间接控制还可以帮助管理人员总结经验，提高管理水平。相对于间接控制而言，直接控制着眼于培养管理者素质，使其熟练应用管理的概念、技术和原理，以系统的观点来改善管理工作，从而防止出现因管理不善而造成不良后果。在组织内部，直接控制的主体是管理人员或间接责任者。直接控制原理认为，管理人员及其下属的素质越高，就越不需要间接控制。

（3）集中控制、分散控制和分层控制。

集中控制的做法是在管理系统中建立一个控制中心，由它来对所有的信息进行集中统一的加工、处理，统一指令以对管理活动实行控制。集中控制比较适用于组织规模和信息量不是很大而控制中心对信息的获取、存储和加工效率较高的组织。分散控制的做法是在管理系统中设立多个控制中心，由它们对系统的信息进行分散的加工、处理、监控和发布指令，以实现对管理活动的有效控制。分层控制是把集中控制和分散控制的优点结合起来的一种控制方式。它按照组织的结构，在每一层都建立起一个相对集中的控制中心。

（4）任务控制、预算控制和战略控制。

任务控制也称为运营控制、作业控制，是基层管理者对生产作业和其他具体业务活动进行的控制活动。任务控制由基层管理者，如生产车间的主任、学校的教研室主任等来进行，其主要任务是：监督组织的生产活动以保证其按计划进行；监督组织的产品或服务质量，以保证其符合预定的标准等。任务控制以反馈控制为主，其依据的信息来自组织内部，主要有会计信息、库存信息、生产进度信息、产品质量信息等。

预算控制是财务控制的一种，它利用组织的财务数据来观测组织的活动状况，以此考核组织各部门的工作绩效，确保组织正常运行。预算控制为各种类型的组织的管理者提供了一个比较与衡量支出的定量标准，主要是由组织的财务部门进行控制，其控制的信息来源是组织各部门的财务数据和报表。这种控制在组织中的运用非常广泛，但过分依赖预算控制也会给组织的发展带来限制。在管理实践中，有些非预算目标对于组织运行、组织活力增强以及组织的长远发展也是极为重要的，因此，许多管理专家越来越强调要把预算控制和战略控制结合起来，以保证组织实现自己的长远目标。

战略控制是指组织的高层管理者对组织的长远计划实现程度进行控制的做法。由于组织面临的环境处在不断的变化之中，特别是突发性的变化往往使组织高层制定的策略不可避免地出现过时、失效等问题，因此需要对计划和目标做出重大修改或重新厘定。要实现战略计划的修改，对战略的实施进行系统化的检查、评价和控制就成为高层管理者的一项重要工作。

（5）正式组织控制、群体控制和自我控制。

正式组织控制是由管理人员设计和建立起来的一些机构及其成员来进行的控制。规划、预算和审计等都是正式组织控制的经典做法。组织可以通过规划指导成员的活动，通过预算来控制费用，通过审计来检查各部门或各成员是否按规定进行活动并提出更正措施。群体控制是由非正式组织通过自身的一套行为规范以及群体成员的价值观念、行为准则加以发展和维持的控制。虽然这些规范往往是不成文的，也可能会给组织带来危害，但只要对其善加引导，便能成为组织很好的控制方式。自我控制就是指个人有意识地按照某一行为规范进行活动。这种控制成本低、效果好。但它要求组织成员有较高的素质，要求上级给下级以充分的信任和授权，还要把个人的工作绩效与奖励、经济报酬联系起来。

（6）开环控制与闭环控制。

开环控制是指受控客体不对控制主体产生反作用的控制，即不存在反馈回路的控制。在这种控制中，控制系统的输出仅由输入来确定。在管理实际中，开环控制表现为控制主体在发出控制指令后，不再参照受控客体的实际情况重新调整自己的指令。其控制原理是：在对系统情况和外界干扰有了大致分析研究的基础上，通过控制初始条件，使系统能不受外界干扰的影响而准确无误地转移到目标状态。在管理中采用开环控制具有作用时间短、控制成本低等优点，在外界干扰较小且变化不大的情况下，有一定的控制作用。但这种控制由于没有反馈机制，无法发现和纠正计划具体实施与预定目标之间的偏差，缺乏抗干扰能力，因此仅适用于那些受干扰不大且能规则变化的组织活动，而在复杂多变的情况下，则不能起到有效的控制作用，因此有很大的局限性。

闭环控制是指存在着反馈闭合回路的控制。在闭环控制中，受控客体能作用于控制主体并使其再输出增强或者减弱，以保证预定目标的实现。其控制原理是：当受控客体受干扰的影响，其实现状态与期望状态出现偏差时，控制主体将根据这种偏差发出新的指令以纠正偏差，抵消干扰的作用。在闭环控制中，由于控制主体能根据反馈信息发现和纠正受控客体运行的偏差，所以有较强的抗干扰能力，能进行有效的控制，从而保证预定目标的实现。管理中所实行的控制大多是闭环控制，所运用的控制原理主要是反馈原理。

9.2.2　控制过程

控制是一个过程，它贯穿于管理活动的始末。在组织目标的实施过程中，不断地在计划和实施结果之间进行比较，发现这两者之间的差距并找出这种差距的原因、制定新的改进措施，这就是控制过程。也就是说，控制过程是由三个步骤或三个交叉重叠的要素构成的，即确立标准、对照标准检查实际绩效以及采取措施纠正偏差。

（1）确立标准。组织运行和管理活动的展开是否朝着实现组织目标的方向发展，需要有一个客观的判断标准。控制的标准多种多样，有定量和定性两大类。相比较而言，定量化的标准更能保证控制的准确性。因此，在实际控制工作中，应尽可能地采用定量化的标准。同时，控制标准必须满足一定的要求，才能保证控制工作的有效性。控制标准必须是可行的，如果标准太高或不合理就会产生负面作用。好的控制标准应该符合适用、可行、简明、易于操作等要求。可见，标准是控制的基础，对照标准，管理人员可以判断绩效和成果，而离开标准，就无所谓判断和评估。所以，管理控制过程的第一步就是确定一些具体标准。标准是从目标而来的，因为一切绩效和成果都是针对目标而言的。有效地管理活动总是首先表现在确定组织行为的目标上，然后将总体目标进一步分解为各个具体的计划、方案、步骤、措施等，从而形成一系列具体的控制目标。

（2）对照标准检查实际绩效。标准一经确立，控制过程就主要表现为对照标准去衡量管理系统中各项活动的绩效。这实际上是控制过程的信息收集阶段，也是为纠正偏差这个狭义的“控制”提供切实准备的活动。通过评估、考核、检查等活动发现计划、方案与实际情况之间的偏差并认真地分析和研究造成偏差的原因。管理者在衡量实际工作绩效时，通常可以采取个人观察、统计数据、口头汇报和书面报告等方式，这些方式各有优缺点，将它们结合起来使用，可以增加信息源并提高信息的可信程度。计划、方案与执行中的实际情况之间的偏差可能表现在质量、数量、时间和效益等诸多方面，造成这些偏差的原因也往往是多种多样的，既可能是目标计划和方案不正确、不确定的原因，也可能是执行过程中的原因；既可能是外部因素的变化、干扰造成的，也可能是由于内部某个环节的失误造成的。只有分析造成偏差的原因，才能够找到有效控制的措施。因此，对于评定绩效和成果而言，主要的问题是如何及时地收集适用和可靠的信息并将其传递到对某项工作负责而且有权采取纠正措施的管理者手中。

（3）采取措施纠正偏差。在衡量绩效后，如没有偏差发生，或偏差在规定的“限度”内，该控制过程只需前两个步骤就可完成。但是，如果发现了偏差，管理者就需要考虑采取第三个步骤，即纠偏行动。当然，作为控制过程的一部分，设定标准的目的就是避免偏差发生，而对照标准进行检查的活动更是为了发现偏差。没有偏差表明控制活动已经发挥了它的功能，而偏差出现，是对控制活动进一步发挥其功能的要求，即要求采取措施纠正偏差。所以，在控制过程中，纠正偏差往往比制定标准和对照标准检查是否出现偏差还要困难。因为，已经出现的偏差可能是由复杂的原因引起的，必须找出造成偏差的真正原因，才能确定采取什么措施去加以纠正，否则，就是无的放矢。也就是说，如果发现偏差之后仅仅是简单、片面地一味追求消除偏差，很有可能只是暂时解决了表面上的问题，而根本性的问题仍然存在，偏差还会再度发生甚至恶化。

总之，控制是一个连续的过程，控制不仅是实现计划的保证，也可以积极地影响计划的制订。正是由于这个原因，控制活动成为贯穿于整个管理活动始终的一条主线，只要有管理就必然意味着控制，随着管理活动的发生和管理系统的运行，控制过程也不断地、周而复始地连续展开。

9.3 控制方法与实务

9.3.1 控制方法

管理者要想发挥控制的作用，除了按照一定的原则构建控制系统之外，还必须讲求一定的控制技术和方法。因为，管理者发现管理活动出现偏差之后，并不是依靠自己去开展纠偏工作，他必须依靠下级部门去具体实施。只有当下级部门充分认识到偏差的存在及其危险性，才会主动地配合他去改进工作。管理过程中的控制职能有其特殊的原理、技术和方法，正确地运用这些原理、技术和方法，是使管理工作有效进行的必要保证。

1. 传统的控制方法

传统的管理是凭借经验和智慧的管理，主要依赖于管理者的能力、素质和主动性。传统的控制方法也是这样，带有明显的直观性特征，表现为管理者的直接控制。尽管随着控制方法与技术的发展，现代管理发挥了计算机综合分析、数字化控制的职能，几乎在所有的领域中都普遍使用了信息化的控制技术。但是，在许多场合中，传统的控制方法仍被经常性地使用。在现代管理中较常见的传统控制方法主要有：

（1）视察。视察是一种最为古老、最为直接的控制方法，它是通过管理者自己到工作第一线，对受控系统的运动进行直接观察了解，掌握第一手资料，衡量工作的成效，发现偏差并及时纠正。职能部门的主管人员通过视察，可以了解到文件是否得到了认真的贯彻，生产计划是否按预定进度执行，劳动保护等规章制度是否被严格遵守以及生产过程中存在哪些偏差和隐患等。上级主管人员通过视察，可以了解到组织方针、目标和政策是否深入人心，可以发现职能部门的情况报告是否属实以及员工的合理化建议是否得到认真对待，还可以从与员工的交谈中了解他们的情绪和士气等。这些都是第一手信息。通过视察，不仅可以掌握大量第一手信息，而且可以从下属的建议中获得启发和灵感。此外，主管人员的视察本身就具有一种激励下属的作用，下属会感到上级在关心他们，这样一来，控制工作就可以达到更好的效果。

（2）报告。报告是向负责计划的主管人员全面地、系统地阐述计划的进展情况、存在的问题、已经采取了哪些措施、收到了什么效果以及预计可能出现的问题等情况进行汇报的一种沟通形式，其目的是提供一些必要的信息，以便主管人员采取措施纠正偏差。对报告的要求是适时、突出重点、指出例外情况并尽量做到简明扼要。在一些规模较大的组织管理中，管理人员的控制效果很大程度上取决于报告，因为较大规模组织中的控制是分层进行的，主管人员不可能对每一方面实施直接控制，所以他必然要依赖于报告，而且对报告的形式和内容以及时间跨度都有着规范的需要。就报告的内容而言，一般说来，根据负责实施计划的上层主管人员的需求，主要应在报告中汇报四个方面的情况：第一，管理人员在每项计划的执行中投入的时间和介入的程度；第二，计划执行过程中的进展情况；第三，有可能对决策有重大影响的和应当引起主管人员注意的材料；第四，计划执行的全面情况。

（3）统计资料。统计资料是充分反映受控系统运营情况的原始记录的综合汇总。因为统计资料往往最为真实地记录了组织存在和发展的情况，从中可以发现组织运行过程中出现的偏差，所以，它可以成为主管人员采取措施去对组织的运行进行控制的依据。统计资料的形式和内容是多种多样的，但最终都是以书面报表的方式提交给主管人员的。统计数据的最佳表现方式是图表，因为绝大多数的主管人员容易理解以图解或曲线图形所表示的统计数据，能够从图表的直观性中清楚地看到一些具有趋势性的变动以及各个方面的关系状况。这种直观性、准确性就是统计资料的优越之处。

2. 现代控制方法

21 世纪是新的方法和技术层出不穷、令人目不暇接的世纪。在管理实践中，最为常用的新的控制方法和技术有程序控制和计划评审技术等。

（1）程序控制。程序是规范化了的组织行为过程，是对操作或事务处理流程进行描述、计划和规定的过程，或者说，对于日常管理活动中的一切具有连续性的、重复出现的事务都可以确立一套程序化的处理方法。在传统的管理活动中，程序是经验的凝结和形式化；在现代管理中，程序则是自觉地确立起来的。就程序的特征而言，首先表现为一种计划，规定了如何处理重大问题以及处理物流、资金流、信息流等的例行办法；其次，表现为一种控制标准，即通过文字说明、格式说明和流程图等方式，把一项业务的处理方法规定得一清二楚，既便于执行者遵守，也便于主管人员进行检查和控制；最后，表现为一种协作根据，结构复杂的组织，关涉广泛的项目，是需要多部门协作的，如何保证协作的有序和高效，是以事先确定的程序为依据的。

在组织的运行中，程序可以起到控制的作用，其奥秘就在于通过设计和制定出一系列程序，把组织的运行纳入既定的计划轨道中来，实现对组织行为和各项活动的控制。这一方面可以使主管人员从日常的事务中解脱出来，集中精力处理一些无法纳入程序中的例外事务；另一方面，也增加了组织行为的标准化程度，从而使组织和环境的关系更加协调，更具有可预测性。所以，在现代管理中，往往把程序的设计看作实现标准化管理的一条重要途径。

（2）计划评审技术。计划评审技术是一种现代性特征较为突出的技术，它是一种利用网络图对工作进行细致安排并对工作实际执行情况与计划进行对照而实现控制的技术。它的主要特点是以系统的观点进行网络分析；其作用在于能对工作进行最有利的编排，并能修正计划，使计划更为具体、合理、明确、可行。它适用于那些注重时间因素的规划和协作关系复杂的管理系统。例如，大型的军事工程、大型水坝的建设工程、大城市交通枢纽工程、企业中关键设备的检修工程等都要求在规定的时间里，利用有限的资源去完成十分复杂的工程项目，这就对计划和控制工作提出了很高的要求，需要有一套科学的计划和控制方法。计划评审技术就是应这种需求而发展出的一种行之有效的科学管理技术。

具体地说，计划评审技术以活动所需的工时为时间因素，用活动之间相互联系的网络反映整个工程的全貌。借助网络图，主管人员可以清楚地看到系统中各项工作之间的相互制约、相互协调的运行关系，从而能准确地把握对全局有影响的关键工序和关键线路，进行重点管理和控制。基本步骤是：第一，分析和确定完成一项工程所需的全部活动；第二，编制工作程序网络；第三，计算每道工序所需的时间；第四，找出关键线路，并实施控制。这样一来，主管人员对各项工作的轻重缓急能做到心中有数，能够实现对全局的驾驭和控制。可见，计划评审技术不仅用于进度的计划和控制，还可以在资源有限的情况下进行负荷平衡，以求得花费时间尽可能短并能够充分利用资源的最优方案。在工程项目中，还可以对工程的费用开支等进行优化以及对工程按期完工的可能性进行估算。

9.3.2 控制实务

控制是一种功能，它使管理周期完满完成，循环往复。控制可以把决策、组织、指挥等功能与规划目标连接在一起，并且在必要时，它能立即启动新的计划和目标，使它们与组织的资源、环境更加符合。控制过程设立了各种标准，以此测量进程，当计划与实际进程之间的差距过大时，会及时进行纠正。在从资源到成果这一转化过程的前前后后乃至每一个环节，都需要控制，尤其是有选择地实施和在关键点上实施控制，会非常有效。

1. 紧握住控制标准的设置

管理上的控制是系统地设置标准，以此对照进程并及时采取矫正措施，将工作纳入规划和预期的轨道。由此可知，控制是管理过程中的一项循环功能，它以监控组织的活动是否确实达到规划好的目标来完成这一循环为目的。如果目标能够如愿以偿地实现，则管理过程可以畅通无阻地继续下去；一旦不能达到目标，就要采取纠正措施，将其拉入正轨。工作不尽如人意，就需要纠正、改变。改变的目标是多方面的，例如产品的质量问题、员工培训不当或者他们心不在焉、设备需要修理、设备的性能不足以达到标准要求的速度与准确性、工作程序应该重新设计、生产进度上欠协调等等。不仅如此，组织目标太过雄心勃勃也是常有的事。一般说来，在控制标准设置中，标准设得不够合理是常有的事。有时，标准也可能低于工作成绩的实际表现。如果是这样的话，纠正措施应该是要充分利用这些意料之外的有利条件，提高控制标准和组织目标。

2. 有选择地实施于关键点

有选择地实施控制是最经济有效的。就时间的选择而言，在从资源到成果的转化工程的任何阶段，运用控制总是十分有效的。然而，控制应该有选择地使用，太多的控制不但花费大，而且延缓了工作进程，员工的情绪也会受到影响。

（1）控制的轨迹。就控制的时间、地点及其目的而言，控制轨迹涉及以下两种类型的控制：一是预备控制或防范控制。它们是在转化之前使用的。举例来说，为了确保生产过程不至于延误，应该检查和清点原材料、审核资金，以保证手边有足够的现金随时支付各种账单；检查机器，查看是否仍处于良好的运行状态。二是同步控制或操舵控制。顾名思义，它们是在转化工程中使用的。检查设备中的温度与压力，使其符合规定的条件；在装配流水线上，检验生产中的部件；文件打印之前，在文字处理机上校对错别字。管理人员和操作工一样，是否采取纠正措施取决于偏离标准（或者说差距）的多少。有些同步控制采取一种“肯定-否定”或“通过-不通过”的形式，要么生产程序可以继续下去，要么必须停下来检修，直到恢复正常。一个产品要么合格，要么报废。另一些同步控制则是一种“掌舵式”的变种。生产程序不必中断，而是根据偏差的程度，逐渐调整到正规上来。

（2）反馈控制或追加控制。所有控制都与某种程度的反馈有关，在这一点上它们是相似的。这就是说，只有经过了比较，查明了偏差，信息反馈到操作工或管理人员那里的时候，才会采取纠正偏差的行动。然而，这里指的是在某项运作结束之后进行更大规模的测定和比较，以便指导未来的计划、目标、投入及工作程序的设定。

（3）要点（战略）控制。即便是通过自动化系统或程序系统来实施控制，安装与保养的代价也是昂贵的，更不用说当程序操作工或管理人员面临太多的纠正决策时，这套系统会面临着“控制过度”的问题。因此，通行的法则是，应该从战略上安排控制。其一，是在它们无法纠正之前，把控制安排在最可能探明情况的地方；其二，是安排在对工作成败有重大影响的那些要点上，这也是“要点（战略）控制”一词的由来。

3. 预算是财务控制的抓手

财务控制与组织的资金流动和积累密切相关，它着重于资金的妥善支配，以确保组织的生存和发展。实际上，财务控制已大大超出了财务主管和会计的职权范围。虽然他们为控制打下了良好的基础，但完成这项任务还要依靠组织从上到下的各级管理人员。具体表现在以下四个方面：

（1）资本结构和财务报告。在控制方法上，它们通过财务操作来设置目标与标准来加以控制。作为控制形式，它主要表现为三种至关重要的财务报告：其一，资产负债表。它是定期审核一个企业在一定日期（通常为各会计期末）的财务结构，它必须特别指明企业的资产、负债与业主权益。从资产负债表中派生了几个众所周知的控制比率，比如债务-资产比率、流动比率、速动比率等。其二，收益表。它反映了一家公司在一个时期内的业绩，表明在这个时期内的收入、开支以及两者之间的差额（盈利或亏损）。从收益表中或者把它和资产负债表结合在一起派生出几个十分有用的控制比率，其中包括销售利润表、投资回报率、资金周转率、存货周转率等。其三，现金流水表（或资金流量）。它使得管理人员对实际进出企业的现金能够进行计划与控制，清楚地掌握在一个时期内现金从哪来，往哪里去。

（2）预算。预算是一项特定的业务、措施和计划，也可以说它是一个部门确定的财务标准，它以数字的形式来表达。预算派生出计划的目标和预测。对大多数企业来说，销售预算（用货币和售出商品的数字来表示收入）是其他一切预算的根基。预算中的收入可以按比例地用于两种主要的费用预算：第一种是可变预算，它会根据生产量或销售量的变化而变化；第二种是管理费用预算，它担负了与生产或销售的关系相对固定的那些费用。

（3）弹性预算。由于对销售收入的预测是不确定的，因此许多公司采用弹性预算，而非固定预算。弹性预算是每一项预算都取决于不同生产量或销售量的一套预算系列。对于企业来说，实际采用哪一个预算将根据前一时期的生产量、销售量的具体情况来进行实时选择。

（4）差异报表。预算递交到具体负责业务的经理或基层管理人员手中，由他们来实施控制手段。预算规定的时期一结束，便要发布一份差异报表。差异报表提供了预算数字和实际使用的数字，显示了每项的差额。如果超出了先前确立的偏差容限度，管理人员就要采取适当的纠正措施。

4. 保持员工队伍充满活力

人力资源控制所关注的是如何在组织中引导和保持员工的工作。传统上，人事管理往往将员工视作机器的零部件，而对其进行监视，人力资源管理则试图转变这种观念，力图创造一种舒适、和谐、人性化的组织环境。所以，人力资源控制需要转变监视功能，转变为平衡组织目标与个人目标的有效方案。人力资源控制中的常用手段主要有：

（1）组织一览表。实质上，组织一览表就是具体规定某项业务活动、某种工作所需要的人数和专业技术。在军队系统和政府部门里，人力资源管理普遍使用组织一览表。在私人企业里，这一观念主要反映在日常雇佣人数的控制上。不管人们使用哪一种行业术语，其核心思想就是应该把雇员总数限制在一个规定数目之内，就如同应该限制工资总成本一样。

（2）间接劳动比率。间接劳动比率的概念主要适用于工业领域。在工业企业中，生产线上的员工（直接劳动）与服务部门的员工（间接劳动）区分得一目了然。就提高生产率、保证企业的经济效益而言，需要精简机构和人员，间接劳动人数与直接劳动人数的比率必须受到严格的限制。

（3）上班迟到与缺勤。无论是上班迟到还是缺勤，都会影响到正常的生产进度，正因为如此，组织都建立了考勤制度，并且非常认真地考核员工在这方面的表现。

关键术语

控制　人员控制　财务控制　作业控制　信息控制　绩效控制　控制系统　前馈控制　现场控制　反馈控制　间接控制　直接控制　集中控制　分散控制　分层控制　任务控制　预算控制　战略控制　例外控制　程序控制　计划评审技术

复习思考题

1. 什么是控制？如何理解控制？
2. 简述控制的基本特性。
3. 控制的基本原则包括哪些？
4. 试分析控制的作用。
5. 什么是控制系统？控制系统设计应遵循哪些基本原则？
6. 常见的控制类型有哪些？
7. 简述控制的基本过程。
8. 常见的传统控制方法有哪些？
9. 常见的现代控制方法有哪些？

第 10 章

管理中的领导与战略

开篇引例

福特公司的创始人亨利·福特精明强干，有着丰富的技术经验。自从 1889 年《科学美国》发布了有关德国奔驰汽车的结构和制造的报道，许多美国人开始从事汽车制造，1896 年，第一辆福特汽车面世。1903 年，福特汽车公司成立，开始生产“A”型、“R”型和“S”型汽车，但在当时的竞争中还没有什么优势。1908 年开始生产的福特“T”型车标志着福特对美国汽车业的垄断。“T”型车的特点是结构紧凑、设计简单、坚固、驾驶容易、价格较低。1913 年，福特采用了汽车装配的流水生产法并实行了汽车零件的标准化，形成了生产规模，当年产量增加到 13 万辆，1914 年增加到 26 万辆，1923 年增加到 204 万辆，在美国汽车生产中形成垄断局面。

福特建立起了当时世界上最大和盈利最多的制造业企业，但福特坚信企业所需要的只是主管企业家和他们的一些“助手”。他认为，公司组织只是一种“形式”，企业无须管理人员和管理。随着环境变化，其他竞争者不断兴起，消费者对汽车也产生了不同档次的需要，科技、产供销、财务、人事等管理日趋复杂，个人管理已难以适应这种要求。只过了几年，到了 1927 年，福特已丧失了市场领先的地位，以后的 20 年，逐年亏损，直到第二次世界大战期间仍无法在市场上进行有力的竞争。而福特的对手通用汽车公司则从 20 世纪 20 年代开始走一条与福特经验相反的路子。

通用汽车公司原是一些竞争不过福特汽车公司的小公司拼凑起来的。在建立之初，这些小公司作为通用汽车公司的一部分各自为政，通用汽车公司组织机构不健全，公司的许多工作集中在少数几个人身上，不仅使这些领导人忙于事务、无暇考虑公司的方针政策，而且限制了各级人员的积极性。1920 年后，新接任的通用汽车公司总裁艾尔弗雷德·斯隆在大整顿、大改组过程中建立起一套全新的组织结构作为处理问题的方法，根据市场不同层次顾客的需要，确定产品方向，加强专业化协作，谋取大规模生产，按照分散经营和协调控制的原则建立管理体制，于 1926 至 1927 年使通用汽车公司的市场占有率从 10%上升到 43%，此后多年保持在 50%以上，而福特汽车公司则每况愈下，到 1944 年，福特的孙子——福特二世接管该公司时，公司已濒于破产。后来，当时 26 岁的福特二世向他的对手通用汽车公司学习，着手进行斯隆在通用汽车公司所做的事，创建了一套管理组织和领导班子。经过 5 年的调整，使福特汽车公司重新获得了发展的力量。

资料来源：刘银花，姜法奎．领导科学．大连：东北财经大学出版社，2011：16.

10.1 领导的概念与理论

10.1.1 领导活动

1. 领导活动的含义

在日常用语中，“领导”一词有多重含义，有时是指领导者这一角色，有时是指领导者的行为，还有的时候是指一种特殊的社会现象，而更多的时候是指领导职位。一般管理学认为，领导包含两层含义：其一，是指领导者；其二，是指领导活动。所谓领导者，是指在社会共同活动中，经过选举、任命或从群体中成长起来的能够指导和协调群体成员向着既定目标努力的、具有影响力的个人或集体，是一个组织正常运作和发展的发动者和推动者。所谓领导活动，是指群体活动当中的那些具有影响力的个人或集体为实现共同目标而在特定的组织结构中通过有效的途径去动员这个群体中的其他成员的活动过程。

（1）群体活动构成了领导这一现象，产生了领导活动。一个人的活动无所谓领导和被领导的问题，只有在群体活动中，才会出现领导的问题，才会出现领导者和领导活动。因为，在群体的生存和发展中需要统一意志、保持秩序、提供动力和确定方向，而这些都需要通过领导者及其领导活动来实现。

（2）领导者及其追随者共同构成了领导活动系统。那些具有影响力的从事领导活动的个人或集体被称为领导者，而那些领导活动直接指向的该群体中的其他成员则被称为追随者。领导者离不开追随者，追随者也离不开领导者，二者之间的关系密不可分，领导者与追随者的关系在逻辑上是由领导者确立起来的，但这一关系是创造交流的纽带，领导者与追随者共同承担着维持这种关系的责任，实际上，领导者与被领导者共处于领导关系中，是一个问题的两个方面。

（3）组织结构是领导活动得以展开的平台，是领导活动有序展开的保障。在领导活动形成与发展的过程中，逐渐形成了被各种群体所接纳和认可的规则，这些规则就成为支撑领导活动的结构性力量。各种要素按照这一系列规则协力合作，共同维持领导活动的有序进行。这种结构既包括正式结构也包括非正式结构。正式结构，即我们平常说的领导体制，是在一个组织内部以领导权限的划分为基础所设置的机构及其相互关系的制度和规范。非正式结构是一种基于内在制度而形成的一种交往空间，是未经权威性力量加以确认的一种结构，可以为领导活动提供一整套规则。虽然这一规则并没有明确的形式化规定，但它是在约定俗成的基础上而被人们接受的一种内在化的制度。

（4）领导者的作用主要反映在调动和激励下属方面。领导者的行为和领导目标之间往往存在着间接性的关系，制定和规划目标的领导者本人并不是领导目标的实现者，他是通过依靠和调动下属的积极性而使目标得以实现的。这就决定了领导者必须时刻把调动和激励下属的工作放在首位，而且应考虑通过什么样的有效手段调动下属的积极性，使其最大限度地致力于组织目标的实现。

（5）领导者应时时关注领导活动的目标。目标规定了领导活动的方向和归宿，没有目标的领导活动不仅没有成效，而且会使整个组织迷失方向。领导者必须把精力放在那些正试图共同完成某一任务的个体身上，也只有在所有个体都朝着一个共同目标努力的背景下才会产生领导，发挥领导的影响力。

2. 领导与管理的关系

领导是与管理联系在一起的，一切领导都是管理过程中的领导，属于广义上的管理范畴。也就是说，管理中包含着领导，当管理者从事影响他人达到组织目标的活动时，他们就是在进行领导。反过来，领导中也包含着管理，当领导者行使计划、组织、人事和控制职能时，他其实是在进行管理。但管理与领导又不能等同，并不是一切管理活动都属于领导活动。早在管理学形成时期，法约尔就对领导与管理做出了严格区分，他认为领导所寻求的是在组织既已拥有的资源条件下获得尽可能大的利益，引导组织达到它的目标。法约尔还指出，领导是保证技术职能、商业职能、财务职能、安全职能、会计职能、管理职能这六项职能得以贯彻的保证力量。

领导活动与管理活动的区别体现在这样几个方面：

第一，领导与管理的层次和着眼点不同。领导要从根本上、宏观上把握组织活动的过程，而管理却必须注意细节问题，通过对人、财、物、时间、信息的安排与配置而使诸因素得到合理运用；领导侧重于战略，注重对组织内部各个组成部分进行整体性的计划、协调和控制，管理侧重于战术，注重用技术性的方法去保证组织高效率地运转。

第二，在计划和预算方面，管理强调制定详细的议事日程，安排时间表、分配资源，领导则强调确定方向，注重宏观方面的形势阐明和愿景构建。

第三，在组织和人事方面，管理注重为员工安排合适的工作，制定正常开展工作的规章制度和操作程序，领导则侧重与追随者交流愿景，建立和谐的团队，使整个群体朝着确定的目标前进。

第四，在控制和解决问题的活动中，管理侧重于控制和预见性，而领导则强调激励和鼓励追随者、授权给追随者和激发他们的积极性。

第五，领导与管理的功用不同。管理寻求的是秩序和稳定，因而，保证组织的秩序和一致性是管理压倒一切的任务；领导的职能是变革，因而，领导在不断地寻求适应性和建设性的变化。

3. 领导者与管理者的区别

从领导与管理的联系与区别中还可以进一步发现领导者与管理者在角色扮演上的不

同。具体地说，领导者与管理者的区别主要表现在这样几个方面：

（1）权威基础不同。领导者的权威基础是职位权力与个人权威的总和，而管理者的权威基础更多地依赖于职位权力。在日常生活中，人们通常把领导者与管理者混为一谈，其实，尽管一个人可以同时担当领导者与管理者双重角色，但有的时候，领导者却不一定是管理者，管理者也不一定是领导者。一个优秀的管理者可能并不能胜任领导者的角色，同样，一个优秀的领导者也可能在管理方面并不胜任。

（2）存在空间不同。领导者既存在于正式组织中，也存在于其他非正式群体中，而管理者却只存在于正式组织中。比如，有的管理者可以运用职权迫使人们去从事某一件工作却可能无法使他人去追随他，所以，他只能是一个管理者而不是领导者；有的人没有正式职权，却往往能够以个人影响力去影响其他人，这时，他就是一位领导者。

（3）精力投向和思维方式不同。管理强调理性和控制，管理者的精力投向通常是较为专业的业务和具体的程序，其思维方式在很大程度上也是技术化和程序化的。领导则强调激励和变革，领导者的精力投向往往是组织的发展方向、人际关系协调及其成员需要的满足程度，领导者更多地关注那些能够引发整个组织变革的因素，他的思维方式需要具有社会化和非程序化的特征。

（4）目标态度不同。管理者的目标通常是源于需要而非欲望，他们往往倾向于以一种不带个人情感的态度对待目标，所以，管理者的行为主要是一种回应性的行为。领导者则表现为以富于个性化的和积极的态度对待目标，往往是在组织运行中提出设想而不是对问题做出回应。

4. 领导活动的特征

领导活动是领导者对组织所进行的综合性、整体性的统领和协调，包括规划和制定组织战略目标以及采用积极有效的方式调动下属的积极性去共同实现组织目标。领导活动的特征可以具体概括为以下几点：

（1）领导活动具有综合性。从领导活动的内容来看，综合性是其重要特征。一方面，随着社会分工的发展，领导活动涉及的领域变得非常广泛，这就要求领导者在技术层面上进行这一活动时采用多样化的技术方法和手段；另一方面，现代社会是一个利益多元化的社会，领导活动的一个重要内容就是将不同的劳动分工和不同的利益进行综合。

（2）领导活动具有超脱性和全局性。超脱性是指领导者必须超越于各种利益群体，进行整体性的统领和协调。也只有在此基础上才能保证领导者在战略层面上规定组织的方向、任务和目标，在整体发展、全局利益等领导理念的引导下，在组织与环境的互动中，处理各种关系，实现各种要素的有机组合以及各种资源的有效配置。领导活动的超脱性和全局性是领导者在各种纷繁复杂的矛盾中保持头脑清醒、强化领导权威、谋求整体发展和提高领导绩效的前提条件。

（3）领导活动具有超前性与战略性。就领导活动的功能与作用而言，超前性与战略性是对领导活动的一种特殊规定。领导活动的超前性意在强调作为领导活动主体的领导者在决策、战略规划和确定发展方向等过程中能够具有预见性和前瞻性。也就是说，领导活动需要通过预测能力的提高而保证决策的准确性以及战略规划和发展方向的正确。因此，超前性与战略性是融为一体的。

（4）领导行为与组织目标之间的间接性。这是领导活动不同于其他社会活动的独特性质。领导者面对的对象是人，领导实际上就是一项与人打交道的活动，是动员、说服追随者去实现组织目标的活动过程。领导活动实际上就是通过做人的工作而促使组织目标得以实现。所以，任何层次的领导者都必须依赖较强的人际交往技能才能保证领导活动的成功。一个优秀的领导者必须首先是能够与人相处、能够对人产生影响的人，必须通过与人交往展示其影响力。可见，领导者自身的行为不是直接实现组织目标，而是通过用人或授权，依靠别人来实现目标。

5. 领导活动的作用

领导活动的作用也就是领导者的领导行为所发挥的作用和功效，表现为通过领导者的能动作用而将领导者、追随者、群体目标和客观环境四重要素连接在一起的积极行动过程，大致可以概括为引导作用、维持作用和变革作用三种类型。

（1）引导作用主要反映在制定规划和组织的远景目标上。从根本上说，领导就是规定方向的意思，而引导就是规定组织的发展方向，主要体现在确立目标、提出任务和确定实现任务的方法。确立目标是引导的核心，因为，领导是为实现某种组织目标而展开活动的，领导工作首先应集中在确立目标和把握组织发展的方向上。正确地提出任务是引导的中心环节，主要以提出计划的形式出现，包括确立行动方案和组织落实、评价和修正计划。虽然计划活动在领导过程中具有不可替代的重要作用，但是，科学地选择和确定领导方法和领导方式也是领导活动的重要内容，它主要表现为通过正确的领导方法和方式引导管理者并通过管理者保证组织目标的实现。

（2）维持作用主要反映在保障组织远景目标的实现上。领导者关注的是组织的生存而不是个体的生存，领导活动的维持作用主要体现在保证组织的生存和正常运转。然而，一个组织生存能力的强弱和正常运转的程度更多地取决于远景目标的实现程度，因此领导者必须建立实现远景目标的体系。维系组织生存的远景目标体系主要包括两个方面：一是结构化的工作体系；二是非结构化的关怀体系。结构化的工作体系主要是处理组织与其任务的关系，而关怀体系则是处理组织中人的关系。具体地说，领导者是通过指挥、组织、协调、控制与监督、教育等一系列活动来维持组织的生存与正常运转的。但需要说明的是，领导活动中的组织、协调、控制和监督等与管理活动之间有着一定的区别，因为领导者在履行这些职能或从事这些活动的时候，主要是通过影响力的运用而在宏观上、体制上和方向上的层面进行的，与管理者通过具体的工作流程和技术化的指导去履行以上职能有着明显的区别。

（3）变革作用主要体现在为实现组织远景目标提供动力上。领导作为一种变革的力量是其不同于管理活动的关键，或者说，领导活动是通过变革去把握未来的，领导者往往通过对变革潜力的开发而为组织远景目标的实现提供动力。这种变革不是对组织传统的全盘抛弃，也不是为追随者制造莫名其妙的紧张和压力，而是一种在稳定状态中的有序改革和渐进的形态更替。领导者通过变革组织文化和变革组织结构两种途径不断地为组织注入新鲜血液，增强组织活力，进而保障组织鲜活的生命力。当制度化的程序日益成为组织发展的障碍时，作为变革代理人和发动者的领导者就必须为组织提供新的定义与概念，必须通过创建年轻的组织和庄严的承诺去使变革的力量转化为现实的成果，这也是新一轮组织文化创建的起点。变革组织结构也是一样，如果当前的组织结构表现得不适应组织的存在与发展，领导者就需要通过重新设计组织结构使组织适应环境，并赢得组织发展的机遇。

10.1.2　领导艺术

1. 领导艺术的特点

所谓领导艺术，就是领导者在领导活动中为了有效地提高领导效能、达到领导目标而对客观规律、领导科学原理及方法的灵活机动和创造性地运用，是领导者的智慧、学识、才能、胆略、经验在领导实践中的综合反映，也是领导者的素质、能力在方法上的体现。就其本质而言，领导艺术也属于领导方法的范畴，但不是一般的或普通的领导方法，而是一种在一定知识、经验、智慧和才能基础上产生的特殊的、巧妙的和较高层次的领导方法。或者说，领导艺术是领导方法的巧妙运用和表现。准确把握领导艺术的特征，是区分领导艺术与一般领导方法的关键。与一般领导方法相比，领导艺术具有以下特点：

（1）突破性和创造性。领导艺术往往表现为一种打破常规、突破传统的领导方法，它不是按部就班地按照固定程式去开展领导活动，而是一下子就抓住目标或存在的困难、障碍或矛盾的焦点，施以独特的方法，对准具有决定意义的关键环节，抓住时机，集中力量而进行重点突破，进而争取造成“连锁反应”去扩大战果，从局部的突破带动全局。因此，明显的突破性和创造性是领导艺术最基本的特点。

（2）非模式化和非规范化。领导艺术虽然也是某种解决实际问题的领导方法，但它是比普遍方法更巧妙的方法，或者说是普遍方法的巧妙运用。所以，它通常没有固定模式，也没有规范性，而是由领导者不受任何局限地充分施展。这也表明，领导艺术总是体现在错综复杂的现实中的，是因时因地而不同的，不易进行常规学习、模仿或传授。

（3）随机性和灵活性。领导艺术以新颖、独特和创造性见长，大都体现在其处理非常规事件的过程中或领导方法的非常规运用上，具有很大的随机性。也就是说，它需要根据变化着的条件和实际情况而灵活地、创造性地运用领导方法。领导艺术的随机性虽然很大，但也坚持主要的和基本的原则，在随机性和灵活性中包含着高度的原则性，是高度原则性与高度灵活性的结合。

总之，领导艺术没有固定模式和规范，而是机动灵活和随机应变的，它富有突破性和创造性，是一种能够达到超常效果的领导方法。

2. 领导艺术的内容

领导艺术是一种奇异而富有成效的领导方法，通过对领导艺术的总结和研究发现，领导艺术与领导者自身的知识、经验、才能和智慧有着密切关系。确切地说，领导艺术是在这些因素的基础上产生和发展起来的。一个颇具领导艺术的领导者必然是一个知识、经验、才能和智慧或其中某一方面比较突出的领导人才。领导艺术往往是领导者某方面知识在其领导活动中得到某种程度的应用和受到启发的结果。领导艺术也常常是领导者的经验积累的结果。领导艺术根源于领导者的才能和智慧，领导者只要善于观察和思考，就能科学地分析并创造性地运用自己的知识和经验。所以，领导者要想提高自己的领导艺术水平，除了要善于抓住领导活动的本质并掌握要领外，还要努力丰富自己的知识、积累经验、提高才能和增长智慧。在实践中，各种因素往往是融为一体的，不能把它们割裂开来。领导艺术的内容范围很广，领导方法所涉及的范围几乎都是领导艺术涉及的范围。其中，最为主要的是用人的艺术以及用权与授权的艺术。

（1）用人的艺术。领导活动不同于其他社会活动的主要特点是，行为和目标之间存在着间接性的关系，即制定和规划目标的领导者本人并不是目标的实现者，相反，他是依靠用人和调动下属的积极性使目标得以实现的。领导活动的这一特征就集中体现为以如何用人为核心的艺术化过程。这包括三个主要方面：第一，用人要做到“用人不疑，疑人不用”。人无完人，每个人都有缺点，每个人都有其不能克服的弱点，在求贤和用人时，应当将目光集中在一个人的优点上。第二，在此前提下，要注意因时用人，即根据环境的要求而决定用什么样的人。要求领导者在用人时应审时度势，因时因境选人、用人。第三，要坚持人人可用的原则。要求领导者不要凭借主观臆断而将某些人排除在用人体系之外，在用人时要做到着眼长处，短中取长，避短用长。

（2）用权与授权的艺术。“权”是职位权力，领导者的领导活动包含着用权和授权两个方面。领导者在用权时要注意：一是规范化用权，领导者用权要遵守法定权限，不对上越权和向下侵权；二是要谨慎用权，领导者不要轻易动用法定权力，但在必要时敢于果断用权；三是要注重用权实效，领导者要保持权力的诱导和控制功能，应使下属不能逾越和冲垮领导权力底线。领导者在授权的过程中要注意：一是坚持信任原则，授权意味着授权者和被授权者之间的相互信任；二是坚持权变原则，领导者必须“因事择人，视能授权”，只有在对被授权人之能力、性格、身体条件及其影响力进行综合判断的基础上，才能使授权获得令人满意的效果；三是坚持适度原则，即明确权责，适度授权；四是坚持授权留责与监督控制相统一的原则，在向下授权时不向下授责，以求充分发挥被授权人的积极性，但授权留责并不意味着领导者处于一种被动的局面，领导者不干涉被授权人的工作并不等于放任自流，而是应给予被授权人必要的监督控制，以免其偏离组织目标或滥用权力；五是坚持谨慎原则，因为授权不是解决所有问题的灵丹妙药，未经恰当规划便授权，可能会导致权力秩序的混乱。

10.1.3 领导理论

1. 领导特质理论

领导特质理论是关于如何从领导者的性格、生理、智力及社会因素等方面发现领导者特有品质或应有品质的理论，也被称为素质理论。它是一种较早开始对领导现象进行系统化研究的理论，而且这一理论在整个 20 世纪都表现得非常活跃，是在探讨领导现象时必须了解的理论之一。

在 20 世纪早期，领导特质理论也被称为“伟人理论”，主要通过鉴别伟人的特质来确定成为领导者的决定因素。也就是说，在这个时期，领导特质理论的重点是要确定社会、政治以及军事等方面的领导者具有哪些与生俱来的特质和特征。研究者认为，领导者应当是天生具有伟人特质的人，在基本特质方面不同于普通人。

在 20 世纪中期，所谓“伟人特质”受到质疑，一些学者认为，领导者并不一定都具备“伟人特质”。1948 年，斯托格迪尔提出，领导者与非领导者之间在特质方面的差异在各种场合中并不是固定不变的，一个具备领导者特质的人，在某一场合可能成为领导者，而在另一场合则不一定能成为领导者。领导并不是个人所拥有的可以量化的东西，它与社会情景中的人际关系有关。这时，领导特质理论出现了转型，虽然坚持这一理论的学者们依然肯定与领导有关的个人因素是十分重要的，但也开始承认这些因素是与情境因素相关的。

到了 20 世纪后期，领导特质理论主要转向去解释领导者的特质如何影响领导行为的问题。例如，劳德·戴维得和埃利杰通过对前人的研究进行分析，发现人的个性特质与领导知觉有关。同样，柯宽帕特切克等人也认为，有效的领导者在几个关键方面确有与众不同的特质。库塞基和波斯纳发现，一个成功的领导者，其特质排在前四位的是：诚实、有远见、懂得鼓舞人心、能力卓越。所以，这一时期的领导特质理论主要强调领导特质在有效领导中的作用。

总的说来，领导特质理论主要采取列举的方法去直观地指出领导者具有哪些特质以及对领导活动的成效有什么样的影响，特别是力求去清楚地描述那些与领导行为相关的各种特质。概括起来，基本的领导特质主要是智力水平、自信心、决断力、正直和社会交往能力等。智力水平主要是指具有较强的表达能力、洞察力和理性的思考能力。自信心是一项有助于一个人成为领导者的特质，主要是指人对自身能力和技能的确信，它包括自尊感以及超越他人的信念。决断力是指完成某项工作的愿望的强弱，主要包括主动性、坚韧性、支配力和驱动力上的性格。具有决断力的人在活动中会主动表现自己，在挫折和困难面前往往表现得异常坚定，具有较强的支配倾向，尤其是在追随者希望得到指导时，这种特质显现得更为明显。正直意味着诚实与可信，那些具有原则性和对其行动具有责任感的人会表现出正直的特质，而具有正直特质的领导者也总能够取得追随者的信任，并激发出自信心。社会交往能力主要是指领导者建立良性社会关系的意向，具体表现是友善、开朗、礼貌、机敏和富有策略性。具有较强社会交往能力的领导者能够敏锐地觉察他人的需求并能关心他人的生活，也会自觉地培养起良好的人际交往技巧，能在自己与追随者之间创造出一种合作的人际关系。

领导特质理论列出的特质因素可以成为领导比照和努力修养的目标，它可以使领导者主动地按照这些标准去塑造自己，努力使自己拥有这些特质。但是，这种理论的不足在于：它关于领导者特质的界定往往比较模糊，研究结果往往具有很大的随意性和不确定性，而且，对特质的列举也是永无止境的。这种理论最大的缺陷是：很少考虑环境因素。其实，环境是造就领导者的重要因素，不考虑环境因素，仅仅从领导者自身去发现领导特质，是很难反映出领导过程的客观实际的。而且，在其所列举的领导特质如何能够起到影响追随者方面，领导特质理论也没有进行有说服力的分析。

2. 领导行为理论

领导行为理论把领导者的行为分为任务行为和关系行为，然后着重探讨领导者是如何把这两种类型的行为结合在一起去影响他人的问题。

20 世纪 40 年代末期，美国俄亥俄州立大学的研究者们不满于通过领导特质来研究领导，开始对个体在领导一个群体或一个组织时的行为进行分析。他们编制了一种名为 LBDQ（leader behavior description questionnaire）的问卷，在问卷中，要求下属必须对他们的领导者使用某种类型的行为的次数进行确定。经分析发现，下属对问卷的反映集中在两种最基本的领导行为类型上，即“开拓结构行为”和“关怀行为”。开拓结构行为也就是任务行为，它包括组织工作和计划工作两个方面的活动。关怀行为主要是关系行为，包括在领导者和追随者间建立同志友谊和忠诚，以及尊重、信任等。研究者们认为，这两种类型的行为是领导者所做事情的关键。在此基础上他们又对这两种行为之间的关系以及在特定情况下哪一种领导风格最有效等问题进行了大量探讨。以任务行为和关怀行为作为考察维度将领导行为分成四种基本类型：低任务低关怀、低任务高关怀、高任务低关怀、高任务高关怀。

在俄亥俄州立大学的研究者们编制 LBDQ 的同时，密歇根大学的研究者们也进行着领导行为的研究，他们的研究注重领导者行为对小群体绩效的影响。研究发现，领导者行为存在着生产导向行为和员工导向行为两种类型。生产导向行为强调工作的技术和生产方面，把员工视为达到生产目标的工具。员工导向行为表现为重视人际关系，把员工当作真正的人来看待，尊重员工的个体差异并特别重视他们的个体需要。

20 世纪 60 年代，布莱克和穆顿提出了管理方格理论，后来经过多次加工和修改并被广泛地运用到组织培训和发展中。管理方格（managerial grid）后来被改称为领导方格（leadership grid），这种理论通过 9 纵 9 横的方格图表来准确确定领导者“关心生产”和“关心人”的准确量值。

3. 领导权变理论

权变的意思是指行为主体根据环境因素的变化而适当调整自己的行为，以期达到理想的效果。领导权变理论是一种试图将领导和适当的情境相匹配来对领导者及其领导风格进行研究的理论，它把客观情况与领导行为的相互作用视为决定领导活动能否成功的关键。领导权变理论产生于 20 世纪 60 年代，它主要由“领导者-交换理论”、“路径-目标理论”、“领导者-参与模型”和“权变理论”组成。其中，最为人们广泛认可的是权变理论。根据权变理论，有效的群体绩效取决于“与下属相互作用的领导者的风格”与“情境对领导者的控制和影响程度”这样两个因素的合理匹配。为了测量领导风格，菲德勒编制了一种可以评估出“最难共事者”（least preferred coworker，LPC）的量表，运用这个量表，根据测试者得分的高低，可以把领导者区分为“任务取向型”和“关系取向型”的领导。另外，他还分离出 3 项情境因素：领导者-成员关系、任务结构、职位权力。领导者只有与这 3 项情境因素相匹配，才能进行有效的领导。权变理论的最大特点是将个性评估与情境联系在一起，构建函数来进行测量。其主要内容包括如下几点：

（1）确定领导风格。在权变理论的构架中，领导风格被描述为任务取向型和关系取向型。任务取向型的领导者热衷于达到目标，而关系取向型的领导者则热衷于发展良好的人际关系。菲德勒设计的 LPC 量表，由 18 组对照形容词（如快乐-不快乐、高效-低效、开放-封闭、助人-敌意等）构成。然后，他让作答者回想一下自己共事过的同事，并找出一个“最难共事者”，在 18 组形容词中按 1～8 等级对他们进行评估。如果得分低，意味着团体对他是持否定态度的，他是不被团体喜欢的，他的工作动机就是单纯的工作，属于任务取向型的领导。如果得分高，则意味着他与团体的关系十分和谐，其基本的动机是建立和维持良好的人际关系，属于关系取向型的领导。

（2）确定情境变量。权变理论认为，确定情境需要的三项权变因素包括：其一，领导者—成员的关系。这是指群体氛围、追随者对领导者的信任、忠诚和吸引程度。如果群体氛围是积极的，而且下属信任、喜欢并与领导者和睦相处，领导者与成员的关系就是好的；相反，如果氛围不友好，群体内部存在隔阂，就是不好的。其二，任务结构。这是指一项任务的要求是否清晰和被清晰地说明的程度。清晰的任务结构是指任务要求及完成任务的途径、方法被完全清晰地说明，且被每一个付诸实施的人所了解，对任务的完成与否及完成的好坏也规定了明确的评估标准，菲德勒称其为高任务结构；相反，被称为低任务结构。其三，职位权力。这是指一个领导者奖励或惩罚追随者的权威状况。如果一个人有权力雇用、解雇或提职、提薪，他的职位权力就是强的；如果他没有权力做这些事情，他的职位权力就是弱的。

（3）领导者与情境的匹配。菲德勒认为，在了解了个体的 LPC 量表分数并评估了三项权变因素之后，二者在相互匹配时才会达到最佳的领导效果。他研究了 1200 个工作群体，并对 8 种情境类型的每一种都做了关系取向和任务取向两种领导风格的比较，得出结论说：任务取向的领导者在非常有利的情况下和非常不利的情况下工作更有利；关系取向的领导者在中等有利的情况下会干得更好。可见，权变理论强调领导者不会在任何情境中都能有效工作，只有当领导风格与其工作的情境得到很好的匹配时，工作才会顺利；如果领导风格不能与情境相匹配的话，领导者很有可能失败。不过，在菲德勒看来，个体的领导风格是稳定不变的，要提高领导者的有效性，要么替换领导者以适应情境，要么改变情境去适应领导者。

10.2　领导活动中的指挥

10.2.1　指挥的特点

指挥是领导活动的一个重要部分，它是领导者凭借自身的权力和影响力对下属进行调度并指导他们为实现组织目标而展开活动的行为。指挥的特点是：

（1）权威性。权威是领导者影响、改变追随者行为的力量，任何指挥活动都离不开权威。充分的权威可以使追随者完全服从指挥，有限的权威只能使追随者有限服从指挥，没有权威，指挥即不复存在。这里的权威包括“硬权威”和“软权威”两种。由正式组织所赋予的职位权力带来的权威可称为“硬权威”，它是权威的最基本构成部分；由领导者自身素质带来的权威可称为“软权威”，它是硬权威的必要补充。有效指挥不仅需要领导者依法运用职位权力，同时也需要依靠良好的个人素质去影响追随者。

（2）统一性。指挥必须做到统一：它要求指令自上而下严格按照直接隶属关系层层下达；要求指令内容反映最高领导者的思想和精神；要求指令包含着统一和一贯的思想和精神，不能相互矛盾和朝令夕改。这实际上也就是我们常说的统一指挥，一个组织应当只有一种指挥，不允许出现多头指挥。

（3）明确性。领导者需要明确了解组织的资源状况与资源潜力，尤其是要明确了解组织成员的价值观念、思想状况，从而保证指挥的方向、目标及实现目标的方式方法明确和正确，特别重要的是指挥方法的选择要有明确的针对性，要让追随者明确指挥行为的内容和目标。

（4）强制性。在倡导“参与管理”和“协商管理”的条件下，更应当看到作为领导活动的指挥具有强制性，领导者的指挥只能建立在追随者无条件服从的基础上。指挥的强制性意味着指挥活动是指挥者单方面意志的体现，即使追随者有不同的认识，也只能在思想上保留，在行动上则必须服从领导者。虽然在实际的指挥活动中，领导者应当充分理解和尊重追随者，采纳追随者的意见，考虑追随者的利益，但这并不排斥指挥的强制性。

领导者在行使指挥权时，需要注意指挥的目标与手段的合理性。因为，目标与手段是否合理对指挥的实现程度具有决定性作用。首先，目标的合理性直接影响到追随者对待指挥的态度和行为，只有合乎组织整体需要的指挥活动，才能得到追随者的拥护与支持并自觉服从。所以，目标的合理性最终决定着指挥者自身的权威性。其次，在目标正确的情况下，还必须保证手段的合理性。与目标相比，手段是第二位的，为达到同一目标可以灵活选择手段，但这种灵活绝不等于随意。

领导者在从事指挥活动时，可以凭借组织分配的职位权力。这种职位权力能够赋予领导者职务权威和法律权威，能够对追随者发挥合理-合法的影响。但在很大程度上，作为领导活动的指挥必须建立在领导者自身的权威基础上，领导者个人的品格、能力、专业知识、作风等，对指挥的实现程度有着更大的影响，如果领导者拥有较强的人格权威和技术权威，其指挥行为的实现也就会达到很高的程度。也就是说，指挥者良好的品格能够在潜移默化中影响和感染追随者，使他们主动接受指挥；指挥者高超的指挥能力可以使追随者自愿接受指挥；指挥者渊博的专业知识能够使追随者自觉服从指挥；指挥者作风扎实、密切联系群众则可以激发追随者的热情，充分调动他们实现组织目标的积极性。

10.2.2 指挥的内容

领导活动是一种通过他人去实现组织目标的行为，因而要求领导者通过指挥行为去与组织中的追随者一道为组织目标而工作，即通过指挥行为建立一个分工-协作的团队。在这个团队中，每个成员的责任都应当是明确的，每个人都应当拥有开展工作和履行职责的权力，每个人的权力又都应是与责任相对应的。具体地说，领导者应当通过指挥赋予追随者责任。指挥意味着要求接受指挥的人去做某项工作，即为指挥对象确定活动目标，而承担目标本身就是责任，是对发出指挥的领导者所委托任务的一种承诺。

在现实的组织运行中，由指挥所赋予的责任包括实施目标过程中应承担的政治责任、法律责任和工作责任。政治责任是指目标承担者在指挥活动中必须认真贯彻国家的各项路线方针政策；法律责任是指目标承担者在指挥活动中必须遵守国家宪法、法律、法规、规章等，必须遵纪守法，依法办事；工作责任则是指目标承担者在指挥活动中遵守组织的各项规章制度、服从指挥、维持良好的工作秩序、确保目标的落实。

权力是领导活动的基础，但权力是由组织授予的，或者说，是由组织全体成员赋予领导者的。领导者的权威可能来源于权力，也可能来源于个人在组织中的地位以及个人长期为组织所做出的贡献。无论一个人的权威是通过什么途径生成的，都只是他在组织中的权威，离开了组织，他的所谓权威也就没有意义了。所以，领导者凭借权力或权威从事指挥活动时，必须正确行使权力和运用权威。这就要求领导者应当明白指挥活动的范围和内容，使自己的指挥活动与组织中的管理行为能够相互补充、有机协调，而不是相互矛盾和冲突。

一般说来，领导者的指挥活动主要体现在以下几个方面：

（1）下达目标任务。在一个组织中，指挥活动总是自上而下的，最高领导者担负着总指挥的责任，他（们）的基本工作就是为组织确定目标任务。所以，下达目标任务是指挥活动的基本内容。组织的每个层级、每个部门的领导者也同样需要把下达目标任务作为指挥的基本内容。一个组织在一定的时期内的目标任务是一个统一的体系，最高层的领导者所下达的是组织的总目标和总任务，组织的每一个层级和每个部门的领导者所下达的目标任务则是组织总体目标任务的分解，应当与组织的总体目标任务有着内在的一致性。在很多情况下，组织的一些较低层级的部门领导所下达的目标任务只是组织总体目标任务实现的手段。其实，一个组织中的整个管理过程都可以看作是服务于组织的总体目标任务的，领导者通过指挥活动下达目标任务，而组织中的管理体系则负责落实这些目标任务。这一点也是指挥不同于日常管理的一个重要方面。

（2）确定管理者的权力和责任。虽然领导者的权力和权威来源于组织及其全体成员，但领导者却是组织一切权力的实际执掌者，组织管理体系中的每一个管理者，都是直接得到领导的授权而掌握权力的，只是在间接的意义上，管理者所掌握的权力才是来自组织成员的授权。在现实中，组织中的领导往往以组织全体成员代表的身份出现，以全体组织成员的名义授予从事实际管理工作的管理者以权力。授权的另一面就是赋予责任，或者说，领导者在通过各种方式向管理者授权的时候，也就同时确定了管理者的责任，要求管理者承担与其权力相对应的责任并通过责任的明确化而对管理者实施监督和控制。在现代组织中，更多的领导习惯于代表组织成员甚至通过随机性的或制度化的方式动员组织成员与他一道实施对管理者的监督和控制。

（3）处理例外事项。尽管管理学的研究长期以来对管理者处理例外事项的能力予以极大的关注，但在组织的实际运行中，处理例外事项的责任还是更多地落到了领导者的肩上。组织环境往往是不确定的，组织的管理制度无论多么富有弹性也不可能完全应对变动的环境，组织的计划无论多么周密也不能够把一切可能发生并可能对组织产生重大影响的事件全部纳入其中，所以，在组织的运行中必然会遇到大量例外事项。处理这些例外事项，更多地是由组织的领导者通过指挥活动完成的。所以，领导者的一项重要任务就是时刻关注那些有可能发生的例外事项，及时地发出指令，以求避免或最大可能地减少例外事项对组织造成的消极影响。

（4）适时调整资源配置。整个管理活动的内容都在于对人、财、物、时间、信息、空间等各种资源进行合理配置，管理的各项职能为这些资源的合理配置确定了制度化的基础。但是，在组织的实际运行中，一些制度化的资源配置可能会表现出不合理的一面。这时，就需要及时地加以调整。领导者的指挥活动就是以这种调整为一项重要内容的，即要求领导者时时关注组织运行中各种资源发挥作用的状况，从而针对显现出来或即将显现出来的资源配置不合理等问题采取措施。比如，领导者需要关注人是否尽其才、物是否尽其用、信息价值是否充分实现、时间资源是否尽量节约、空间范围是否有效利用等。针对资源配置方面存在的问题及各种资源作用的发挥程度，领导者应当通过指挥活动及时调整资源配置，防止浪费。在调整人员方面，领导者可以撤换不能尽职尽责或能力不能满足岗位要求的管理者，可以为时间紧迫或面临重大问题的工作增加人员等。在物、财资源方面，可以根据各项活动的进展情况以及它们对整个活动的不同影响调整配置，对面临复杂问题且对全局至关重要的工作，应当适当增加物、财供应；对进展顺利且对全局不产生重大影响的工作，可以适当减少物、财供应等。在时间方面，可以根据各项活动所遇到困难以及阻力状况，适当调整完成任务的时间界限，可以要求提前或推迟完成某项工作。

（5）协调管理行为。现代管理是专业化的管理，现代组织是由大量专业化的管理人员组成的管理体系，必然会大量存在着不同的管理层级和部门，在管理部门以及人员的分工和协作之中，必然会存在大量矛盾甚至冲突，管理学的研究已经提出了各种各样解决这些矛盾和冲突的制度化方案，从而把大量的日常性矛盾和冲突纳入管理的范畴中去。但是，依然会有许多矛盾和冲突无法在现有的管理方案中得到解决，它们需要领导者因时因地、因势利导地去加以解决。领导者在解决这些问题时，主要反映在对管理行为的协调上。也就是说，领导者需要了解、把握组织运行过程中各环节、各要素之间可能出现或已经发生的矛盾与冲突，对可能出现或已经发生的矛盾与冲突进行具体分析，找出原因，并通过指挥活动去消除矛盾和冲突。

10.2.3 指挥的原则

指挥是领导活动中的一项重要内容，一些管理学理论甚至认为指挥是管理的灵魂，为管理确定方向。但是，对于组织的管理来说，指挥在很大程度上应当被看作对管理的补充。领导者的指挥活动应当有节制，他不应过多地介入管理过程，过多、过滥的指挥活动往往会束缚管理者的手脚，甚至可能会对管理者的职位权力造成侵害，会使管理者丧失积极性和主动性。过多、过滥的指挥活动会使领导者陷入繁杂的事务之中。一个好的领导者只有从琐碎的事务中解脱出来，才能集中时间和精力考虑处理组织运行中的重大问题。从另一个角度来看，领导者权威的流失往往也是由于过多、过滥的指挥活动所致，是因为没有正确地开展指挥活动，过多地行使了指挥权。我们常说领导者应当抓大事，所指的就是领导者不应用自己的指挥活动去干涉管理者的具体工作，而是应有节制。具体地说，指挥活动应当遵循以下原则：

（1）尊重管理者和管理权。组织目标的实现和组织的有序运行，所依赖的是完整的管理制度和管理者的日常管理活动。领导者在行使指挥权的时候，必须首先保证自己的指挥活动不能与管理制度相冲突。这就要求必须尊重管理者的职位权力，特别是要尊重管理者在管理制度框架中所开展的管理活动。即使指挥活动涉及对管理者管理行为的纠正以及其职位权力的调整，也需要充分尊重管理者的人格和利益。

（2）以组织总体目标为依据。组织的总体目标可能是由领导者所确定的，但一经组织全体成员认可和接受，就必须得到维护，领导者指挥活动的开展必须在此前提下进行。虽然下达目标任务是指挥的一项重要内容，但组织总体目标的相对稳定性是必须保证的，领导者的指挥活动较多地是对组织总体目标下的分支目标的调整，而且这种调整要有利于总体目标的实现。

（3）要有统一性。一般说来，现代组织的领导者在每一个层级上都是一个领导群体，是由多个领导者个人所构成的一个领导层。指挥可能由领导者集体发出，也可能由单个领导者发出，无论指挥是由谁发出，都必须是统一的指挥活动的组成部分。这实际上就是人们常说的行为层面上的统一领导、统一指挥。管理学家法约尔曾列举了需要克服的多头指挥现象，比如，为争取时间尽快制止某一不合理行为，高层领导者跨越层级向间接下属发布指令；两位领导者在同一时间对同一下属拥有同样的权力，同时下达指令；两个部门的领导者就同一工作内容分别下达了不同的指令；职权关系不明确，常常产生二元领导弊端，等等。所以，统一领导要求同一项工作或将要达到同一目标的活动只能归一个领导者负责，而统一领导又使指挥系统成为一个相对封闭的系统，既要有利于与外部的交流合作，也要有利于实现系统内部协调。

（4）强制与说服相结合。指挥在根本上属于强制性下达指令和推行指令的领导活动，它要求追随者或组织成员无条件服从并执行，领导者事实上也是指挥权的化身。但是，为了充分调动追随者或组织成员的积极性，为了更有效地实现组织目标，必须把强制和说服教育结合起来。人是有思想和情感的，领导者在下达和推行指令的过程中必须运用启发、诱导等说服教育措施，使下属人员真正理解指令的内容，充分认识落实指令的意义，自觉自愿地做出自己的贡献，化强制行为为主动行为，从而最大限度地调动人员的工作积极性。

此外，领导者还应当学会适情选择指挥方式，根据指挥对象和内容的不同去选择适当的方式。比如，可以选择口头指挥，也可以运用书面指挥，还可以运用会议指挥，或者把这些方式加以综合运用。总之，应该根据需要去选择指挥方式，以求达到最有效的指挥效果。

10.3　领导者的战略管理

10.3.1　战略管理概述

1. 战略管理的含义

“战略管理”一词最初是由安索夫在其 1976 年出版的《从战略规划到战略管理》一书中提出的。安索夫认为，企业的战略管理是指将企业的日常业务决策同长期计划相结合而形成的一系列经营管理业务。斯坦纳在 1982 年出版的《企业政策与战略》一书中则指出，企业战略管理是确定企业使命和根据企业外部环境和内部经营要素确定企业目标并保证目标最终得以实现的一个动态过程。其实，所谓战略管理，是指在制定、实施与评价具有全局性、指导性与纲领性的组织目标、方针与计划的活动中通过一定策略、技术与手段以实现组织长远目标的过程。战略管理总是针对一个组织的整体性活动，战略管理从其过程来看，可以区分为战略分析、战略制定、战略实施与战略控制四个阶段。战略管理的关键并不是战略本身，而是动态而持续的管理过程。战略管理的特点是，支配组织全部活动的核心内容是组织战略，组织全部管理活动的重点是制定战略与实施战略。制定战略与实施战略的关键则在于对组织的外部环境进行分析、对组织的内部条件与人员素质进行审核并以此为基础确定组织的战略目标。

战略管理是以传统管理为基础又高于传统管理的新型组织管理方式。因此，相对于传统管理而言，战略管理的特点是显著的。

首先，战略管理是一项“综合性的管理活动”。这主要体现在三个方面：第一，战略管理不仅仅是指组织战略的制定与规划，还包括组织战略的实施、评价、调控与变革等一系列管理活动在内。第二，战略管理不是强调组织的某一部门或某一职能的重要性，而是通过确定组织的使命与目标来协调各部门的活动，尤其体现在评价与控制等管理过程中。也就是说，战略管理重视的不是各个部门的自身表现，而是它们对组织使命与目标的贡献程度。第三，战略管理不仅要权衡与评估组织内部的环境条件与人员素质，而且要分析与考虑组织外部环境中的诸多因素对组织目标的影响与作用。

其次，战略管理是一个“长远性的管理过程”。这可以从两个方面来理解：第一，传统的管理活动关注眼前，其管理周期较短，一般为 1～2 年。战略管理更加关注组织的未来发展，其管理周期一般是 3～5 年，其战略规划与决策是对组织较长时间的生存与发展的统筹与谋划。第二，战略管理不是静态的、一次性的管理，而是一个无终点的由诸多不同管理阶段构成的管理活动，是根据组织外部环境的变化、组织内部条件的改变以及战略实施情况的反馈信息等因素而不间断地进行战略调整、变革与战略选择的管理过程。也就是说，只要组织是存在的，战略管理就是必要的。

最后，战略管理是一门“决策的科学与艺术”。第一，说它是“科学”，是因为它以系统化的知识形态反映了管理过程的客观规律，是以科学知识与客观规律为基础的管理活动。第二，说它是“艺术”，是因为战略管理的真正灵魂在于应用、在于实践。只要将组织战略付诸实践，它就会呈现出不同的风格、不同的模式与不同的效果。比如，在战略实施中，有时为了达到长远的组织使命，就得选择放弃短期的组织目标；有时出于对组织整体战略目标的考虑，不得不舍弃个别部门或职能目标的实现。战略管理的灵活性反映和体现了战略管理的艺术性品质。第三，说它是“决策的科学与艺术”，是因为战略决策必然涉及组织大量资源的配置方式，这就要求高层决策者不仅要具有专业能力，而且还要具有创新能力与应变能力。

2. 战略管理的发展趋势

任何一种管理理论都是特定社会历史条件下的产物，都是在吸收前人研究成果的基础上发展起来的，都是为适应当时特定的外界环境条件并结合组织自身的实际情况而创立的，战略管理理论也是如此。在其发展历程中，由于组织所处环境的多变性与复杂性，战略管理理论呈现出动态演进的特点。尤其是进入 21 世纪，伴随着科学技术的进步与发展，社会经济发展的轨迹与特征已发生了重大变化，许多经济现象与管理现象很难用传统理论简单地加以解释。这一新的时代最重要的两个内容是：知识经济与信息技术。面对知识经济与信息技术，越来越多的企业感觉到了新的挑战与压力，组织与管理的方方面面都在发生着深刻的变化，战略管理在适应时代要求的过程中也表现出一些新的趋势。

（1）战略管理手段的复杂化。信息技术与知识经济使得社会经济运行与管理方式产生了巨大的变化，也使得组织的战略管理手段趋于复杂化。当前，组织面临的问题越来越多，需要解决的问题也越来越复杂，因此，当组织进行战略管理时，必须灵活地运用多种技术手段。比如，各种数学分析模型、统计调查方法、电子通信设备、电子计算机，尤其是网络技术、电子商务技术、云计算、大数据等先进的信息技术手段，都被引入组织的战略管理。

（2）战略管理内容的扩展。随着现代交通、金融、企业跨国经营的扩大，经济活动的国界概念已逐渐淡化，全球已进入经济区域化与一体化的时代。与传统战略管理只研究和分析本组织的竞争力与目标相比，未来的战略管理将着重研究集群的竞争力与目标，战略管理的内容具有不断扩展的趋势。因此，选择与自身组织结构和文化等相匹配的集群以及实现组织间良好的分工合作，就成了组织战略管理的重点。因此，战略管理不仅要确定本组织的使命与目标，还要研究其他组织的使命与目标以及不同组织目标之间的互补性等因素。

（3）战略管理过程的弹性化。传统的战略管理理论都有一个基本的假设前提，即外部环境是可预测的或基本可预测的，而外部环境的可变性与不稳定性却没有受到足够的重视。因此，传统战略实施的成功，主要是基于对外部环境的相对稳定性与可预测性的认识。但是，在社会环境的动荡性与可变性加大的情况下，进行比较准确的中长期预测几乎是不可能的。这样，关于战略管理的思考就应放在一个动态的环境中进行，必须增强战略管理的弹性策略以实现组织的快速变革。因此，基于突变的、不可逆的、非线性变化的柔性管理就成了战略管理的一个重要趋势。战略弹性是基于组织自身的知识系统对不断变化的环境的应变能力，它包括组织结构的弹性、生产或服务能力与技术的弹性、市场营销的弹性、管理过程的弹性与人员构成的弹性等。

（4）战略管理主体的多元化。在传统的战略管理中，战略制定主要是组织高层管理者的任务。高层管理者在确定总体战略的基础上再确定职能层与业务层的战略并由他们负责战略的实施与评估，这是一种沿着组织等级链自上而下的战略制定模式。然而，在快速变化的环境中，这种模式已经不再适用。这是因为，即使是最优秀的管理者在面对动态复杂的竞争环境时也会受到认知的限制以及信息的约束，从而导致战略的制定滞后于环境的变化。当今，组织战略的制定必将是一种全员参与的模式，特别要求一线员工参与，因为他们能最早感受到环境的变化，能最快捕捉到市场的机会；同时，由于信息技术的日益发展与应用，使得组织向扁平化方向演化，信息的传播手段和渠道也变得大众化。信息传播方式的网络化决定了每个个体在整个网络中都是信息传播的一个节点，而高层管理者不再是信息传播的中心。因此，组织战略的制定不仅是高层决策人员的特权，普通成员也不再仅仅是战略的接受者与执行者，他们有更多机会参与战略的制定过程。

10.3.2　组织战略管理架构

1. 组织愿景

“愿景”即“人们所梦想的、超现实的未来影像”。可见，愿景是人们对未来的憧憬和渴望实现的梦想。组织愿景体现为人们对“组织是什么”“组织应当成为什么样子”所做出的诠释，是对组织未来发展的一种期待和描绘。它是“一幅关于组织未来发展的蓝图”①，具有塑造战略架构、引导组织决策的功能。组织愿景通常包括三个方面的主要内容：（1）能够说明组织的性质，也就是组织是干什么的；（2）能够说明组织的长远目标和经营理念；（3）它是组织存在的价值和经营成果判断的标准②。

每个组织都应形成自身的愿景。假如一个组织没有愿景，就难以凝聚人心，也难以促使组织成员为实现组织的共同目标而共同奋斗。加里·胡佛在《愿景》一书中指出，每个组织都有自己的愿景，不同的地方只在于是否把这个愿景写成文字，有没有最大限度发挥这个愿景的作用而已。胡佛发现，伟大的组织之所以伟大，就是因为它们能够看到别人看不到的东西，将洞察力和策略结合起来并描绘适合组织的最佳“愿景”。良好的组织愿景能够充分激发员工的潜能，促使他们努力向着既定的奋斗目标迈进。这如同做圆周运动时产生的向心力，让组织在高速发展的同时沿着既定轨道，不至于脱离发展目标。一般来说，一个好的组织愿景需要具备以下四个特点：

（1）清晰。作为人们盼望实现的美好前景，愿景应当能够被联想和描绘出来，当员工看到相关文字表述时，立刻能够在头脑中呈现出清晰、具体的图景，从而自发地产生一种尽快实现愿景的思维冲动。假如组织愿景较为模糊和抽象，员工就很难通过想象对其进行清晰地把握，那么，组织愿景的激励作用就难以充分彰显，愿景的价值就会大打折扣，甚至与没有愿景相差无几。

（2）独特。胡佛强调，愿景应该具有高度的特异性，这种特异性源于组织的特性。独特性对于任何一个美好的愿景来说相当重要，最为关键的是，一个愿景所定义的事物必须是那些不随市场的反复无常而不断变化的事物，必须是那些应对竞争时并不发生改变的事物，必须是那些不随着当前流行的趋势而变化的事物③。可见，一个好的愿景必须不流于一般。

（3）适度。一个伟大的组织愿景应给员工带来满满的希望和美好的憧憬，它所描绘的图景必须是员工经过辛勤劳动能够实现的。如果愿景定得太高，大大超过员工的实际执行能力，或者愿景定得太低，使员工轻而易举就可以实现，那么组织愿景就达不到应有的激励作用，愿景对员工的引领作用就会大幅降低。只有当愿景的难度适中，成为让员工“跳起来能够摘到的桃子”，才能充分调动员工的积极性，员工也才会心甘情愿地围绕愿景所描绘的目标进行努力。

（4）关注员工利益。组织愿景发挥作用的内在机理是，通过构建适度、清晰的图景来激发员工的潜在能力，调动员工的积极性、主动性和创造性，并在实现愿景目标后得到合理的利益报酬与价值体现，从而为持续激发员工潜能创造条件。如果愿景忽视员工的合理利益，员工就会质疑自身努力的价值，工作的积极性和主动性都会大大降低，工作的创造性更无从谈起。此外，组织的愿景目标实现后，如果员工的合理利益被打折兑现，员工的

① 汤普森，斯特里克兰三世．战略管理（第13版）．北京：中国财政经济出版社，2005：5.
② 代海涛．企业战略管理．北京：中国农业大学出版社，2011：33.
③ 胡佛．愿景．北京：中信出版社，2003：222，224.

情感就极易受到伤害，从而对今后的工作产生较大的负面影响①。因此，组织愿景的构建必须与组织和员工的实际情况紧密结合起来并将员工的合理利益诉求作为不可或缺的重要考量因素。

2. 组织使命

在任何一个成功的组织中，组织使命都处于相当重要的地位。伟大组织的成长过程往往是眼光远大的领导者与发展机缘有机结合的过程，这种结合过程就是一群负有使命感的人才将某种合理的经营策略运用于组织开创和发展的过程。那么，何谓组织使命？汤普森和斯特里克兰三世指出，组织使命通常都对组织当前的业务范围做出尽可能全面准确的描述——“我们是谁，我们做什么”；从广义上看，使命描述了组织当前所具有的能力、重点顾客及其活动和业务组合②。据此，可以认为，组织使命就是对组织的经营目的、市场、用户、产品或服务、宗旨及采用的基本技术所做出的描述③。

一般说来，组织使命应该包含以下三层含义：第一，组织使命实际上是组织存在的原因或理由。这种原因或理由不管是“提供某种产品或服务”，还是“满足某种需要”或“承担某个不可或缺的责任”，都是组织存在和发展所必需的。如果一个组织找不到合理的原因和理由，或者，组织存在的原因和理由连自己都不能说服，那么组织就会面临着危机，甚至可以认为这样的组织“已经没有存在的必要了”。第二，组织使命是组织生产经营的哲学定位，表现为组织的经营观念。组织使命为组织指明了经营的指导思想、基本原则、发展方向等，它不是一种抽象的存在，也不是组织的战略目标，不一定有明确的文字表述，但会对经营者的决策和思维产生深远的影响。这其中包含了组织经营的哲学定位、价值观凸显以及组织的形象定位：我们经营的指导思想是什么？我们如何认识我们的事业？我们如何看待和评价市场、顾客、员工、伙伴和对手？等等。第三，组织使命是组织生产经营的形象定位，体现了组织力求为自身树立的良好形象。诸如“我们是一个愿意承担责任的企业”“我们是一个健康成长的企业”“我们是一个在技术上卓有成就的企业”等。在明确的形象定位指导下，组织的经营活动就会始终向公众昭示这一点，而不会“朝三暮四”。

虽然并非任何一个组织都有用文字形式进行精心描述的使命，或对组织的使命表述加以公开呈现，但越来越多的人认为，使命表述是组织战略的一个重要组成部分。组织使命的重要性主要体现在三个方面：其一，组织使命为组织的发展指明方向。组织使命能够使组织出现战略性的转变，能够让组织的各种活动有据可依，能够促进组织的良好形象尽快树立，能够使组织获得发展的信心和必要的支持与帮助。为此，组织使命的确定不仅在总体上为组织经营方向和发展道路提供可供遵循的依据，使组织明白自己在做什么，而且也为组织指明了行动的目标和努力的方向。其二，组织使命是组织战略制定的前提。一方面，只有对组织使命进行明确的定位才能正确地构建起组织的各项战略目标；另一方面，在制定组织战略的过程中，要根据组织使命来确定自己的基本方针、战略活动的关键领域

① 代海涛. 企业战略管理. 北京：中国农业大学出版社，2011：35.

② 汤普森，斯特里克兰三世. 战略管理（第 13 版）. 北京：中国财政经济出版社，2005：6.

③ 同①38.

及行动顺序等。其三，组织使命是组织战略的行动基础，只有形成明确的组织使命，组织才能及时有效地将有限的资源分配到能保证实现组织使命的经营事业和经营活动上。同时，组织使命经由对组织存在理由、经营哲学、基本形象等方面的恰当定位来为组织明确经营方向、树立组织形象、营造企业文化，从而为组织战略的实施提供精神动力和智力支持。

在组织战略中，往往是组织使命的表述最引人注目、最易为公众了解，也最能对各种利益相关团体发挥指导和激励作用。有鉴于此，组织使命表述的基本要求是必须能够简要概括所有基本内容。在具体表述中如何既简要又恰如其分地对组织使命加以表达，需要在实践中进行持续的探索。通常情况下，组织使命的表述需要把握如下三个方面的要点：

（1）高度概括。使命表述是组织向全体员工和社会公众做出的态度宣言和前景展望，而不是具体发展目标或工作计划的描述。这就要求组织使命表述具有高度简练概括的特征。这主要出于两个方面的考虑：一方面，概括性的使命表述有利于扩大目标和战略选择空间，使命表述过于具体、详细，势必会压抑战略决策者、制定者或管理者的思想，使他们难以充分发挥想象力和创造力；另一方面，高度概括的使命表述也有利于协调组织利益相关者之间的相互关系，或者满足利益相关者提出的各种要求。

（2）需求导向。组织使命的表述应以服务对象的需求为中心，要特别关注产品或服务能够给服务对象带来什么样的效用，而不是强调产品和服务本身。为此，就需要潜心研究服务对象的需求。对服务对象需求的把握应重点从“谁是我们的服务对象”“服务对象的需求是什么”“服务需求的变化方向是什么”“如何满足服务对象需求”四个方面着手[①]。麦当劳公司认为，它具有“有限的菜谱，质量一致的美味快餐食品，快速到位的服务，超值低价的享受，卓越的顾客服务，便利的定位和选址，全球性的市场覆盖”。这一组织使命表述具有一定的参照价值。

（3）体现社会政策。在组织使命的表述中，一般都会涉及组织希冀担当的社会责任问题，因而，要对组织的社会政策加以呈现。这就意味着一个组织不仅要考虑对员工所承担的责任，还要考虑与环境保护主义者、少数民族、社区居民以及其他团体的关系。

3. 组织战略目标

组织愿景和组织使命对组织存在的理由和发展前景做了总体性的描述，但仅有明确的组织愿景和组织使命还不能保证组织的成功，因而，还必须把这些愿景和构想转化成具体的组织战略目标，以保证组织经营的有序进行。

从广义上看，组织战略目标是一个组织的战略中的重要内容之一，是组织在实现其使命的过程中所要追求的长期结果，是组织使命的具体化。战略目标表明了一个组织在一定时期内努力的方向和要达到的水平，比如业绩水平、发展速度等。组织战略目标的制定有助于提高组织的长期绩效和竞争优势。与组织使命不同，组织战略目标必须有具体的数量特征和时间界限，一般为 3～5 年，甚至更长。从狭义上看，组织战略目标是组织战略的构成要素，既是组织战略选择的出发点和依据，又是组织战略实施所要达到的结果，战略是为达到其战略目标而采取的行为。

---

① 代海涛. 企业战略管理. 北京：中国农业大学出版社，2011：40.

组织战略目标明确了组织的努力方向，反映了组织的行动纲领。作为组织战略实施的指导原则，组织战略目标必须能使组织中的各项资源和力量集中起来，减少内部冲突，提高管理效率和经济效益；作为组织战略控制的评价标准，组织战略目标必须既具体又可衡量。一般而言，组织战略目标的制定应遵循以下原则：

（1）关键性原则。该原则要求组织的战略目标必须对组织经营成败问题以及有关组织全局的问题加以凸显。为了让组织成员能够将目光充分聚焦，最好只设定少数几个目标，所以，这少数几个目标就应当是反映最为重大主题的、有关组织全局的。特别应注意的是，要防止错误地把次要的战术目标作为战略目标以避免滥用组织资源。

（2）平衡性原则。该原则是指在制定组织战略目标时需要实现两类平衡：一是不同利益之间的平衡。扩大市场销售额的目标与提高投资利润率的目标通常存在矛盾，为了扩大销售就有可能在一定程度上牺牲了利润，或者，利润提高了却对销路产生了一定的影响。因此，必须把两者摆在适当地位以达到平衡。二是近期需要和远期需要之间的平衡。如果只顾近期需要不顾远期需要，组织就很难在未来长期生存下去；反之，如果只考虑远期需要而忽视近期需要，组织也将难以为继。因此，组织战略目标的制定必须兼顾组织的近期利益和长远利益。

（3）权变性原则。客观环境具有高度的复杂性、易变性和不确定性，通常难以做出准确预测。故此，在制定组织战略目标时应拟订多种备选方案，对每种方案的可行性及优势、劣势进行深入分析，选择某一种最优方案并选定一到两种备用方案。诺基亚公司的战略转型就很好地应用了权变性原则，从而取得了人们公认的巨大成功。诺基亚公司最开始从事木材生意，当生存的需求得到满足之后，它又找到了新的增长点。当时宏观环境发生了变化，世界提倡保护森林资源，诺基亚公司据此及时地进行战略转型，改为从事电缆、电机业务。后来，无线通信逐渐火爆，诺基亚公司又把握住机会进入了无线通信领域。

（4）量化原则。为了让组织战略目标更为明晰化，需要让组织目标尽可能量化和具有可衡量性。一个好的战略目标必须是精确而可度量的，如果一个目标无法被精确地描述或无法度量，那么组织就无法对实现这一目标所做出的努力进行检查和评估。只有能够被准确度量的目标才能为管理者提供判断绩效的标准，而且最好具有可比性①。同时，也应当对实现组织战略目标的具体期限做出明确设定，有了时间规定，就可以让员工产生实现目标的压力并有助于员工化压力为动力。

（5）适宜性原则。适宜性原则要求组织的战略目标既具有可行性又具有挑战性。可行性意味着所确定的战略目标必须能够被按期实现，故而，在制定组织战略目标的过程中，必须对组织各种资源条件和主观努力所能达到的程度做出全面客观的分析，既不能凭主观愿望把目标定得过高，也不可不求进取把目标定得过低。挑战性要求所制定的组织战略目标应当存在一定的难度，但又是经过努力能够实现的。只有具有挑战性的目标才能对组织的管理者和员工起到良好的激励作用。不过，组织目标的挑战性如果太强甚至有些不切实际的话，员工就会精神懈怠和丧失信心，其为实现目标而努力的积极性、主动性和创造性都会大为降低。

---

① 代海涛. 企业战略管理. 北京：中国农业大学出版社，2011：47.

10.3.3 战略管理的过程

1. 战略分析

组织必须在一定的环境中求生存和谋发展，“适者生存”不仅是自然法则，也是组织必须要面对的现实。因此，组织战略管理必须以认识环境为基础。所以，组织战略分析也称战略环境分析，是指对组织存在与发展环境进行系统扫描的活动。组织环境可以区分为外部环境与内部环境两个方面。通过对组织内外环境进行系统分析，战略管理就可以做到对组织现状及其长处与不足的了解，并可以据此对组织进行定位。

（1）组织外部环境分析。组织的外部环境既可以给组织发展带来机遇，也可能成为组织发展的威胁力量。战略管理必须注重对组织的环境因素进行分析。具体的分析过程如下：首先，收集包括经济条件、法律法规、政府政策、社会发展、技术创新、文化背景、人口数量质量、人力资源、自然条件状况等方面的信息；其次，对收集的信息进行分类、整理与评估；再次，确定哪些是一般环境因素，哪些是具体环境因素，进一步确定哪些是重要的或关键的环境因素；最后，将有关的环境因素在组织内广泛宣传，让更多的员工了解组织面临的机遇与压力。

（2）组织内部条件分析。面对激烈的市场竞争，一个组织不仅要研究外部环境因素的构成与情况，而且应该深入分析组织内部各因素的现状与趋势，对组织的强势与弱势了然于心。一般而言，组织内部条件由于受创办者经营理念、领导者的决策水平以及其他历史的、现实的主观与客观原因的制约与影响，总会表现出差异性。也就是说，任何组织都会有强势因素和弱势因素，它们都会直接影响组织战略的制定与实施。因此，组织内部条件分析就是要分析出组织的强势条件与弱势条件，其分析过程就是要确定组织的强势因素与弱势因素，让员工广泛认识与了解组织的优势与劣势。

2. 战略制定

战略制定就是在战略分析的基础上制定组织的战略方案，它包括确定组织使命与目标和进行战略选择这两个方面的内容。

（1）确定组织使命与目标。确定组织使命意味着明确组织为谁做何种贡献、为谁提供何种服务以及贡献与服务的程度如何。组织使命的确定主要涉及以下几个方面的基本问题：第一，组织使命的首要内容是确认组织向社会提供何种服务、承担何种任务，具体地说，就是确定组织的业务活动范围。第二，组织得以生存是它完成使命的前提，尽管生存本身并不是组织的使命，但在一定条件下，组织求得生存与执行使命同样重要。因为，组织只有在求得生存的基础上才能进一步谋求发展，才能谈得上执行其使命。第三，一个成功的组织往往在创办时或在发展过程中就会逐渐形成反映组织使命的宗旨，并在社会中给公众形成鲜明的形象。在战略制定中，组织使命的抽象表达还必须具体化为组织目标，而组织目标是指组织领导在充分考虑特定期限内内外部环境资源的基础上执行其使命所能达到的目标。提出目标并进行有效的目标管理也是战略管理的一项重要内容。组织目标是组织使命的具体化，因此，组织目标应具有数量化、层次化、有现实性、有挑战性、可接受性、好理解等特点。

（2）进行战略选择。战略选择是指组织在进行战略分析之后提出并最终形成战略方案的过程。组织的理想战略应当表现在能够有效地利用外部环境所提供的机遇并减少不利因素的影响，同时，能够加强自身的优势并对克服自身的弱点。因此，组织应借助于一定的分析工具来对众多战略方案进行评估和做出选择，然后将选出的方案具体化，从而形成战略计划。广义的战略选择包括拟订战略方案和对方案进行选择两个环节。一般说来，组织需要根据组织的使命与宗旨，权衡组织内外环境与条件去拟订可供选择的战略方案，然后，再进行战略选择。狭义的战略选择就是指对方案进行选择的过程。狭义战略选择需要按照这样几个标准进行：第一，战略组合内部是否具有一致性，即组织战略的各个组成部分是否相互衔接与配套，能否形成一个整体。第二，战略与环境是否保持一致，即战略与可能变化的环境之间的适应性程度以及战略是否考虑到了未来环境的影响。第三，战略与组织所拥有的资源是否匹配。这要求组织在进行战略选择时应对资源进行评价，以确定这些资源能否满足战略实施的需要。第四，战略可能遇到的风险是否适当。第五，战略是否具有明确的时间安排。应当衡量战略目标在不同时间阶段实施的可能性。第六，战略是否切实可行。

3. 战略实施

在一个组织的战略管理中，战略实施是一项系统工程，要完成这项工程，需要众多主体参与，需要消耗组织资源，需要合适的组织结构，需要相应的文化环境，还需要强有力的组织领导。关于战略实施，可以重点考虑以下三个因素：

（1）结构追随战略。这是管理大师钱德勒在研究美国大公司的战略与组织结构演变时得出的一个著名结论。他认为，新战略的实施在管理中会出现一些问题，此时，有必要建立新的、适应战略要求的组织结构。也就是说，如果原有的组织结构已经变成了战略实施的障碍的话，就必须打破原有的组织结构并建立新的组织结构。在实践中，由于受组织网络化、组织扁平化、组织流程再造等理论的影响，许多组织常常将结构变革作为组织管理的一个重要目标，也就导致了组织结构与战略互不关联的状况。也就是说，组织结构的变革并没有反映组织战略意图的调整，这样，结构不是追随战略，而是影响战略。应当看到，组织结构决定了一个组织内的人员分组方式，它既可以支持其战略实施，也可以阻碍其战略实施。组织结构的设计既要鼓励不同部门和不同团队保持其独特性以完成不同的任务，也要能够将这些部门和团队整合起来为实现组织的战略目标而合作。因此，组织需要在结构设计之前先研究组织战略及其目标，然后将其具体化为一套组织设计的原则并以此为依据来重新审视组织的结构形式、部门设置、职能分配、岗位设置以优化其组织结构，在变革的过程中不断地思考其所设计的组织结构是否与其战略相适应。

（2）文化适应战略。制定战略需要考虑组织文化的因素，但不能屈从于文化，就像“结构追随战略”一样，文化应该适应战略需要，为战略服务。而且，改变组织文化使其适应新的战略目标通常比改变战略目标使其适应组织文化要更为有效。组织文化通常反映了组织内部潜在的价值观、态度与行为方式，而这种价值观、态度与行为方式并不是一成不变的，随着组织外部环境的变化与战略目标的变革，组织文化必须做出相应的变革。当然，组织文化到底是一种积极的力量还是一种消极的力量，主要应看它与战略目标相匹配与相适应的程度。一种适合组织战略目标而且先进的组织文化不仅能够激发广大员工的积极性与创造性，促使员工按照组织战略目标的方向努力，而且能够适应动态环境下组织战略的调整。相反，一种不适合组织战略目标而且过时了的组织文化不仅会成为制约组织战略实现的障碍，而且会成为扼杀组织成员积极性、主动性的主要因素。因此，战略领导者应当重视与保护现有组织文化中那些支持新战略目标的方面，同时，组织文化中与战略相矛盾的方面也应该得到确认与改变。

（3）资源围绕战略。战略实施对于组织资源的需求会有着重要影响，如何围绕战略做好资源配置工作，对于战略实施的成败至关重要。资源是组织生存与发展的必需品，也是构建组织竞争与发展的基础要件。如果组织仅仅将资源分配到特定部门的话，并不意味着战略就可以得到成功的实施，为了使资源得到充分利用，组织还需要不断提高资源配置的效率。这就要求组织要站在战略的高度配置资源，使资源在实施组织战略目标的过程中得到优化配置。

4. 战略控制

战略控制是战略实施的保证，它实际上是监控战略实施的过程，是及时纠正偏差和确保战略方案顺利实施的必要手段，是整个战略管理过程的最后一个环节。

战略控制之所以必要，其基本原因在于组织所制定的战略在执行以前仅仅是一种观念或设想，它在执行后所取得的实际结果与原定目标之间会有一定的差异。之所以会产生这种差异，是因为在战略实施过程中会不可避免地出现以下两种情况：一是产生与战略计划要求不相符合的行动，这主要是因为实施者可能存在着认识、能力和掌握信息等方面的局限性，实施者的个人目标与组织目标之间也可能存在着不一致性；二是出现战略计划的局部或整体与组织当前的内外部环境不适应的状况，其原因可能是原来的战略计划制订不当，或是环境的变化、发展与组织事先的预测有差异。因此，组织要对战略实施过程进行控制，并在适当的时候对战略计划进行调整与修改。通过战略控制而使整个战略管理成为一个动态的过程。

战略控制着眼于组织内外部环境条件的适应性，通常有四种类型。其一，避免型控制，是指采用适当的手段消除不适当行为产生的条件与机会，从而达到不需要直接控制就能避免不适当行为发生的目的。其二，跟踪型控制，又称事前控制，是指在战略行动结果尚未出现之前，对战略行动的趋势进行预测，并将预测的结果与预期结果进行比较与评价，如果发现可能出现战略偏差，则提出纠正措施，使战略实施始终能沿着正确的方向推进，从而保证战略目标的实现。其三，开关型控制，又称事中控制，是指在战略实施过程中对照既定的判断标准检查战略实施情况，一旦发现有偏差就要及时采取措施进行纠正。这种控制方式因为其类似于电源开关的通与止的控制方式而得名。其四，后馈型控制，又称事后控制，是指在战略结果形成后，将战略行动的结果与预期结果进行比较与评价，然后根据战略偏差情况及其具体原因，对后续战略行动进行调整与修正。

在战略控制过程中，如果发现战略实施有偏差，就必须对组织战略进行适时的调整或变革。大量的实践表明，组织的成功或失败常常取决于管理者是否具有及时认识与决定战略变革的能力与智慧。现代管理实践表明，由于组织外部环境的不确定性与不可预测性的增加，战略变革越来越成为战略管理的一个重要内容。

战略变革的方式多种多样，总的说来，战略变革更多地表现为一种渐进式变革。一般认为，这种渐进式变革对于组织来说是有益的。因为，这种变革以组织中的技术、能力、日常惯例以及文化观念为基础。组织在既有基础上进行变革所遭受的阻力会少些，同时，组织承担变革所带来的风险也会小些。以企业为例，渐进式变革通常有两种形式：其一，常规战略变革，它是指企业为了吸引顾客或为自己产品确定位置，而在战略上采取的一种正常的变化；其二，有限战略变革，它是指企业在原有产品系列的基础上向新的市场推出新的产品时，需要做出局部战略调整。但是，当外部环境条件与竞争压力等因素都迫使组织做重大变革时，如果组织仍然进行渐进式变革，就会导致组织战略滞后。这时，组织进行转型式变革是必要的。还以企业为例，转型式变革也有两种形式：其一，彻底的战略变革，它是指企业的组织结构与战略之间发生重新组合的重大变化；其二，企业转向，企业改变自己的经营方向就意味着转型式变革必然发生。

关键术语

领导　领导者　领导活动　领导理论　领导特质理论　伟人理论　领导行为理论　LBDQ　任务行为　关怀行为　领导方格　领导权变理论　领导风格　指挥　领导艺术　战略管理　组织愿景　组织使命　组织战略目标　战略分析　战略制定　战略实施　战略控制

复习思考题

1. 简述领导的含义。
2. 如何认识领导活动？它由哪些环节构成？
3. 试述领导与管理的联系和区别。
4. 试述领导者与管理者的区别。
5. 试述领导艺术的特点和内容。
6. 什么是领导特质理论？它包括哪些基本内容？
7. 什么是领导行为理论？它包括哪些内容？
8. 什么是领导权变理论？它包括哪些内容？
9. 简述指挥的特点、内容和应遵循的原则。
10. 什么是战略管理？如何理解战略管理的特点？
11. 简述战略管理的发展趋势。
12. 什么是组织愿景？一个好的组织愿景通常具备哪些特点？
13. 什么是组织使命？组织使命的表述应把握哪些要点？
14. 战略目标的制定应遵循哪些原则？
15. 试述战略分析的具体内容。
16. 如何理解战略控制的必要性？

第 11 章

管理中的激励、沟通与协调

开篇引例

星巴克咖啡公司是一家价值驱动型的企业，这家公司总是把员工放在首位并对员工进行大量的投资。公司坚信，若把员工放在第一位的话，将带来一流的顾客服务水平，换言之，有了对服务相当满意的顾客后，自然会有良好的财务业绩。为了加强及推动公司的文化，公司实施了一系列的报酬激励计划。对于全职和兼职员工（符合相关标准），公司提供卫生、牙科保险以及员工扶助方案、伤残保险。此外，一家叫“工作解决方案”的公司会帮助星巴克咖啡公司的员工处理工作及家庭问题。那些享受到这些福利的员工对此心存感激，因而对顾客服务得更加周到。

此外，所有的员工都有机会成为公司的主人。1991 年，星巴克咖啡公司为其所有的员工提供了股票期权计划，这个被称为“蚕豆股票”的激励计划给员工提供与他们的基本薪酬挂钩的股票期权。这意味着员工在将来可以以某一固定的价格购买公司股票，如果股票市价高于买入价格，他们就会盈利。根据“蚕豆股票”方案，公司每年为员工提供一定的期权，总金额是基本工资的 14%。满足一定条件的员工可以得到期权。由于星巴克咖啡公司的股价持续不断地上涨，他们给员工的期权价值也随之增长。更重要的是，配合公司对员工的思想教育，员工建立起了自己是公司股东的想法。

资料来源：文征．员工工作分析与薪酬设计．北京：企业管理出版社，2006：293-297.

11.1　激励

11.1.1　激励及其一般理论

1. 激励的含义

“激励”含有激发动机、鼓励行为、形成动力的意思。在汉语中，“激励”一词古已有之，其含义是激发、鼓励从而使人振作。从心理学的角度讲，激励就是在外部某种刺激因素的影响下使人产生一股内在的动力并朝向所期望的目标不断追求和奋斗的心理活动过程。激励的形成机制表现为个人需要和它所引起的行为以及这种行为所期望实现的目标之间的相互作用关系。

按照行为科学的研究，人的需要、动机、行为与满足之间，可以用如图 11 - 1 所示的简单的激励模式表示：

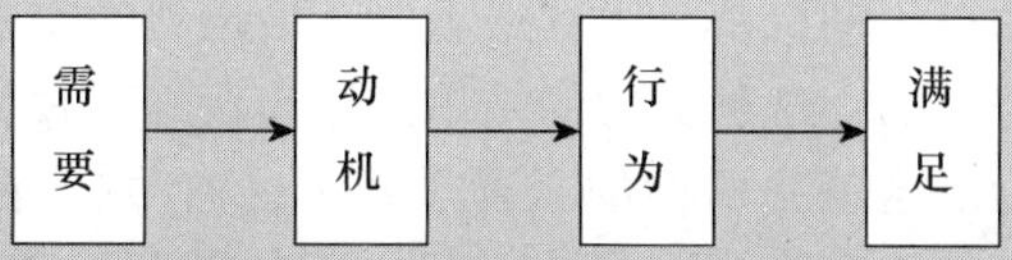

图 11 - 1　简单的激励模式

需要是指个体缺乏某种东西时产生的一种主观状态，一般应理解为一种客观需要。这种客观需要可以概括为生理需要和社会需要两种类型，如人对食物、空气和水等客观物质的需要属于生理需要，而对文化艺术、友谊交往、政治生活和信仰等方面的需要属于社会需要。动机是为了满足某种需要而产生的念头或想法，它是推动人行动的直接原因。产生动机有两个最基本的条件：一是个体因缺乏某种东西而引起的需要、欲望和驱动力等；二是个体受到客观存在的刺激而产生了需要、欲望和驱动力。行为是指人们受某一需要所驱动而为了达成某个目标所进行的活动过程。人的社会性行为都是包含着动机的，是直接由动机引发并由动机维持的，而在动机之中已经预设了目标。行为是指向目标的，一旦实现了目标，也就是需要得到满足，一个从需要到满足的循环圈也就完成了。

上述模式之所以被称为简单的激励模式，是因为激励的实际过程要比这一模式复杂得多。从人的心理与行为过程来看，激励主要是指由一定的外部刺激而引发出人的动机、产生不同程度的内在动力并朝着希望实现的目标而努力的心理活动过程。从管理的本质看，激励是调动人的主动性、积极性与创造性的过程。管理者从组织目标出发，通过激励使组织中的成员都能实现组织目标与个人目标的有机统一，充分发挥自己的聪明才智。

激励过程实际上存在一个连锁反应，解释这一过程是非常困难的，因为人的动机被激发的结果是个内生变量，不是固定不变的，而是要根据其表现出来的行为与工作绩效去加以判断的，但其中有两点是显而易见的：第一，人的动机是由需要引发的，未能获得满足的需要是激励的起点；第二，人的行为是由某种动机所引起的，这种内心的希望和愿望会对人的行为起着激发、推动和加强的作用。

事实上，激励过程中的需要、动机、行为之间的关系是复杂的，并非等到一种需要被满足后才会产生新需要，往往是需要、动机、行为与满足交织在一起。首先，需要的内容是多样的，不同的需要相互混杂，甚至发生矛盾与冲突。需要固然会引起动机和行为，但行为反过来也能引起不同的需要。一个需要得到满足，还会有更多的潜在的需要希望得到满足。而一个人的动机，在任何时候都是复杂与矛盾的。其一，动机是不可见的，只能猜测；其二，动机不仅经常变化，而且互相矛盾；其三，人们选取某些动机而摒弃其他动机以及追求这些动机的驱动力，都有很大差别。动机反映了需要，而需要的对象都是实实在在的，调和各种需要之间的矛盾，或者重点突出某一需要，强化该需要的动机，通过主观努力而使之提前或优先得到满足，就是激励的过程。

2. 激励的机理

激励的实质就是通过影响人的需求或者动机达成引导人的行为的目的，它实际上是一种对人的行为的强化过程。心理学的研究表明，人的动机是由他所体验到的某种未满足的需要和未达到的目标所引起的。这种需要或目标可以是生理或物质上的，也可以是心理和精神上的。在现实情境中，人往往同时存在多种需要，这些需要的强弱也随时会发生变化。任何时候，一个人的行为动机都是由其最重要、最强烈的需要所支配和决定的，是朝着满足优势需要的目标努力的。这种努力的结果又作为新的刺激反馈回来调整人的需要结构，指导人的下一个行为。这就是所谓的激励过程，也称动机-行为过程。也就是说，需要在个人内心引起不平衡状态，产生了行为动机。正是需要与动机之间存在着这种关系，使组织有了对其成员进行激励的基础，具体做法就是：让组织成员个人按照组织目标去寻求和选择满足需要的行为并达到提高绩效的目的。

对于管理者来说，或许比较难以回答的问题是“什么因素能激励人”。人们可以举出许许多多因素，其中包括物质财富、好的工作条件、有意义的工作、喜欢干的事、提高和发展自己的机会、工作责任和成绩得到承认等等。依据各人不同的情况，选取这些因素的侧重点会有所不同，但所有因素都是为了求得需要的满足。一旦组织能提供满足需要的因素，就能达到激励的目的。所以，激励是通过影响组织成员个人需求的实现来提高他们的积极性的。毫无疑问，激励因素就是能够影响个人行为的某种东西，它对一个人是否愿意做某些事情有重大影响。就激励理论而言，所有理论都包含着一个共同的基本原理：人们愿意做那些能够从中得到报偿的事情。这种能够得到报偿的事情，就是我们常说的“好处”，规范地讲就是“利益”。（物质的与精神的）利益能够发挥激励人的行为的效果，是最为基本的激励因素。

在现实生活中，人们期望满足需要的东西与客观存在的东西往往不是对等的，人们想要获得满足需要的利益与实际存在的利益之间有着巨大差距。这就为选用适当的方式对人加以激励留下了空间。常见激励方式主要有：目标激励、奖惩激励、竞赛与评比激励、关怀与支持激励、榜样激励等。不管运用何种方式，无非就是让被管理者从激励中获得（或失去）利益以及物质与精神上的需要得到（或得不到）满足。在所有的激励方式中，奖惩激励是最常用的。心理学与行为科学将奖惩统称为强化刺激。奖励属于正强化，惩罚属于负强化。大量研究表明，强化要优于不强化、直接强化要优于间接强化、正强化要优于负强化。奖励与惩罚，都是手段，其关键是运用了这两种手段后被管理者得到或失去的利益。奖励一般包括：奖金、奖品、奖状、嘉奖记功、做标兵、做劳模、晋升职称（务）、被委以重任、保送学习等；惩罚一般包括：扣发奖金、降级、降薪、警告、严重警告、记过、留用察看、开除等。无论是奖励还是惩罚，被管理者既可能得到（或失去）物质利益，也可能得到（或失去）精神利益。

总的说来，管理者在运用激励手段的时候，需要在激励过程中去把握激励的机理。

（1）激励过程是一个完整的连锁反应过程，只有需要、动机、人的行为相互作用才会产生一定的激励效果，也就是绩效。激励是一个持续的、发展的过程，它的每一阶段都是紧随在前一阶段之后，是前一阶段作用后的结果的继续。例如，在第一阶段中，需要“产生动机”这一结果；在第二阶段中，动机又作为因素之一而产生相应的行为，类似的情况继续发展下去，就会得出激励过程所需达到的最终结果——绩效。

（2）激励是一个动态的、循环的过程，先前行为的结果还会反馈回来影响以后的行为，这反映在激励过程的反馈线路上。我们可以看到，这条线路是循环的。先前的激励行为达到的绩效会使人满足，从而产生新的需要，这样又开始新一轮的循环。

（3）任何激励都是针对具体对象做出的，这个对象就是被激励的人。激励活动无非是诱导激励对象产生从事某种活动的内在愿望和动机，即让激励对象发现需要。被激励者的动机强弱即积极性的高低是个变量，这种积极性是人们看不见、摸不着的，但是，却可以通过观察这种积极性引发和推动的行为以及取得的工作绩效去进行判断。

11.1.2　激励的过程

1. 把握人的需要

人不仅有生理上的和心理上的需要，而且总是力图使这些需要得到满足。人的需要既可以是物质上的也可以是精神上的，激励就是通过影响人的需要的实现来提高其积极性。当然，人的需要是非常复杂的，不同的人会有不同的需要，同一个人在不同时期或在不同环境条件下也会有不同的需要。总体说来，人的需要可以从纵向和横向两个角度来划分。

需要的纵向层次是指处于成长过程中的人在不同的发展时期的需要变化顺序，同时，又指人在特定时期从若干种需要中抉择“优势需要”的先后顺序。对于这一点，美国心理学家马斯洛提出的“需要层次论”做出了经典的解释。他将人的需要划分为五个层次，即生理需要、安全需要、社交需要、尊重需要和自我实现的需要。根据马斯洛的理论，人的需要在纵向上有高低层次之分，即人有高级需要和低级需要。生理需要和安全需要属于低级需要，社交需要、尊重需要和自我实现的需要则属于高级需要。低级需要属于人的最基本需要，主要反映在物质性和生理性方面，而高级需要则更侧重于精神和心理方面。

需要的纵向层次还表现在需要的产生和满足具有一定的顺序。马斯洛认为，任何人都首先受生理需要的支配，这些生理需要对于维持生存最为迫切。所以，人的低级需要是一些应该优先满足的基本需要，只有在这些需要得到满足的前提下高级需要才会出现。这便是需要变化的一般规律。但也有一些例外的情况，比如：一些具有创造力的人尽管缺乏基本物质需要的满足，却可能得到自我实现；对于某些人来说，由于长期生活在很低的阶层，其理想可能一直受到压抑或理想层次不高；一些人永远丧失了爱的需要，因为他们在童年时代渴望爱却未得到爱；在一种需要长期得不到满足的情况下，可能对眼前活跃的基本需要的重要性估计不足；长期习惯于饥饿的人能够部分地忍受食物不足的困难。这些例外情况可以视为需要变化的特殊规律。掌握这两个变化规律，就可以了解哪些需要才是最应该满足的“优势需要”，从而因人而异、有的放矢地开展激励工作。

应当注意的是，能够满足低级需要和高级需要的条件是有很大差别的。低级需要通常是比较容易识别的，因为它们是一些容易满足且有限度的需要，是可感知和可观察的。比如，通常所用的确定合理的工资、设立奖金或进行实物奖励等激励手段，就属于满足低级需要的做法。低级需要的满足不是一次性的，实际上，一种需要被满足只能说明它暂时不是“最迫切”的需要，但它仍旧存在，并且有可能在其他场合再次成为优势需要。对于高级需要来说，它较多地涉及心理因素，因而更具有内隐性、更不容易鉴别，并且高级需要的满足有更多的前提条件。在高级需要层次上，生活会复杂化，涉及更多人，需要更大的舞台、更长的过程、更多的手段和阶段目标以及更多的从属或预备步骤。而且，要通过激励来实现高级需要也要求有更好的外部条件，如家庭教育、经济、政治等环境条件。

需要的纵向层次揭示的是需要的高低层次及其变化规律，而需要的横向差别则更多地反映了不同需要在不同人身上甚至在同一个人的不同时期的差异。换句话说，不同的人有不同的需要，同一个人在同一时期并非只有一种需要，而是有多种需要。所以，对人的需要也可以做出横向的划分。在这一方面，美国学者大卫·麦克利兰（David McClelland）和弗雷德里克·赫茨伯格（Frederick Herzberg）都做出了贡献。

麦克利兰对马斯洛需要层次理论的核心“自我实现”做出批评并在此基础上提出了“工作激励理论”。麦克利兰认为，人的需要因时代、社会、文化背景的不同而不同。人的需要与动机是后天形成的，是可以改变的，“自我实现”的标准往往是不一样的。通过定量与定性分析，麦克利兰把人的需要归为三大类：对成就的需要、对社会交往的需要和对权力的需要。对成就的需要可以造就富有创造精神的人，具有对成就的需要的人往往对工作的成绩有着强烈的要求，时时想着把工作干得更好，这类人在选择自己的工作同伴时，宁愿选择专业技术水平高的人而不选择关系密切的朋友。这类人在性格上往往会表现出：第一，自己设定挑战性的目标；第二，喜欢通过自己的努力解决问题，不依赖偶然的机遇坐享成功；第三，要求立即得到反馈、弄清工作的结果。比较起来，那些对社会交往的需要强烈的人在选择自己的工作同伴时宁愿选好朋友而不选择熟悉预定工作任务的专家，这类人常常从友爱、情谊的社交中得到欢乐与满足，具有团体意识和集体主义精神。对权力的需要强烈的人往往会表现出对政治的兴趣，希望指挥与控制他人，希望控制向上和向下的信息渠道以便施加影响并会极力争取掌握权力。

与马斯洛的需要层次理论相比，麦克利兰没有把那些在需要体系中处于基本地位的低级需要考虑进去，他所概括的三种需要主要是针对管理人员而言的，实际上说的就是马斯洛所讲的高级需要，并不能涵盖人的绝大部分需要。相比之下，赫茨伯格的双因素理论则弥补了这一缺陷。赫茨伯格详细描述了“保健因素”和“激励因素”的主要内容，由此将人的需要概括为两大类，即“保健需要”和“激励需要”。管理者在运用激励手段的时候，应当区分人的需要是属于“保健需要”还是“激励需要”，并做出适当的选择。

2. 认识行为的动机

动机与需要并不完全相同，需要是动机的一个基本要素，但仅仅有需要还不必然导致满足需要的行为发生。因为人的需要是多种多样的，并且很难在同一时期内同时都得到满足。所以，人往往是在诸多需要中确定“优势需要”，只有人的优势需要才会转化为人的动机。这一过程大体上表现为：当人感到了某种需求时就会产生某种企图，这个企图就是动机。有了这个动机，才会激发人的内在动力并努力去实现某一目标。正是这个追求目标过程，操纵着人的行为，决定了人的行为的一般方向并使人的行为持续下去。可见，动机产生于满足某种需要的要求，满足需要是目标，动机源于特定的需要，又指向满足需要的目标。

人的动机往往具有不确定性。也就是说，人的相当一部分动机在人的意识之外，是本人未意识到的。在很多情况下，人只清楚自己动机的一部分，或者对自己的动机仅有一个模糊的认识，动机的这种不确定性使被激励者常常很难弄清自己的动机，因而激励者也就更难把握了。虽然人不能完全明确自己的动机，却对需要的满足程度和可能性有着清醒的认识。这样，激励者就可以通过被激励者的需要来判断他的动机，可以通过设置适当的预期目标来引导他的动机。对此，弗鲁姆的期望理论和波特-劳勒的激励模式给予了较好的回答。

期望理论是由美国心理学家弗鲁姆于 1964 年提出的，是一种研究需要与目标之间规律的理论。期望理论认为，人的期望是个人对其一定水平的努力可能导致特定结果的估计。在组织中，组织成员往往会根据结果或绩效而对其价值进行估计。当人在行为发生后所获得的结果与原先期望的结果一致，就会感到满意。弗鲁姆把组织对个人的回报划分为两类：一类是最终结果，如食物、住房、物质财富、社会地位等；另一类是中间性、手段性、工具性结果，如奖金、提升、表扬、权力、能胜任的工作等。中间结果是第一层次，最终结果是第二层次。无论是中间结果还是最终结果，对于组织中的不同成员而言，其价值是不同的。当某个组织成员对那些价值很高的结果有着强烈的追求时，也会同时考虑他采取行动能否真正实现目标或实现目标的可能性有多大，他会把获得结果的重要性与实现结果的可能性结合起来考虑。

弗鲁姆之后，美国学者波特与劳勒 1968 年进一步发展了期望理论，提出了著名的波特-劳勒激励模式，较好地描绘出“努力→绩效→报酬→满意”之间的关系，从而形成了较为完整的操作性很强的激励方式。根据波特-劳勒激励模式，期望获得一定数量的报酬是组织成员的基本动机，意味着相应的满足，而期望获得报酬的多少则是一个动机强弱的问题。波特-劳勒所描述的激励机理可以概括为这样几个方面：(1) 一个人需要的满足程度与他被上司和同事评判的工作绩效密切相关；(2) 职工的满意感与绩效的相关性要高于满意感与努力程度的相关性，努力程度只是确定一个人工作绩效的有效性因素之一，其他因素还包括能力和环境的限制等；(3) 对高层次的需要，如自我实现需要的满足程度与工作绩效的联系最为密切；(4) 应最大限度地强化工作满意感与工作之间的关系，而不是如人们常说的那样去最大限度地提高工作满意感；(5) 自我实现需要的满足程度高则意味着企业的生产效率也高，因为这说明大多数职工对工作有兴趣，愿意做而且能够做好；(6) 有必要进一步考虑在企业中让哪些人的具体需要得到满足，而不是笼统地提高职工的满意感。

人的动机不仅具有不确定性，而且具有复杂性。影响动机的因素有很多，各种各样的影响因素以及它们与动机之间错综复杂的关系都增加了动机的复杂性。同样，动机与行为之间的关系也是复杂的，动机与行为之间不是简单的一一对应关系，并不是有了一定的动机就必然有相应的行为，也不是一定的行为仅仅隐含着一种动机。其实，激励是一定时期内一个人全部动机以及动机引起的压力相互影响的结果。同样，在不同时期，同一种动机也可能导致迥然不同的行为；反之，同一行为也可能源自不同的动机。例如，同样是缺勤这一行为，可能是由于对工作无兴趣，可能是由于与同事发生了冲突，也可能是其他方面的原因。这些情况被看作是动机的复杂性所造成的结果，归因理论对此做了深入的探讨。

归因理论是由美国社会心理学家凯利（Kelley）和韦纳（Weiner）提出的。最初，凯利认为，可以将个人的行为归结为三个方面的因素：知觉者本人的特点、知觉对象的特点以及知觉者与知觉对象进行交往时所处的情境。究竟应将人的行为归结为何种因素，可以按照三个标准来做出判断：第一，连续性，即人的知觉对象的行为在不同场合下是否一致；第二，一致性，即观察某个人是否与周围其他人有相同的反应；第三，独特性，即一个人在其他的情境下是否也以同样的方式做出反应。后来，韦纳提出了成功和失败的归因模型。他认为，人的行为的成功或失败主要可以归为四个方面的因素，即努力程度、能力大小、任务难度、运气和机遇。行为的成败在很大程度上决定着此后的行为动机与行为方向。比如：一个人可以将失败归因于天生能力低、脑袋笨等自己难以控制的内因；可以将失败归因于不够努力等可以由自己主动控制的内因；可以将失败归因于偶然的不可控制的外因。如果是第一种情况，他以后从事同样行为的动机就会表现出弱化的趋势；如果是后两种情况，他就可能保持甚至增强同类行为的动机。

一般说来，人们都倾向于将成功归因于自己的主观努力而将失败归因于各种不可控制的因素。究竟会归因于哪些因素，取决于个人的价值观和性格等特点。对于激励者而言，则应尽量帮助被激励者将成败归因于自己的主观努力，要尽量避免归因于不可控制的因素。

3. 对行为进行引导

在一些动机的支配下，人总会表现出一定的行为。个人做出某种行为一般都是出于个人的动机和目的，因而个人的行为并不一定完全符合组织的目标。激励的目的是将个人目标和组织目标有机地结合起来，使个人的行为符合组织的预期目标。这就需要管理者有意识地引导、控制和改造组织成员的相关行为。在这方面，强化理论和行为矫正模型为我们提供了有益的启发。

强化理论是由美国著名心理学家斯金纳提出的。这一理论研究的立足点并不是人的内心状态与激励关系。斯金纳认为：人的内心状态是个“黑箱”（这正说明了动机的不确定性和复杂性），只能通过外界控制来影响人的行为。所谓强化，是指人的行为被形塑为一种方式，行为被强化也就意味着这种行为发生的可能性增大。这就是说，那些能产生积极或令人满意结果的行为会经常得到重复，即得到强化。反之，那些产生消极或令人不快结果的行为重复发生的可能性就会减少，即得不到强化。按照这种理解，强化某种行为是激励过程的一个重要环节。

斯金纳的理论包括三个基本概念，即驱动力、习惯和强化。驱动力是需要的内在状态，是由各种条件所引起的，其中包括了“需要层次理论”中的各种需要；习惯是特定环境下的事件经常性地对人产生刺激作用而形成的某种稳定的反应机制，是人对外在事件的一种刺激-反应关系，对人的行为选择具有决定性的意义；强化是一种有意识地对需要重复的行为进行刺激的过程，可以使某种行为因得到增强而成为习惯，强化的过程也是新习惯形成的过程。

同时，斯金纳将强化划分为正强化和负强化两大类型，它们既能独立采用，又可以适当兼用。所谓正强化，就是对那些已出现过的积极的、令人愉快的行为给予一定的肯定或奖励，使之巩固和保持。相反，负强化即对那些已出现过的消极的、令人不快的行为给予一定的否定与惩罚，以使它们削弱直至消失。需要注意的是，正强化与奖励、负强化与惩罚并不完全等同。奖励后的积极行为可以得到保持，也可以消退；而强化的结果通常是使积极的行为得到保持或增强。惩罚仅针对那些不良行为，是通过否定和威胁而期望减少或消除这些行为。后来，赫西和布莱查德等人又进一步明确了组织学习的强化原则，即通过强化刺激以加强记忆、强化和修正人们的行为。他们指出：(1) 经过强化的行为趋向于重复发生；(2) 在激励一个人的特定行为方式时，正强化比负强化更有效；(3) 对期望员工取得的工作成绩应予以明确规定和表述；(4) 工作成绩的反馈是强化的重要形式之一；(5) 激励或强化的需要和训练的需要不同。这样，强化理论就为激励者提供了一个控制和引导组织成员行为的基本模式。

行为矫正模型实际上是强化理论的具体应用，根据这一模型，行为矫正的步骤和程序可以概括为：(1) 确认与绩效有关的行为；(2) 测量有关行为；(3) 确认工作行为的情景因素；(4) 拟订并执行一项策略性干预措施；(5) 评估绩效改进的情况。由此可见，工作绩效与组织成员的行为密切相关，而组织成员的行为既取决于若干情景因素，也取决于它是否有明确有效的外部刺激或干预，这一外部刺激或干预指的就是激励。

11.1.3　激励的重点

1. 需要与目标

激励目的的达成应通过满足组织成员多种需要的方式来实现。需要是多种多样、千变万化的，它构成了最基本的激励要素。同时，激励不仅与需要相关，还与利益相关。需要的满足和利益的实现归根结底都要求管理者掌握一定数量的不同种类资源，否则，激励就只能是空话。因为，物质奖励离不开金钱、实物等资源，精神奖励也同样离不开职位、荣誉等资源。管理者掌握资源的规模和结构从根本上决定了达成激励目的的可能性。当然，激励效果也取决于对资源的不同组合，所谓物质激励与精神激励相结合，实际上就是对不同资源的组合运用。资源的重要性源于资源的稀缺性，因为稀缺而具有双重效果：第一，稀缺性使竞争成为必要，这是激励能发挥有效作用的一个前提。第二，稀缺性会加剧人们产生需要时的紧张感，这会在一定程度上强化激励的必要性。

除了资源的稀缺性之外，在激励过程中还应考虑：(1) 资源的性质和规模。虽然有的需要特别是高级需要无法量化，但它们会表现出需要程度的强弱，这就要求激励者通过提供“高层次”的资源（比如晋升）来调节激励的强度。对于需要，会在数量上有所体现，这就要求激励者通过提供一定数量的资源（比如加薪）来达到激励的目的。(2) 资源的结构。人的需要是非常复杂的，它可以表现为多种形式。不同性质的需要应该通过不同的资源来满足。比如，权力需要可以通过职位晋升来得到满足，生存需要可以通过工资发放来得到满足。但资源与需要之间的关系不是一一对应的，同一性质的资源可能会满足多种需要，例如，金钱既可以满足生存的需要，也可以以奖金的形式来使职工获得成就感；同一性质的需要也可以通过不同性质的资源得到满足，比如，生存的需要既可以用金钱来满足，也可以用实物来满足。可见，资源与满足需要之间的关系也是非常复杂的。但总的说来，一定数量的资源能满足人的一些需要，不同性质的资源可以满足不同性质的需要。

需要是与目标联系在一起的，需要产生目标，目标又是动机的直接指向，它能给人们带来合理的预期；而较高的预期则会增强激励的效果。对此，爱德温·洛克提出了目标设置理论。根据这一理论，目标是引发人们产生行为的最直接动机，设置合适的目标会使人们产生达到目标的内在需要，从而产生强烈的激励。该理论的基本点是：目标之所以成为激励因素，是因为它能引起人们思考，它促使人们主动地比较他们目前的行为能力与完成目标所需能力之间的差别。这就将目标、需要、动机、能力和激励有机地结合起来了。

设置合理的目标之所以能够起到激励作用，是因为目标大多具有可感觉性、可度量性、可比较性和可分解性。其实，目标管理就是这种激励方法的具体运用。一般说来，目标管理至少是从两个方面应用了目标激励。第一，从目标管理的基本含义来看，它指的是上级与下级一起协商，把管理系统的总任务转化为组织的共同目标，由此决定了上、下级的责任关系和分目标，然后把这些目标作为组织经营、评估和奖励每个单位与个人贡献的标准，从而最大限度地调动所属单位、人员的积极性和创造性，为实现组织的总目标各负其责、各尽所能。从期望理论的角度来说，进行目标管理，就意味着由管理人员与下属人员一起商量，为下属人员制定目标并共同讨论实现目标后的报酬问题。这样，管理者和职工都了解对表现的期望和对报酬的期望。如果报酬是合理的话，他们就会受到激励，会为完成自己的目标任务做出努力。第二，目标管理倡导的是下属的参与。这既有利于保证所设置的目标的合理性，又能使下属从参与中获得某种满足感。因为，它为下属提供了发挥创造性的机会，也便于下属进行自我控制、自我激励和自我管理。

2. 公平与奖惩

管理经验表明，人们往往对资源分配中的公正与合理存有强烈的主观感受，而这种感受往往受到多方面因素的影响。一旦组织成员形成了这种感受，就会对人的情绪与工作态度产生直接影响。1963 年前后，美国管理心理学家亚当斯提出了“公平理论”。他认为，职工的工作态度与生产积极性，不仅取决于他（们）所获报酬的绝对量，而且还取决于他（们）所获报酬的相对量。所谓绝对量，即为实际获得量；所谓相对量，是指自己与他人获得报酬以及自己现在与过去获得报酬的比较值。

亚当斯特别关注人们对投入与收益比率进行的比较，指出人们的公平感觉来自他们感到自己得到的收益与他们的投入（如时间、努力、经验等）是相称的；人们觉得不公平，是因为他们的收益与投入不相称。亚当斯的理论说明，管理者不能仅看到报酬分配中的绝对量，而且要关注员工所获报酬的相对量。即使在某些时候，人们获得可观的绝对量，但分配的相对量仍会让员工感觉不公平，这同样会挫伤其积极性。若绝对量是不公的，相对量也是不公的，则他们的主动性就更难发挥了。所以，只有产生分配上的公平感，员工才会心情舒畅，努力工作。

公平与不公平感都是比较的结果，是在与他人或自己进行比较后的主观感受。人们进行比较时，会选取相应的比较标准与内容，这显然带有较大的主观性。再加上比较结果也包含着若干个人的主观感受，这就使对公平感的认识成为一个较为复杂的问题。对公平的认识的形成有着多方面的原因，其中，自身的素质、价值观、比较方法以及对利益的追求等是主要因素。通常情况下，少数人又常常过低估计自己的收益与他人的投入，即过高地估计自己的投入与他人的收益，这说明在实际运用亚当斯的理论时会存在一些问题。

亚当斯还认为，如果有人产生了不公平感，就会采取特定的措施调整自己的主观认识以满足其需要。大致说来，他们可以通过采用下列任何一种方式去来重新确立公平感：(1) 改变自己的投入与收益。若觉得自己投入大了，则会减少对组织的贡献与努力；若觉得自己收益小了，则会向组织中的管理者要求更多的报酬。(2) 改变他人的投入与收益。若觉得他人投入小了，则会千方百计地使得他人加大投入；若觉得他人收益大了，则会要求管理者减少他人的收益。(3) 既改变自己的投入与收益，又改变他人的投入与收益。(4) 通过自我解释，使得客观上不公平变为主观上的公平，达到自我安慰的目的。所谓的"精神胜利法"就是一种造成虚假公平感的方法。(5) 调换一个比较对象，该对象不是收益比自己小，就是投入比自己大，或兼而有之。人们常说的"比上不足，比下有余"就是通过改变比较对象而获得主观上的公平感。(6) 为了摆脱由不公平感所造成的情绪波动以及心理上的不平衡感，人们往往通过发牢骚、泄怨气或制造人际矛盾等手段去得到"新的补偿"。(7) 如果一个特定环境总是使人感到不公平，员工就会要求离开这个环境，到组织中另一个地点或部门工作，极端的方式可能是调出组织。简言之，对于被激励者来说，(不) 公平感的存在会强 (弱) 化他的行为动机。正因如此，激励者才应该努力创造一种公平的环境，以强化被激励者的行为动机。

亚当斯公平理论的核心在于：员工不仅关心所得报酬的绝对量，而且还关心所得报酬的相对量，这一点对管理中正确处理工作绩效与报酬之间的合理性是很有启发的。一般说来，某些不公平现象人们可以忍受一段时间，但公平问题若长期得不到解决，其负面效应的积累就会造成突发性的事件与后果，这不能不引起管理者高度警惕。这就是说，不仅在物质利益分配中，而且在精神利益分配中，人们也同样会有公平感或不公平感。说得具体些，人们不仅关心物质（精神）利益分配中所获得的绝对量，而且还关心所获得的相对量。

在管理实践中，被程序化了的经常性的报酬在客观上经历了无数次的调整而趋于公平，在主观上也得到了公平的认同，所以，公平问题最集中地体现在奖惩活动中。奖惩能够控制、引导和改造人们的行为，它是最基本的激励方法。但是，在奖惩过程中，应遵循这样四个方面的原则：第一，以奖为主，奖惩结合。这与激励的目的完全一致，因为激励本身就是调动人的积极性、主动性和创造性。也就是说，奖励是最积极的激励方法，而惩罚则是消极的。即便奖励不能达到最大限度发挥人的潜能的作用，也至少能够满足人"自尊"的需要，而惩罚大多会伤害人的"自尊"。第二，奖惩要讲究时机和场合。奖惩不能无限期地拖延，拖延会淡化组织成员已经取得的满意感或降低组织成员对不当行为的负疚感。同样，奖惩也要注意场合，恰当的公开表扬会给组织成员带来额外的满足，而不恰当的公开批评则有可能会使组织成员"自暴自弃"。第三，奖惩手段必须是可以感知的。感知到奖励手段的存在可以增加人们的成就感和满足感，从而有助于强化积极行为；感知到惩罚手段的存在可以充分发挥惩罚的“威慑”作用，有助于避免消极行为。第四，奖惩要讲究充分性和公正性。所谓充分性主要是指在绝对量上能最大限度地满足组织成员的不同需要，而所谓的公正性主要是指在相对量上保持合适的尺度。对于后两点，VIE 理论做了特别强调和解释。

在《工业管理与组织》一书中，亨利·西斯克总结出了 VIE 理论，即原子价、手段和期望理论。这一理论假定：(1) 每个工人的行为都是个人抉择的结果。换句话说，人的行为不能归纳成一个简单的“刺激-反应”公式，相反，人的行为是为了达到一个预定结果而经过认真考虑并做出的选择。(2) 期望是一种关于某种形式的行为必然导致某种结果的信念。(3) 肯定存在着某种可以感知的手段，也就是说，个人能够感知其行为是达到一定目的的手段。所以，原子价的概念使人们认识到所有的结果对每个人并非具有同样的吸引力，作为结果的原子价是介于－1.00 和＋1.00 之间的。也就是说，一个作为预期结果的原子价可以使人回避或反对那个结果，或对该结果采取中立态度和选择中庸行动，或积极地追求预期结果。(4) 承认内在奖酬和外在奖酬的作用，并强调奖酬的公正性。

3. 参与管理与工作的丰富化

参与管理的形式和内容可以是多种多样的，比如，鼓励下属提供合理化建议甚至是参与决策都属于参与管理的重要途径。参与管理之所以能够起到激励的作用，是因为参与本身就属于一种激励方式。因为通过参与，可以使组织成员获得归属的需要和受人赞赏的需要得到满足，尤其重要的是，对被激励者而言，参与能给人以成就感。也就是说，作为一种管理制度，参与管理对于整合组织、提高士气都能发挥积极作用。此外，参与管理能够集思广益，并在此基础上整合个人目标，将其统一到组织的预期目标中来。这与激励的本质目的是一致的。所以，现代管理者越来越多地通过鼓励组织成员参与管理来实现对组织成员的激励。

同参与管理一样，工作丰富化也是一个重要的激励手段。从赫兹伯格的双因素理论中可以看到，诸如挑战性、成就、赞赏和责任等都被认为是激励因素。因此，促进工作丰富化，特别是使工作具有挑战性和富有意义，能够起到很大的激励作用。工作丰富化具有两层含义：一是职务内容的扩大化，二是工作意义的丰富化。职务内容的扩大化可以使工作内容出现更多的变化，从而消除因重复操作带来的单调乏味感。尽管它只意味着组织成员职务工作范围的扩大，只增加了一些与此类似的工作而没有增加责任，却能够消除组织成员工作的“单调乏味感”，达到降低和消除“不满意感”的目的，即给组织成员带来“较低层次”的满足感。工作意义的丰富化则意味着让组织成员在工作中建立起一种更高的挑战性和成就感。按照各种激励理论的研究和分析，工作意义的丰富化可以给组织成员带来“较高层次”的满足感。

11.1.4 薪酬设计与管理

1. 薪酬的合理设计

薪酬是指用人单位以现金或现金等价物的方式支付的报酬，包括员工从事劳动所得的工资、奖金、提成、津贴以及其他形式的各项利益回报的总和。薪酬有广义和狭义之分：

狭义的薪酬是与员工实际劳动直接相关的部分；广义的薪酬则是与上述雇佣关系有关的组织的各项付出或员工所得的酬劳，即除了狭义的薪酬之外，还包括用人单位的福利待遇和其他使员工获得实惠、承认、满足个人需求的那些内容，如在工作中参与决策、受到组织的重视、同事间的相互尊重等。

要实现组织目标，管理者必须知道用怎样的方式来激发和调动组织成员的工作积极性，薪酬的合理设计与管理是其中最为重要的途径。罗宾斯等人认为，“薪酬管理（compensation administration）的目标是通过设计一个具有成本-效益的薪酬结构，以吸引和留住能干的人才，并激励他们努力工作”①。对于组织而言，薪酬的合理设计与科学管理可以吸引和留住高素质的员工，并激励他们提高工作效率，挖掘个人潜能，创造更多价值。基于此目的，薪酬管理要保证在报酬水平确定之后所有员工都能够接受，并认为这种报酬水平是公平的。在这里，公平是指组织所确定的报酬水平符合工作要求并与之相一致。为此，决定薪酬的首要因素是员工工作的类型。工作不同，对技能、知识和能力的种类和水平要求也不同。技能、知识和能力要求越高，职责和职权越大，薪酬水平也应越高。当然，尽管技能、知识和能力等因素能够对薪酬水平产生直接影响，也还有一些其他的因素对组织的薪酬水平有着重要影响，比如，行业类型、工作环境、地理位置、员工绩效水平以及资历等，都是确立薪酬水平时必须考虑的因素。显而易见的是：相似的工作在私人部门里的报酬要比在公共部门或非营利组织中的高；在危险条件下工作、工作时间不固定或在生活费用较高的地区工作的员工，相应的其报酬也更高一些；资历较深的员工可能每年都会有一定幅度的工资增长。

具体说来，薪酬设计有如下基本流程②：

（1）制定薪酬原则和策略。薪酬策略是薪酬设计的纲领性文件，要对很多内容做出明确规定，主要包括：对员工本性的认识；对员工总体价值的认识；对管理骨干即高级管理人才、专业技术人才和营销人才的价值估计等；企业基本工资制度和分配原则；企业工资分配政策和策略，如拉开工资差距的分寸标准，工资、奖金、福利的分配依据。

（2）岗位设置与职位分析。结合公司经营目标做好岗位设置，明确部门职能和职位关系，编写职位说明书，确定每个工作职位的具体职责。职位分析是薪酬体系的重要环节，只有使用职位分析，管理者才能在市场上与其他公司进行比较。一方面，明确该职位在市场的职能定位；另一方面，确定市场对该职位的定价。

（3）职位评价。职位评价也叫职位评估，重在解决薪酬的公平性问题，它有两个目的：一是比较组织内部各个职位的相对重要性，得出职位等级序列；二是为进行薪酬调查建立统一的职位评估标准，消除不同组织间由于职位名称相同但实际工作要求和工作内容不同所导致的职位难度差异，使不同职位之间具有可比性，为确保工资的公平性奠定基础。

（4）薪酬调查与薪酬定位。薪酬调查重在掌握竞争对手以及潜在竞争对手的薪酬水平，以通过组织的薪酬水平调整而提高组织的竞争力。通过调查，了解本地区、本行业的

---

① 罗宾斯，德森佐．管理学原理（第 6 版）．北京：中国人民大学出版社，2008：195.

② 葛玉辉．人力资源管理（第 2 版）．北京：清华大学出版社，2008：303-305.

薪酬水平状况，同时要参照同行业同地区其他企业的薪酬水平，及时制定和调整本企业对应工作的薪酬水平即企业的薪酬结构。

（5）薪酬结构设计。通过工作分析和薪酬调查，可以确定企业每一项工作在理论意义上的价值，但工作的理论工资率要转换成实际工资率还必须进行工资结构设计。工资结构是指组织结构中各项工作的相对价值与相对应的实付工资之间关系，这种关系不是随意的，而是以某种原则为依据，具有一定规律性，其外在表现是"工资结构线"。"工资结构线"为我们分析和控制企业的工资结构提供了更清晰、更直观的工具。

（6）薪酬体系的实施和修正。在制定和实施薪酬体系的过程中，及时沟通、宣传和培训是保证薪酬改革成功的因素之一。从本质意义上讲，薪酬是在人力资源成本与员工需求之间进行权衡的结果，世界上不存在绝对公平的薪酬制度，只存在员工满意的薪酬制度。

2. 薪酬管理的制度

不同的薪酬制度在激励效果上是存在差异的，组织要根据自身的实际去设计出合理的薪酬制度，常用的薪酬制度有：

（1）绩效工资制。绩效工资是建立在科学的工资标准和管理程序基础上的工资体系，它的基本做法是将员工的薪酬收入与个人业绩挂钩。根据美国 1991 年《财富》杂志对排名前 500 家公司的研究：当时 35%的企业实行了以绩效为基础的工资制度，而在 1981 年，仅有 7%的企业实行这种工资制度。与传统工资制相比，绩效工资制的主要特点有：一是有利于员工工资与可量化的业绩挂钩，将激励机制融于企业目标和个人业绩的联系之中；二是有利于工资向业绩优秀者倾斜，提高企业效率和节省工资成本；三是有利于突出团队精神和企业形象，增大激励力度和员工的凝聚力。岗位绩效工资制实质就是考核工资制，高绩效多拿工资，低绩效少拿工资，目的是通过绩效考核建立起一种基于绩效的公平分配机制，这样才能避免干多干少一个样、干好干坏一个样。不过，绩效工资体系也存在着一些负面影响：容易导致对绩优者的奖励有方而对绩劣者约束欠缺的现象，而且在对绩优者奖励幅度过大的情况下，也容易造成一些员工瞒报虚报业绩的行为。因此，对员工业绩的准确评估和有效监督是绩效工资实施的关键。

（2）职务工资制。职务工资制是建立在首先对职务本身的价值进行客观评估的基础上的，它根据评估的结果而赋予担任该职务的从业人员与其职务价值相当的工资。该工资体系是建立在职务评价基础上的，职工的职务差别是决定基本工资差别的最主要因素。职务工资制的优点在于：一是实现了同种劳动、同种报酬，实际是按劳分配的一种具体实现方式；二是有利于按职务系列进行工资管理，同时使责、权、利有机地结合起来；三是有利于奖励从业人员提高业务能力和管理水平。职务工资制的不足之处包括：一是会抑制组织的人员配置和职务安排；二是由于职务与工资挂钩，当职工在企业内晋升无望时，就会丧失进取的动力，劳动积极性会受到挫伤，使得效率下降。

（3）岗位技能工资制。岗位技能工资制主要以劳动技能、劳动责任、劳动强度、劳动条件等基本劳动要素为评价依据，同时把岗位或职务工资与技能工资结合起来，努力根据劳动者的实际劳动质量和数量去确定报酬，因而，可以认为是一种多元组合的工资制度。岗位技能工资制体现了按劳取酬的原则，使劳酬挂钩，而且和经济效益挂钩，有利于发挥工资的激励功能。

(4) 结构工资制。结构工资制是多项工资制度的综合，比如，将基本工资、职务工资、工龄工资、奖金、津贴的加总而形成员工个人的工资总和。结构工资制把员工工资划分为若干组成部分，构成动态性的工资结构模式，实际上，它是用“工资分解”的方式而确定和发挥各部分工资的不同功能，从而克服绩效工资制将劳动者工作年限长短、技术水准高低、劳动态度优劣、贡献大小等因素混杂在一起的诸多弊病。

(5) 年薪制。是以会计年度为时间单位计发工资的制度，主要用于如经理、企业高级职员的收入发放。年薪制以企业一个生产周期——年度——为单位发放经营者的报酬，是对特殊性质的劳动力支出的一种回报形式，同时也是一种风险工资制度，它在实质上是一种依靠激励和约束相互制衡的机制把经营者的责任和利益、成果和所得紧密结合起来的工资制，目的是要保护出资者的利益和促进企业的发展。

(6) 员工所有权计划。员工所有权主要是以企业员工拥有其所服务的企业股份的形式出现的，实际上也构成了一种薪酬制度，或者说，它提供了薪酬的一个组成部分，主要做法有员工持股计划（ESOP）、管理层收购（MBO）和高层管理人员的期权激励（ESO）等。员工持股计划在国外主要是指，由公司内部员工个人出资认购本公司的部分股份并委托公司工会的持股会（或信托机构等中介组织）进行集中管理。管理层收购主要表现为管理者出于控制所在公司的目的而购买该公司股份。高层管理人员的期权激励主要是公司股东（或董事会）给予管理者的一种权利，持有期权激励的高级管理人员可在规定时期内行权，以事先确定的行权价格购买本公司的股票。在行权前，ESO 持有者没有收益，在行权后，ESO 持有者获得潜在收益（股票市价与行权之差）。一般说来，管理者可以自行选择适当时机出售所得股票以获取现金收益，它比现金方式的奖励有更大的股份激励作用，并把未来收益与企业发展和股市紧密结合了起来。

11.2 沟通

11.2.1 沟通的概念

1. 沟通的概念

沟通是指具有不同背景、地位、利益、思想、感情、观念的人们之间通过信息的传递和交流而形成互动和意义的理解。信息的传递和交流是手段，意义的理解才是目的，是沟通行为的实质。在沟通的过程中，信息的传递、交流与理解是相辅相成、缺一不可的，它们共同构成了完整的沟通概念。没有信息的传递与交流，不可能达到意义的理解，而且如何进行信息的传递与交流也极大地影响着沟通的质量。现代沟通理论越来越注意研究信息传递与交流的技巧，注意培养人们的沟通技能。

影响沟通的因素很多，也就是说，仅有信息的传递与交流并不保证一定会实现良好的沟通。因为沟通本身是一个复杂的人际交往过程，沟通各方在思想观念、社会地位、文化背景和知识水平等诸多方面都可能存在着差异，加上在沟通中难以避免的技术环节上的缺陷，如难以辨认的字迹、电话中的静电干扰、信息接收者的疏忽大意以及生产现场中来自设备或同事的背景噪声等，构成了沟通过程中的干扰因素（噪声），可能会在沟通过程中的任何环节上造成信息的失真，从而不同程度地影响对意义的理解，导致沟通无法顺利进行。

在日常生活中，良好的沟通常常被误解为双方意见一致。我们常常听到这样的说法，即某某“无法沟通”。这句话的实际含义往往是他不接受我的观点和要求，双方之间无法达成一致。但实际情况是，双方虽然互不赞同，却极有可能非常清楚地了解彼此的想法。这意味着他们实际上已经实现了有效的沟通。所谓沟通，实际上就是信息接收者与信息发出者对信息内涵的理解完全一致。比如，在商业谈判中，谈判双方都清楚地了解对方的意思，却互不让步，最终没有达成一个协议，但他们之间沟通已经发生了。

2. 沟通的作用

沟通的目的是促进变革，即对有助于组织利益的活动施加影响。由于沟通把各项管理职能联成一体，所以它对组织内部职能的行使是必不可少的。在一个组织内，沟通的作用可以概括为以下几个方面：

（1）稳定员工思想，改善组织内的人际关系。沟通是人们的一种重要的心理需要，根据马斯洛的需要层次理论，进行社会交往是人的需要中非常重要的部分和不可缺少的环节。缺乏沟通，会使人感到孤独、缺乏安全感、甚至会影响到一个人健全人格的形成。良好而有效的沟通可以使人宣泄情感、缓解紧张与不安，使人感到心情舒畅，促进相互了解，从而改善人际关系。

（2）促进民主化管理。沟通有助于组织民主化管理的开展，管理的民主化则会进一步促进组织全方位的沟通，上下级之间、部门之间、个人之间的沟通能够加深各方相互之间的理解，调动员工的主动性，促进员工的思考与探索，并激发出无限的创意，使组织运行更加合理。所以，沟通既可以促进领导改进管理方式，又可以调动广大员工参与管理的积极性，增强主人翁意识，增强组织的凝聚力。

（3）有助于高绩效团队建设。现代组织管理中强调建设高绩效的团队，高绩效的团队是组织能够不断应对各种挑战、不断发展的基础。对于一个组织，要把具有不同背景和经历的诸多个体塑造成为一个强有力的团队，使他们朝着一个共同的目标而不懈努力，首先需要做好的工作就是沟通。沟通可以起到联络感情、互通信息、协调统一认识的作用，有助于形成良好的工作氛围。

（4）有助于减少组织冲突。根据冲突管理理论，组织内部的冲突难以避免，有的时候或在一定程度上，组织内部的冲突还具有积极的意义，关键在于管理者如何有效地对冲突进行管理和引导，使组织内的冲突保持在一定的限度内，并朝着有利于组织的方向发展。其中，一项重要的工作就是沟通。成功的管理者必是高效的沟通者，有效的沟通有利于减少组织中不必要的冲突。如果不能够进行有效沟通，就可能会引起冲突从而妨碍冲突管理，组织也将因此而产生诸多内耗。

（5）有助于提高组织应对危机的能力。随着社会生活的日益复杂、多变，组织的生存环境具有高度不确定性，如何应对和管理随时可能出现的危机成为组织管理者的一项十分重要的任务。沟通是危机管理的基础性工作，良好而有效的沟通可以使管理者及时察觉外界潜在的危机，在危机来临时使信息交流在危机管理中迅速而有效。通过沟通，可以使一部分人的经验成为组织的财富并为全体人员所共享，不同观点的撞击可以产生创新，找到解决危机的新办法，有利于危机管理水平的提高。

11.2.2 沟通的过程

1. 沟通的形式

沟通是人类社会中最为普遍的现象之一，在一切人际交往的过程中，都离不开沟通。沟通的形式多种多样，在不同的群体范围中，会有不同的沟通方式，或者说会选择较为有效的沟通方式。同样，人们面对不同的交往对象也会选择不同的沟通方式。所以，沟通方式的选择往往因时、因地、因人而异，人们会根据自己的判断去选择那些被认为最有效、最便捷的沟通方式。总括起来，依据不同的标准，可以将沟通大致划分为以下几种基本形式：

（1）人际沟通与组织沟通。依据沟通参与者的不同来划分，可以把沟通分为人际沟通和组织沟通。人际沟通是指两个或多个人之间发生的沟通行为。在我们的日常生活中不断发生着大量的人际沟通，它的特点是较为随意，没有固定的模式。一般说来，可以将组织中的人际沟通分为一般员工之间的沟通、领导与一般员工之间的沟通和领导之间的沟通。它在形成良好的群体氛围、协调人际关系以及实现群体目标方面，都能发挥重要的作用。广义的组织沟通包括组织中个人的沟通，而狭义的组织沟通则是指发生在组织内部各部门之间、组织与外部环境之间的沟通，是以组织为主体或客体的沟通。它的特点是受一定的组织规章制度的约束，形式较为正式，沟通双方中至少有一方为特定的组织或组织中的某一部门。

（2）正式沟通与非正式沟通。依据沟通是否经由组织制度规定的正式程序进行，可以将沟通分为正式沟通和非正式沟通。也就是说，正式沟通是指经由组织规章制度规定的正式程序，通过组织的正式层级体系或结构进行的信息传递与交流，主要包括组织内部的文件传达、定期报告、召开会议、正式颁布规章制度、发布公告以及组织之间的信息交流。正式沟通可进一步划分为垂直沟通、水平沟通和斜向沟通。正式沟通较为严肃，约束力强，可以使信息沟通保持权威性。一般说来，重要的信息传递和交流多采用此种形式。不过，正式沟通由于依靠组织正式层级和程序，形式相对刻板，信息传播速度较慢，而且容易出现信息失真或扭曲。非正式沟通是指通过组织正式程序以外的其他途径进行信息交流和沟通的活动，如街谈巷议、家长里短以及同事之间的任意交谈都是非正式沟通。非正式沟通在社会生活中大量存在，途径繁多且无定式，不受拘束。组织中的非正式沟通系统可以发挥几个方面的作用：促进员工满足社会交往的需要，对组织的正式沟通提供辅助作用，有利于改进组织绩效，提供一种更为有效快捷的沟通渠道。这些特点往往使它比正式沟通更受人们重视。非正式沟通的优点非常明显，不拘形式、快捷明了、渗透力强且经常可以获得正式途径无法得到的内幕消息。缺点是难于控制、容易失真，会加剧小团体的形成，产生内耗。

（3）垂直沟通、水平沟通和斜向沟通。依据沟通的路线可将沟通划分为垂直沟通和水平沟通、斜向沟通。垂直沟通是指依据组织层级关系所进行的自上而下和自下而上的沟通，因此又可被分为向上沟通和向下沟通，前者是由下属向上呈报信息，后者则指信息从管理者那里开始自上而下传送给下属和员工。水平沟通是指位于组织内部同一层级的部门，机构和个人之间的沟通，其主要目的是为了加强不同主体之间的协调，以较好地解决问题。在当今动荡多变的环境中，为节省时间和加强协作，组织常常需要更多地进行水平沟通。例如，跨部门团队就非常需要通过这种方式形成互动。但是，过多的水平沟通会引起不同部门之间的协调问题。水平沟通又可分为多向与双向沟通，前者是指多个沟通主体之间进行信息的传递与交流，后者仅指两个沟通主体之间的沟通。斜向沟通是指信息在不同职能部门的不同层级之间所进行的传递与交流。现代组织结构的基本模式是“科层制”，它将组织划分成具有不同层级的部门，信息流动以垂直沟通为主，限制了信息在各部门流动的速度，不利于管理效率的提高。斜向沟通能够在一定程度上改变这一点，它可以节省信息流动的时间，提高沟通的速度和效率。现代电子信息技术的发展进一步促进了斜向沟通，但与水平沟通一样，从管理的角度看，过多的不经过部门管理者的斜向沟通也会产生诸多问题。

（4）内部沟通与外部沟通。这是依据沟通所发生的边界来进行划分的。内部沟通是指发生在组织边界以内，组织内部各个部门之间、各机构之间以及员工之间所进行的沟通。内部沟通的作用在于统一思想、澄清认识，协调一致，减少内耗。内部沟通的好坏直接影响着组织的凝聚力和竞争力，关系着组织的兴衰存亡。外部沟通是指超越组织边界的限制，组织以及下属的机构和部门与外界所进行的信息交流和传递。外部沟通往往能够帮助组织树立形象、对外宣传组织的目标与宗旨，获得尽可能多的理解与支持；及时了解外部环境所发生的各种变化，以便组织采取应对措施，提高组织的环境适应能力。

（5）直接沟通与间接沟通。这是根据沟通是否需要第三者传递而划分的。直接沟通是指发生在信息发送者与接收者之间的沟通，无须第三者传递。如面对面谈话、电话直接对话等，其主要优点是双方可以充分交换意见，获得快速、及时和准确的信息和反馈；缺点是受时间、地点等客观条件的限制。间接沟通是指发送信息与接收信息之间有第三者的传递，有时需要两个以上的第三者。间接沟通的优点是不受时间的限制，应用机会多；缺点是浪费人力与时间，而且信息失真与扭曲的概率增加。

（6）链式沟通、Y 式沟通、环式沟通、轮式沟通和全通道式沟通。依据沟通的网络形态可将其分为链式沟通、Y 式沟通、环式沟通、轮式沟通和全通道式沟通（见图 11－2）。1）链式沟通是指在一个沟通网络中，通道两端之外的人都有和前后两人的互动机会，而头尾的两个人则只有和一个人互动的机会。这种沟通模式的优点是信息流动速度快、效率较高。缺点是经过层层筛选的信息容易失真和扭曲；每个成员的沟通渠道过于狭窄，难以形成群体共同意见，不利于组织凝聚力的培养。2）Y 式沟通从形态上看，是链式沟通的变种，是指如果有三个人的话，其中一个人会有和其他两个以上的人沟通的机会。这样就在形态上构成了一个英文字母 Y。这种模式适用于规模较大、管理水平不高的组织。它的优点是集中化程度和组织性程度较高，控制比较严格，沟通和反应速度较快。缺点在于缺少横向沟通和斜向沟通，成员满意程度较低，组织气氛不和谐，且有可能造成信息失真和扭曲，给组织发展带来负面影响。3）环式沟通是指沟通的网络形态构成一个封闭的圆环，在这一网络中，每个人互动的人数都相等，即每个人都有和两个人互动的机会。在这种模式中，个人心理满意程度无较明显的差异。优点是组织内的民主气氛较为浓厚，集体士气较高。缺点是集权化程度较低，沟通速度较慢，信息容易分散，难以形成一个有效的核心。4）轮式沟通是指在众多的沟通主体中有一个核心人物，所有的沟通都是围绕着他来进行的。每一方都将信息传送给他，并通过他才能接收信息。除此之外，彼此之间互不沟通。在组织中，这种情况大致反映了一个主管领导直接管理几个部门的权威控制体系。它的优点在于集权化程度高，反应迅速且解决问题的精确度较高。缺点是沟通渠道少，除处于核心地位的领导较为全面地了解情况外，各成员之间互不通气，沟通不足，凝聚力不强，士气不高，组织成员的平均满足水较低。而且此种模式易滋长领导的专制倾向。5）全通道式沟通的形态构成一个五边形，在这个沟通形态中，所有成员都可彼此互动和交换信息，每个人都有和其余四个人的互动机会。一般而言，运用这种模式的组织，民主气氛较为浓厚，成员之间相互交流，通过协商解决问题。它的优点是各成员相互之间是平等的，可以直接交流，较为自由的发表意见，没有过多的限制；成员之间合作气氛较浓，主动性较高。缺点是沟通渠道太多，限制了信息的接收和传输能力，容易造成信息拥挤，沟通较为费时，因而会影响工作效率。

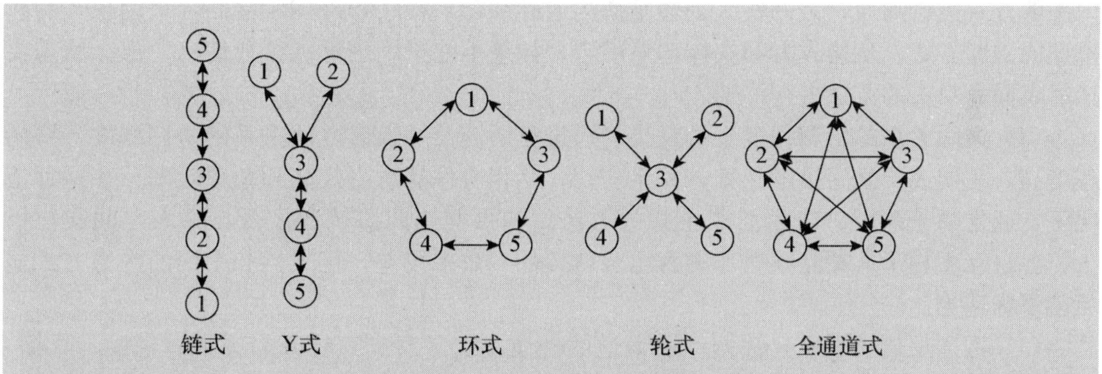

图 11－2　五种基本沟通网络

（7）言辞沟通、非言辞沟通和电子沟通。依据沟通的媒介进行划分，可将沟通分为言辞沟通、非言辞沟通和电子沟通。最常见的言辞沟通方式包括口头沟通与书面沟通。非言辞沟通包括身体语言、说话语调、服饰、着装、仪表、沟通场景、时间的使用等等多种方式。电子沟通是随着互联网的不断发展壮大而日渐兴起并蓬勃发展的一种以信息交流技术为基础的新型沟通方式，它包括传真、闭路电视、计算机网络、电子邮件、即时通信等。与传统的沟通方式相比，电子沟通所采用的基于信息交流技术的沟通方式，使组织内的电子化书面沟通多于口头沟通，实现了书面信息的快速传递，实现了远距离、跨地域的即时沟通，实现了在组织内全通道开放式的沟通网络，使员工可以在家里或其他地方工作，使随时随地进行跨地域的“口头”沟通成为可能。这就是说，电子沟通除了具备书面沟通和口头沟通的某些优点外，还具有传递快捷、信息容量大、成本低和效率高等优点。其缺点是很多时候沟通的双方无法准确捕捉到对方通过非言辞沟通方式所能够传递的信息，甚至搞不清对方的真实身份。

2. 沟通的情景

当沟通主体面临沟通需要时，应当选择哪一种沟通方法？这是一个非常复杂的问题。可以说，没有哪一种方法是绝对有效的，沟通应该根据具体情况进行分析和选择适当的方法。根据沟通实践经验，在选择沟通方法时，以下四个方面是沟通主体需要考虑的：

（1）需要解决问题的性质。沟通不是目的，而是管理者解决问题的工具。有什么样的问题，也就决定了所应采取的方法和手段。如果问题非常简单，面对面的口头沟通无疑是最好的解决办法，既省时省力又能够使员工觉得自己受到重视。若问题很复杂，需要动用大量的人力、物力、财力去解决，而且必须要有人负责，那么正式和书面沟通就会有较好的效果。又如，一个问题如果涉及多方的利益，就需要事先分析各个不同群体、个人的不同意见，并通过非正式沟通进行协调，然后将协商的结果经由正式途径加以肯定。否则，如果一开始就进行正式沟通，则会使意见分歧公开，导致僵局的出现。出现了这种情况，即使通过正式权力的形式解决了问题，也会留有后患。

（2）沟通人员的状况。沟通人员是指信息发出者、接收者、中间传达者（媒体）以及他们的上级主管人员等。他们的状况如何，对于沟通方法的选择也有着较为直接的影响。这些状况包括心理倾向、文化水平、沟通能力，等等。如，有些人比较愿意采用非正式和口头的方式进行沟通，另一些人则会坚持沟通必须合乎程序和规定，他们会采用正式的和书面的沟通方式。从接收者和媒体的角度看，如果不能正确理解和传递信息，那么就需要依靠书面和口头的方法进行沟通。

（3）人际关系的协调程度。这是指沟通过程所涉及的人群之间关系的协调程度。协调程度高，表明成员之间接触频繁，关系密切，互相协作的意愿较高和情况较好，在这种情况下，通常易于采用口头的而非正式的方法。如果群体间协调程度低，个人之间交往极少，各自互不相干，相互间合作的意愿也就较低、效果较差，正式的和书面的沟通方式显然就更为适当。

（4）沟通渠道的性质。强调沟通渠道的性质主要考虑到这样几个方面：速度、反馈、可控性、接收性、成本。不同渠道的沟通速度和效果有很大差别。面对面交谈，沟通迅速，反馈也较及时；而书面的沟通获得反馈的速度较慢，反馈较少，有时甚至无法获得反馈。可控性是指对于信息的交流能否加以控制和选择及其程度。例如，企业在媒体上做广告，需要了解该媒体的受众以及具体情况，才能收到较好的效果。若这一点无法确定，则可控性较差，甚至毫无控制。反之，如果在人数较少、相互间信任度较高的人群之内，利用口头传达某种消息则可控性较大。接收性是指不同的渠道传递同一种信息可能会造成不同的被接收程度。组织正式的、书面的沟通会使人较为重视，执行起来也较为规范；而口头沟通通常会被人们认为仅仅是说说而已，未必给予足够的重视。不同的沟通渠道对于人力、物力和费用的要求有所不同，这就限制了一定条件下沟通渠道的选择。如口头沟通较为适合非正式组织内部成员之间的信息传递和交流；相对于口头沟通而言，书信沟通则更为适合相隔较远且分散的地区。当然，伴随着电子通渠道的兴起，书信沟通已逐渐成为人们不经常使用的沟通方式。

3. 沟通的原则

沟通的原则反映了沟通过程中存在着的一些本质性、规律性的要求，是每一个沟通主体必须遵守的。具体地说，有效的沟通应遵循如下原则：

（1）准确性原则。沟通中传递和交流的信息必须能够被接收者准确地理解，只有这样，沟通行为才有价值。准确性包含两个方面的内容：第一，信息发出者要能够准确地将所要表达的信息表示出来；第二，信息接收者能够准确地理解信息中所包含的内容。这一工作看似简单，实则不易，它要求信息发送者有较高的语言和文字表达能力并熟悉接收者所使用的语言，在信息进行编码的时候，力争用对方容易理解的方式将所要传递的信息准确地表达出来。只有遵循这一原则，才有可能克服沟通过程中存在的各种障碍，尽量避免相互之间的误解。对接收者而言，在沟通中必须注意力集中，运用自身所具有的各种知识努力去理解接收到的信息。只有这样，才能避免沟通过程中的信息扭曲和失真。

（2）明确性原则。与准确性原则不同的是，明确性原则不仅要求语词表达准确，而且要求沟通主体在沟通过程中积极主动、直接明确地表达他们对于所要解决问题的态度和想法，不能含糊其辞、模棱两可。这样，所要传递的信息就更有可能被准确地接受，否则就有可能导致信息接收者的困惑。明确的态度可以增强说服力，使沟通双方清楚地认识到自身的处境，从而有助于共同方案的达成。明确地沟通同时也为信息核查提供了便利条件。

（3）完整性原则。沟通主体在信息传递和交流的过程中要保证信息的完整性，不能只言片语、断章取义。在日常的沟通中，由于各种各样的原因，有时人们会有意无意地筛选和过滤掉一些有助于沟通的信息，导致信息的失真和扭曲，影响沟通的效果。坚持沟通的完整性原则，可以使沟通者自觉地避免和排除干扰，促进良好沟通的完成。

（4）一致性原则。一致性是对沟通双方在发送信息和进行反馈时提出的要求，即要求沟通双方在传递信息和进行反馈的时候，所使用的沟通形式和方法能够相互配合、协调统一，所传递出来的信息应当一致，不能相互矛盾、模棱两可，否则，再多的努力也是无效的。例如，组织的规章制度的颁布应以正式沟通的形式表现出来。在进行口头沟通时，面部表情等非言辞沟通方式所传递的信息不能与沟通者通过言辞表达出的信息相反。

（5）及时性原则。信息的流动和传递具有时效性，过了时限，信息就会失去价值，问题也就得不到解决。因此，在组织管理过程中，应当做到出了问题尽早沟通，及时反馈，尽早解决。这样可以使组织新近制定的政策、组织目标、人员配备等情况尽快得到下级主管人员或员工的理解和支持。同时，也有利于主管人员及时掌握下属的思想、情感和态度，从而提高管理水平。

（6）灵活性原则。这一原则是针对如何选择沟通的方式和方法而提出的。方法是为目的而服务的，一个好的管理者不应拘泥于某种特定的沟通方式和方法，而应针对具体的情况做出适当的分析和选择。例如，非正式沟通渠道的消息可能会对完成组织目标有一定的不利影响，但在不违背组织原则的情况下，尽可能通过各种渠道把消息传递出去，却是防止那些不利于组织目标实现的小道消息传播的有效措施。在很多时候，非正式组织在组织沟通中有着很重要的作用，只有当主管人员使用非正式组织来补充正式组织的信息沟通时，才会产生最佳的沟通效果。因此，在正式组织之外，应该在一定程度上鼓励非正式组织传达并接收信息以辅助正式组织做好组织的协调工作，为达到组织目标而共同努力。

（7）互动性原则。沟通本身就是沟通双方之间进行信息、情感交流的一个互动过程，只有这样，才有可能获得对于信息的理解。双方互动程度高则理解的准确性就高，反馈效果就好，也就更有利于问题的解决；否则，沟通效果就会大打折扣。一个好的组织管理者应当具有高超的技巧，在沟通过程中能够充分激励和调动下属员工的积极性，使沟通能够在良好的互动氛围中进行。只有这样，才能保证组织的目标、决策获得最广泛的支持，并得到很好的执行。

4. 沟通的环节

完整的沟通过程包括七个环节：(1) 主体，即信息的发出者；(2) 编码，指信息传递的形式；(3) 通道，指信息流通的载体；(4) 客体，即信息的接收者；(5) 解码，指信息接收者对接收到的信息做出的解释和理解；(6) 反应，即沟通的效果；(7) 反馈。

在组织中，信息的发出者可以是任一级别的管理者，也可以是普通的组织成员。他们需要将所要传递的信息转换成适于沟通的符号而保证信息的传递和意义的理解，这就是一个编码的过程。一般说来，这一过程同信息发出者的社会地位、身份、受教育程度、沟通技能、态度、知识和所处社会文化系统等若干因素有着非常紧密的联系，进而影响到信息传递的方式。

通道是信息传输的管道，其形式是多种多样的，如空气、纸张、肢体语言和电子媒介等。不同的通道在性质、速度、成本、接收性和可控性上有所不同。同具体的沟通过程相联系，通道的不同特点在很大程度上影响着沟通的效果。

信息的接收者是沟通的客体，即信息传递的对象，他（们）在接收到信息后有一个将其转换成自己可以理解的形式的过程，即解码的过程。这一过程同样受到包括接收者的技能、态度、知识、社会文化系统、身份、地位、受教育程度等多重因素的影响并进一步影响接收者对于信息的理解。

沟通的最后一环是反馈，即信息接收者将自己对信息中所含意义的理解反向传输给信息源，对信息是否被理解进行核实和印证。反馈是沟通过程中不可缺少的环节，它使沟通过程形成一个完整的回路。通过及时、有效的反馈，可以推动沟通的有效进行。良好、有效的沟通并不是一次完成的，有时，这个过程往往需要“编码—传递—解码—反馈”过程的多次反复才能达到预想的效果。

11.2.3 沟通的障碍与克服

1. 沟通的干扰因素

在沟通过程中，存在着各种各样的干扰因素，会导致沟通无法有效顺利地进行。这些干扰因素可能来自信息发出者方面、信息传递过程中、信息接收者方面、组织内部结构方面，具体表现可以概括为以下几个方面：

(1) 信息过滤。这是指信息发送者有意操纵信息的情况，其目的是使信息显得对接收者或发送者自身有利。这是最为常见的沟通障碍。比如，一个管理者告诉上级的信息经常都是上级想听到的，或者是对自己有利的信息；而管理者向下发布信息时总是选择他愿意让下级知道的那一部分信息。之所以会出现信息过滤，是因为存在着这样两个因素：一是信息发送者的态度，态度往往决定着所传递的信息的真实程度；二是组织的层级数，组织纵向的层级数目越多，信息过滤的机会就越多，影响也就越大，甚至最后的接收者所获得的信息与客观实际相去甚远。

(2) 选择性知觉。这是指接收者会根据自己的需要、动机及其他个人特点有选择地去接受（看或听）信息。人们的生活背景、经历、社会地位和身份、受教育的水平和训练程度方面的不同，会使其形成不同的知觉（认知）模式并进一步影响到他们对事物的理解和认识，从而使他们对所传递的信息产生不同的甚至截然相反的认定。在沟通中，他们往往会主动选择某一方面的信息而忽略其他方面的信息；在解码的时候，接收者甚至会把自己的兴趣和期望带进信息之中。

（3）情绪。在接收信息时，接受者的感觉会影响到他对信息的解释。人们处在不同的情绪状态时对外界的感悟是不同的，对同一个信息的理解也有区别。处在极端情绪体验中的人们是很难进行有效沟通的。这是因为，这时的人们常常无法进行理性而客观的思考。

（4）语言障碍。语言是通过人的思维反映客观事物的符号，与客观事物之间只存在间接关系，加上客观事物与人的思想意识的复杂多变，语言表达范围和人的语言与文字又是多义的，致使对相同的对象会产生不同的理解。同样，人的年龄、背景、教育和文化水平不同，在使用同一种语言时也会对同一种信息的理解不同。在一个组织中，员工常常来自不同的背景，有着不同的语言习惯。另外，部门的分化使得专业人员发展了各自的行话和技术术语。在大型组织中，成员分布的地域非常广泛，它有可能涉及不同的种族、民族、风俗和文化，这就进一步加大了沟通的难度。

（5）信息不一致。如果各种沟通方法所传递的信息相互冲突的话，那么，就会极大地影响沟通的效果。比如，口头沟通与非言辞沟通的搭配若相辅相成，会增强沟通的效果；反之，则会严重地影响到沟通的顺利进行。

（6）信息过多或信息超载。这是指沟通者所面对的信息超出了他的处理能力。现在许多管理者常常抱怨信息超载。电子邮件、电话、传真这些新的通信工具和手段不仅加快了沟通速度，也提供了过量信息，这些过量信息甚至会令人不知所措。在这种情况下，人们倾向于过滤、轻视、忽略或遗忘某些信息，或者干脆放任不管、听之任之。所以，信息过量也会成为沟通的障碍。

（7）沟通技能欠佳。这是指沟通双方在沟通技能上存在缺陷，进而影响到沟通的效果。人们在沟通过程中是需要必要的沟通技能的，但由于个人所受教育水平较低和专业训练不足，可能会缺乏必要的沟通技能。比如，可能存在着不善言辞、口头或书面表达能力较差、不具备运用非言辞沟通等必要技能缺失的情况。另外，还有一些人在沟通时机、媒介和方式选择上也可能缺乏经验。实际上，在合适的时机选择适当的方式就容易劝服和取信于人，能够激发对方的兴趣，从而取得较为显著的沟通效果。否则，就会造成沟通障碍。就信息接收者来说，也可能存在着对信息的理解能力较差、不太容易接受不同的意见、反应较为迟钝、不能够对所接收到的信息做出及时有效的反馈等。

（8）组织结构不合理。这主要是指过于庞大的组织机构、中间层级太多，致使信息自上而下或自下而上传递的过程中产生“累积性损失”，导致信息失真，而且还会浪费大量时间，影响信息传递的速度和效率。这种情况同沟通中的信息过滤障碍纠缠在一起就会产生巨大的乘数和放大效应。因此，如果机构臃肿、组织结构不合理，各个部门职责不清，分工不明，多头领导，就会引起信息传递的扭曲，从而失去信息沟通的有效性。

（9）组织气氛不和谐。一个组织的内部氛围对于沟通的效果也会产生一定的影响。组织内部成员相互之间高度信赖、开诚布公是产生良好沟通效果的前提。相反，若组织内部各部门或成员之间相互提防和猜忌，则难以进行良好和有效的沟通。组织的命令和请示是否拘泥于形式也影响着信息沟通，如果有组织总是以例行公事的形式要求一切工作都通过下达正式命令来完成，那么，在这个组织中，一般性的或非正式的传达信息过程就会受到抑制，从而堵塞了许多有效沟通的途径。

（10）忽视反馈。反馈是接收者收到信息时做出的反应，主要是将收到信息的事实以及对信息的理解告知信息发出者。反馈的目的是交流和证实。反馈是沟通过程中的一个十分必要的环节，有了它，沟通过程才会成为一个完整的回路。反馈不足会产生以下问题：一是无法确定沟通的效果，无法明确接收者是否收到信息，是否正确地理解了信息中所包含的内容和意义；二是接收者按自己的理解行动时会产生不确定性的结果，甚至有可能对组织造成极为恶劣的影响。

2. 沟通障碍的克服

沟通障碍的克服是包含在对有效沟通的追求中的，或者说，克服沟通障碍是沟通的基本要求，只有在这个基本要求达成之后，才能进一步实现有效的沟通。这样一来，有效沟通又是在克服沟通障碍基础上的更高追求。一个组织要实现有效沟通，应从以下几个方面着手：

（1）承认沟通的重要性。组织内部各个层级的人员首先应当明确认识到沟通对于组织生存和发展的重要性，认识到沟通是组织良性运行的关键环节。没有沟通，组织内的各个部分就会失去联系，组织自身就会陷入内耗不断的泥潭之中；没有沟通，组织与外界就会相互隔绝，失去外界对组织的理解、支持与互动，失去不断创新和发展的推动力。因此，组织上下都应对沟通抱有积极的态度，尤其是组织的领导者更应率先垂范。组织领导者不仅应是一个拥有熟练沟通技能的、角色鲜明的榜样，还应非常乐于与下属交流重要信息，积极同员工交谈，解答他们的问题，倾听他们的需要，传达组织的远景规划，推进组织良好沟通氛围的建设。

（2）相互理解与尊重。沟通既是信息的传递与交流，同时也是情感、情绪、思想与观念的交流。一般说来，人们总是从自己的角度出发去理解事物，这样会阻碍人们对事物的客观认识，并对沟通产生不利影响。有效沟通要求人们首先具有开放的心胸，沟通双方在相互理解与尊重的基础上抛弃既有的成见，经常性地进行换位思考。即使是上下级关系，也应在平等与相互尊重的基础上进行沟通，如此才能产生良好的沟通效果。

（3）彼此信任。沟通应当在相互信任的基础上进行，信任是不可缺少的有效沟通的催化剂。沟通各方都应当相信对方同样是为了解决问题才进行沟通的，是真诚的。只有在这种条件下，各方才能进行较为充分的思想和观点的交流和讨论，并进一步达成解决问题的方案。如果缺乏信任和相互猜忌，是无法进行有效沟通的。

（4）明确地进行沟通。沟通各方应当选择适当的方式、使用准确的言辞将自己的想法明确地表达出来，必须避免对方产生困惑和歧义的问题。这不仅仅是对信息的发送方的要求，也是对接收方的要求。当获得信息时，接收方应当在充分理解的基础上尽可能及时地将自己的意见反馈给发送方，要求言辞准确、态度明确，以推动沟通的进一步深入展开。

（5）保持双向沟通。双向沟通是有效沟通的必要条件，单向沟通只能是说服与指示，有可能造成对方的反感，鼓励反馈是达成双向沟通的关键环节。组织管理者在沟通中应当主动地询问或鼓励对方反馈，应当事先对所要沟通的信息提出问题，以便准确地判断接收者对信息的了解程度及看法。保持和鼓励双向沟通在组织中还有另一层含义，即鼓励自下而上的沟通。仅有自上而下占主导地位的沟通，效果是不佳的，成功的沟通应是自上而下与自下而上的沟通达到平衡的状态。

（6）使用恰当的语言。沟通应做到使用对方容易了解的语言。由于每个人所处的文化背景、所受的教育程度以及社会地位和所接触的群体不同，所使用的语言往往会存在着差异，即使使用同一种语言，也会在语言意义上有所差别。因此，要求在进行沟通时尽可能地选择对方熟悉或可以理解的语言或思维方式，尽可能地使信息接收者能够很容易对信息有正确的认识。

（7）言辞沟通与非言辞沟通相结合。言辞沟通与非言辞沟通是沟通的两大主要方法，且在沟通中经常是相伴出现的。例如，人们在进行口头沟通时总会伴有面部表情等其他非言辞的方式，对沟通起着一定的辅助作用。这样就产生了一个两者如何相互配合的问题。良好而有效的沟通要求信息发出者或反馈者的言辞沟通所传递的含义与非言辞沟通所传递的含义一致，这样就可以增强沟通的效果，提高说服力。

（8）积极主动倾听。沟通不良大多来自误解，而许多误解源于信息接收方没有主动倾听，主动倾听可以大大地降低不良沟通发生的概率。主动倾听是与被动倾听相对应的。被动倾听是指在沟通过程中由于接收方对沟通抱有较低的兴趣和积极性而机械地接收信息，仅仅记住表面的信息。主动倾听不仅仅是用“耳”而且也用“心”去倾听，强调发挥接收方的积极性。要做到主动倾听，第一，要专注，要集中精力；第二，要换位思考，尽量去揣摩说话者的意思；第三，尽量保持信息传递的完整性，并做到及时反馈。

（9）善用反馈。反馈是沟通的一个必要环节，良好的反馈不仅使沟通过程更加完整，而且可以在不断印证双方观点的条件下改善沟通效果。反馈有正反馈与负反馈之分，正反馈有良好的效果，但这不是说负反馈就不能使用。如果科学、正确地使用负反馈，同样会对沟通产生良好的影响。这里需要注意以下几点：反馈要有针对性而不是泛泛而谈；及时反馈；负反馈应是描述性的，尽量不带有个人价值判断；同时负反馈应针对可控制的行为。

（10）持续沟通。组织是在内部各部门之间以及组织与外部环境之间不断的信息传递和交流的过程中不断调整自己并发展壮大的，尤其是在变革和危机时期，持续沟通的重要性尤为突出。如果员工无法通过正当的渠道获得他们所需要信息，就会出现小道消息满天飞，即使它们毫无根据，也会严重影响人们的情绪。相反，若管理层注重并致力于保持信息沟通的持续性，即使组织偶然出现决策或执行上的失误，也会被人们谅解。

（11）重视面对面沟通。作为组织的管理者，尤其需要重视面对面沟通，而不应仅仅坐在办公室里发号施令。随着人们主体性意识的日益觉醒，组织成员已不再满足于追求物质享受，而是追求更高层次需要的满足和实现，即自我发展和自我实现。表现在组织活动中，员工越来越强烈地要求将自身融入组织的日常管理过程中，希望获得管理者的重视和尊重。面对面沟通能够较好地完成这一任务。面对面沟通首先会使员工感受到高层管理者对自己的重视和尊重，理解自己的需要和被关注，特别是坦诚、开放的态度无形中起到了一种激励作用。同时，在面对面沟通中，人们不仅能够获得言辞沟通所传递的信息，而且能够通过非言辞沟通获得更多的信息和交流。

（12）调整组织内部的层级结构。组织中层级结构过多会导致信息传递中出现“累积性损失”。压缩组织层级、精简机构、使组织结构扁平化有利于保持组织内部的信息畅通。

（13）增强沟通技巧。美国管理者协会曾提出一些沟通过程中应当注意的事项，被称为“良好沟通十诫”：一诫沟通前概念不清，二诫沟通目的不明，三诫忽视沟通环境，四诫沟通内容不完整，五诫沟通手段不适当，六诫沟通信息繁杂无用，七诫沟通后不跟踪不督促，八诫沟通后不注意后果，九诫言行不一致，十诫我行我素。应该说这十条注意事项无疑都是改善沟通的有效办法。

11.3 分工-协作中的协调

11.3.1 专业化中的机构与体制

在管理活动中，协调有着重要的作用，没有协调的组织是没有秩序的，当然也就没有效率。协调既是一种手段也是这种手段本身所要达到的目标。现代社会分工日益精细，组织规模和专业化程度逐渐增加，管理者面对着更加复杂的协调要求。组织在处于不断多样化的变革环境时所面对的压力导致了组织结构的差别化和多样化。劳伦斯和洛思奇的研究表明，组织在对市场、消费者、顾客期望、技术、法规以及竞争策略等情况做出应对时，他们倾向于构筑更加复杂和细分的组织结构。这样的组织结构又可能在领导能力、优先权、目标、时间范围、管理理念、工作实践以及组织形态上更加多变。因为组织内部的区分越细，行为不一致甚至被分裂的风险就越大，协调机制的重要性也就越明显①。同样，明茨伯格也认为，组织规模越大，形式化的行为就越容易产生，组织结构也就越复杂，工作和部门划分也就越发专业化。这也就导致组织、管理和协调工作向更高的层次发展。

协调是指将资源按照规则和配比进行安排的一种活动，也是将专业化分工条件下各自的工作行为成果有序统一的活动。在专业化分工中，一个人只需拥有从事这类活动的专门技能，进而加强知识的积累，就要以使工作效率得到提高。然而，专业化分工本身也会带来风险和不确定性。基于分工的协作是在多个主体之间进行的互动，这就引出了不同主体之间的配合问题。如果配合不好，就可能使总体效率下降，甚至产生负效用。为了防止这种情况的出现，就需要协调工作，没有协调就不会有合力，分工产生的不确定性也就无法消除。一般说来，需要协调的组织或者正在进行协调的组织大多具备以下几个（或者全部）条件：（1）组织的大小、规模、范围以及复杂程度增加了；（2）组织大小、规模、范围以及复杂程度的增加导致组织内部各部门和专业化功能的增多；（3）沟通和信息交流的多样化和复杂程度增加了；（4）各项职责和各个部门的差别化和多样化增强。

对于现代管理来说，协调已经成为一项重要的管理职能，特别是对于巨型组织来说，协调工作已经成为日常管理的基本内容，建立专业化的协调机构也十分必要。组织协调之所以重要，也是由管理的性质决定的。

---

① LAWRENCE，LORSCH. Differentiation and Integration in Complex Organizations. Administrative Science Quarterly，1967，12 (1)：1-47.

（1）协调是管理专业化的最基本要求。专业化是现代管理的基本特点之一。管理专业化使组织在现代社会大生产条件下充分挖掘人力资源潜力、维护组织秩序、提高管理效率成为可能，分级管理、分工负责是管理专业化的基本要求与具体表现，前者属于纵向管理分工，后者则属于横向管理分工。有分工就必然需要协调，分工越细对协调的要求就越高。在实现组织目标的过程中，层级之间、部门之间都需要加强协调以实现有效协作。

（2）协调是群体活动的基本要求。现代管理是群体管理和对群体的管理，是众多人参与的活动。有效实现组织目标的基本要求是群体中所有成员统一思想、统一认识、统一行为，从而形成合力。实践经验表明，管理活动中常常因为人们思想和行为的矛盾与冲突导致离心力，从而影响合力的形成。这是因为人们的觉悟水平有高有低，认识能力有强有弱；考虑问题的出发点不同，角度不同，对管理方法措施的选择也相异；对组织目标及管理政策的理解不同，因而产生不同的行为；为维护和争取个人利益，对组织活动持不同的态度；等等。这些问题的解决都离不开协调。

（3）协调不仅有其必要性，也有其可能性。管理活动中，人与人、单位与单位、部门与部门之间，组织与组织之间之所以能够相互协调，其直接动因是他们有着共同的目标、利益、价值追求、稳定的人际关系等，这使管理协调成为可能。在实施目标过程中，具有共同目标的各管理主体可能产生矛盾与冲突，只有当他们能够认识到通过与对方的协调才能促使自身加快目标实现，才会积极地开展协调；在追求共同利益过程中，具有共同利益追求的各管理主体可能产生矛盾与冲突，如果他们能够认识到只有通过与对方的协调才能满足自身更大、更多的利益需要时，协调就会成为可能；具有共同价值追求的各管理主体还可能在某些价值取向方面发生矛盾与冲突，这也需要他们能够认识到只有通过与对方的协调才能进一步确认和强化自身价值取向的正确性和现实性。

总之，如果组织中的各管理主体都能充分认识到只有加强相互间的协调才能满足各自特定的生活、社交、心理等需要，协调的可能性也就具有了现实性。因此，对于管理主体来说，需要认识到，他们之间不仅有着共同的特征而且有着一些隐藏在共同特征背后的共同之处，而且这些共同之处在任何情况下都不会发生改变，相互之间共同需要的满足都取决于协调的范围和程度。协调的范围和程度愈广愈深，共同需要满足的范围也就愈广、程度也就愈深，反之，则愈小、愈浅。但是，即便协调的一切条件都具备，也还需要沟通，只有沟通才能使协调的可能性转化为现实性。

11.3.2　分工与协作的关系

分工与协作是劳动过程的两个方面，二者既相互对立又相互统一。从二者对立的方面看，分工与协作表现为两种相反的劳动组织形式。分工是把复杂劳动简单化，强调的是不同专业和组织劳动的独立性；协作则是把劳动的不同部分进行有机整合，是一种互补性的协调行动，强调的是同一性。通过分工，进入协作系统中的每一个人都有了特定的位置，每一个位置上又都有着特定的职能要求，每一种职能的实现都依赖于特定的行为。从二者统一的方面看，分工与协作既相互依存，又相互促进。一方面，分工建立在协作基础上，是协作基础上的分工。分工实质上就是一种协作，是协作的最高表现形式。从分工的内涵来看，它表现为不同的人或组织相对固定地从事某一职业或某一行业的工作。人类社会的需要是多方面的，必须进行劳动产品的交换，所以如果没有交换，分工便无法进行。另一方面，协作离不开分工，协作以分工为前提，没有分工，协作就无从谈起。因为分工，社会中的人们才会紧密结合起来，分工越发展，生产专业化程度越高，协作也就越加重要。

现代意义上的分工，或者说作为一种基本的社会现象，特别是作为分工-协作体系出现的社会结构，是在工业化的过程中生成的，表现为专业化和职业化。协作体系是适应市场经济的要求出现的，事实上，它充分证明了自己能够满足市场经济的要求，也证明了自己是生产力水平迅速得以提高的社会空间。亚当·斯密用极其常见的经验事实指出协作等对人类社会活动的意义，他说："人类几乎随时随地都需要同胞的协助，要想仅仅依赖他人的恩惠，那是一定不行的。他如果能够刺激他们的利己心，使有利于他，并告诉他们，给他做事，是对他们自己有利的，他要达到目的就容易多了。不论是谁，如果他要与旁人做买卖，他首先就要这样提议。"① 市场经济本身就是一个协作体系，同时也是一个通过有效率的制度安排提供一种能够稳定地开展协作行动的机制。其中，"商品自由地承担了广泛的文化联系与幻觉的功能。独具匠心的广告就能够利用这一点，把罗曼蒂克、珍奇异宝、欲望、美、成功、共同体、科学进步与舒适生活等等各种意象附着于肥皂、洗衣机、摩托车及酒精饮品等平庸的消费品之上"②。从而使协作不需要逐项地在人工安排下进行。

在社会治理过程中，分工与协作的表现是"把具体不同的、在合法的情况下（立宪的权力分立）合理确定为统治权力的'职能'，交由不同的官员去行使，使得在涉及若干官员的事务上，只能通过他们之间的妥协，才能合法地形成法令"③。到了20世纪，社会治理活动是由官僚制组织承担起来的，而官僚制组织就是工业社会协作体系的缩影，是协作结构和体制的典型表现。但是，对协作体系的理解，需要在工业社会的历史背景下进行，正是工业社会及其市场经济提出了建构协作体系的要求，而且也确实建构起了协作体系。这就是唐斯所指出的："每一个组织的社会职能都很强烈地影响着它的内部结构和行为，反之亦然。"④官僚制的内部结构是由工业社会决定的，比如，它的协作和专业化，就与工业社会的基本结构之间有着统一性。

分工与协作是一个神奇的社会空间，在这一空间中，生产力水平的迅速提高、物质产品的创造和科学技术的发展，都像被施了魔法一样，近代几百年中人类社会发展所取得的成就让人想起来都会无比惊诧。近代以来，人类在社会生活的每一个领域中所实现的伟大创造都可以归结为协作体系的魔力。

11.3.3 协作中的协调

专业化程度越高，协作体系就越健全。反过来，为了促进协作体系的健全，无论是组织理论家还是组织管理的实践者，都会要求进一步推动专业化。结果，专业化导致协调部门的增长，从而推动了组织规模的扩大，并陷入专业化与分工—协作之间的互动循环之中。这也是官僚制组织规模周期性膨胀的原因所在。唐斯说："如果一个组织要有效地实

① 斯密．国民财富的性质和原因的研究（下卷）．北京：商务印书馆，1974：13-14.

② 费瑟斯通．消费文化与后现代主义．南京：译林出版社，2002：21.

③ 韦伯．经济与社会（上卷）．北京：商务印书馆，1997：314.

④ 唐斯．官僚制内幕．北京：中国人民大学出版社，2006：2-3.

现其目标，通常会经历需要增加协调活动的过程。这些包括组织规模、复杂性、专业性以及需要协调的关系，是所有官僚制组织的最重要方面。”①

其实，一切组织都存在着协调的问题，在组织理性化水平较低的情况下，组织中的人际关系往往较为容易受到感性的以及其他非理性因素的影响，从而陷入不和谐的状态。对于这类组织，领导的工作往往较多地被放入人际关系的协调方面。对于理性化程度较高的官僚制而言，分工和专业化使得人际关系的组织功能退居到边缘化的位置上，但组织结构以及运行机制的既有设置与组织职能的变动性等又总是处于动态的和矛盾的状态中，并会反映到部门之间、职位之间和岗位之间，表现为一种客观性的结构不和谐，从而要求协调工作时时守望和介入部门、职位和岗位的关系之中去。组织规模越大，结构越复杂，协调工作的任务也就会成倍地增长，以至于大规模的组织需要一系列专门的协调机构。这样一来，组织的分工和专业化特征也就延伸到协调职能方面来了。

组织协调工作需要一些基本的、必备的条件，其中信息是最为重要的因素，即使在官僚制组织分工明确、结构严谨的体系中，如果要对大量人员的行为进行有效的协调，也需要所有人员都必须意识到他的行为与其他人的行为之间是相互影响的。因此，协调组织成员的行为就需要信息的流动和反馈。但是，官僚制组织的层级结构和部门化又妨碍了信息的流动，甚至许多有用的信息被部门或层级所垄断，以至于不能充分发挥其功能。当然，官僚制组织在解决这一问题时不断进行新的技术性尝试，以求弥补官僚制的结构性障碍，特别是 20 世纪后期以来，由于狭义的技术手段及其设备被引入到组织管理中来，也造就了一些新的气象。但是，从根本上说，官僚制组织的结构如果得不到触动的话，所呈现出的新气象也会很快地随风而去。

官僚制组织是一种依靠专门性机构来进行协调的组织形式，但它在通过专门的机构来进行协调时，却可能因为其低效率而使瞬息万变的不确定性演变成危机事件。官僚制组织的沟通障碍也可以以其结构而分为两类，在垂直的不同层级间，由于存在着信息传递失真的问题，会使不同层级间的沟通变得困难，信息旅行所跨越的层级越多，失真的可能性就越大，致使沟通也变得困难。除此之外，不同层级间的沟通还会受到心理因素的制约。尽管官僚制设计原则中包含着非人格化要求，但在需要沟通的组织成员之间，由于所处层级的不同，人际心理落差是难以避免的，这种心理落差又必然会使组织成员经常性地误读来自另一个层级的信息，无论这种误读是属于夸大信息的价值还是轻视信息的价值，都会导致沟通的困难。

在同一层级中，一般说来，组织成员间的沟通要胜于不同层级间组织成员的沟通。然而，沟通障碍也是存在的，即使不考虑部门利益的因素，由于分工所造成的专业化，不同部门的组织成员在相互沟通时也会因专业背景的不同而变得困难。在官僚制组织以及一切较为强调垂直结构的组织中，更是存在着结构性的障碍，因为这种组织不鼓励同一层级间的水平沟通，而是习惯于把水平沟通转化为垂直沟通。所以，组织越是突出自己的垂直结构，它在沟通方面的障碍也就越突出。

总之，协调工作是极其复杂的，管理者要学会因势利导地做好协调工作，就需要从以

---

① 唐斯. 官僚制内幕. 北京：中国人民大学出版社，2006：27.

下几个方面着手：

（1）了解、把握组织运行过程中各环节、各要素之间可能出现或已经发生的矛盾与冲突。协调以了解和发现组织可能出现或已经发生的矛盾与冲突为前提，矛盾与冲突可能产生于纵向管理的各环节中，也可能产生于横向管理的各要素之间。发现这些矛盾与冲突的时间早晚直接决定了对协调机会把握和对协调难易程度的了解，进而也决定了协调效果。依据协调时机把握的不同，协调可分为积极协调和消极协调。积极协调是指在管理过程中针对可能出现的矛盾与冲突而积极采取措施，把矛盾或冲突消灭于将发未发之时。积极协调因为时机把握得当而使得协调阻力小，容易收到良好效果。消极协调是指在管理过程中采取协调措施去解决已经产生的矛盾与冲突，往往是在矛盾与冲突产生之后而做出的回应。由于协调在时间上的“滞后”，会使得协调阻力增大，困难较多。总之，管理人员对可能出现或已经出现的矛盾与冲突发现得越早，越能够收到良好的协调效果；对可能出现或已经出现的矛盾与冲突认识得越全面，越有利于找到最有效的协调措施。

（2）对可能出现或已经发生的矛盾与冲突进行具体分析，找出原因。造成组织运行过程中可能出现或已经发生的矛盾与冲突的原因是多种多样的，有时是综合性的，可能是在制订计划时没能充分考虑到各单位、各环节或各要素之间的关系造成的；可能是环境因素的变化所致；可能是机构设置、人员配备、权责划分、法规制度、利益分配等方面处理不当引起的；可能是上述诸要素综合作用的结果。由于导致矛盾与冲突出现的原因是多种多样的，因而要求管理人员不仅要了解可能发生的矛盾与冲突，更应以实事求是的态度去充分认识、全面把握引起矛盾与冲突的原因，以便拟订措施，对症下药。

（3）采取措施，消除矛盾与冲突。协调的目的就是要消除矛盾与冲突，发现和分析矛盾与冲突产生的原因无非是要消除这些矛盾与冲突。为了实现这一目的，就需要选择科学适用的和具有针对性的协调方法。在协调过程中，管理人员应从实际出发，灵活机动地选择协调方法，确保协调方法的针对性、有效性。常用的协调方法有：酝酿协商、建议说明、思想教育、冷处理或缓冲等。管理者通过运用这些方法，做好当事人的工作，最终达到解决矛盾与冲突的目的。

关键术语

激励　需求　动机　行为　满足优势需要　需要层次理论　自我实现需要　工作激励理论　薪酬设计　绩效工资制　职务工资制　岗位技能工资制　结构工资制　年薪制　员工所有权计划　沟通　信息交流　人际沟通　组织沟通　正式沟通　非正式沟通　沟通障碍　有效沟通　专业化　分工-协作　官僚制组织　协调

复习参考题

1. 什么是激励？简单激励模式如何用图表示？
2. 简述需要、动机、行为之间的关系。

3. 试分析激励的机理。
4. 简述激励的作用。
5. 为什么运用激励手段应首先把握人的需要?
6. 人的行为动机与人的需要之间是什么样的关系?
7. 简述薪酬的基本流程。
8. 简述几种常见的薪酬制度。
9. 简述设置目标需要注意的问题。
10. 什么是沟通?沟通与信息交流是什么样的关系?
11. 试分析和论述沟通的形式,并指出沟通形式分类的标准是什么。
12. 管理者往往依据什么去选择沟通的方法?
13. 试分析沟通的障碍有哪些,并论述实现有效沟通的途径。
14. 简述组织协调的必要性。
15. 试述分工与协作的关系。

第 12 章

绩效管理

开篇引例

华为于 1987 年成立于中国深圳。过去 30 多年，华为抓住中国改革开放和 ICT 行业高速发展带来的历史机遇，坚持以客户为中心，以奋斗者为本，基于客户需求持续创新，赢得了客户的尊重和信赖，从一家立足于中国深圳特区，初始资本只有 21 000 元人民币的民营企业，稳健成长为业务遍及全球 170 多个国家和地区，年销售规模近 2 400 亿人民币的世界 500 强公司。

卓有成效的人力资源管理体系是助力华为缔造一个个神话最有利的发动机和保障器，尤其是作为人力资源管理体系三大基石之一的绩效管理（另外两个是任职资格和股权激励），更为企业的发展注入了强大动力。华为的绩效管理致力于回应并解决好三个方面的问题：

一是绩效管理的目的。华为总裁任正非一再强调要创造高绩效的企业文化，将绩效文化视为企业生存之本、发展之源，并上升为战略高度加以实施。因此，华为绩效管理的目的就是将公司的目标使命化，把华为的成功寄托于每一位员工工作目标的实现上。

二是绩效考核的内容。华为通过强调责任、使命和能力的综合平衡，使每一个充分认同华为核心价值观的员工都能找到自己合适的职业定位和发展通道。对于不同层级的员工，华为考察的侧重点也各不相同。客户满意度是从总裁到各级员工的重要考核指标之一。此外，华为还明确强化了对员工的思想道德品质的考核，实行员工诚信记录，特别注重对职工责任心、使命感、团队精神、工作能力和思想道德品质的评议。

三是开展好绩效管理。华为的绩效做得好，不仅在于绩效计划、绩效实施与管理、绩效评估、绩效反馈形成了系统的良性循环，还在于与人力资源开发管理中的其他模块相互呼应，形成了相互作用的整体。把绩效管理与企业职位体系、任职资格体系、人员的选拔和培养体系、薪酬管理体系密切联系在了一起。

资料来源：根据华为技术有限公司官方网站及相关网络资料整理而成。

12.1 绩效管理的含义与流程

12.1.1 绩效与绩效管理

在汉语中，“绩效”即“成绩、成效”，它是任何组织都不得不关注的重要话题。但是，人们对绩效概念的认识存在着诸多分歧，从不同学科领域出发来认识绩效，所得到的结果往往不同。从管理学角度看，绩效是组织期望的结果，是组织为实现其目标而展现在不同层面上的有效输出，它包括个人绩效和组织绩效两个层面。组织绩效是建立在个人绩效实现的基础上的，但个人绩效的实现并不能保证组织绩效的实现。从经济学角度看，绩效与薪酬是组织成员与组织之间的对等承诺关系，绩效是组织成员对组织的承诺，而薪酬则是组织对组织成员所做出的承诺。从社会学角度看，绩效意味着每一个社会成员按照社会分工所确定的角色承担他的那一份职责。一般而言，关于管理实践中的绩效有着以下五种解释：绩效是完成工作任务，绩效是工作结果或产出，绩效是行为，绩效是结果与（过程）行为的统一体，绩效是“做了什么”（实际收益）和“能做什么”（预期收益）的综合。

绩效管理最早用于投资项目的管理，后来在企业管理尤其是人力资源管理方面得到了广泛应用。对于任何一个组织，绩效管理都是一项非常重要的系统化管理技术，因为它关注如何有效地调动组织成员的积极性和创造力、持续地提高组织成员完成任务的能力。绩效管理的概念，最早是由美国管理学家奥布里·丹尼尔斯（Aubrey Daniels）于20世纪70年代提出的，这一概念一经提出便引发了一场研究热潮。20世纪80年代后期，人力资源管理理论和实践研究得到人们重视，绩效管理被引入人力资源管理过程中。

根据赫尔曼·阿吉斯（Herman Aguinis）的界定，绩效管理是指识别、衡量以及开发个人和团队绩效并使这些绩效与组织战略目标保持一致的一个持续过程。这一定义突出了绩效管理的两个特性：其一，持续性。绩效管理是持续性的过程，是一个从设定目标和任务到观察绩效再到提供、接受指导和反馈的永不停止的过程。其二，与战略目标保持一致。绩效管理要求管理者确保组织成员的工作活动和产出与组织目标是一致的，并借此帮助组织赢得竞争优势。因此，绩效管理在组织成员的绩效和组织目标之间建立起了直接联系，并使得组织成员对组织所做出的贡献变得清晰①。

① 阿吉斯. 绩效管理. 北京：中国人民大学出版社，2008：5.

一般认为，理想的绩效管理体系应做到：（1）同组织战略一致；（2）绩效管理指标应是有效的和可行的；（3）绩效管理活动是一个完整的系统而不是一个简单的步骤；（4）绩效管理是一个动态的过程，尤其体现在沟通和循环过程中；（5）卓越的绩效管理应当对组织的成长以及组织目标的实现具有不可替代的促进作用。

有效的绩效管理有利于推进组织良性发展，这是因为：它能够强化完成工作的动力，增强组织成员的自尊心，使管理者对下属有更深入的了解，能够更加清晰地界定工作的内容及其需要达到的标准，强化组织成员的自我认知与自我开发，使管理活动更加公平和适宜，使组织目标更加清晰，使组织成员更加胜任，使组织能更好地免受法律诉讼，使组织能更快、更及时地区分绩效优良与绩效不佳的组织成员，上级对组织成员绩效的看法能够更清晰地传递给组织成员，使组织变革更加容易推动。

根据詹姆斯·史密瑟（James Smither）和曼纽尔·伦敦（Manuel London）的研究，绩效管理制度的建立和实施应当从属于六个重要目的，或者说，有效的绩效管理制度应当符合六个方面的基本要求：（1）战略目的。绩效管理衔接了组织目标和个人目标，因而强化了实现组织目标的行为。（2）管理目的。对于一系列与组织成员有关的决策，包括工资调整、职位晋升、员工保留和解雇、肯定出色表现、识别绩效不佳者、裁员和业绩提高等，绩效状况能够提供有效和有用的信息。（3）沟通目的。绩效管理使组织成员清楚了解他们自身究竟表现如何，哪些地方需要改进，组织和上司对他们的期望是什么，以及上司认为工作的哪些方面是最重要的。（4）开发目的。绩效管理包括反馈环节，即管理者辅导组织成员，帮助他们在工作过程中不断提高绩效。（5）组织维系目的。绩效管理过程会产生技能、能力、晋升潜力和现有组织成员所承担相关任务的经历等相关信息。这些信息有助于在组织层面上进行组织成员队伍规划，预测未来的培训需求以及评估绩效改进，对于评估人力资源干预措施的有效性（如组织成员参加培训后绩效是否有所提升）也是有用的。（6）存档目的。绩效管理产生的一些数据能够用于评估甄选工具的预测程度和一些重要的管理决策，这些信息对于组织可能面对的法律诉讼特别有用①。

12.1.2 绩效管理的定位

良好的绩效管理有助于组织目标的实现。具体而言，绩效管理将组织的战略目标分解到各个业务单位以及每个岗位。岗位上的绩效目标最终通过员工来实现，因而，需要对员工的绩效进行管理和改进，进而提高组织整体的绩效，使组织的生产水平和价值不断提升，使组织获得竞争优势。因此，绩效管理环节在组织的整个人力资源管理的有机系统中占据着核心的地位，发挥着重要作用并与人力资源管理系统中的其他模块实现了很好的对接。

1. 绩效管理与人力资源管理的关系

（1）绩效管理与工作分析。工作分析是绩效管理的基础。工作分析的目的是确定一个职位的工作职责以及它所提供的重要工作产出，据此制定对这个职位进行绩效评估的关键绩效指标。这些关键绩效指标又为组织提供了评价该职位任职者的绩效标准。可见，工作

---

① 史密瑟，伦敦. 绩效管理：从研究到实践. 北京：机械工业出版社，2011：3.

分析为绩效管理提供了一些基本依据，而绩效管理则能够对工作分析做出印证。

（2）绩效管理与薪酬管理。随着管理技术与管理制度的发展和更新，越来越多的组织将员工的薪酬与其绩效挂钩，而不再像传统的工资体系只强调工作本身的价值。目前比较盛行的薪酬制定体系的“3P”模型原理，强调以职位价值、绩效和任职者的胜任力决定薪酬。因此，绩效是决定薪酬的一个重要因素。在不同的组织、不同性质的职位和不同的薪酬体系中，由绩效决定的薪酬成分和比例都有所区别，一般说来，职位价值决定了薪酬中比较稳定的部分，绩效则决定了薪酬中变化的部分，如绩效工资、奖金等。

（3）绩效管理与人员招聘。在人员招聘过程中或对人员进行开发的过程中，通常采用各种人才测评手段，包括心理测验、个性测验、行为面谈以及情境模拟技术等。这些人才测评方法主要针对的是人的“潜质”部分，侧重考查人的一些价值观、态度、性格、能力倾向或行为风格等难以测量的特征以此推断人在未来的情境中可能表现出来的行为特征。绩效管理中的绩效评估主要针对人的“显质”进行，侧重考查人们已经表现出来的业绩和行为，是对人过去的表现的评估。为了对员工进行全面了解，以上两种评估手段可以相辅相成，共同提供个体特征的信息。另外，通过绩效评估的结果，还可以反观人员招聘的标准与方法等方面存在的问题。

（4）绩效管理与培训开发。绩效管理的主要目的是了解组织成员目前的绩效状况，特别是发现组织成员所拥有的优势与存在的不足，进而改进和提高绩效。所以，培训开发是在绩效评估之后的重要工作。在绩效评估之后，主管人员往往需要根据被评估者的绩效现状，结合被评估者个人发展愿望，与被评估者共同制订绩效改进计划和未来职业发展计划。人力资源部门则根据员工目前绩效中有待改进的方面设计整体的培训开发计划，帮助主管和员工共同实施培训开发。

（5）绩效管理与人力资源管理工作的整体改进。由于绩效管理与人力资源管理的各项工作密切联系，决定了绩效管理可以实现对人力资源管理工作的整体改进，人力资源管理部门可以由此审视自己的各项工作。比如，通过员工的绩效状况，可以发现员工是否适合现有职位，可以根据员工绩效高于或低于绩效标准的程度去决定相应的人事变动，使员工能够从事更适合自己的职位。组织的高层也可以利用绩效管理的信息调整组织的战略，进而实现组织的目标。

（6）绩效管理与职业生涯管理和人员接任计划。通过绩效管理，员工可以发现自己具有潜在优势的领域以及有待提高的领域。一方面，员工可以在自己具有优势的领域中发展自己的职业生涯；另一方面，员工也可以发现自己在职业发展道路上还可以做出哪些努力。绩效管理还可以为制订人员接任计划提供信息，使一些绩效优秀的员工成为某些重要职位的培养对象。但应注意的是，一个人在目前的职位上取得优秀的绩效并不意味着他一定能够胜任更高的职位，还必须结合对其胜任潜质的评估进行岗位调整。

2. 管理者在绩效管理中的职责

绩效管理不是一个部门、几个人的事，而是关系到各级管理人员和全体员工，而且不同层级上的经营职能与人力资源管理职能也都是密切联系的。具体而言，各级管理者在绩效管理中的职责和角色有：

第一，人力资源部门是人力资源管理政策的具体制定者，为组织的绩效管理提供技术支持以及指导各个部门设计适合本部门的目标体系，为参与绩效考评的各级主管提供绩效管理的技术和技巧的培训，为各类员工提供绩效管理目标的模块，及时解答主管人员在绩效管理中的困惑，接受被考评人的投诉等。在绩效管理过程中负责组织实施、协调部门关系等，监督和评价绩效考核体系的实施。

第二，高层管理者把握着组织发展方向，为绩效管理提出方向和决策并对员工的出色工作进行奖励和鼓励。此外，高层管理者利用绩效评估的结果挖掘和培养组织未来的高层管理者并付之于行动。

第三，人力资源主管在绩效管理中处于重要位置：一方面负责人力资源管理部门的全部工作，对其下属履行直接上级的管理责任；另一方面，作为职能部门的主管对整个组织负有重要的责任。

第四，直线主管是绩效管理的主体。每一个直线主管都是一个管理者，肩负着完成部门目标和对部门进行管理的职责。直线主管们承担着绩效管理的责任主要包括：与下属讨论绩效目标、标准，经常检查员工工作进度，掌握下属的工作业绩，对下属进行反馈和辅导，评定下属的绩效结果，给予奖励和惩罚。

第五，基层员工在绩效管理中的角色。组织目标的实现源于员工的工作，员工的高绩效是组织和员工共同的目标，因而，绩效管理离不开基层员工的参与。员工预先制定自己的绩效目标和评价标准，主动向上级汇报沟通，以求取得一致；经常就自己的工作积极向主管反馈进度，获得主管的支持和辅导；最后还要进行自我评价，向主管提供自己有关工作的结果和证据。

12.1.3 绩效管理的基本流程

绩效管理是指组织对计划目标进行设定与实施并对实施结果进行系统评估的持续过程。绩效管理的过程通常被看作一个循环，这个循环是一个由“绩效计划与指标体系建构”、“绩效执行”、“绩效评估”、“绩效反馈”和“绩效评估结果的应用”构成的一个闭合结构。

在启动和实施绩效管理之前，首先必须明确两个基本前提：一是对组织的使命和战略目标一定要有清楚的了解；二是对当前的职位有清楚的了解。组织的使命和战略目标是其战略规划的结果。组织的战略规划明确了组织未来的角色定位、要实现的目标以及准备采取哪些战略来实现这些目标。一旦战略目标确定下来，就要在此基础上对目标进行层层分解，使各部门的目标能够支持组织使命和总体目标的实现。职位分析是任何绩效管理体系实施的一个基本前提，是确定一个特定职位的关键元素的过程，其中包括工作活动、任务、服务和流程等。如果不进行职位分析，很难确定组织绩效管理过程中特定的职位到底应当承担哪些职责。

作为绩效管理流程的第一个环节，绩效计划是绩效管理实施的关键和基础所在。绩效计划制订得是否科学合理，直接影响着绩效管理整体的实施效果。因为，绩效计划是在绩效管理行为展开前的一种筹划，目的是在绩效管理行为展开后能够获得更好的绩效，而不是停留在分析和关注那些过去的、不能改变的绩效。同时，绩效计划可以在组织内部建立起一种科学合理的管理机制，能够明确组织中人员的工作职责、激发他们的工作激情。绩效计划的制订过程分为三个步骤：准备、沟通和制订计划。绩效计划的制订必须遵循“协作性”的原则，即行政领导与行政人员共同讨论以确定组织员工考核期内应该完成哪些工作和达到怎样的绩效水准。如果是行政领导单方面布置任务，行政人员单纯接受领导的要求，就变成了传统的管理活动，也就失去了协作的意义。

绩效指标是与组织员工绩效产出有关的评估标准，它与组织员工的工作内容有关。绩效指标相当于一种“标尺”，它明确了组织员工的工作情况和工作态度等。绩效指标体系需要考虑两个方面的问题，即绩效指标的选择和各个指标之间的整合。绩效指标体系的内容是一个完整的体系，可以实现对组织绩效进行不同方面、不同角度的衡量，让组织员工更好地了解当前组织工作的重点，为组织员工未来的工作提供指引。

绩效执行是组织员工在绩效计划制订和指标体系建构之后开始的按照计划开展工作，在此过程中，行政领导要对行政人员的工作进行指导和监督，对发现的问题进行及时的协助和解决并根据实际工作进展状况对绩效计划及时做出适当的调整。绩效执行的整个过程都需要行政领导与行政人员进行持续的绩效沟通。这种持续的沟通能够保证行政领导和行政人员共同追踪进展情况、找到影响组织绩效的因素，及时处理出现的问题，修订工作职责，上下级在平等的交往中相互获取信息、增进了解和联络感情，保证组织工作能够正常地开展，使绩效目标得以顺利达成。

绩效评估是指在绩效执行周期结束时，依据组织绩效计划阶段制定的绩效管理目标以及在绩效执行过程中能够说明组织员工绩效的数据和事实，以科学合理的绩效评估指标体系为依据，运用科学的方法和程序，对特定部门履行职责的情况进行全面、客观、公正地评价，目的是不断地提升组织工作业绩和效率。绩效评估赖以展开的前提是绩效目标（也称作为绩效标准）。绩效标准的确定是一个科学研究的过程，是在对组织管理过程中实际取得的业绩进行评价和划分等级并根据对各个组织层级和各个部门的要求，进行比较而确立标准的过程，绩效标准是对组织及其各个部门进行考核、评估的依据。在这些绩效标准中，除了对不同的绩效等级做出明确具体的绩效要求之外，还要规定明确、严格的对产出或结果进行评估的措施。

绩效目标可以从“量”和“质”两个维度进行理解。“量”所表明的是组织管理效率的状况，包括效率比例、频率大小、活动节奏的快慢以及环节多少等内容。“质”所表明的是组织提供产品（或服务）过程中的态度、方法与手段、管理能力以及社会公众满意程度等。

绩效反馈是绩效管理的重要环节。绩效管理并不是为绩效评估打出一个分数就结束了，行政人员及其上级管理者还需要坐在一起进行一次甚至多次面对面的交谈——绩效评价面谈。在绩效评价面谈之前，组织中的领导应当做好面谈计划，收集各种与绩效相关的信息资料并在反馈实施过程中注意众多细节的处理，尤其需要注意选择适当的场合、适当的时机、适当的方式、适当的角度、适当的内容、适当的技巧、适当的肢体语言进行面谈，以求达到最优的面谈效果。绩效评价面谈的主题通常是强调“过去”，是对过去组织的作为以及组织员工的工作绩效进行评价反馈。然而，一次有效的绩效评价面谈同时需要关注现在和未来，既讨论组织员工因取得了某种绩效结果而可能获得职位或经济的奖惩，又要讨论在下一次绩效评价面谈之前组织对员工工作目标和计划的设定。

当绩效评估完成后，不应将评估结果束之高阁，而是要与相应的管理环节相衔接，将考核结果运用到日常的管理活动中去。具体地说，绩效考核结果可以应用到如下方面：

第一，制订绩效改进计划。绩效改进是绩效管理过程中的重要一环。传统绩效考核的目的是对组织员工的工作业绩进行评估，将评估结果作为确定组织员工薪酬调整、奖惩、晋升或降级的标准。现代绩效管理的目的并不止于此，而是以组织员工工作能力的不断提高以及绩效的持续改进和发展为根本目的的。绩效考核结果反馈到组织员工之后，有利于员工科学地认识自身的优缺点，从而积极地改进工作。

第二，组织培训和学习。根据绩效考核的结果来对组织员工进行量身定制的培训。因为，有针对性的培训可以提升组织员工的工作技能、及时弥补组织员工的能力短板，这既满足了完成工作任务的需要，又可以使组织员工享受免费的学习机会。

第三，薪酬、职务调整。一般而言，绩效考核结果所显示的绩效评价高的员工应当获得更多的薪酬奖励，这是对员工追求高业绩的肯定。同时，绩效考核结果也是衡量员工是否能够胜任工作的重要参考依据。经过多次考核，如果员工的业绩始终没有改善的话，就需要考虑员工是不是因能力不足而不能胜任工作并考虑将其调整到适宜的工作岗位上；如果员工的工作态度存在问题，经过多次提醒与警告都无济于事，则应考虑将其解雇。

第四，制订人力资源规划。绩效考核结果可以为组织提供总体上人力资源质量优劣程度的确切情况。组织从考核结果中可以获得系统内员工的晋升和发展潜力的数据，便于为组织未来发展制订人力资源规划。

第五，正确处理员工间关系。客观公正的绩效评估可以为组织员工在加薪、奖惩、晋升、降级、调动、辞退等重要人力资源管理环节提供依据，减少人为因素对管理的影响，从而保证组织系统内部员工之间的关系建立在牢靠的基础之上。

12.2 组织的绩效评估

12.2.1 绩效评估概述

1. 绩效评估的含义

绩效评估，一方面，是指对人员工作绩效的质量和数量所进行的评价，目的是考察人员以什么样的态度完成了所分配的任务以及完成任务的状况如何；另一方面，是指对人员的潜在能力、性格、适应性等素质方面的评价。绩效评估是一个过程，是组织用来衡量和评估人员某一时期工作表现的手段和工具，在更为积极的意义上，也提供了协助组织成员成长和发展的依据。概括起来，绩效评估的作用主要体现在以下几个方面：

（1）绩效评估为人力资源管理的其他活动提供了客观依据。绩效评估是通过对人员素质、成绩的全面鉴定和评价去了解人员的能力和素质，评估结论成了人员职务升降、工资增减、调动、培训、奖惩等工作的重要依据。

（2）绩效评估是人力资源管理的竞争和激励机制。绩效评估打破了人员维持现状、不求进取的心理和组织缺乏活力的状态，是科学规范的人力资源管理制度建立和完善的手段。因为，绩效评估可以为组织创造竞争和激励的措施，为人员的工作行为提供测量标准，从而起到鼓励先进、鞭策后进的作用，使人员保持旺盛的工作热情，出色地完成组织目标。

(3) 绩效评估为评估人和被评估人提供了一个正式沟通的渠道。评估人和被评估人可以面对面地讨论评估结果，指出优缺点和需要改进的地方。评估人可以及时了解被评估人员的实际工作状况及深层次原因，从而对人力资源管理各项政策的效果进行评估，及时发现问题和不足，为人力资源政策的改进提供依据。同时，被评估人员也可以及时了解管理者的管理思路和计划，可以更加了解自身的工作内容，了解组织对自身的评价，有利于上下沟通，有利于被评估者更清楚地接受组织目标。

(4) 绩效评估能够把人员的行为与组织目标有机结合在一起。把人员的行为导向组织目标并有效地监督人员的行为，能够使人员的行为与组织目标的实现达成一致。因为，绩效评估实质上是一种行为规范方式，它通过提出组织认可的、有助于目标达成的行为方式和行为标准而把人员的行为导向组织期望的方向并将行为结果与人员在组织中发展的前景联系起来。另外，监督则能通过承认和奖励人员良好的绩效以激励其绩效“达标”，或者确认和改正存在的绩效问题，从而使人员的行为不偏离组织目标。

2. 绩效评估的功能

绩效评估是绩效管理中的关键环节，通过绩效评估可以为组织的绩效管理改善提供依据。绩效评估可以帮助组织不断提高绩效管理的有效性，使绩效管理真正帮助管理者改善管理水平，帮助员工提高绩效能力，使组织获得理想的绩效水平。英特尔公司前总裁安德鲁·葛洛夫（Andrew S. Grove）曾对“绩效评估的功能”做过说明，他指出绩效评估是为了衡量部属的工作、增进绩效、鼓励员工、对部属提供回馈、决定加薪幅度、对绩效提供奖励、建立纪律、提供工作方向、加强建立企业的文化价值。归结起来，绩效评估具有两大类功能：一是管理功能，二是开发功能。所谓管理功能，主要体现在为制定报酬标准、职位晋升、辞退以及激励等相关的人力资源管理决策提供依据，这也是绩效评估最为主要的功能。所谓开发功能，主要体现在识别员工潜能和规划员工的职业发展，进而促进组织发展。绩效评估的两类功能相辅相成，管理功能关注的是“眼前”，而开发功能更加注重“未来”。

3. 绩效评估的原则和内容

为了做好绩效评估工作，需要坚持以下原则：

(1) 客观公正原则。绩效评估要以绩效这一事实为基点，评估的条件可以因职位不同而不同，但评估的指标要客观。也就是说，绩效评估绝不能主观臆断、无中生有或编造事实；评估的条件不能因人而异；指标要准确具体，要具有针对性和可操作性，应反映具体职位的基本特点，便于衡量和测评。而且，指标要尽可能定量化以增加评估的科学性和准确性，能够准确地评定和反映人员的实际工作绩效水平。不准确的评定往往会使人员丧失对组织的信任，从而影响士气。

(2) 民主公开原则。评估工作要民主、公开和透明，应让人员了解评估的目的和意义。也就是说，不能搞“一言堂”，特别是不能搞暗箱操作，应把评估条件、评估范围、评估标准、评估程序、评估结果等事项进行公开。只有公开的评估才是公正的，才能得到组织全体成员的认同。

（3）注重实绩原则。人员的实绩指的是人员的工作绩效，包括完成工作的数量和质量、经济效益和社会效益。它应当被理解为人员工作态度、工作作风、工作经验、工作技能和知识水平等方面的综合表现。注重实绩的评估有利于激励人员认真履行工作职责，有利于人员不断提高自身素质以便更好地完成本职工作，有利于克服评估过程中可能产生的不当行为。

另外，还需要注意评估原则的一致性和可靠性，要适应各类型、各层次人员，具有明确的效度和信度。评估结果应及时、有针对性地进行反馈。因为，把评估结果反馈给被评估人，能够取得让人员了解自身的优缺点，从而达到发扬其长处和克服其短处的效果。

4. 绩效评估主体的选择和培训

绩效评估主体指的是对被评估者做出评估的主体。绩效评估主体的选择直接决定了绩效评估的有效性，“评估主体选择恰当与否”是反映绩效评估系统是否科学的一个关键性因素。一般来说，应针对不同的评估对象采用不同的评估者，但无论是哪一类评估者，都应当了解员工的工作和表现。通常情况下，绩效评估主体的选择当遵循以下原则：（1）熟悉被评估者的工作表现；（2）了解被评估者的工作内容和工作性质；（3）有能力将观察结果转化为有用的信息，公正而客观地提供评估结果；（4）有助于进行绩效评估。一般说来，能够符合这四项原则的绩效评估主体可以在直接上级、同事、员工本人和下级中进行选择，因而，也会形成相应的评估类型：直接上级评估、同事评估、员工自我评估和下级评估。

评估主体在绩效管理过程中扮演着重要的角色。评估者的素质很大程度上决定了绩效评估的结果是否公平、公正、准确。因此，对评估主体的培训便凸显出其重要性。人力资源管理部门应该建立完善的绩效评估主体培训制度，力争通过培训达到如下效果：使评估主体认识到绩效评估在绩效管理以及整个人力资源管理中的地位和作用，进而认识到作为评估主体的他们在整个评估过程中的作用；统一各个评估主体对于绩效指标、绩效标准的认识；使评估主体理解具体的评估方法，熟悉绩效评估中使用的各种表格及具体程序；使评估主体了解评估误区产生的原因，尽量避免这些误区；使评估主体学会如何进行绩效反馈和绩效指导。

12.2.2 绩效评估的方法

绩效评估的一系列功能都依赖于评估方法的运用，一套好的绩效评估方法可以提供更多的信息，有利于推进组织目标的实现。传统的绩效评估方法主要有关键事件法、量表法、比较法、360度反馈法、工作标准法、自我评估法等。关键事件法是一种由工作分析专家、管理者或员工在大量收集与工作相关信息的基础上详细记录其中关键事件以及具体分析其岗位特征、要求的方法，其特殊之处在于基于特定的关键行为与任务信息来描述具体工作活动。360度反馈法（又称“全方位评估法”）是一种从多个角度获取组织成员行为观察资料的方法，包括上级、下级自己和同事等，体现了组织调查、全员质量管理、发展回馈、绩效评估以及多元评估系统等多个组织绩效原则，通过这种评估方法，被评估者不仅可以获得多角度的反馈，也可以从中更加清楚地了解自我，便于日后提升自身绩效。

现代人力资源管理中的绩效评估体系除了注重财务收益指标，也开始关注并评估组织的学习与成长、长期经营发展以及核心竞争力等。当前，关键绩效指标法（KPI）、目标管理法（MBO）和平衡计分卡法（BSC）、标杆管理法（benchmarking）等现代评估方法都得到了普遍应用。

（1）关键绩效指标法。这是目前国际通行的组织绩效成果测量和战略目标管理的工具，它将组织宏观战略目标经过层层分解产生可操作性的战术目标，分析和归纳出支持组织战略目标的关键成功因素，形成一套衡量、反映、评估组织运作状况的、可量化的关键性指标。通过关键绩效指标的牵引，使员工个人工作目标、职能部门目标与组织战略发展目标达到同步。一般而言，关键绩效指标法的操作流程可分为三大步：1）关键绩效指标体系的设计。它是关键绩效指标法的第一步，也是最基础的一步。2）关键绩效目标体系的制定。“关键绩效体系＝关键绩效指标体系＋关键绩效目标体系”，在制定了关键绩效指标体系后还应制定关键绩效目标体系，只有这两个方面都具备了，才算为绩效评估设计出了一个可供参考的标准的体系。3）关键绩效指标和目标的评估与调整。通过评估与调整，使关键绩效体系不断地趋于完善，从而更好地应用于绩效评估活动。

（2）目标管理法。目标管理法是彼得·德鲁克在 1954 年提出并倡导的一种管理模式，被广泛应用于绩效评估的实践。具体做法是将组织目标分解到部门与个人，目标管理的核心是强调组织成员共同参与制定具体的、可行的而且能够客观衡量的目标。通过一种专门设计的过程而使目标具有可操作性，这个过程一级接一级地将目标分解到组织的各个部门，即从组织的整体目标到部门目标再到个人目标、从年度目标到季度目标再到月度目标。一般而言，在绩效评估中，目标管理的实施步骤应当遵照“PDCA”循环模式进行：P（plan），即计划：确定方针和目标，确定活动计划；D（do），即执行：实际去做，实现计划中的内容；C（check），即检查：总结执行计划的结果，注意效果，找出问题；A（action），即行动：对总结检查的结果进行处理，成功经验加以肯定并适当推广，使其标准化，对失败的教训加以总结，未解决的问题则放到下一个“PDCA”循环去。

（3）平衡计分卡法。平衡计分卡（the balanced scorecard，BSC）的概念是美国哈佛商学院的罗伯特·卡普兰（Robert S. Kaplan）和戴维·诺顿（David P. Norton）于 1992 年在《哈佛商业评论》上发表的文章《平衡计分卡：驱动绩效的方法》中首先提出来的。在 1996 年出版的《平衡计分卡：把战略转化为行动》中，他们又给予了平衡计分卡以系统阐述。平衡记分卡是一种着眼于组织发展战略有效性的管理理念和系统管理方法，强调从财务和非财务的角度综合评估绩效。该方法通过四个层面来管理部门的绩效：顾客（customer）、财务（financial）、内部业务（internal business process）以及学习与成长（learning and growth）。平衡计分卡在组织中的适用性是由平衡计分卡自身的特点决定的。第一，平衡计分卡基于平衡的理念平衡组织的短期绩效与长期绩效、竞争与合作、稳定和发展等之间的关系。第二，平衡计分卡把发展作为整个组织的核心，将组织战略目标转换为绩效评估指标，通过具体的规划，将组织的行为、结果等和目标进行比较，在完成既定目标的同时也提高组织的绩效水平。

（4）标杆管理法。20世纪70年代，“标杆”的概念开始用于商业词汇中。到了20世纪80年代初，为了应对日本佳能、NEC等公司的竞争威胁，美国施乐公司最先发起向日本企业学习的运动，通过对经营战略、战术的改进，很快收到成效。这使美国施乐公司成为商业标杆管理流程的领导者，并把标杆管理定义为一家公司与其他主要竞争对手之间的比较。随后，摩托罗拉、IBM、杜邦、通用等公司纷纷仿效施乐公司采用标杆管理法，在全球范围内寻找行业内外管理实践最好的公司进行标杆比较并努力超越标杆企业。所以，“标杆”一词在管理学中成了“优异典范”的代名词，泛指一个组织通过将自身和其他组织进行比较来实现超越的活动。经典的标杆管理法的实施步骤由施乐公司的罗伯特·开普（Robert C. Camp）首创，他将标杆管理活动划分为五个阶段：1）计划。确认对哪个流程进行标杆管理，确定用于做比较的组织，决定收集资料的方法并收集资料。2）分析。确定自己目前的做法与最好的做法之间的绩效差异，确定未来的绩效水准。3）整合。就标杆管理过程中的发现进行交流并获得认同，确立部门目标。4）行动。制订行动计划，实施明确的行动并检测进展情况。5）完成。处于领先地位，全面整合各种活动，重新调整标杆。标杆管理被用来帮助组织发现其他更高绩效水平的组织，并尽量了解它们是怎样达到那种水平的，从而使产生那种水准的做法和程序得以运用到自己的组织中。实际上，在组织的绩效管理中，标杆管理是被作为一个系统的、持续的评估过程而加以运用的，是组织将自身的服务、产品与管理模式等情况与标杆组织进行比较从而借鉴标杆组织的先进经验的活动，目的是改善自身的不足和提高竞争力并实现对标杆组织的超越。

12.2.3 绩效评估结果的应用

绩效评估的实施能否成功，关键在于绩效评估的结果是否得到很好的应用。当组织成员切实感受到业绩水平与自身利益密切联系的时候，就会按照组织目标的要求规范自身的行为，提供工作绩效。

1. 绩效评估结果应用的原则

（1）以人为本，促进员工的职业发展。员工绩效评估的根本目的是调动员工工作的积极性，进而实现企业整体的组织目标。为此，评价者必须向员工个人反馈评估的结果，传达给他们已达到或未达到预定目标的反馈信息。反馈的立足点和方式要坚持“以人为本”，以诚恳、坦诚、让员工乐于接受的方式了解自己的成绩与不足，才能更加清楚自己的努力方向和改进工作的具体做法。

（2）促进员工与组织共同成长。组织的发展离不开员工个体的成长，组织不能单方面要求员工修正自己的行为和价值观来适应组织发展的需要，而是要参与到员工的职业生涯规划的指导与管理中，将员工发展纳入组织管理的范围，从而实现组织与个人的共同成长。因此，组织在评价员工工作绩效时要注意评估员工所在的各级组织的绩效，增强全局观念和集体观念，使员工意识到个体的高绩效与组织的高绩效是紧密相关的，个人成长与组织的成长是联系在一起的，个人的目标与组织的目标是具有一致性的，个人应为组织实现目标做出努力和贡献。

（3）统筹兼顾，为人力资源决策提供科学依据。员工绩效评估结果可以为组织对员工的合理使用、培养、调整、优选、薪酬发放、职务晋升和奖励惩罚等提供客观依据，从而规范和强化员工的职责和行为，促进组织的人力资源开发与管理工作，不断强化员工的选聘、留用或解聘、培训、考核、晋升、奖罚的政策导向，建立完善的竞争、激励、淘汰机制。

2. 绩效评估中的常见问题

（1）绩效评估结果反馈不及时或没有反馈。很多组织在员工绩效评估实践中发现了每个员工的工作都有可改进之处，却往往担心结果反馈会使员工不适，因而不愿意与员工讨论其绩效不足的问题。事实上，确实存在有些员工不虚心接受反馈意见反而指责管理者的评估结果有问题或者责备别人的情况。不过，应当看到由于对绩效评估反馈存在着担忧而不实施评价反馈的副作用会更大。在现行的绩效评估中，缺乏积极的结果反馈会使员工既无从申辩说明或进行补充，也无从了解自身的表现与组织期望之间的一致性程度。

（2）绩效评估与员工切身利益结合不紧密。绩效评估结果可以应用到奖惩中，然而，目前许多组织年度考核只是例行公事，绩效评估工作结束，任务就算完成，评估结果的应用仅限于年终奖金的发放，而未与管理人员任免、职务晋升、薪酬档次等员工切身利益联系起来，这使得绩效评估工作失去了其应有的意义和价值。为提高绩效评估的激励效果，组织的绩效评估应当加大结果的应用范围和力度，从而最大限度地实现员工绩效评估的激励效果。

（3）员工的绩效评估与员工培训和个人发展没有很好地结合。组织应根据绩效评估结果，以满足员工的需要为宗旨，以高效、实用为目标，有目的、有计划地进行组织内部培训活动。这是组织造就高素质员工队伍的有效措施。根据员工绩效评估的结果，对员工个人进行有针对性的培训，是评估的最终落脚点，这不仅会得到员工的认可，也会为组织的建设和发展培养出更多高素质的员工。

（4）绩效评估结果应用方式单一，应用形式化倾向严重。绩效评估结果应用方式单一，缺乏有效的绩效管理手段，诸如绩效奖励、精神补偿、增益分享、共享结余、绩效工资、绩效合同等。另外，当前的绩效评估多以领导的主观评价而非客观事实为基础，严重影响了结果的客观性和公正性。而且，部门领导对评估结果重视程度不够，往往是一评了事，没有采取措施将评估结果落实到工作中，评与不评一个样、评好与评坏一个样，评估往往流于形式。

3. 绩效评估结果的具体应用

（1）绩效改进。绩效改进是绩效管理的目标。绩效管理的目的应当是促进员工能力的不断提高以及绩效的持续改进，而绩效改进则是这样一个过程：分析员工的绩效评估结果，找出员工绩效中存在的问题；针对存在的问题制订合理的绩效改进方案，并确保其能够有效地实施，如个性化的培训等。要做好绩效改进工作，首先必须明确绩效评估的指导思想，要让员工明白绩效评估的目的是改进他们的绩效，并使他们自觉地根据绩效评估的结果去调整自己的工作。对于组织来说，绩效改进必须融入日常管理工作，使之成为管理者日常工作的一部分。

（2）薪酬奖金的分配。薪酬分配要遵守公平与效率两大原则，就必须对员工的劳动成果进行评定和计量，从而进行按劳计酬。绩效评估结果能够为报酬分配提供切实可靠的依据，这就要求进行绩效分配和薪资调整需要以员工的绩效表现为依据。因此，应当运用考评结果，建立考核结果与薪酬奖励挂钩的制度，使不同的绩效对应不同的待遇。合理的薪酬不仅是对员工劳动成果的认可，而且可以产生激励作用，形成积极进取的组织氛围。

（3）员工职业发展。把绩效评估结果与员工的职业发展结合起来就会首先表现为员工发展与组织发展的有机结合，从而达到本部门人力资源需求与员工职业生涯需求之间的平衡，创造一个高效率的工作环境。职业生涯的发展是吸引和留住员工的重要因素。人力资源部门应针对员工特点为其量身定做职业生涯发展规划并定期与员工一起对其职业生涯发展规划进行修订，保证员工的职业生涯能够实现成功开展。

（4）开发员工潜能。组织建立绩效管理体系，除了要区分员工绩效的优劣之外，还有一个重要的功能就是通过分析绩效评估的结果来提升员工的技能和能力。比如，当员工的现有绩效评价结果和组织对他们的期望绩效之间存在差距时，管理者就要考虑是否要通过培训来改善员工的绩效水平。事实上，可以运用各种方式和途径去利用绩效评估的信息来对员工的能力进行开发。所以，绩效评估系统必须能够向员工提供他们所存在的绩效问题，还应提供可以改善绩效的方法方面的一些信息，其中包括使员工清楚地理解他们当前的绩效与期望绩效之间所存在的差异，帮助他们找到造成差异的原因以及制订改善绩效的行动计划。

（5）为合理奖罚提供标准。奖罚历来是组织管理中的重要激励手段。只有通过绩效评估对那些忠于职守、踏实工作、成绩优异者给予物质或精神上的奖励，对那些不负责任、绩效低下者给予惩戒，才能真正鼓励员工向优秀者学习。有了绩效评估结果，对组织成员的奖罚也就有了客观依据，其鼓励先进、促进后进的功能就能得到有效发挥，从而达到有效激励的效果并营造出一种良好的组织文化氛围。

12.3 绩效管理的科学发展

12.3.1 绩效管理拒绝片面效率观

围绕着如何有效地提高组织运行效率的问题，管理学家们进行了持续不懈地论辩和研究并在管理学中形成了很多思潮或流派。绩效管理在一开始也突出强调了对效率的追求，甚至将效率推崇为至高无上的原则而忽视了价值判断的内容。回溯绩效管理的发展史，尤其是反思近代以来组织运行的基本原则，可以清晰地发现绩效管理的这种片面效率导向有其必然性，因为绩效管理产生于社会对组织运转高效率要求的形势之下。伴随着科学技术的发展，企业为了利用好技术革新来更好地实现利润最大化、实现以最小成本来获取最大收益的目标，必须推进企业组织和运行方面的管理革新，绩效评估与管理作为人力资源管理的核心内容逐渐成为企业提高效率的有效途径。政府为了走出政府失灵的困局，主动引进私人领域中的绩效管理技术，有效地提升了政府在公共产品和公共服务供给中的效率。因此，在提升企业、政府、非政府组织的效率方面，绩效管理确实有着无可替代的作用，这也蕴含着绩效管理必然走上对效率片面追求的道路。

不过，我们必须看到，在绩效管理中存在着片面效率观的问题，以至于这种极端推崇效率的做法最终获得的只能是局部效率的改善。这是因为，在复杂多变的组织体系中，总体效率可能要以某些局部效益在某种情况下的牺牲来取得。理性和效率则以社会效益为代价。就此而言，不仅仅是绩效管理，连组织管理都必须说可能避免受到片面效率观的影响。具体而言，片面效率观会有如下几个方面的消极影响：

（1）片面效率观往往使测评偏向于投入活动而忽视其效果。戴维·奥斯本和特德·盖布勒就曾批判了公共行政中的片面效率观，“官僚主义的政府由于不衡量效果，也就很少取得效果。它们在公共教育上花的钱越来越多，但是考试分数差和退学率几乎没有改观。它们在为接受救济的人举办职业训练上花的钱越来越多，但是福利救济开支却不断增加。它们在警察和监狱上花的钱越来越多，但是犯罪率继续在上升。官僚主义的政府由于掌握有关效果的信息很少，也就根据其他情况支付其雇员的工作报酬，即根据他们的资历、他们掌握的预算资金的多少和人员的多少，以及他们权力的大小支付薪水。于是，它们的雇员便竭力维护自己的职位，搞自己的‘独立王国’，谋求扩大预算，争取更多的人员和更大的权力”①。

（2）片面效率观使人专注于活动的合逻辑性、合目的性，而忽视活动的价值前提。对任何一项管理活动，都可以从三个层面进行分析：1）活动的价值前提。即对事务的管理是否出自社会-组织-公众的内在需求，是否属于社会-组织-公众实现自设目标的必要条件。2）活动的合逻辑性。管理活动有其自身的客观逻辑，即卡尔·波普所谓的“客观规律”。按照卡尔·波普的说法，这是指事物之间的恒常关系。对此种关系，人们只能认识它、顺应它，而无法改变它。人们的行动是否符合客观规律，只决定该行动能否成功地达到预期目的，至于目的的善恶以及活动是否有价值，活动规律并不能决定。3）活动对社会-组织-公众的影响：何种性质的影响、影响力的大小等等。由于效率原则强调的是“在所用资源一定的情况下，选择能产生最大效益的备选方案”②，从而使人们的心智转向对后两个问题的思考，以至于忽视了对活动之价值前提的追问。

（3）片面效率观使人陷入了“为求成功而不择手段”的非道德主义。组织管理活动大多具有非常强的时效性，而片面效率观在逻辑上包含着速度方面的要求，有的学者甚至认为速度是效率的关键。在时效压力下，管理人员往往不自觉地选择那些有助于事情“做成”的手段，有时为求按期完成任务和实现预定目标，甚至无所不用其极。至于这些手段是否具有价值正当性，运用这些手段的负面影响如何，往往无暇顾及。在公共领域，“大量的行政实践证明：行政机构实现它们认为紧迫的目的的热情，会使它们看不清它们的职能，而且还会使它们认为宪法对它们的限制以及对个人权利的保障，在面对它们热情努力实现其所认为的最为重要的政府目标时，都应当让路”③。

（4）片面效率观不可避免地伴生了数字虚假现象。对组织绩效进行效率评价，必然要择取一些数量指标来标示效率高低。在组织的最终效益很难确认和无法统计的情况下，只得以一些中介性的活动次数及比率，如以产值、人均值、收入等，对绩效指标进行评价。

---

① 奥斯本，盖布勒. 改革政府：企业精神如何改革着公营部门. 上海：上海译文出版社，1996：121-122.

② 西蒙. 管理行为：管理组织决策过程的研究. 北京：北京经济学院出版社，1988：173.

③ 哈耶克. 自由秩序原理（下册）. 北京：三联出版社，1997：14.

由于评价结论对评价者与被评价者的利益声誉均有损益性影响，在双方利益动机驱使下，工作实绩统计中的数字虚假现象屡屡发生。

片面效率观是产生以上问题的根源。诚然，组织管理要讲究效率，但片面效率观确实不宜作为组织绩效之全局性、综合性和终极性的评价思想。长期以来，绩效管理突出强调了对“效率”的追求，因而忽视了价值的因素。即使在绩效评估发展到绩效管理的过程之中，“绩效”虽被赋予了一些价值维度的内涵，但价值因素仅居于极为次要的地位，可以被看作是组织或管理者追求效率时的附带因素，以至于组织往往无法有效实现管理的价值目标。因此，绩效管理在重视效率追求的同时必须将公平等价值置于更高的位置，只有这样，绩效管理才能实现向“质”（可以纳入价值维度的元素）的维度转变。

12.3.2 绩效管理应更加重视公平

经过几十年的发展，绩效管理在要素、技术、运行等环节上已经逐渐成熟，并且发展成一些较为固定的绩效管理体系或者绩效管理模式，为企业、政府、非政府组织等不断提升其组织绩效提供了有效的工具性支撑。然而，片面效率观不仅不利于绩效管理的科学发展，而且削弱了绩效管理的有效性。20 世纪末，绩效管理片面突出效率的做法遭遇了挫折。比如，它的“非人格化”已经不能够适应社会发展对人的重视的要求，它的“闭循环系统”运作状态逐渐不能适应社会开放性增强的要求。尤其是在复杂性和不确定性迅速增强的社会环境中，传统管理正在经历一场向现代化管理的转变，传统绩效管理要转变为现代化的绩效管理，就势必要开展一场对片面效率观的批判，去寻求一种能够纠正绩效管理片面发展和保持绩效管理有效性的途径和策略。

合理的纠偏，必须寻求一种能够平衡绩效管理效率追求的价值，使各种组织在运用绩效管理技术的时候能够既提升组织效率又不失运行的合理性。对此，在工商管理和公共管理领域的理论研究中掀起了一股呼唤价值回归的运动。经济管理领域的专家学者看到了经济高速发展为社会创造物质条件的同时也带来了贫富差距扩大化、地区间差距增大等严重的社会发展问题。公共管理领域的专家开始呼唤公共价值的回归。政府绩效管理在提高公共部门工作效率和科学管理水平方面发挥了重要作用，然而，作为以市场取向为基础的管理工具，也常常导致政府偏离公共利益和公平性的价值追求，出现了重效率、轻公平，重结果、轻过程等问题，其根本原因就是缺乏体现公共价值的政府绩效管理理论指导①。因此，绩效管理应当更加重视公平，正视公平价值的指导作用，充分兼顾好效率与公平之间的关系。

首先，绩效管理应同时追求效率和公平。绩效管理追求效率是无可非议的，因为，没有效率目标的绩效管理是没有意义的，绩效管理还应当重视公平。当然，在绩效管理的实践中，实现公平远比理论要复杂和困难得多，但无论如何，绩效管理也不能因此而放弃公平理想。总的说来，追求效率，能促进社会发展；追求公平，能保障社会稳定。效率和公平是相辅相成的，没有公平做保证，效率就不可能实现；没有社会稳定做保证，社会全面发展也不可能实现。组织在进行绩效管理的时候应当更加重视公平，必须将效率和公平置

---

① 包国宪，等．基于公共价值的政府绩效管理学科体系构建．中国行政管理，2012（5）．

于同等重要的地位，同时兼顾效率和公平。

其次，绩效管理应正确看待效率与公平的关系。效率和公平本身是有冲突的，二者在一定意义上存在着不可调和性。这种不可调和性，有时被人称为公平和效率的“悖论”。在具体的绩效管理实践中，组织会经常受到效率与公平的悖论问题的困扰。从实践来看，单单以某一种价值作为追求的目标而忽视了另一种价值，往往会因为另一种价值的负面影响而导致绩效管理的失败，最终使发展受挫。效率和公平的重要性要求绩效管理要同时实现两种价值，不得偏向任何一方。从理论上看，效率和公平之间的矛盾并不是二者关系的全部内容，二者之间还有相互促进、相互补充的一面。也就是说，效率与公平并不是完全对立的，效率的提高，并不绝对导致财富两极分化；通过效率提高而得到的部分财富会通过“涓滴效应”的作用流动起来，从而实现公平。当然，在一定的情景中，效率或公平中的某些方面可以做出适度牺牲，待到某一方面在较高水平上实现时，再来弥补另一方面所做的牺牲。效率和公平的这种互补关系，使我们有信心在一定的情景中实现公平和效率的适度平衡，建立效率和公平和谐统一的绩效管理体系。

12.3.3 绩效管理应突出素质维度

21 世纪以来，伴随着质量管理技术的发展，绩效管理实践逐渐凸显了对质量管理的重视。如果说效率和公平是绩效管理依循的两大原则的话，那么质量维度将是未来着重发展的方面。绩效管理的质量至少包含两方面内容：一是注重绩效管理结果本身的质量，即更加关注绩效管理的有效性；二是注重绩效管理过程的质量维度，即在绩效指标拓展方面设置与质量维度相关的参数。这两个方面的内容是相辅相成的：绩效管理结果的质量需要依赖于绩效管理各个实施环节的质量水平，绩效指标质量向度的拓展则有利于绩效管理有效性的实现。

传统意义上的绩效管理有时候也会谈质量，但是关注点大多在物的层面，关注物质资源的有效利用问题，忽视了人的方面。在知识爆炸和大数据时代，人的主观能动性和创造性得到了彰显，组织在关注员工绩效的方面开始对人的素质给予越来越多的重视。而且，对于工作者自身工作素质的关注使得组织对未来绩效的准确预测变得更加可靠，拓展了绩效管理关注“考核过去”的功能。现在看来，基于素质的绩效评估或绩效管理将会成为未来绩效管理和质量管理相融合的重要契合点。

1973 年，美国管理学家戴维·麦克兰德在美国《心理学杂志》上发表的论文提出了一个重要观点：人的行为品质和特征对工作绩效的高低有着决定性意义。戴维·麦克兰德的研究发现，绩效出众者具有较强的判断能力，善于发现问题并采取恰当的行动加以解决，他们更倾向于设定富有挑战性的目标。此后的众多类似研究都证明了这一点，认为人力资源管理如果能够找到区分绩效出众者和绩效平平者的因素并将这些因素进行量化，就可以依此去聘用更好的员工，就可以更好地对员工进行考核以帮助他们获得更好的绩效，这个因素就是人的素质。

素质是能够对在特定的工作岗位和组织环境中工作的人进行区分的个人特征的集合（包括技能、知识、社会角色与自我形象等），对人的工作绩效有着决定性的影响。以素质为基础的绩效考核不再将目光仅仅关注人的知识、经验和技能等可以被直接观察到的信息，而是更加关注那些隐藏在背后的、无法直接观察到却对绩效提升起决定作用的部分。如果对人的素质做出层次划分，可以看到，由高到低依次包括：（1）技能。一个人要将工作做好所需掌握的东西。（2）知识。一个人对一个特定领域的了解。（3）社会角色。一个人留给大家的印象。（4）自我形象。一个人对自己的看法（内在自己认同的本我）。（5）品质。一个人持续而稳定的行为特征。（6）动机。在一个特定领域的自然而持续的想法和偏好（如成就导向、亲和力、影响力），它们将驱动、引导和决定一个人的外在行动。

以往以目标和结果为导向的绩效评估技术可以为组织发展带来巨大好处，例如，可以通过绩效评估来支撑企业既定目标的达成，也可以通过持续的沟通和改进来促进员工绩效的提升。然而，这些技术却无法回答如下问题：究竟是什么产生了绩效水平的高低差异？为什么总是有人犯同样的错误？为什么有些管理者不思进取，总是碌碌无为？为什么总是有人抱怨没有时间把事情做好，却有充足的时间去一再修正？要解决这些问题，就必须把素质考虑进来。将素质与绩效联系起来，将素质作为影响员工绩效水平高低的根本因素。这就要求在对员工绩效进行考核时，需要以素质为基础，根据胜任某一岗位的素质要求，对员工素质进行考核，考核员工在此岗位上可能获得的绩效水平。

以素质为基础进行绩效评估，首先需要根据组织实际情况对素质进行定义，编织素质库，然后根据具体需要去选择相应岗位建立能够保证产生高绩效的素质模型，以此为基础对员工进行素质考核，并将考核结果运用到招聘筛选、人员配置、培训开发、绩效改进、职业生涯开发等人力资源管理的各个功能模块中去。也就是说，以素质为基础的绩效评估，关注特定的素质要素和相应的素质等级，以对素质的具体要求来作为产生高绩效的保证。这样一来，只要一个员工具备了出色胜任某一工作的各项素质，他就可以在这个工作岗位上取得高绩效，对绩效水平高低的考核也就转而成为对员工素质水平高低的衡量。但是，素质比工作业绩更为抽象，隐藏在表象背后的那部分素质更不容易把握，素质，往往是人所共知却难以言明。因此，对素质的判断主观性就会很大，这要求素质考核者自身要有较强的专业性，否则就很难驾驭素质考核中所使用的各种技术和工具。

素质考核经常使用的技术或工具包括：（1）关键事件访谈。通过对绩效优秀员工以及一般员工的深度访谈，获取与绩效相关的各类素质信息。通过关键事件访谈所得到的各类素质信息是进行素质考核的基础，它的意义在于通过访谈者对其职业生涯中所经历的关键事件的详尽描述，显露与挖掘隐藏在“冰山”下的行为人的各项素质并以此为基础对行为人所具备的各项素质及其等级进行考核。（2）个人需求量表。根据在满足个人需求的机会或行为受到阻碍或干扰时的个人情绪反应强度，判断一个人对某种目标状态的需求或欲望的强度来测量个人成就、影响力等几项素质。（3）个人行为量表。通过对一系列具体行为表现的描述来衡量一个人的工作行为的特点并以此来评定一个人的素质构成。除此之外，还有一些普遍使用的心理测量工具和人格测量工具以及诸如工作样本测验、无领导小组、文件筐等一些常见的技术或工具。

需要说明的是，以素质为基础进行的绩效评估代表了绩效管理的新趋势，但它的应用前提是完备的制度设计和高超的管理水平。即使在西方发达国家，这一方法的运用也还处于摸索阶段。而且，如果组织总是结果导向，单纯强调素质对绩效的决定作用，而不强调控制，不关注具体目标，不注意绩效的持续改进，也会很难实现组织目标。所以，组织应当量力而行，根据自身战略目标的要求和实际情况平衡各种绩效考核方法的优劣，设计出支撑自身战略发展的绩效管理体系。

关键术语

绩效　绩效管理　绩效管理体系　人力资源管理　绩效计划　绩效指标体系　绩效执行　绩效评估　关键绩效指标法　目标管理法　平衡计分卡法　标杆管理法　绩效反馈　绩效评估　结果的应用　效率　片面效率观　公平　质量管理　素质　核心素质　通用素质　角色素质　关键事件访谈

复习思考题

1. 简述绩效的含义。
2. 简述绩效管理及其体系的含义与特点。
3. 什么是有效的绩效管理体系？
4. 简述绩效管理在人力资源管理系统中的定位。
5. 论述绩效管理的基本流程。
6. 简述绩效评估的含义。
7. 简述绩效评估的方法。
8. 如何理解绩效评估结果的应用？
9. 为什么绩效管理要拒绝片面效率观？
10. 论述绩效管理如何突出质量维度？

第 13 章

现代管理的新趋势

开篇引例

广东北电通信设备有限公司成立于 1995 年，目前该公司是中国电信、中国移动、中国联通等网络运营商的主要设备供应商。广东北电推行一种人性化的管理，所有员工一律平等，无论是领导还是普通员工，在食堂吃饭都一律排队。广东北电创造了一种宽松的工作氛围，尽量减少约束性规则。比如，员工上下班不打卡，不限制着装等。广东北电崇尚无障碍沟通，员工可以就公司的政策和管理制度自由地发表自己的看法。广东北电为员工构建一个充满关怀的个人保障体系，当员工生病、亲属过世，公司都会派人慰问；为缓解员工出现心理压力，广东北电采用 EAP 系统，任何出现心理问题的员工都可以免费拨打电话，向心理专家求助。广东北电注重员工的个人发展，帮助员工完善个人发展计划。每一年度，公司都会为每个员工制订个性化的培训计划。同时，通过轮岗等手段帮助员工充分发掘自身的潜力。广东北电拥有完善的内部晋升体系，当职位出现空缺时，公司会及时张榜公布，所有员工都可以根据自身的能力和兴趣进行申报。广东北电采取多层次的员工培训系统。首先，对于新人采取师傅制度，每名新员工都有师傅在工作和生活方面对其进行指导，使其尽快融入企业之中。其次，公司引入 E-learning 系统，通过这个系统，员工能够受到多方面的培训，员工能够学到许多相关的业务知识。通过这种人性化的管理，广东北电不但为员工提供成长的平台，同时也提高了员工的忠诚度，提高了企业的竞争能力。

资料来源：周三多. 管理学（第 2 版）. 北京：高等教育出版社，2005：216.

13.1　全球化、后工业化的挑战

13.1.1　管理的信息化和知识化

20 世纪 80 年代以来，人类社会迈入后工业化进程，在技术上，表现为计算机和互联网的普及，因而人们经常将这个时代和这个社会称为信息时代和信息社会。信息时代的来临对人类社会的管理活动产生了巨大影响，促使人类的管理方式向信息化管理转变。信息化管理是通过信息化实现组织效率提升的过程，其主要表现就是利用现代信息技术对管理进行全方位的改造。管理信息化是把管理制度、理念与信息技术结合起来，通过信息技术促使组织的业务流程、组织设计和组织战略等组织管理的各个方面发生转变，从而实现优化组织资源配置、提升组织竞争力的目的。管理信息化是一个复杂的动态管理和螺旋式演变过程，它不是简单地把计算机技术应用到组织管理中，而是信息技术与组织管理不断互动和彼此适应的过程。

管理信息化对人类的管理活动产生了很大的影响。第一，管理信息化改变了传统的管理理念。在传统管理理念中，对“物”的重视超过了对人的重视，管理信息化则使管理理念从重视物转变为重视人。在管理活动中，人们开始重视人的信息技术能力，重视加强人的信息技术培训。第二，管理信息化对管理决策产生了重要影响。一是改善了决策的质量。信息化使决策者能够接触到更多的信息，从而使管理决策更加科学和准确。二是使决策主体多元化。在传统的组织结构中，只有处于组织顶层或枢纽位置的人才能拥有相关决策信息，而在管理信息化的条件下，组织中任何层级的人都能够获取大量信息，这种变化促使组织中的管理决策重心下移，组织中处于一线的管理者拥有了更多的信息权和决策权。第三，管理信息化改变了传统的组织结构。传统的金字塔式的组织结构已经不能适应信息社会的需要，这种结构阻碍了组织中信息的自由流动。在信息化管理中，由于信息技术的广泛应用，打破了原来不同部门、不同层级之间的界限，组织形态变得扁平化、虚拟化和网络化。第四，管理信息化改变了组织的管理方式。一方面，传统的管理方式注重层级节制和指挥命令，在管理信息化的条件下，组织管理更加人性化，更加注重授权；另一方面，信息化改变了组织的生产管理流程和组织营销流程。

与管理信息化相伴随的另一个新的趋势是管理的知识化。在信息化的社会里，知识成为最重要的资源，对知识进行管理成为组织最为重要的管理活动。知识管理无论对个人还是组织都具有十分重要的意义，它能使个人与组织的竞争力得到大幅提升。知识管理包括知识的获取、整理、保存、更新、应用、测评、传递、共享和创新等基础环节，是通过知识的生成、积累、共享和应用而进行管理的活动，其目的是实现组织知识的资本化和产品化。具体地说，知识管理的特征可以概括为：第一，知识管理依赖于知识；第二，知识管理是一种管理活动；第三，知识管理的本质是服务；第四，知识管理是流程的优化；第五，知识管理是方法；第六，知识管理核心是创造价值。

现代组织进行知识管理有其必要性。第一，现代社会激烈的竞争和快速的技术革新需要组织进行知识管理。在市场经济不断发展和经济全球化的背景下，不同组织之间的竞争越来越激烈，而知识和信息正在成为组织获取有利地位的重要条件。在这种情形下，重视知识的获取和加强组织的知识管理是不同组织获得竞争优势的关键。另一方面，现代社会是一个快速发展的社会，技术更新的速度加快。组织间的竞争往往取决于技术的竞争。对知识的创新、分享、更新和获取成为组织技术创新的关键。第二，创造价值。对于组织而言，能够为服务对象创造价值是生存和发展的关键所在。因此，组织需要不断地进行知识创新和管理，为消费者和服务对象创造更多的价值。第三，社会流动性增强对知识管理提出了要求。流动性增强是现代社会的一个重要特点，流动性增强不仅表现在物质资源上，而且表现在人力资源方面。在现代社会，人力资源与其他资源一样，在不同领域和部门进行频繁流动。人力资源的频繁流动对组织的发展形成了很大的挑战，它使组织的知识和信息面临着流失的风险，进而对组织的发展造成影响。如果组织不能很好地进行知识管理，就会损害组织的知识基础。

知识管理包括一系列的流程。从业务流程的性质来划分，知识管理的基础流程包括知识获取、知识鉴别、知识组织、知识更新、知识传递、知识分享、知识测评、知识应用和知识创新九个环节。(1) 知识获取。知识的获取是知识管理的第一步，任何一个组织都必须注重知识的获取，掌握各种知识。知识获取既是知识管理的起点，又贯穿于知识管理的全过程。(2) 知识鉴别。现代组织获取的知识量很大，因而需要组织不断地对知识进行分析，提高组织知识储备的质量。知识鉴别的主要原则是从组织需求和组织目标出发。(3) 知识组织。知识组织是按照一定的标准对知识进行分类的过程。知识组织包括知识的存储和知识的获取。知识的存储需要组织建立知识的储备库，而知识的获取则需要利用各种软件工具为组织成员获取知识提供便利。(4) 知识更新。知识更新是指组织应不断根据环境的变化而对组织现有知识体系进行充实和改造以保证知识系统的有效性。(5) 知识传递。知识传递是指组织中的知识能够在组织成员之间无障碍地流通，组织应通过知识地图和知识库等形式促进知识的传播和利用。(6) 知识分享。知识分享就是打破知识的界限，使知识在不同的人之间实现共享。(7) 知识测评。知识测评是对知识有效性的考核和对知识使用情况的测评。通过知识测评，能够促进组织的知识管理进一步发展。(8) 知识应用。知识应用是将知识运用到组织实践中，是为组织创造价值的过程，是运用组织的知识储备来提升组织竞争力的过程。(9) 知识创新。知识创新是对组织已经拥有的知识的再创造。知识创新有两种方式：一是原有知识的重新归纳梳理，从而实现知识创新；二是在原有知识不能解决现有问题的情况下寻求问题解决的创造性方案，从而实现知识的创新。

13.1.2 互联网上的虚拟化管理

1. 互联网的特点

互联网的兴起是20世纪最大的历史性事件。互联网的发展历程经历最初军事性的网络，到小规模的教育和科研平台，最后发展为开放性的网络。互联网的起源可以追溯到美国国防部的军事网络——阿帕网。阿帕网是20世纪50年代美苏争霸的产物。美国在1969年组建了具有实验性的计算机网络。互联网自诞生以来，表现了极强的生命力和发展潜力。互联网作为一种新的媒体，它具有传统媒体所不具备的特点：

首先，互联网具有开放性。与传统媒体相比，互联网是一种开放性的媒体。传统媒体的信息发布者和受众都是既定的；而互联网的受众是无限的，任何人都能通过互联网获得相关的信息，互联网信息的发布者也具有开放性，任何人都能够通过互联网发布信息。

其次，互联网具有虚拟性。互联网是一个虚拟性的存在，它是一种不同于现实实体世界的电子虚拟网络存在。在互联网里，不同个体之间的交往具有虚拟性。交往个体之间并不能感受到对方的时空位置。也就是说，网络是一种虚拟的现实体验，它是电脑三维技术、传感、人机界面以及模拟技术合成而成的一个虚拟世界。

再次，互联网具有匿名性。互联网的虚拟性和非直接接触性使互联网的用户能够在隐匿身份的情况下发布信息，从而使互联网具有匿名性。匿名性使互联网更具活力，它能使互联网的使用者自由地发表自己的观点和看法。当然，匿名性也使互联网的虚假信息泛滥。

最后，互联网具有非中心化和平等的特质。在物理特性上，互联网是一个由许多局域网所连接而成的网络，它是一种离散结构，不存在中央控制机构。在互联网的互动结构中，人们没有身份等级的区别，每一个互联网的用户和参与者都是平等自由的主体。互联网所形成的人际关系是非中心化的，它具有打破工业社会中心-边缘结构的特质。

2. 互联网的影响

互联网的诞生极大地改变了人们的生活，互联网对政治、经济、文化以及人们的生活产生了革命性的影响。

其一，互联网对政治生态产生了重要的影响。互联网的产生，使普通民众能够更加容易地获得各种信息，他们能够更加便捷地表达自己的意见，从而对政府决策产生很大的影响。互联网拉近了政府与普通民众之间的距离，普通民众的意见表达能够较为迅速地传达到决策层。

其二，互联网对经济产生了重大的影响。互联网对经济的巨大影响体现在它改变了商业生态环境。伴随着互联网的普及，电子商务在现代市场经济中发挥越来越重要的作用。互联网对企业的经营行为也带来了巨大的影响，它改变着企业的经营模式、销售模式、组织形态等方面。

其三，互联网对文化产生了重大影响。互联网促进了文化的繁荣。互联网的出现和普及，改变了文化的传播方式和传播模式，极大地促进了文化的发展。互联网的诞生，创造了一个崭新的信息传播模式，也对传统的信息传播模式产生了挑战。报纸、杂志、电视等传统传播媒体具有单向性的特点，作为一种新的传播媒介，互联网在传播模式上具有双向性的特点。互联网使广大人民群众的意见实现了更加广泛的传播和及时的表达。

其四，互联网改变了人们的生活。随着互联网的普及，人们对互联网的依赖度不断增加。互联网成为人们知识的主要来源，成为各种信息的主要来源，也成为娱乐的主要来源。人们的生活与互联网息息相关，互联网日益成为人们日常生活必备的工具和助手。

3. 互联网的挑战

互联网在给人们带来巨大便利的同时，也给人类的社会管理带来了巨大挑战。

首先，虚假信息和不良信息泛滥。互联网的便捷性使信息传递的范围和广度大大扩展，互联网使普通民众的意见和声音得以传播，互联网使信息的传递超越了传统媒介的边界。但另一方面，互联网也成为虚假信息滋生的温床。互联网信息传递的快捷性和匿名性使虚假信息得以快速传播，对社会造成一定程度的危害。互联网的虚假信息对人们的生活、社会的稳定、经济的发展等都造成了负面影响。在虚假信息泛滥的同时，各种宣扬犯罪、恐怖袭击、黄赌毒等不良信息也充斥着互联网，这些都对互联网的健康发展构成了威胁。

其次，威胁国家安全。快速发展的互联网也在一定程度上对国家安全构成威胁。互联网无边界和信息快速流动的特征，使互联网成为国家之间对抗的重要工具。通过互联网，国家的各种机密信息更容易被他国获取；通过互联网，各种不同的意识形态和思潮得以快速跨国界传播，从而影响一国的社会稳定；通过互联网，各种针对国家安全和影响国家统一的暴力恐怖活动得以传播。

最后，网络攻击和黑客使互联网成为犯罪行为的高发地。伴随着计算机和网络的普及，各种以计算机技术为手段的违法行为也在不断发生。黑客行为、网络诈骗、网络侵权事件等各种犯罪行为成为互联网健康发展的巨大阻碍。

4. 虚拟化管理的原则

互联网的虚拟性为现代管理既带来了机遇也带来了挑战。如何使互联网的消极作用最小化、最大限度地发挥互联网的积极作用成为互联网上虚拟化管理所需要解决的主要问题。互联网的虚拟化管理必须要充分注重互联网的特点，而不能用传统媒介的管理方法来对互联网进行管理。一般而言，互联网的虚拟化管理需要注重这样几个原则：

第一，互联网的虚拟化管理要充分考虑到互联网的开放性。互联网是个开放的平台，正是因为这种开放性，才使互联网具有其他传统媒体所不具有的先进性。对互联网的管理不能扼杀它的开放性和活力。

第二，互联网的虚拟化管理应该本着服务的原则。互联网的兴起是人类迈向后工业化进程的标志之一，它在一定程度上代表社会生活的丰富性和复杂性。如果按照工业社会的控制思维来对互联网进行管理，这种行为不但不能带来促进互联网的发展，反而会在一定程度上扼杀互联网的活力；同时，这种管理模式在互联网这种复杂性高的媒体面前，也会显得无能为力。因此，互联网的虚拟化管理应该改变控制导向的管理模式，进而建立一种以服务为导向的治理模式。

第三，互联网的虚拟化管理应该以人为本。互联网的虚拟化管理应该重视人的基本需求，重视互联网所有用户的需求，一切管理行为都要以互联网用户的利益和需求为出发点。这意味着互联网的虚拟化管理需要以人为本，更加的人性化。实际上，这不但是互联网虚拟化管理的要求，也是其他一切管理行为必须遵循的准则。

13.1.3 以人为本的个性化管理

以人为本的个性化管理简称人本管理。人本管理的思想起源于 20 世纪二三十年代的西方国家，人本管理在企业中得到真正运用则是在 20 世纪六七十年代。人本管理的产生是管理思想和管理实践的一次革命，具有非常深远的影响。以人为本的个性化管理是把组织中的人作为组织中最宝贵的财富，在管理中充分考虑组织成员的个人特点、个人的需要、个人的成长和价值，使组织成员在工作中能够发挥其工作积极性的管理方式。以人为本的个性化管理的本质在于重视人的价值。

与传统的古典管理相比，以人为本的个性化管理具有其特点：第一，以人为本是组织的核心价值。传统管理把效率或利润作为组织的核心价值，人只不过是实现核心价值的工具。以人为本的个性化管理把人作为组织取得成功的关键，组织把以人为本作为组织的核心价值，以人为本的理念渗透到组织的全部管理活动之中。第二，对人的尊重是以人为本个性化管理的关键。在传统管理中，人是第二位的因素，即使存在着对人的关心，也只是把人作为一种物化的人力资源来看待，缺乏对人的关怀和真正的尊重。人本管理的关键在于对人的尊重，而不是把人仅仅作为实现组织目标的工具。以人为本的个性化管理要站在一个高度人性化的境界，不仅把组织成员看作人力资源，而且要将其作为组织赖以依赖的坚强后盾，从人本的层面去激励员工的群体精神创造力。第三，人本管理在一定意义上是一种参与式管理。在传统管理中，组织成员只是被动地作为被管理者的角色参与到管理中去，缺乏主动性和创造性。在以人为本的个性化管理中，组织成员被鼓励参与到管理中，组织成员既是被管理者也是管理者。在人本管理中，管理者和被管理者的界限被打破，它能够把组织成员的工作积极性充分调动起来，能充分挖掘组织成员的潜能和工作积极性。

以人为本的个性化管理包括以下几点内容：

第一，组织把人作为最宝贵的资源，把人力资源管理上升到战略层面。组织管理的管理对象包括人、财、物、信息等许多要素。在所有的要素中，人是第一位的要素，因为人是最具有能动性和创造性的资源，而且，所有对物的支配都要通过人来进行。因此，以人为本的个性化管理把人作为管理中的首要因素。在人本管理中，不但把人作为一种重要的战略资源，而且在管理中要切实尊重人的价值、人的尊严。

第二，人本管理需要重视人的各种需求。根据马斯洛的需要层次理论，人有多种层次的需要。以人为本的个性化管理需要对人的各种需要给予充分的关注，特别要注重关注人的高层次需要。在管理方式上，人本管理需要以激励为主。激励主要通过激发组织成员的动机，使组织成员产生积极工作的内在动力，从而为实现组织目标而努力工作。通过激励，组织管理者利用各种诱因，刺激人的各种需要，激发组织成员努力工作的动机，从而促使组织成员为组织目标的实现而努力工作。

第三，人本管理要创造融洽的团队成员关系。以人为本的个性化管理需要管理者创造一个良好的人际关系。首先，组织的管理者要致力于改善与下属的人际关系。人际关系改善的关键在于管理者与被管理者关系的改善。因此，改善组织中的人际关系需要组织领导者率先垂范，改变工作作风，努力与组织成员改善关系。其次，组织管理者要促进组织成员之间关系的改善。组织成员之间关系的改善是组织人际关系改善的基础。在同一个组织中，不同人、不同部门之间由于存在着利益关系，所以，组织成员间和不同部门之间容易产生矛盾。这需要组织领导者在组织中协调好不同组织成员、不同部门间的利益关系，从而达到改善人际关系的目的。概言之，人本管理要创造一个融洽的团队式的成员关系。

第四，积极进行人才培养。人本管理要注重人力资源的开发，把人才的使用与人才的培养结合起来，使组织目标和个人的成长结合起来。

第五，注重组织成员的参与管理。人本管理需要领导者实行参与式管理，充分发挥组织成员的创造力和积极性。组织要创造条件，促使组织成员能够参与到组织的决策中来，提高组织决策的质量。在参与管理的基础之上，随着组织员工成熟度的提升，组织需要进一步实行组织成员的自主管理。

13.2 组织的变革与创新

13.2.1 变革的动因与阻力

1. 组织变革的动因

变革是组织生存和发展的永恒主题，组织唯有不断地进行变革与创新，才能适应社会环境的迅速变化和发展要求。然而，变革的成功与否，在很大程度上取决于组织能否克服各种变革阻力。在全球化、后工业化时代，组织变革的根本动因是社会的高度复杂性和高度不确定性。“每一个社会皆为一个复杂的系统，这就是为什么仅仅凭借一项决策，甚至仅仅凭借一项多数人原则，通过民主程序达成的决策，无法令社会发生根本性的变革，或让社会得以更新。……社会是由各种互相储存的关系组建而成的，因而并不受制于人们的主观意志。”①具体来说，社会的高度复杂性和高度不确定性主要表现在以下几个方面：

首先，主体的频繁互动、生产要素的快速流动和管理空间的开放性增加了管理的不确定性，因此，管理要具有开放性与灵活性。在全球化的背景下，资金、技术、设备等都在全球范围内以前所未有的速度流动，市场的国际化造成了竞争的国际化，迫使组织必须把对不确定性内容的管理纳入日常管理。可以说，未来组织管理的核心内容就是对于不确定性的把握和控制，这种不确定性的来源是非常广泛的，主体的频繁互动、生产要素的快速流动和管理空间的开放性是产生一系列不确定性的主要根源。不过，组织通过自身的力量可以相对减少一小部分不确定性，但不可能消除不确定性，认识、控制和利用不确定性恰恰成了组织管理的重要内容。所以，在全球化、后工业化背景下，管理理念与方式都需要突出管理的开放性与灵活性，并进行全面的管理变革。

其次，管理突破时空限制，呈现出虚拟空间的管理与现实空间管理的交互进行。互联网技术与自媒体的迅速发展与普及，使当前的管理领域呈现非常复杂的局面，迫使管理必须变得更加透明、公开与高效。与此同时，互联网和自媒体传播中的无限开放所带来的参与式新闻传播，不仅压缩了信息与知识的传播环节，加速了传播速度，也使得参与者的范围无限扩大、行动时间无限缩短，这为相关管理创新主体提供了信息搜集渠道，有助于信息的快速流动与分享。在此过程中，人们甚至可以通过即时的微博互动获得各种建设性行

---

① 克罗齐耶. 法令不能改变社会. 上海：上海人民出版社，2008：1.

动方案，或者通过各种倡议性联合行动，迅速有效地化解各种敏感性和突发性事件。在当前管理事务日益复杂且不确定性的情境下，管理者需要构建灵活高效和开放的管理创新体系与运作机制，而互联网和自媒体传播完全可以依靠其独特的传播优势而为提升管理创新能力和增强管理创新方式的灵活有效做出应有的贡献。

再次，面对着顾客需求的多元化，管理主体要实现从控制到服务、从单向线性到网络互动与反馈的基本转变。企业在市场中的生存与发展，公共部门在公共领域中的存在合法性与社会治理，都离不开利益相关者的支持与促进。经营良好的企业，提供优质服务的公共部门，需要与各种利益相关者建立良好的关系。所以，这些组织是否需要进行变革以及如何变革，在很大程度上都取决于顾客的诉求与期望。同时，顾客是否满意也是衡量变革成效的关键标准。

最后，复杂的治理背景带来的是机遇与挑战，迫切需要管理学界对知识、信息与人才等方面的管理进行新的探索。在人类知识高速增长的同时，我们还严重缺乏知识。知识的缺失导致行动无据，过度防御行为使风险出现叠加效应。知识史上知识饱和与知识缺失相伴而生，一方面我们拥有不断增长的社会知识，这些知识在提高人类战胜各类灾害减少风险和获取较高安全保障水平的同时也增强了我们制造风险的能力；另一方面我们应对突发性社会风险的知识又严重短缺，知识缺失使我们更加脆弱和易损，从而使我们的社会进入风险时代。以政府治理为例，随着治理场域复杂性的不断增长，公共行政实践作为一种特殊的人类管理活动，就需要一场系统的认知革命。具体来说，一方面需要对长期居于主导地位的技术知识观进行检视与反思，另一方面需要探索和发现一种广泛存在于公共行政实践中的“行动中的知识”，即实践知识。为了创造出有利于公共行政实践知识建构与再生产的基本条件，至少需要从公共行政实践主体、公共组织的新形态即合作制组织和基于实践理性的公共行政规范等方面进行检视与变革。

影响管理与组织变革的因素还有许多，如组织内外部环境、组织领导人的偏好等。组织应根据所处的时空环境进行综合考虑，以决定进行变革的最佳时机与具体的变革方向。

2. 组织变革的阻力

随着全球化进程的推进，信息技术的不断进步，组织所面临的环境日益复杂，任何以市场为导向的企业和以为社会提供公共服务为宗旨的公共组织，都必须不失时机地进行相应的组织变革以适应不断变化的内外环境。然而，变革就意味着打破传统，意味着破旧立新，这就使得组织变革包含着不同程度的风险性和破坏性，就会触及一些人的既得利益，从而导致组织内外部出现种种阻力。这些阻力因素能否有效排除，将直接影响组织变革的成败。因此，实施变革的管理者必须正视变革的阻力，分析组织变革的阻力来源并采取各种积极有效的措施来克服这些阻力，确保组织变革的顺利开展。

首先，近代以来基于自然科学的技术理性与控制导向大行其道，成为至今仍影响着人类各领域实践的主导性思维，而这套适用于工业化大生产之需要，对社会复杂事务采取简化方式的思维，极大地限制了主体能动性的发展，使得管理不断走向僵化与封闭，直至管理陷入危机。“近代社会的这种技术理性与控制导向主要是通过社会的组织化进程来实现的，官僚制组织是这一组织化过程的基本组织形态。一个刻板僵化的组织，它的管理手段就是等级、保密、规则、距离和分隔，其主要游戏（最小类型的）为保护性的游戏。这样它就无法，至少在现阶段，无法采取分散的结构来更好地控制和它与‘动荡的’环境之间的关系所引发的冲突和问题。”①

近代以来，尽管启蒙运动和资产阶级代议制政治体制的设计等使社会大众获得了自由与平等的身份，但近代社会又是一个组织化的社会，而作为适应于工业社会的基本组织形态与运行机制的官僚制组织对个体的祛魅化、层级节制的组织结构设计、职责法定和标准化行动模式等，对组织成员造成了压迫与控制，致使每个个体都归属于一定的组织管理，成为抽象意义上的独立与自由个体，实际上却无所不在地处处受到组织的管理与监控。“现代控制的基本特征，它不是直接的权力控制，而是表现为以非人格化的方式去实施控制，通过组织，而且是通过组织的制度、体制、程序等方式去实现控制。”②近代社会中长期居于主导地位的技术理性与控制导向思维对新事物的简化处理、对主体价值与能力的压制甚至祛除、对组织外部环境的封闭与被动回应，等等，都是导致当前管理理念与方式迟迟无法更新甚至成为变革阻力的根源。

其次，变革所带来的不确定性使组织及其成员承受着巨大的压力与挑战，组织内外部的人们的意愿与能力等个体因素都可能构成变革的阻力。因为，组织的存在、发展乃至变革都是与这些人的利益息息相关的。具体来说，其一，组织变革的结果往往具有很大的不确定性和风险性。在变革过程中，大多数人希望了解组织变革的可行性、变革所带来的利益结构调整对自己是否有利、自己是否能做好一系列应对措施等。当人们不知道如何应对这些问题时，就会对未来发展产生焦虑，进而对组织变革采取消极甚至敌对的态度，这种来自个体情感和行为方面的问题正是组织变革实施中最常见的阻力。其二，从个体素质与行动能力方面看，会产生某些客观障碍。管理与组织的变革常常伴随着技术变革，从而对人们的素质与能力提出了更高的要求。一些人会因先进管理理念与技术的引进和应用而担心自己地位的降低或自己可能会被淘汰，因此宁愿维持现状。此外，从客观上讲，一些故步自封、不思进取的人不愿意接受新理念和学习新技术，或者短时间内很难提升自己的素质与能力。所有这些，都会严重拖延或阻碍变革的进程。

最后，组织惯性与规则系统的物化甚至异化使变革面临着严重的组织结构性与文化性障碍。影响组织变革的惯性主要体现为组织结构惯性和组织文化惯性。组织结构层面上的惯性也就是一种组织结构的物化甚至异化。因为，随着组织的不断发展，规模的不断膨胀和内部分工与协作的复杂化，管理者总会倾向于不断建立和完善相应的结构和制度。伴随着此类结构与制度系统的不断生成并相互渗透，在工具理性的作用下，由组织的结构与制度所构成的规则系统都会异化为组织行动的目标。同时，加之规则系统的越来越繁复，必然会成为束缚组织变革的最大制度性障碍，最终使组织陷入规则系统所制造的重重困境之中。此外，组织还面临着组织文化层面上的惯性阻力。伴随着组织的成长，人们行为处事方式往往会受制于组织群体的共同期望，这种期望根植于组织长期发展所形成的群体非正式规范、价值观念和信念体系之中，并形成组织所特有的组织文化。组织越是历史久远或者越是成功，它的组织文化越容易固化，根深蒂固而难以改变，从而助长组织文化惯性。

---

① 克罗齐耶，费埃德伯格．行动者与系统——集体行动的政治学．上海：上海人民出版社，2007：202.

② 张康之．寻找非控制导向的合作制组织．中共杭州市委党校学报，2014（4）.

在日常活动中，人们可能感觉不到它的存在，甚至会忽视它的存在。然而，一旦组织需要进行变革与创新，组织文化就会在深层次上影响人们的行为，尤其是对于那些落后的组织文化更是会成为束缚组织前进的羁绊，阻碍组织的变革。

13.2.2　结构设计的新要素

传统的官僚制组织基于理性化思维与控制导向对外部环境的封闭与被动回应、对成员的非人格化和严格的层级节制等，与追求稳定性、科学性、效率和标准化的工业社会技术理性高度一致，曾经发挥着重要的提高生产力和谋求秩序的作用，但面对着治理环境的复杂性和不确定性的迅速增长，官僚制组织在实践中不断暴露出弊端。因此，近年来许多学者都在探索新的组织形态，学习型组织、任务型组织、危机管理和变革型组织或适应型组织等，都作为官僚制组织的替代性方案被提出。此外，网络社会与知识社会的到来，使管理理论与组织理论界不断探索适用这种新社会属性的管理理念与组织形态，权变管理、学习型组织、网络型组织、适应型组织等，一方面对传统的科层制组织存在的弊端进行一些补救、矫正，另一方面又推动这些新型管理理念与组织形态逐渐成为主流的管理与组织理论。

当前，组织理论越来越强调组织与环境之间的密切关系，强调组织与环境间的不可分离性，组织的顺利发展，在很大程度上取决于组织对环境的准确掌握与积极回应，并及时地自我变革与创新。学习型组织、任务型组织、危机管理、虚拟组织和变革型组织或适应型组织等替代官僚制组织的新型组织形态，包含着许多新理念，如参与、共享、合作、分散、柔性、信任和学习等。如何将这些新理念与新要素融入组织结构设计并最终使组织更好地与复杂治理环境形成互动，通过组织的开放性、灵活性与高效性实现对市场或公共领域的回应与能动建构，都成为当下组织理论需要探讨的重要问题。归纳起来，近年来组织结构设计方面已体现出一些明显的发展趋势：

第一，组织扁平化。传统的组织层次繁多，导致决策速度大大降低。因此，通过减少垂直层、扩大水平层，使组织结构精简，这样有利于提高组织的决策速度和对市场变化的反应能力。从最上面的决策层到最下面的操作层，中间相隔层次极少。它尽最大可能将决策权向组织结构的下层移动，让最下层单位拥有充分的自决权，并对产生的结果负责，从而形成“以地方为主”的扁平化组织结构。区别于官僚制组织中的层级节制的等级化组织结构和严密的上下级权力关系，扁平化管理减少中间的管理层次，加速了信息的流动与传递，有助于降低行政成本，提高行政效率，提高决策的速度和准确性。同时，这种组织结构设计的新理念还有助于改变组织管理中的权力生态，一方面实现了适当的权责上收和全局统筹，另一方面也有助于让下级或基层拥有适当的自主权，并让其对结果负责，调动基层和个体的积极性与创造性。

第二，网络化结构。随着管理环境的复杂化，尤其是多元主体之间的密切联系与频繁互动，组织的管理者越来越认识到，单个组织是没有充足的时间和实力独自介入产品生命周期或公共服务供给的所有阶段，因此，网络结构将成为基本的组织形式。按网络形式建立的工作流程构成一个以具有固定连接的业务关系网络为基础的联合体。例如，在企业中，这种联合既存在于客户和供应商之间，也存在于多个合作企业之间，也可能存在于单个企业组织内部，典型的事例有空间上较为分散的团队与项目小组、基于产品原料加工—生产—销售—信息反馈等环节的供应链管理。随着互联网技术的飞速发展，完善的网络组织可以看作虚拟企业或虚拟政府，其功能和效果远远超过原来单个组织机构的机动性和竞争性。在此，互联网所需要的信息管理技术和通信技术起着关键的联结与支持作用。

第三，分权与自治。复杂的市场与治理环境使得企业与公共部门都必须越来越重视市场环境、顾客期望、其他社会主体等问题，因此，管理学与组织研究强调变原有的集权、封闭式管理为一种分权与开放式的管理，典型的组织形态如学习型组织、任务型组织、危机管理和变革型组织，尽管这些组织形态侧重的角度不同，却都关注组织主体的智力资本与创造力并赋予组织成员通过学习、信息共享与合作等实现组织的资本积累和组织竞争力的提升。组织分权与自治的核心就是通过授权和明确个体责任，通过提高基层管理者的责任心，促进权责的结合，提高组织的绩效。

13.2.3 工作流程的再造

面对全球化、后工业化的挑战，所有组织都处在不断的变革与创新之中，其中，对工作流程的再造和创新成为多数组织改革的重要内容。工作流程再造的主要目的是减少组织运营的成本，提高运行的效率。工作流程再造具有四个特点：

第一，工作流程再造的出发点是顾客，而不是上司。顾客对于任何一个组织来说都是最为重要的因素。因为，一切组织都需要在为社会提供服务或产品的过程中才能生存下去，在现代市场经济中，提供令顾客满意的服务或产品是组织的根本追求，也是组织能否生存的根本。然而，组织员工服务的直接目标往往并不是顾客，而是组织的各级领导，因为员工的绩效高低往往由这些员工的领导来评判，这往往成为组织绩效低下的原因。在流程再造中，衡量员工业绩的根本标准是顾客的满意度，因而，顾客的满意度既是衡量员工绩效也是流程再造是否成功的标准。

第二，工作流程再造的对象是业务流程，而不是组织结构。工作流程的再造必然伴随着组织结构的改革。一个无效率的流程往往和一个无效率的组织结构相联系。但是，这并不意味着仅仅改变组织结构就能够实现组织效率的提升。工作流程再造的主要改革对象是业务流程，在此基础上对那些与业务流程不相适应的组织结构进行改造，使二者匹配以实现组织效率的提升。

第三，工作流程再造不等于自动化。信息技术的进步为组织带来巨大的活力，它能改变组织的旧体制，提升组织的效率。不过，虽然信息技术能在一定程度上带来组织效率的提升，但信息技术乃至自动化远远不能代替工作流程再造。信息技术和自动化在一定程度上只是流程再造的手段和工具，工作流程再造是从根本上对企业流程的重新梳理和改革。

第四，工作流程再造适用于所有组织。工作流程再造具有广泛的适用性。无论是企业，还是政府部门抑或是事业单位，都能够适用于工作流程再造。对于任何一个组织而言，在其发展的任何一个阶段，都能够进行流程再造。当组织处于业绩不佳阶段，工作流程再造具有紧迫性；当组织处于兴盛时期，工作流程再造也是防止组织业绩下滑的重要法宝。

工作流程再造是一项系统工程，它的中心内容是对业务流程进行改革，其主要目标是对被专业分工和官僚部门割裂的工作进行的重新组织和梳理。作为一项系统工程，工作流程再造遵循一个怎样的程序呢？有学者提出了工作流程再造的“三阶段九步骤”模式。第一阶段，发现和准备阶段。主要任务是：对组织战略进行回顾、分析组织的结构设置、分析组织的业务流程、重新确定组织的战略目标，在此基础上，确定可进行改革的项目群；分析工作流程再造所产生的影响；选择工作流程再造的切入点或试点范围，包括项目的启动，选择沟通战略，挑选团队成员、对组织文化进行评估等。第二阶段，工作流程的重新设计阶段。这一阶段的三个步骤是：使用工作流程图等方法对工作流程进行区分；设计简化流程的多个再造方案；对各种不同的方案进行成本-效益分析。第三阶段，流程再造的实施阶段。包括选择实际实施的方案和制定应急预案；将方案付诸实施；更新实施后的相关数据。

13.2.4　组织类型的重构

工业社会是一个低度复杂和低度不确定的社会，在这种社会状况下，官僚制组织这种组织形式能够有效应对各种社会治理任务。但是，伴随着全球化、后工业化，社会现实从以前的低度复杂和低度不确定状态转变为高度复杂和高度不确定状态，在这种社会背景下，官僚制组织变得反应迟钝和效率低下，无法有效应对新的社会现实所带来的挑战了。因此，工业社会的组织面临着重构的挑战与机遇，时代呼唤着新的组织类型——合作制组织。合作制组织是与后工业社会相适应的组织类型。在社会转型的过程中，在合作制组织尚未成为一种普遍性的组织形式时，有一种过渡性的组织形式——任务型组织得到了广泛运用。任务型组织是一种存在于工业社会的组织类型，在工业社会后期，随着社会复杂性的提高，任务型组织被人们越来越广泛地使用。任务型组织是一种过渡类型的组织，伴随着人类社会后工业化进程的不断深入，它最终将会被合作制组织取代。

（1）合作制组织。后工业化的压力要求组织必须通过自身的变革来迎接时代的挑战，组织变革的唯一出路是建立新的组织类型——合作制组织。合作制组织具有这样一些特点：第一，合作制组织是合作导向的组织类型。与官僚制组织的控制导向不同，合作制组织是一种合作导向的组织，合作制组织的非控制导向首先表现在它在进行合作行动的时候不谋求对合作规则的操纵。在合作的过程中，合作制组织通过对规则的自觉遵守来开展行动，在规则不利于合作行动时，也同样通过合作协商的途径去完善规则。在合作制组织中，合作不仅是目的，而且是组织的根本性质和存在方式①。第二，合作制组织是一种网络状的组织。官僚制组织在结构上表现为一种中心-边缘结构，这种中心-边缘结构决定了官僚制组织是一种控制导向的组织。合作制组织是一种构成性的组织，它在组织形态上打破了官僚制组织的中心-边缘结构，呈现出非中心化的特点。具体地说，合作制组织是一

---

① 张康之. 论组织的转型：从控制到合作. 西北大学学报（哲学社会科学版），2009（2）.

种网络结构的组织类型，或者说，合作组织是以网络的形式出现的[①]。第三，合作制组织是一种把组织信任关系加以制度化的组织形态。正是因为组织的信任关系被制度化了，所以，合作制组织才能获得持续的和稳定的合作行为。在以往的组织模式中，合作行为只是基于一种感性的信任，所以，这种合作行为是不可持续的。在合作制组织中，合作是稳定的和制度化的合作，是基于信任关系和根源于合作制性质的合作[②]。第四，合作制组织是一种消除权力依赖的组织类型。合作制组织是从根本上消灭权力依赖的组织，在合作制组织中，不存在等级性的权力。在合作制组织中，只存在由权威生成的权力和由知识和经验生成的权威，而且随着组织任务的变化，组织的权力和权威也因而具有流动性。合作制组织中的权力和权威都不与固定的主体相联系，因而，合作制组织是消除了权力依赖的组织类型[③]。

（2）任务型组织。20 世纪后期以来，随着人类社会复杂性和不确定性的增长，一种不同于常规组织的组织类型——任务型组织大量涌现，人们越来越习惯于用任务型组织这一组织形式去处理那些重大的、紧迫的、一次性出现的非常规任务。任务型组织是以任务为导向的组织，它是由任务决定的，任务型组织因任务而成立也因任务而解散。任务型组织的基本特点在于它是任务导向的。任务型组织存在的根本原因是任务，当任务完成之时也是任务型组织解散之日[④]。任务型组织不同于常规组织。常规组织是那些承担常规任务的组织，而任务型组织则是承担非常规任务的组织。常规任务具有重复性和稳定性的特点，因而常规组织在承担这些任务的过程中，能够产生较为稳定的行为模式以及文化心理结构。由于常规组织的任务具有重复性，所以，常规组织通常会形成固定的程序，而非常规任务是那些一次性、不具有重复性的任务，它具有形式上的紧迫性和内容上的全新性，这些非常规任务是无法通过常规组织来完成的，任务型组织是完成这类任务的最佳选择[⑤]。任务型组织不同于临时性组织。任务型组织具有临时性的特征，事实上，一切任务型组织都是临时性组织，但临时性组织不一定是任务型组织。临时性组织只是一个经验事实。临时性组织是一种运行不规范的组织类型。更为重要的是，临时性组织的管理方法、管理的方式都是借用常规组织的。任务型组织是任务导向的，在管理方式、资源获取、任务目标等很多方面都与常规组织有着很大差别[⑥]。

在组织实践中，任务型组织大致有三种类型：一是单一任务组织。单一任务组织是任务型组织的主要形式，因为单一的任务更有利于任务的完成。任务型组织的任务具有整体性的特点，就其自身任务特点来说，则具有单一性的特点。二是多元任务组织。在任务关联性强而技术要求相近的情况下会成立多元任务组织。多元任务组织的任务具有密切联系和不可分割的特点。三是延展任务组织。延展任务是一个任务完成后又出现了一个与前一个任务具有逻辑和历史联系的任务，在此条件下，原来的承担此任务的组织变成了延展任

① 张康之. 论社会以及组织结构的“非中心化”. 江海学刊，2008（1）.
② 张康之. 论信任、合作以及合作制组织. 人文杂志，2008（2）.
③ 张康之. 论组织中权力依赖及其消解. 宁波市委党校学报，2014（2）.
④ 张康之，等. 任务型组织研究. 北京：中国人民大学出版社，2009：1-6.
⑤ 同④35-36.
⑥ 同④38-39.

务组织。延展任务组织中的任务在延展前后必须要有资源、组织依据等方面的关联度，这是延展任务型组织建立的一个重要前提①。

13.3　风险管理与危机管理

13.3.1　复杂性条件下的管理

当今的管理以及整个社会治理场域被冠以风险社会、知识社会、网络社会、后工业社会等不同称谓，尽管这些概念是从不同角度对当今人类面临境况的界定，但其共同旨趣都在于揭示当今人类所面临的是高度复杂性和高度不确定性的社会。目前，人类已经进入风险社会、知识社会、网络社会，科学与理论研究亦对此做出了不同程度的回应。然而，管理者却仍然基于按章办事和服从命令的线性的、僵化的行为逻辑来寻求秩序和处理复杂问题。现实表明，在具有高度复杂性与高度不确定性的风险社会中，管理者基于官僚制组织的行为取向将不仅无助于问题的界定与解决，还会延缓对风险的感知和回应。因此，管理者应如何克服僵化的官僚制组织规则和程序，如何提高对各种风险的感知并灵活地采取回应行动，如何及时、高效地解决问题和实现组织目标，这是当前管理理论和管理实践必须审慎思考的迫切议题。

传统的管理科学范式是适用于工业社会的管理理念与工具，而对于以高度复杂性和高度不确定性为基本特征的社会，基于传统的管理科学范式的僵化的组织结构必须转变为能够适应复杂环境变化的新的组织结构与管理形式。因此，当前要借助于复杂性科学来探索一套结构设计的新方法、新工具和新理念。

首先，创新成为复杂性条件下管理的主旋律。任何组织的生存与发展都必须适应信息时代多变的环境，信息时代的多变性、复杂性和快节奏决定了实现管理创新的必要性。管理创新是经济发展、技术进步、环境改变和需求转换等对管理提出的要求，它是管理的灵魂，融于管理的各大模块之中，显示出其主旋律的应用功能。当前，在管理思想上，组织经营理念已逐步升华，与社会需求日趋吻合。组织文化呈现出中西合璧之势，个体、组织、社会乃至整个自然界相互之间的融合性思潮逐渐成为主流。在组织机构上，柔性模式代替了刚性模式，学习型组织成为人们追求的理想组织模式，这些都是管理创新的具体表现。在管理方式上，正在发生从“以物为中心”到“以人为中心”的革命，它适应了人的主观能动性与创新精神得以充分发挥作用的需要。管理制度创新已深入产权制度及人事、工资、财务、生产管理等各个方面。可以说，管理的真谛在于创新，21 世纪的管理是管理的创新和创新的管理，保持组织的管理创新能力是每一个管理者都应认真对待的问题。

其次，非控制导向是复杂性条件下管理的基本内涵。人类的社会治理是通过组织这种形式开展的，而迄今为止的一切组织都包含着一种控制导向。这种控制导向在组织内部表现为“管理就是控制”。在组织的外向作用过程中，则表现为对环境的控制。在政府这里，

---

① 张康之，等. 任务型组织研究. 北京：中国人民大学出版社，2009：14-18.

则表现为对社会的控制。应当承认，直到20世纪后期，组织的控制导向都是有效的，能够取得合目的性的结果。然而，随着后工业化脚步的加快，人类社会进入了高度复杂性和高度不确定性的状态，组织的控制导向面临着失灵的危险。基于此再审视组织的控制导向，可以发现，在组织的控制导向中实际上一直存在着一种无法解决的悖论，而后工业化进程中的高度复杂性和高度不确定性使组织的这种控制悖论更加清晰地呈现出来并宣布一切控制都丧失了合理性。非控制导向的管理核心理念就是突出管理的服务性、开放性、灵活性、合法性与有效性。

最后，“非管理化”是未来管理的最高境界。所谓“非管理化”，是一种不以控制为导向的管理模式，它更多地突出管理的服务特征。在探索人与组织的协调性以及组织利益与社会利益的统一性的过程中，人们开始认识到，人性得到充分尊重、个人自主性得到充分发挥是各类组织得到可持续发展的唯一正确的管理模式，在形式上，可以认为它将是一种没有管理的管理——“非管理化”。其实，这也就是一种人人都是管理者和人人都是被管理者的管理模式。政府的“非管理化”趋势随着社会中介组织的兴起和社会自治能力的提升而日益凸显。现代信息技术的发展为人的个性、潜能的充分发挥创造了必要的技术条件，为“非管理化”管理模式的实施奠定了技术基础和物质基础。

13.3.2 风险管理与危机管理的特征

在当前具有高度复杂性与高度不确定性的风险社会中，组织的风险管理将成为一种常态。高科技产业的崛起，市场、金融、经济的全球化扩张，导致不确定性因素迅速增长，信息不完备与非对称分布又促使风险加大。人们在管理活动中不能不考虑风险因素、增强风险意识、加强风险管理，在捕捉机遇的同时应努力防范风险。在风险管理中，应加强监测和预防，以预防为主，把风险降到最低，减少风险可能造成的损失和带来的消极影响。分析风险的成因，预测风险到来的时机，积极采取防范风险的对策，以回避风险、转移风险、分散风险、减轻风险，做好承受风险的准备。做好风险管理工作，就要重视信用管理，信用管理是风险管理的一项重要内容。政府不能失信于民，企业不能失信于用户。信誉乃是有信用和信用度高的保证，因此，它是一种无形资产。

危机管理是回应突发性的危机事件、灾难事变的管理，其目的是尽量使损害降至最低，包括事先建立的防范、处理体系和面对危机时的对应的措施。对一个组织而言，其危机的事项是指与社会大众或顾客有密切关系且后果严重的重大事故，而为了应付危机的出现，在组织内预先建立防范和处理这些重大事故的体制和措施则可称为组织的危机管理。根据危机的时间阶段，通常可将危机管理分为四大环节：危机爆发前的监测、预警，危机爆发中的危机决策和危机爆发后的应急善后管理。

第一，危机监测。危机管理的首要一环是对危机进行监测，在组织顺利发展时期，就应该有强烈的危机意识和危机应变的心理准备，建立一套危机管理机制，对危机进行检测。越是在组织风平浪静的时刻，越应该重视危机监测，因为在平静的背后往往隐藏着“杀机”。

第二，危机预警。许多危机在爆发之前都会出现某些征兆，危机管理关注的不仅是危机爆发后各种危害的处理，而且要建立危机警戒线。组织要在危机到来之前，把一些可以避免的危机消灭在萌芽之中，对于另一些不可避免的危机通过预警系统能够及时得到解决。这样，才能从容不迫地应对危机带来的挑战，把损失减少到最低。

第三，危机决策。组织在调查的基础上做出正确的危机决策。决策要根据危机产生的根源，对几种可行方案进行对比后，选择出最佳方案。方案定位要准、推行要迅速。

第四，危机处理。首先要确认危机。确认危机包括将危机归类、收集与危机相关信息确认危机程度以及找出危机产生的原因，辨认危机影响的范围和影响的程度及后果。其次要控制危机。控制危机需要根据确认的某种危机后，遏止危机的扩散使其不影响其他事物，紧急控制如同救火兵，刻不容缓。最后要处理危机。在处理危机中，关键是速度，组织若能及时、有效地将危机决策运用到实际中去化解危机，就可以避免危机给组织造成损失。

尽管风险管理与危机管理因其管理过程的复杂性而不同于追求稳定性、程序性和标准化的管理形态，而是意味着探索新的管理理念与方法。具体来说，这类新的管理形态应具备以下几方面的特征：

第一，需要建立一套完善的制度化系统。因为风险管理与危机管理是组织为应对各种危机情境所进行的规划决策、动态调整、化解处理及员工培训等活动过程，其目的是消除或降低风险或危机所可能带来的威胁和损失。因此，组织内部应该有制度化、系统化的有关危机管理和灾难恢复方面的业务流程和组织机构。这些流程在业务正常时不起作用，但在危机发生时会及时启动并有效运转，发挥危机处理的作用。具体来说，组织应建立起危机管理制度、有效的组织管理机制、成熟的危机管理培训制度，逐步提高危机管理的快速反应能力。

第二，管理要具有前瞻性，突出预防的功能。组织面对的是一个复杂的社会，社会要求的多样性和复杂性总会把组织置于回应不足的局面，即使组织沿着科学化、技术化的路线不断地对自己加以改造和完善，也总会在回应社会要求方面难以达到让社会满意的程度。可以说，近代以来的管理科学与方法一般都是在问题出来之后才发挥出解决问题的优势，都属于回应性的科学，而风险与危机管理应该定位于前瞻性管理。防患于未然永远是危机管理最基本和最重要的要求。危机管理的重点应放在危机发生前的预防，预防与控制是成本最低、最简便的方法。为此，建立一套规范的、全面的危机管理预警系统是必要的。这就要求组织需要从危机征兆中预见危机，越早意识到存在着的威胁、越早采取适当的行动就越可能控制住危机的发展。

第三，行动要具有快速反应性。危机的解决，速度是关键。危机降临时，需要管理者拥有冷静的头脑、敏锐的洞察力、果断的行动力、准确的决策力、娴熟的公关能力等。组织必须以最快的速度启动危机应变计划并立刻制定相应的对策。在危机发生后要时刻同新闻媒体保持密切的联系，借助公证、权威性的机构来帮助解决危机，承担起给予公众的精神和物质的补偿责任，做好恢复组织的事后管理，从而迅速有效地解决危机。

第四，管理要敢于变革与创新。危机管理中机遇与风险共存。其实，每一次危机本身都既包含导致失败的根源也孕育着成功的种子，组织要善于发现、培育，以便收获这个潜在的成功机会，这就是危机管理的精髓，而习惯于错误地估计形势，并使事态进一步恶化，则是不良的危机管理的典型。简言之，如果处理得当，危机完全可以演变为“契机”。

创新是化险为夷、化危为机的关键力量，危机处理既要充分借鉴成功的处理经验，也要根据危机的实际情况，尤其要借助新技术、新信息和新思维，进行大胆创新。危机意外性、破坏性、紧迫性的特点更需要组织采取超常规的创新手段处理危机。

第五，要重视组织的诚信形象、参与机制、沟通机制在危机管理中的作用。组织的诚信形象，构成现代组织的重要资本。危机的发生必然会给组织诚信形象带来损失，甚至危及组织的生存。矫正形象、塑造形象是组织危机管理的基本思路。在危机管理的全过程中，组织要努力减少诚信形象受到的损失，争取公众的谅解和信任。组织高层的直接参与和领导是有效解决危机的重要措施。在危机处理工作中，如果没有高层领导的统一指挥协调，很难想象各部门能做到口径一致、步调一致、协作同步及快速行动。组织应组建危机管理领导小组，担任危机领导小组组长的一般应该是一把手，或者是具备足够决策权的高层领导。沟通是危机管理的中心内容，能够有效地化解危机带来的负面影响。因而，组织必须树立沟通意识，及时将事件发生的真相、处理进展传达给公众，以正视听，杜绝谣言、流言，稳定公众情绪，争取社会舆论的支持。

第六，建立与完善突发事件联动应急机制，实现对风险与危机的合作治理。“突发事件联动应急机制就是在公共突发事件应急过程中将政府诸多应急职能部门纳入统一指挥调度系统，以处理突发紧急事件和向公众提供救助服务的应急模式。联动应急的特点在于应急幅度的跨区域、跨部门，应急过程的快速指挥、统一应急、联合行动，应急后果的规模收益和集成效应。”①

13.3.3 危机管理的开放性、流动性和灵活性

危机管理具有非程序化、不确定性以及复杂性的特征。危机管理的这些特征决定危机管理与以往的管理在管理方式、措施和机制上有很大差别。因此，为了提高危机管理的效率与效果，必须坚持以提高危机监测、干预或防范和处理能力为核心，以科学研究、经验借鉴和管理创新为依托，以开放、流动和灵活的危机管理理念与机制为根本保障，以避免危机、降低损害为目标，构建一套全新的危机管理体系。

1. 危机管理的开放性

危机事件的特殊性使得管理失去了进行控制的可能，因此，危机管理是一种非控制导向的管理，而这种非控制导向首先体现为管理的开放性。高度复杂性和高度不确定性的管理场域决定了工业社会中的“管理即是控制”不再可能，控制性思维正在被消解。这是因为，“必须有着明确的边界才能实施有效的控制，一旦边界变得模糊，就意味着开放性与流动性的增强，以至于控制难以为继。也就是说，所有控制都是封闭系统中的控制，一旦一个系统不再是封闭系统而是开放系统，就不再是可控制的了”②。针对具有高度复杂性和高度不确定性的危机事件的管理必须具有开放性特征。比如，危机管理将不去追求稳定的结构，不会把组织成员看作组织无条件的所有物和工具，将不会用规则去限制行动者的行为选择自由，更不需要用组织的利益要求去让组织成员做出牺牲。在危机管理中，唯有

---

① 盛明科，郭群英. 公共突发事件联动应急的部门利益梗阻及治理研究. 中国行政管理，2014 (3).

② 张康之. 寻找非控制导向的合作制组织. 中共杭州市委党校学报，2014 (4).

组织任务是至高无上的，组织成员基于承担任务和解决问题的基本需要而选择进入该行动系统，基于共同的管理目标以合作和联动的方式采取行动。在危机管理这里，任何通过组织去谋求个人权力和地位的做法、任何把个人利益置于组织利益之上的要求，都不仅不具有实现的道德可能性，而且也得不到组织中任何方面的支持。危机管理的开放性将使一切具有控制性思维的人或组织都被排除出行动系统之外。

当然，人们也许会产生疑问，如果危机管理的边界是开放的，人们可以自由地在危机管理体系内外流动，会不会让组织失去实施控制的基础呢？事实上，只有一个控制导向的管理系统才会通过控制的方式去维系组织成员的数量。危机管理的非控制导向决定了危机管理的去结构化，危机管理的紧迫性能够有效防止命令-服从关系的出现，更不可能任由其演化为一种组织体制。更何况危机管理并不运行于严密的规则体系所框定的空间之中，也不会按照事先确定的游戏机制而开展集体行动。所以，危机管理更多地受组织任务的引导，受多元治理主体意愿与行动的影响。

2. 结构与权力的流动性

风险与危机管理面临着的高度复杂性和高度不确定性是可以变为一种机遇的，尤其是其中所蕴含着的种种不确定性要素为解构一切先验性的限制、垄断性机构的控制和进行变革与创新提供了无限的资源。鲍曼曾将变动不居中的诸种“流动”视为一种未来非常重要的资源，他认为，“既然在全球相互依赖的制度下，有效行动及其获得满意的行动结果的机会是变化无常的，流动就变成了最珍贵的和最受欢迎的资源。如果机会不能‘固定在某个地方’保持不变，那么，人们就去机会较多的地方并试图抓住机会。但是，机会从来不会受到地方规则的限制，因为它们可以自由地切断同地方纽带的联系，随即收拾行囊，丢掉不动产，然后轻装上路”①。事实上，风险与危机管理欲想实现对不确定性的治理，必须变原有基于线性思维和技术理性的控制性管理为一种基于网络化思维的动态管理，流动性是这种新管理思维的重要属性。

在危机管理中，组织的结构与管理的程序等规范性结构将转变为一种资源，而非一种限制。具体来说，危机管理不是以建立起稳定的组织结构为目的的，更不是通过控制的方式而求得行动的一致性的。危机事件的突发性与紧迫性决定了风险管理与危机管理中的权力将会更多地来源于知识、经验、智慧、决断力和道德等人的素质和能力。可以说，危机管理中并不存在“权力的占用与获得”这一问题，权力将转变为一种流动性的资源。按照福柯的理解，权力不是长久地所属于某个人或团体的所有物，它是由各种力量关系交互建构的流动的、多形态的网络。“权力从未确定位置，它从不在某些人手中，从不像财产或财富那样被据为己有。”②首先，危机管理中的每一主体都可能同时处于多种权力关系之中。福柯强调，实践中的权力关系不是一种自上而下的单向控制，而是无所不在的、相互交错的复杂网络。权力以网络的形式运作，个人在权力网络中处于流动状态，个体既是流动得以发生的动力与原因，也是承受来自其他个体之作用力而发生流动，也就是说，权力

---

① 鲍曼. 被围困的社会. 南京：江苏人民出版社，2006：64.

② 福柯. 必须保卫社会. 上海：上海人民出版社，1999：27-28.

关系网络中的主体总是既处于服从的地位又同时运用权力①。也就是说，权力作为一种流动性资源不是单个主体可以拥有的，它与人际互动和认可密切相关。其次，权力作为危机管理主体的一种实践能力是权力成为一种流动性资源的关键，当权力基于主体的能力、素质等因素而成立时，就会因主体的不同而不同，并且，是存在于主体的行动之中的动态性资源。

3. 程序与规则的灵活性

到了20世纪后期，社会的复杂性和不确定性与日俱增，尤其是在危机管理中，管理原则与程序的合理性不仅不能提高组织的管理能力，反而经常性地置其于被动的局面，使组织总是处于一种面对复杂的社会问题而力不从心的境况中，管理者无论在主观上有着多么良好的愿望，如果恪守程序的合理性原则的话，结果总是事与愿违。因而，管理原则与程序的合理性已经成了束缚管理者手脚的制度设置。在这种情况下，用管理原则与程序的灵活性来取代其合理性是必然的。但是，管理原则与程序的灵活性应当在道德化的向度上彰显其积极功能，抑制其消极影响，特别是对于危机管理中那些因程序的灵活性而带来的自由裁量权的加强，更是需要受到道德规范的制约。

对行动者而言，风险和危机就是他们开展行动的全部理由。在危机管理中，整个组织以及它的全体成员都将视线投向其所承担的任务，至于组织自身的管理，则被放在了次要的位置。非控制导向的组织不再对组织内部和外部实施控制，而是把组织的全部资源和能力都调动起来去承担任务和实现其功能。但这并不意味着危机管理可以对诸种限制力量不管不顾，也不是说组织要被动地受各种限制力量的支配。相反，恰恰是围绕着风险与危机对各种各样的限制力量进行积极的整合，把限制性力量转化为行动的助力。可以相信，危机管理中所遇到的“诸种限制性力量对于行动者的理性以及选择的自由构成制约，但它们不能完全取消行动者的理性与自由”②。危机管理以及组织成员所拥有的这种“理性与自由”使其在开展行动的过程中拥有了主动性，能够积极地去对所遇到的各种限制力量进行整合，以力借力和借力打力，化限制力量为动力。其实，当危机管理的任务关注的优先性得以体现之后，组织自身的管理也就变得极其简单了。相应地，危机管理中的专家地位将得到极大提升，管理者凌驾于专家之上颐指气使的情况将不再会出现。这是因为，对组织任务的优先关注自然而然地突出了专家在组织中的重要地位。

总之，在危机管理中，由于一切谋求控制的冲动都失去了赖以发生的前提和基础，因而，也就不存在控制与反控制的矛盾。危机管理的那种以化解风险与危机为根本宗旨的特点，能够有效地防止因为控制与反控制的矛盾造成的组织运行成本的产生，而把组织资源集中运用于承担危机管理任务的行动。但是，需要指出的是，虽然危机管理不去控制和支配风险与危机，但它会积极地、开放性地去提高对风险与危机的认识和识别能力，然后灵活地规避对组织可能产生不利影响的因素，积极地利用对组织具有积极影响的因素。总之，危机管理要求管理者要主动选择和承担起化解风险与危机的任务，然后形成有机的环境应对合力，及时地化解一切消极因素。危机管理永远是一种积极和主动的前瞻性管理，

---

① 福柯．规训与惩罚．北京：三联书店，2003：28.

② 克罗齐耶，费埃德伯格．行动者与系统——集体行动的政治学．上海：上海人民出版社，2007：138.

远远地超越了环境控制意义上的回应性管理。

关键术语

管理信息化　知识管理　跨国公司　国际化管理　人本管理　组织变革　创新型组织　流程再造　合作制组织　任务型组织　高度复杂性　高度不确定性　复杂性管理　风险管理　危机管理　非控制导向

复习思考题

1. 管理的信息化对管理活动产生了哪些影响？
2. 互联网的虚拟化管理应该遵循哪些原则？
3. 以人为本个性化的管理有哪些特点？
4. 组织变革的动因有哪些？
5. 组织变革面临的阻力有哪些？
6. 工作流程再造包括哪些步骤？
7. 合作制组织有哪些特点？
8. 简述复杂性条件下管理模式及其基本特征。
9. 简述风险管理与危机管理的基本特征。
10. 根据危机的时间阶段，分析危机管理的基本环节。
11. 风险管理与危机管理作为新的管理形态具有哪些特征？
12. 如何构建一套高效和灵活的危机管理体系？

参考文献

陈工. 政府预算与管理. 北京：清华大学出版社，2004.

陈幼其. 战略管理教程. 上海：立信会计出版社，2003.

崔绪治，徐厚德. 现代管理哲学纲要. 北京：经济管理出版社，1990.

代海涛. 企业战略管理. 北京：中国农业大学出版社，2011.

董建辉. 政治人类学. 厦门：厦门大学出版社，1999.

董克用，叶向峰. 人力资源管理概论. 北京：中国人民大学出版社，2004.

杜栋. 信息管理学教程. 北京：清华大学出版社，2002.

付亚和，许玉林. 绩效管理. 上海：复旦大学出版社，2008.

傅夏仙. 人力资源管理. 杭州：浙江大学出版社，2003.

甘仞初. 信息资源的组织与管理. 北京：机械工业出版社，2003.

龚剑. 如何进行团队建设. 北京：北京大学出版社，2004.

龚益鸣. 现代质量管理学. 北京：清华大学出版社，2012.

郭朝阳. 冲突管理——寻找矛盾的正面效应. 广州：广东经济出版社，2000.

何瑛. 虚拟团队管理——理论基础、运行机制与实证研究. 北京：经济管理出版社，2003.

侯光明，李存金. 现代管理激励与约束机制. 北京：高等教育出版社，2002.

胡志刚. 世界新经济模式·美国卷. 北京：光明日报出版社，2004.

柯平，高洁. 信息管理概论. 北京：科学出版社，2007.

李文良. 公共部门与人力资源管理. 长春：吉林人民出版社，2003.

李英时. 组织学. 北京：科学普及出版社，1998.

李允杰，丘昌泰. 政策执行与评估. 北京：北京大学出版社，2008.

廖泉文. 招聘与录用. 北京：中国人民大学出版社，2002.

刘熙瑞，张康之. 现代管理学. 北京：高等教育出版社，2000.

刘秀英. 绩效管理. 杭州：浙江大学出版社，2011.

刘银花，姜法奎. 领导科学. 大连：东北财经大学出版社，2011.

马费成，李纲，查先进．信息资源管理．武汉：武汉大学出版社，2001.
苗东升．系统科学辩证法．济南：山东教育出版社，1998.
裴利芳，胡德旺．组织行为学教程．北京：经济管理出版社，2003.
彭剑锋．人力资源管理概论．上海：复旦大学出版社，2003.
秦志华．人力资源管理．北京：中国人民大学出版社，2003.
苏东水．管理心理学．上海：复旦大学出版社，1999.
苏秦．质量管理．北京：中国人民大学出版社，2011.
孙柏瑛，祁光华．公共部门人力资源开发与管理．北京：中国人民大学出版社，2004.
孙钱章．现代领导方法与艺术．北京：人民出版社，1998.
孙彤，李悦．现代组织学．北京：中国物资出版社，1989.
孙耀君．西方管理思想史．太原：山西经济出版社，1987.
孙耀君．西方管理学名著提要．南昌：江西人民出版社，1998.
肖明．信息资源管理．北京：电子工业出版社，2002.
徐波．管理学案例集．上海：上海人民出版社，2004.
张凯．信息资源管理．北京：清华大学出版社，2013.
张旭霞．管理学．北京：对外经济贸易大学出版社，2008.
章凯．组织行为战略——管理变革的方向与动力．北京：经济管理出版社，2003.
赵春明．团队管理——基于团队的组织构造．上海：上海人民出版社，2002.
周德孚，殷建平．学习型组织．上海：上海财经大学出版社，1998.
朱德武．危机管理——面对突发事件的抉择．广州：广东经济出版社，2002.
朱国云．组织理论：历史与流派．南京：南京大学出版社，2014.
朱立言．行政领导学．北京：中国人民大学出版社，2002.
韦伯．经济与社会．北京：商务印书馆，1997.
克鲁泡特金．互助论．北京：商务印书馆，1997.
法约尔．工业管理和一般管理．北京：中国社会科学出版社，1982.
明茨伯格．管理工作的本质．北京：中国人民大学出版社，2007.
阿吉斯．绩效管理．北京：中国人民大学出版社，2008.
艾伯斯．现代管理学原理．北京：商务印书馆，1986.
奥博伦斯基．公司再造．北京：华夏出版社，2003.
奥斯本，盖布勒．改革政府：企业精神如何改革着公营部门．上海：上海译文出版社，1996.
巴纳德．组织与管理．北京：中国人民大学出版社，2009.
伯纳丁．人力资源管理：实践的方法．南京：南京大学出版社，2009.
博西迪，查兰，伯克．执行．北京：机械工业出版社，2011.
布劳，梅耶．现代社会中的科层制．上海：学林出版社，2001.
布鲁斯，伯比顿．员工激励．北京：中国标准出版社，2000.
查普曼，古德温．管理者生存必备：迈向管理之路的第一步．北京：机械工业出版社，2006.

达夫特. 管理学. 北京：清华大学出版社，2009.

达夫特. 组织行为学. 北京：机械工业出版社，2004.

达夫特. 组织理论与设计. 北京：清华大学出版社，2003.

杜柏林. 管理学精要. 北京：电子工业出版社，2003.

菲根堡姆. 全面质量管理. 北京：机械工业出版社，1991.

戈麦斯-梅西亚，鲍尔金，卡迪. 管理学——人·绩效·变革. 北京：人民邮电出版社，2009.

汉尼伯格. 执行在中层. 北京：机械工业出版社，2006.

赫茨伯格，莫斯纳，斯奈德曼. 赫茨伯格的双因素理论. 北京：中国人民大学出版社，2009.

黑贝尔斯，威沃尔. 有效沟通. 北京：华夏出版社，2002.

黑尔里格尔，杰克逊，斯洛克姆. 管理学：能力培养取向. 北京：中信出版社，2005.

胡佛. 愿景. 北京：中信出版社，2003.

吉布森，等. 组织学——行为、结构和过程. 北京：电子工业出版社，2002.

卡斯特，罗森茨韦克. 组织与管理——系统方法与权变方法. 北京：中国社会科学出版社，1985.

科特. 变革的力量——领导与管理的差异. 北京：华夏出版社，1997.

克林格勒，纳尔班迪. 公共部门人力资源管理——系统与战略. 北京：中国人民大学出版社，2001.

孔茨，韦里克. 管理学. 北京：经济科学出版社，1993.

劳东. 管理信息系统. 北京：中国人民大学出版社，2009.

勒德洛，潘顿. 有效沟通. 北京：中信出版社，1998.

雷顿. 持续执行的四个关键. 北京：机械工业出版社，2006.

雷恩，贝德安. 管理思想史. 北京：中国人民大学出版社，2011.

鲁森斯. 组织行为学. 北京：人民邮电出版社，2003.

罗宾斯，德森佐. 管理学原理. 大连：东北财经大学出版社，2005.

罗宾斯，库尔特. 管理学. 北京：中国人民大学出版社，2012.

罗宾斯. 组织行为学. 北京：中国人民大学出版社，1997.

马奇，西蒙. 组织. 北京：机械工业出版社，2013.

马西斯，杰克逊. 人力资源管理精要. 北京：机械工业出版社，2003.

麦康基. 如何实行目标管理. 北京：北京化工出版社，1985.

穆迪. 决策——获得较佳决策的方法. 北京：人民交通出版社，1988.

诺思豪斯. 领导科学与实践. 南京：江苏教育出版社，2002.

诺伊. 人力资源管理——赢得竞争优势. 北京：中国人民大学出版社，2001.

普蒂，韦里奇，孔茨. 管理学精要（亚洲篇）. 北京：机械工业出版社，1999.

乔治. 管理思想史. 北京：商务印书馆，1985.

琼斯，希尔. 当代管理学. 北京：人民邮电出版社，2003.

瑞尼. 理解和管理公共组织. 北京：清华大学出版社，2002.

舍默霍恩. 管理学. 北京：中国人民大学出版社，2011.
圣吉. 第五项修炼——学习型组织的艺术与实务. 上海：上海三联书店，1998.
史密瑟，伦敦. 绩效管理：从研究到实践. 北京：机械工业出版社，2011.
斯科特，等. 组织理论：理性、自然与开放系统的视角. 北京：中国人民大学出版社，2011.
汤普森，斯特里克兰三世. 战略管理. 北京：中国财政经济出版社，2005.
唐斯. 官僚制内幕. 北京：中国人民大学出版社，2006.
西蒙. 管理行为. 北京：北京经济学院出版社，1988.
西蒙. 管理决策新科学. 北京：中国社会科学出版社，1982.
保尔森，赫尼斯. 组织边界管理：多元化观点. 北京：经济管理出版社，2005.
查尔德. 组织：当代理论与实践. 北京：华夏出版社，2009.
德莱曼，佩宁顿. 世界级管理步骤. 南宁：广西师范大学出版社，2001.
费瑟斯通. 消费文化与后现代主义. 南京：译林出版社，2002.
佛勒德. 反思第五项修炼. 北京：中信出版社，2004.
哈耶克. 自由秩序原理. 北京：三联书店，1997.
吉登斯. 失控的世界. 南昌：江西人民出版社，2001.
克莱格. 即时激励. 北京：经济管理出版社，2002.
莫登. 管理学原理. 北京：中国社会科学出版社，2006.

人大版公共管理类教材

公共管理类专业教材——学科基础课教材

书名	作者
现代管理学原理（第三版）（“十一五”国家级规划教材）	娄成武　魏淑艳
一般管理学原理（第四版）	张康之　周　军
管理学基础（第三版）	方振邦
政治学原理（第三版）	景跃进　张小劲
现代政治学原理（第四版）	石永义　刘玉萼　张　璋
公共管理学（第二版）	陈振明
公共管理学——一种不同于传统行政学的研究途径（第二版）	陈振明
公共管理学（第三版）（数字教材版）（“十二五”国家级规划教材）	蔡立辉　王乐夫
公共管理学（精编版）	王乐夫　蔡立辉
公共管理学（第二版）	张康之　郑家昊
公共管理概论（第二版）	朱立言　谢　明
公共政策导论（第六版）（数字教材版）	谢　明
公共政策概论（第二版）	谢　明
公共政策学——政策分析的理论、方法和技术（“十一五”国家级规划教材）	陈振明
公共政策学（第二版）	杨宏山
政策科学——公共政策分析导论（第二版）	陈振明
公共经济学（第三版）（“十二五”国家级规划教材）	高培勇
公共经济学教程	秦立建
政府经济学（第四版）（“十一五”国家级规划教材）	郭小聪
政府经济学（第四版）	潘明星　韩丽华

公共管理类专业教材——方法课教材

书名	作者
公共管理研究方法	何兰萍　张俊艳
行政学研究方法与应用案例	萧鸣政　等
管理定量分析：方法与技术（第三版）	刘兰剑

公共管理类专业教材——行政管理、公共事业管理专业教材

书名	作者
行政法学导论	姜晓萍
公共部门人力资源管理（第四版）	孙柏瑛　祁凡骅
公共部门人力资源开发与管理（第五版）（“十二五”国家级规划教材）	孙柏瑛　祁凡骅
公共部门人力资源管理（第三版）	滕玉成　于　萍
公共部门人力资源管理概论（第二版）	方振邦
公共部门人力资源管理案例	周均旭
行政管理学（第五版）（数字教材版）	郭小聪
公共行政学（第五版）	彭和平
公共行政学（第二版）	张康之　张乾友
行政学导论（第三版）	齐明山

书名	作者
行政管理学导引与案例	陈季修
管理心理学（第三版）	范逢春
公共组织行为学（第三版）（“十一五”国家级规划教材）	孙　萍　张　平
公共组织学（第四版）	李传军
行政组织学（第二版）	张　昕　李　泉
公共组织理论	陆明远　冯　楠
公共事业管理概论（第三版）	朱仁显
公共组织财务管理（第三版）（“十一五”国家级规划教材）	王为民
国家公务员制度（第五版）（数字教材版）（“十二五”国家级规划教材）	舒　放　贾自欣
国家公务员制度概论（第二版）	刘碧强　郗永勤
公务员制度概论	李如海
公务员制度	温志强　王彦平　郝雅立
当代国家公务员制度：理论与实践	胡春艳
行政领导学（第三版）	朱立言　李国梁
领导学（第五版）	邱霈恩
领导学	孙　健
现代市政学（第五版）（数字教材版）	王佃利
市政管理学（第五版）（“十一五”国家级规划教材）	杨宏山
社区管理（第四版）	汪大海　魏　娜　郇建立
社区管理原理与案例	魏　娜
电子政务教程（第三版）（“十一五”国家级规划教材）	赵国俊
电子政府与电子政务（第二版）（“十一五”国家级规划教材）	张锐昕
行政伦理学教程（第四版）（“十二五”国家级规划教材）	张康之　李传军
公共危机管理概论（第二版）	王宏伟
公共危机管理	唐　钧
当代中国政府与政治（第二版）	景跃进　陈明明　肖　滨
当代中国政府与行政（第三版）	魏　娜　吴爱明
地方政府学概论（第二版）	方　雷
地方政府管理（第二版）	陈瑞莲　张紧跟
管理秘书实务（第三版）	赵锁龙
行政秘书学	唐　钧
公文写作与处理	赵国俊
机关管理的原理与方法（第三版）	赵国俊　陈幽泓
公共部门绩效管理（第二版）	方振邦
政府绩效管理（第二版）	方振邦　葛蕾蕾
政府绩效评估	蔡立辉
政府公共关系（第二版）（“十一五”国家级规划教材）	廖为建　张　宁
西方行政学理论概要（第二版）（“十一五”国家级规划教材）	丁　煌
公共行政学史（第二版）	何艳玲
西方公共管理名著导读	汪大海
文化管理学（第三版）（“十二五”国家级规划教材）	孙　萍
文化创意产业导论	魏鹏举
卫生事业管理（第二版）（“十一五”国家级规划教材）	李　鲁
现代公用事业管理	崔运武

公共管理类专业教材——劳动与社会保障专业教材

书名	作者
社会保障概论（第七版）	孙光德　董克用
社会保障学	戴卫东
劳动经济学（“十一五”国家级规划教材）	董克用　刘　昕
劳动法与社会保障法	黎建飞
社会保险学（第四版）	孙树菡　朱丽敏
社会保障基金管理	李春根
社会保障国际比较	仇雨临

公共管理类专业教材——土地资源管理专业教材

书名	作者
土地经济学（第八版）（“十一五”国家级规划教材）	毕宝德
土地法学（中国人民大学“十三五”规划教材）	严金明
土地资源学	张正峰　赵文武
土地资源管理学（第二版）	张正峰
国土空间规划学	张占录　张正峰
不动产估价（第二版）（“十一五”国家级规划教材）	叶剑平　曲卫东
土地信息系统	曲卫东　韩　琼
地籍管理（第五版）（“十一五”国家级规划教材）	谭　峻　林增杰

公共管理类专业教材——城市管理专业教材

书名	作者
城市管理学（第四版）	杨宏山
城市管理学：公共视角	陆　军 等
城市管理法	王丛虎
城市总体规划原理	郐艳丽　田　莉

公共管理类教材——应急管理专业教材

书名	作者
应急管理导论：原理与案例	李燕凌　朱正威 张海波　章文光
应急管理概论	王宏伟
应急管理理论与实践	唐　钧
突发事件风险管理	张小明
应急管理新论	王宏伟
新媒体时代的应急管理与危机公关	唐　钧
公共安全风险治理	唐　钧

公共管理硕士（MPA）教材——核心课教材

书名	作者
全国公共管理硕士（MPA）核心课程教学指导纲要	全国公共管理专业学位 研究生教育指导委员会
社会主义建设理论与实践（第三版）	李景治　蒲国良

书名	作者
公共管理英语（修订版）	顾建光
学术规范和论文写作	胡宏伟
公共管理学（第三版）（全国优秀教材二等奖）	张成福　党秀云
公共管理学原理（修订版）	陈振明
公共管理导论	竺乾威　朱春奎　李瑞昌
公共政策分析	陈振明
公共政策分析导论	陈振明
公共政策分析概论（修订版）	谢　明
公共部门经济学（第三版）	高培勇　崔　军
公共经济学	唐任伍
行政法学（修订版）	皮纯协　张成福
行政法学概论（第三版）	胡锦光
非营利组织管理概论（修订版）	王　名
非营利组织管理	王　名　王　超
公共管理伦理学（修订版）	张康之
社会研究方法	陈振明
电子政务理论与方法（第五版）	金江军
公文写作概论	高永贵

公共管理硕士（MPA）教材——专业方向必修课、选修课教材

书名	作者
公务员制度教程（第六版）	舒　放　王克良
比较政府与政治（修订版）	卓　越
当代中国政府与政治（第三版）	吴爱明　朱国斌　林　震
公共部门人力资源管理及案例教程（第三版）	陈天祥
公共部门绩效评估（修订版）	卓　越
公共部门危机管理（第三版）	张小明
应急管理通论（第二版）	李雪峰
公共部门战略管理（修订版）	陈振明
MPA 学位论文写作指南	汪大海

图书在版编目（CIP）数据

一般管理学原理/张康之，周军主编．—4 版．—北京：中国人民大学出版社，2018．9
新编 21 世纪公共管理系列教材·学科基础课与方法课系列
ISBN 978-7-300-26074-7

Ⅰ．①一…　Ⅱ．①张…②周…　Ⅲ．①管理学-教材　Ⅳ．①C93

中国版本图书馆 CIP 数据核字（2018）第 186200 号

新编 21 世纪公共管理系列教材·学科基础课与方法课系列
一般管理学原理（第四版）
张康之　周军　主编
Yiban Guanlixue Yuanli

出版发行	中国人民大学出版社		
社　　址	北京中关村大街 31 号	**邮政编码**	100080
电　　话	010－62511242（总编室）		010－62511770（质管部）
	010－82501766（邮购部）		010－62514148（门市部）
	010－62515195（发行公司）		010－62515275（盗版举报）
网　　址	http://www.crup.com.cn		
经　　销	新华书店		
印　　刷	北京市鑫霸印务有限公司	**版　　次**	1998 年 8 月第 1 版
规　　格	185 mm×260 mm　16 开本		2018 年 9 月第 4 版
印　　张	20	**印　　次**	2025 年 2 月第 8 次印刷
字　　数	473 000	**定　　价**	49.80 元

中国人民大学出版社　管理分社

教师教学服务说明

中国人民大学出版社管理分社以出版工商管理和公共管理类精品图书为宗旨。为更好地服务一线教师，我们着力建设了一批数字化、立体化的网络教学资源。教师可以通过以下方式获得免费下载教学资源的权限：

★ 在中国人民大学出版社网站 www.crup.com.cn 进行注册，注册后进入“会员中心”，在左侧点击“我的教师认证”，填写相关信息，提交后等待审核。我们将在一个工作日内为您开通相关资源的下载权限。

★ 如您急需教学资源或需要其他帮助，请加入教师 QQ 群或在工作时间与我们联络。

中国人民大学出版社　管理分社

教师 QQ 群： 648333426（工商管理）　114970332（财会）　648117133（公共管理）
教师群仅限教师加入，入群请备注（学校＋姓名）

联系电话： 010-62515735，62515987，62515782，82501048，62514760

电子邮箱： glcbfs@crup.com.cn

通讯地址： 北京市海淀区中关村大街甲 59 号文化大厦 1501 室（100872）

管理书社　　人大社财会　　公共管理与政治学悦读坊